让 我 们 一 起 追 寻

CONQUERORS

征服者：
葡萄牙帝国的崛起

HOW PORTUGAL FORGED
THE FIRST GLOBAL EMPIRE

〔英〕罗杰·克劳利（Roger Crowley）/ 作品

陆大鹏 / 译

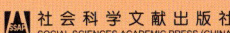

社会科学文献出版社
SOCIAL SCIENCES ACADEMIC PRESS (CHINA)

献给帕斯卡尔，他启发和鼓舞了这次旅行，
我对他感激不尽

有界限的海，或许属于希腊或罗马；

没有界限的海，属于葡萄牙。

——费尔南多·佩索阿①

① 费尔南多·佩索阿（1888～1935 年），20 世纪最重要的文学人物和葡萄牙语的最伟大诗人之一，代表作有《惶然录》。他还从英语和法语翻译文学作品。（本书所有页下注均为译者注）

从葡萄牙到印度，约1500年

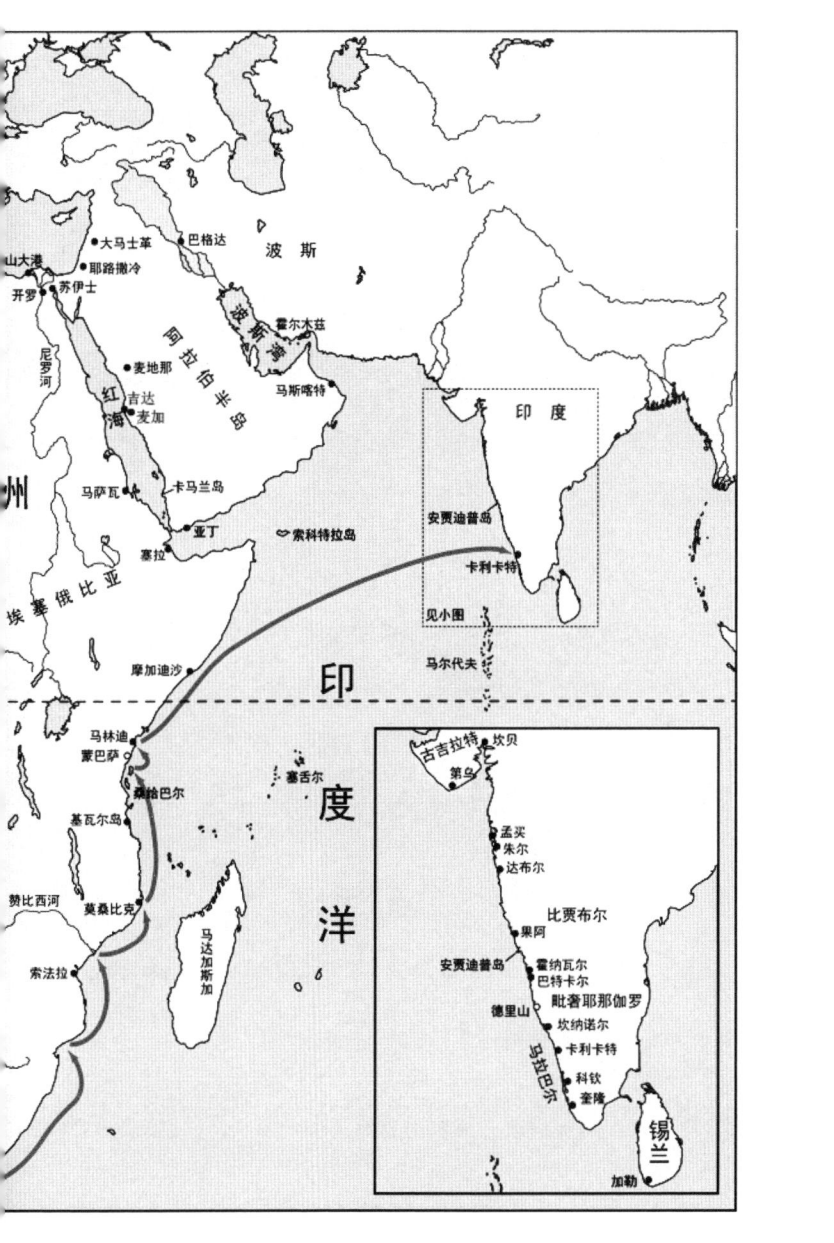

大马士革 巴格达
波斯

山大港
耶路撒冷
开罗 苏伊士

尼罗河
红海 吉达 麦加
麦地那

马萨瓦
卡马兰岛
亚丁
塞拉

埃塞俄比亚

摩加迪沙

马林迪
蒙巴萨
桑给巴尔
基瓦尔岛

赞比西河
莫桑比克

索法拉

马达加斯加

阿拉伯半岛

波斯湾

霍尔木兹
马斯喀特

索科特拉岛

塞舌尔

印 度

安贾迪普岛

卡利卡特

见小图

马尔代夫

印
度
洋

古吉拉特 坎贝
第乌

孟买
朱尔
达布尔

比贾布尔
果阿
霍纳瓦尔
安贾迪普岛 巴特卡尔
毗奢耶那伽罗
德里山 坎纳诺尔
卡利卡特
科钦
奎隆

马拉巴尔

锡兰

加勒

从印度到中国，约1500年

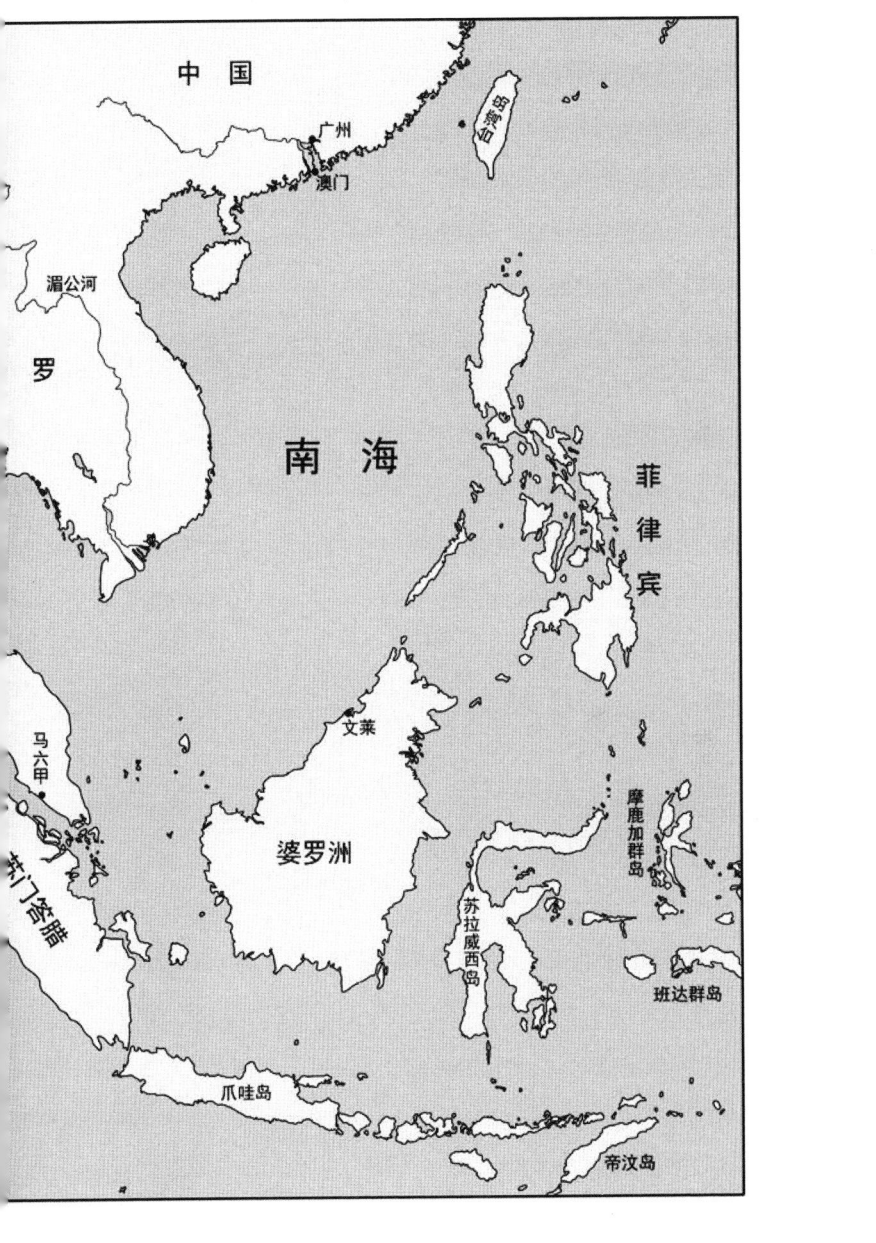

中 国

广州
澳门

台湾岛

湄公河

罗

南 海

菲
律
宾

马六甲

文莱

苏门答腊

婆罗洲

摩鹿加群岛

苏拉威西岛

班达群岛

爪哇岛

帝汶岛

目　录

序章：欧洲的船头

1414 年 9 月 20 日，中国土地上出现的第一头长颈鹿正在接近北京的皇宫。[①] 据欣喜若狂的宫廷诗人沈度说，人们伸长脖颈，去瞥一眼这"麋身马蹄，肉角觠觠，文采煜耀，红云紫雾"[1]的稀罕动物。长颈鹿显然对人无害："趾不践物，游必择土……舒舒徐徐，动循矩度……群臣欢庆，争先快睹。"[2]一个专职照管这动物的孟加拉人牵着长颈鹿前进。它是遥远的东非沿海的马林迪[②]苏丹进献给中国皇帝的礼物。

当时的一幅绘画描摹了这娇美的动物。它是世界航海史

① 长颈鹿第一次来到中国的确是在 1414 年，但并非来自马林迪，而是榜葛剌（今孟加拉一带）的贡品（当然应当是榜葛剌从长颈鹿原产地非洲获得的），可能与郑和无关。当时中国人认为长颈鹿就是麒麟。翰林院修撰沈度写了一篇《瑞应麒麟颂》，宫廷画师画下麒麟图像，将《瑞应麒麟颂》抄在图上。马林迪的长颈鹿于 1415 年送抵中国，可能与郑和有关。永乐帝朱棣于 1402 年在南京登基，不久之后开始经营北京，修建宫殿，开展各种工程，1420 年正式迁都北京。迁都之前，首都虽然还是南京，但北京被作为陪都，地位大大提升。另外，1414 年（永乐十二年）和 1415 年，永乐帝巡幸北京，在北京一直待到 1420 年，所以接见长颈鹿时他应当在北京。

② 中国古代史料称之为"麻林"。

上最怪异也最壮观的远航之一带回的稀罕战利品。15 世纪初的三十年里，建立不久的明朝的永乐皇帝派遣了一系列庞大的船队，跨越西方的大洋，以彰显天朝国威。

这些船队规模极大。第一支船队于 1405 年起航，包括约二百五十艘船，运载两万八千人。船队中央是所谓的"宝船"，即拥有多层甲板和九根桅杆、长 440 英尺的平底船，并配有创新的水密浮力舱。宝船周围有一大群辅助船只，如运马船、给养船、运兵船、战船和运水船。各船之间通过旗帜、灯笼和鼓点来交流。除了领航员、水手、士兵和辅助工匠外，有译员随行，以便与西方的蛮夷交流，还有负责记载这些航行的史官。船队携带着足够维持一年的粮食，因为中国人不愿意欠任何人的恩惠。他们还带着指南针和星盘（黑檀木雕刻而成）从马来西亚驶往斯里兰卡，径直穿越印度洋的心脏。宝船被称为星槎①，意思是足以远航至银河。史书记载："而我之云帆高张，昼夜星驰，涉彼狂澜，若履通衢……"②[3] 船队司令是一名叫作郑和的穆斯林，他的祖父曾到麦加朝觐③，他本人则享有"三宝太

---

① 费信以通事（翻译）之职，四次随郑和等出使海外诸国，著有《星槎胜览》，采辑二十余年历览风土人物，图写而成，其中称郑和的船只为"星槎"。

② 出自《天妃灵应之记》碑，又称《天妃之神灵应记》碑，俗称"郑和碑"。大明宣德六年（1431 年），郑和第七次出使西洋前夕，寄泊福建长乐以等候季风开洋，镌嵌《天妃灵应之记》碑于南山宫殿中。全文共 1177 字，记述明永乐三年至宣德六年（1405～1431 年），郑和统率远洋舰队百余艘，以先进的航海技术七次下西洋的经历。

③ 郑和的祖父和父亲曾去麦加朝觐，因此获得"哈只"（对去过麦加圣地的朝觐者的尊称）的称号。

监"的光荣头衔。

这些远航于永乐皇帝在位期间进行了六次，在 1431 ~ 1433 年还有一次。它们是航海的史诗。每一次远航都耗时两三年，纵横印度洋，曾远至婆罗洲和桑给巴尔岛。尽管这些船队有足够的力量清剿海盗、废黜君主或运载货物以开展贸易，但它们不是军事冒险，也没有经济目的，而是精心安排的软实力展示。星槎的远航是非暴力手段，目标是向印度和东非的沿海国家彰显中国的强大实力。他们没有尝试对所到之地实施军事占领，也没有阻挠自由贸易体系。他们是来给予而不是索取的，是为了向世人表明，中国地大物博，什么都不缺。当时的一份碑铭称："赍币往赉之，所以宣德化而柔远人也。"①[4]印度洋周边各国大感敬畏，派遣使者与中国船队一同返回，向永乐皇帝称臣纳贡，承认中国是世界的中心，对其表达景仰之情。他们奉献给皇帝的珠宝、钻石、象牙和稀奇动物，无非是象征性的姿态，表示承认中国的优越。史书记载："际天极地，罔不臣妾。"②[5]此处指的是印度洋世界，不过中国人对印度洋之外的情况也有不少了解。当欧洲人在思索地中海之外的天际、各大洋如何互相连接，以及非洲大陆可能是什么形状时，中国人似乎已经掌握了这些知识。他们于 14 世纪时绘制的地图将非洲大陆描绘为一个锐角三角形，其中心有一个大湖，另有多条河流向北流淌。

---

① 出自《天妃灵应之记》碑。
② 出自《天妃灵应之记》碑。

长颈鹿送抵北京之后的那一年，在 2.1 万海里之外，另一种迥然不同的力量正在接近非洲海岸。1415 年 8 月，一支葡萄牙船队驶过直布罗陀海峡，攻打了摩洛哥的穆斯林港口休达，这是整个地中海最固若金汤、最具有战略意义的要塞。休达的陷落令欧洲为之震惊。在 15 世纪初，葡萄牙人口仅有一百万。它的国王们太穷，以至于无力自行铸造金币。渔业和自给农业是经济支柱，但这个穷国却雄心勃勃。若昂一世国王，绰号"私生子若昂"，于 1385 年夺取王位，建立了阿维斯王朝，并抵御邻国卡斯蒂利亚，捍卫葡萄牙的独立。攻打休达的目的是，用一场融合中世纪骑士精神和十字军圣战热情的军事行动，消耗掉贵族阶层躁动不安的旺盛精力。葡萄牙人是来用异教徒的血洗手的。他们一丝不苟地执行了自己的使命。三天的洗劫和屠杀将曾被描述为"非洲各城市之花……它的门户与钥匙"[6]的休达城化为废墟。这场惊人的战役让欧洲的竞争对手们知道，葡萄牙王国虽小，却自信满怀、精力充沛，而且正在大举出动。

若昂一世的三个儿子，杜阿尔特、佩德罗和恩里克在休达的一天激战之后获得骑士资格。8 月 24 日，在城市的清真寺（根据仪式，用盐净化，并更名为"非洲圣母教堂"）内，他们被父亲封为骑士。对三位年轻王子来说，这是命运的一个重要瞬间。在休达，葡萄牙人第一次瞥见了非洲和东方的财富。这座城市是从塞内加尔河跨越撒哈拉沙漠输送黄金的商队的目的地，也是伊斯兰世界与东印度的香料贸易的最西端贸易站。葡萄牙编年史家写道，全世界的商旅云集于此，他们来自"埃塞俄比亚、亚历山大港、叙利亚、巴巴利①和亚述……同样有居住在幼发拉底河另一端的东方人，和来自东印度的人……以及来自轴线另一端的许多其他国度和我们不曾见识其土地的人"[7]。亲眼见到休达库存的胡椒、丁香和肉桂的基督教征服者们为了寻找埋藏的财宝，恣意销毁了这些香料。他们洗劫了据说有两万四千名商人经营的商铺，横冲直撞地闯入富商那铺着华丽地毯的豪宅，奔入拥有美丽穹顶和铺设地砖的地下蓄水池。"与休达的房屋相比，我们的可怜房子简直像猪圈。"[8] 一位目击者写道。就是在这里，恩里克首先体会到，假如能绕过伊斯兰世界的屏障，沿着非洲海岸南下，并抵达"轴线的另一端"[9]，将会获得怎样的财富。休达是葡萄牙扩张的开端，也是一个崭新世界的门槛。

天命和幸运使得葡萄牙被排除在繁忙的地中海贸易与思想交流之外。葡萄牙位于欧洲的边缘，文艺复兴的外围，只能羡慕地看着威尼斯和热那亚等城市的财富。这些城市垄断了来自东方的奢侈品（如香料、丝绸和珍珠）市场。它们从亚历山大港和大马士革等伊斯兰城市获取这些东方奢侈品，然后以垄断高价卖到欧洲。葡萄牙虽然不能染指地中海贸易，却面向大洋。

在海港拉古什以西 20 英里处，葡萄牙海岸线的末端是一片怪石嶙峋的海岬，俯瞰大西洋。这就是圣文森特角。这里是欧洲的船首，是欧洲大陆的最西南角。在中世纪时，欧

---

① 欧洲人称为巴巴利而阿拉伯人称为马格里布的地区，即今天的摩洛哥、阿尔及利亚和突尼斯一带。

洲人对世界的有把握的认知以此为界。从悬崖上眺望，人们能看到一大片汪洋，并感受到劲吹的海风。海平线向西弯曲，一直延伸到太阳西沉、落入未知黑夜的地方。数千年来，伊比利亚半岛边缘的居民从这条海岸线举目远眺，注视那虚空。天气恶劣时，卷浪长涌，以令人胆寒的猛烈气势锤击峭壁，浪花的顶端随着大洋的长距离节律而颠簸起伏。

阿拉伯人对世界的知识很丰富，但也只到直布罗陀海峡以西不远处为止。他们称这片大海为"黑暗碧海"：神秘、恐怖，可能无边无际。自古以来，这片大海就是无穷无尽的猜测的对象。罗马人知道加那利群岛的存在，那是摩洛哥海岸的一系列破碎岩石。罗马人称它为"幸运群岛"，并从那里开始测量经度，向东推移。往南方去，非洲渐渐消失在传说中，人们对其面积和末端一无所知。在古典时期和中世纪绘制于纸莎草纸和精制皮纸之上的地图里，世界一般被描绘为圆盘状，被海洋环绕。美洲还无人知晓，地球的末端被无法逾越的黑暗之水的障碍分隔。古典时期的地理学家托勒密对中世纪的影响极其深远，他相信印度洋是封闭的，从欧洲无法走海路进入印度洋。但对葡萄牙人来说，从圣文森特角看到的景象就是他们的机遇。就是在这一线海岸，通过漫长的捕鱼和航行训练期，他们学习到在广阔海洋航行的技艺，以及大西洋风的奥秘。这些知识将赋予他们无与伦比的主宰地位。在休达战役之后，他们开始运用这些知识，沿着非洲海岸南下，最终决定尝试通过海路抵达印度。

针对北非穆斯林的圣战将与葡萄牙的航海冒险紧密交织。阿维斯王族于 1415 年在休达开始崛起，一百六十三年后在休达附近灭亡①，它的发展轨迹是一条对称的弧线。在此期间，葡萄牙人在全世界快速推进，越走越远，超过了历史上的任何其他民族。他们沿着非洲西海岸南下，绕过好望角，于 1498 年抵达印度，1500 年抵达巴西，1514 年来到中国，1543 年登陆日本。葡萄牙航海家费尔南·德·麦哲伦帮助西班牙人在 1518 年之后的岁月里完成首次环球航行。休达战役是所有这些行动的出发点；它是为了发泄宗教、商业和民族主义的激情而秘密筹备的，动力则是对伊斯兰世界的仇恨。在远征北非的"圣战"中，好几代葡萄牙征服者首次尝到战火的滋味。在这里，他们学习到，军事扩张的胃口和条件反射式的暴力能够威吓印度洋的各民族，让人数不多的入侵者也能获得极大的影响力。15 世纪时，葡萄牙全国人口差不多只相当于南京这么一座中国城市的人口，但它的船队的威慑力远远超过郑和的大船队。

明朝震撼人心的下西洋船队就像登月行动一样先进，代价也同样高昂。每一次航行要消耗全国年赋税收入的一半，而且留下的影响极小，就像月球尘土中的脚印一样。1433 年，在第七次下西洋的远航途中，郑和去世了，地点可能是印度海岸的卡利卡特。他的葬礼极可能是海葬。在他身故后，星槎再也没有出海过。中国的政治潮流发生了变化：皇

---

① 1578 年，在摩洛哥北部的"三王战役"中，葡萄牙国王塞巴斯蒂昂（及其盟友，被废黜的摩洛哥苏丹阿卜杜拉·穆罕默德二世）与摩洛哥苏丹马利克一世交战，葡军惨败，塞巴斯蒂昂丧命。葡萄牙迅速衰落，1581 年被西班牙吞并。

帝们加固长城，闭关锁国。远洋航海被禁止，所有航海档案资料被销毁。1500 年，法律规定，建造超过两根桅杆的船只，将被处以极刑。五十年后，寸板不得下海。星槎的技术和郑和的遗体一起，消失在印度洋的波涛中；它们留下了一个等待填充的权力真空。1498 年，瓦斯科·达伽马抵达印度海岸时，当地人只能告诉他一些模糊不清的故事，讲到蓄着奇怪胡须的神秘访客和令人难以置信的大船曾经拜访他们的海岸。郑和的远航只留下一座重要的纪念碑：用汉语、泰米尔语和阿拉伯语写的纪念碑铭，分别向佛祖、湿婆和安拉表达感激和赞颂："比者遗使诏谕诸番，海道之开，深赖慈佑，人舟安利，来往无虞。"[10] 这是非常大方的宗教宽容姿态。碑铭竖立在锡兰（今斯里兰卡）西南角附近的加勒，中国船队在那里转向印度西海岸，然后进入阿拉伯海。

葡萄牙人的到来没有这样的祝福，也不像中国船队那样威武雄壮。郑和的一艘平底船就可以容纳达伽马的那几艘小船和约一百五十名船员。达伽马向一位印度国王呈上的礼物寒酸得可怜，国王甚至拒绝查看。但是，葡萄牙人用自己船帆上的红色十字和船上的铜炮宣示了自己的意图。与中国人不同的是，葡萄牙人先发制人地开炮，并且再也不会离开。征服是一项滚滚前进的国家大业，一年年地巩固他们的地位，直到他们扎下根来，当地人无法驱逐他们。

加勒的纪念碑至今尚存。它的顶端雕刻着两条中国龙，正在争夺世界。但首先将两大洋连接起来并为世界经济打下基础的，是来自原始欧洲的葡萄牙水手。他们的成就在今天已经大体上被忽视。这是一部范围广泛的史诗，涉及航海、贸易，以及技术、金钱与十字军圣战、政治外交与间谍活动、海战与海难、忍耐、蛮勇和极端暴力。其核心是震撼人心的大约三十年，那就是本书的主题。在这三十年里，少数葡萄牙人在几名非同一般的帝国建设者的领导下，企图摧毁伊斯兰世界，控制整个印度洋和世界贸易。在此过程中，他们建立了一个影响力遍布全球的航海帝国，开启了欧洲人地理大发现的伟大时代。瓦斯科·达伽马时代的历史开启了西方扩张的五百年，释放出了如今正塑造我们世界的全球化力量。

第一部

———————

侦察：通往印度之路
1483～1499 年

DOVASÇODAGAMA·
VISOREI E COMDE·

1 印度计划

1483 ~ 1486 年

南纬 13°25′7″，东经 12°32′0″

1483 年 8 月，在今天的安哥拉海岸的一处海岬，一群饱经风霜的水手将一根石柱竖立起来。石柱高 5.5 英尺，顶端有一个铁制十字架，用熔化的铅固定在石柱的一个槽内。圆柱形石柱的顶端被做成立方体，其表面雕刻着一个盾形纹章和一句葡萄牙语铭文：

> 自创世起第 6681 年，自我主耶稣基督降生以来第 1482 年，最高贵、卓越和强大的君主，葡萄牙国王若昂二世，派遣他的宫廷绅士迪奥戈·康，发现了这片土地，并竖立这些石柱。[1]

这座纪念碑，相对于庞大的非洲来说只是微不足道的小痕迹，但标志着欧洲探险家在地中海沿海之外向南前进最远的极限。它既是宣示占有的不谦逊的举措，也是向南传递的接力棒，象征着葡萄牙人一个海岬又一个海岬，沿着非洲西海岸南下，寻找通往印度的海路。它宣示了自己关涉时间、

这根石柱标志着迪奥戈·康沿着西非海岸南下之旅的终点。它于1486年1月被竖立在纳米比亚的十字架角，后来在1893年被运往柏林

归属和宗教使命的神话。康奉御旨南下的途中，竖立了一连串这样的石碑。它们可能是于一年前在里斯本附近林木青翠的辛特拉山区雕刻的，所以时间有点错误。它们被一艘在海浪中颠簸的卡拉维尔帆船①运载了4000海里。它们自有深切的用意，如同即将参加登月探险的飞船带着美国国旗一样。康从这根石柱的所在地向南眺望，海岸似乎在向东弯曲。他似乎觉得自己已经接近了非洲的末端。通往印度的道路已经在视野之内了。

如同"阿波罗"号登月探险，这个时刻背后是数十载的努力。在休达战役之后，恩里克王子（他永垂青史，享有"航海家恩里克"的美名）开始出资赞助沿着非洲海岸南下的探险活

---

① 卡拉维尔帆船是15世纪时盛行的一种三桅帆船，当时的葡萄牙和西班牙航海家普遍用它来进行海上探险。

动，以寻找奴隶、黄金和香料。一年又一年，一个又一个海岬，葡萄牙航海船沿着西非向西南方倾斜的突出部，艰难跋涉，小心翼翼地用铅垂线测量水深，始终对浅滩和礁石（大海越过它们，掀起惊涛骇浪）保持警惕。在这个过程中，他们渐渐摸清了非洲大陆的形态：毛里塔尼亚的荒芜沙漠，他们所称的几内亚（意思是"黑人的土地"）地区植被繁茂葱茏的热带海岸，以及非洲赤道地区（塞内加尔和冈比亚）的奔流大河。在恩里克的领导下，葡萄牙人一边进行探索、袭掠和贸易，一边也调查研究当地民族学情况并绘制地图。他们所发现的每一个海角和海湾都被标记在海图上，用基督教圣徒的名字或当地明显的特征或事件来命名。

这些探险的规模都不大。只有两三艘船，由恩里克宫廷的一名绅士指挥，不过航海和船上的管理工作则由一名经验丰富、通常默默无闻的领航员负责。每艘船都载有一些士兵，他们会在接近未知海岸的时候端着弩弓严阵以待。这些船只，即卡拉维尔帆船，是葡萄牙人对之前旧船型（可能源自阿拉伯世界）的改良。它们配有三角帆，因此可以抢风航行，这在退离几内亚海岸时非常有帮助；而且它们吃水浅，非常适合探索海湾上游。它们尺寸虽小（长不到 80 英尺，宽 20 英尺），但非常适合进行探险活动。不过，它们的船舱空间很小，能携带的给养不多，所以长途航海是极大的考验。

恩里克的动机是很复杂的。葡萄牙是个贫穷小国，被排挤在欧洲事务之外，被强大的邻国卡斯蒂利亚包围和压制。在休达，葡萄牙人瞥见了另一个世界。恩里克及其后继者希望获得非洲的黄金资源，掳掠奴隶和香料。马略卡岛的犹太地图师绘制的中世纪地图对他产生了影响。在这些地图上，闪闪发光的河流通往传说中曼萨·穆萨（"万王之王"）的王国，他在 14 世纪初统治着马里王国，控制着传奇的塞内加尔河的金矿。地图显示，有些河流纵横穿越整个大陆，并且与尼罗河相连。这让人胸中不禁燃起希望，或许可以通过非洲大陆的内部水道穿过非洲内陆。

葡萄牙王室向教皇建议开展这样的航行计划，将其描绘为十字军圣战，与伊斯兰世界的继续斗争。早在邻国卡斯蒂利亚之前许久，葡萄牙人就已成功地将阿拉伯人从自己的领土驱逐出去，并建立了一种早熟的民族认同。但是，他们对圣战的胃口还很大。阿维斯王族以天主教君主的身份，作为基督的战士，在欧洲舞台寻求合法性以及与列强平起平坐。1453 年君士坦丁堡陷落之后，欧洲人觉得自己越来越受到咄咄逼人的伊斯兰世界的威胁。在这样的背景下，阿维斯王族从教皇那里获得了精神上和财政上的妥协，并且得到授权，以基督的名义占有他们探索的陌生土地。罗马发布的十字军圣战的命令是"入侵、搜索、捕获、战胜和征服所有撒拉森人①和形形色色的异教徒，以及基督的其他敌人……并将其永久奴役"。[2]

他们也受到了建功立业的欲望的驱动。恩里克及其兄弟

---

① 这是基督教世界对阿拉伯人的称呼。

有一半英格兰血统，他们的母亲是兰开斯特的菲利帕，即爱德华三世的孙女。他们的表兄是亨利五世，阿金库尔战役①的胜利者。骑士精神的气氛受到他们的盎格鲁－诺曼祖先和中世纪传奇故事的渲染，在葡萄牙宫廷影响极大，给躁动不安的葡萄牙贵族注入了一种干劲十足、富有活力的骄傲而鲁莽的勇气和对荣耀的渴望，再加上十字军圣战的热情。这群贵族，在葡萄牙语中被称为"显贵"（fidalgo），字面意思是"大人物的儿子"，遵照一种荣誉法则来生活、战斗和死亡，而且这种法则将伴随葡萄牙人走遍世界。

在非洲计划的背后，是一个非常古老的积极进取的基督教梦想：绕过伊斯兰世界，因为它阻挡了从欧洲通往耶路撒冷和东方财富的道路。有些地图上描绘了一位威风凛凛、富有帝王威仪的人物，身穿红袍，头戴主教冠，宝座是亮闪闪的黄金。那就是传说中的基督教祭司王约翰。他的神话可以上溯到中世纪早期。欧洲人相信，有一位非常强大的基督教君主，他居住在伊斯兰世界构成的障碍之外远方的某地。西方基督教世界或许可以与他联手，消灭异教徒。这个神话源自旅行者的故事、文学虚构（12世纪有人捏造了一封所谓的来自这位伟大国王的书信）和模糊的知识（即认为欧洲之外存在基督

---

① 阿金库尔战役发生于1415年10月25日，是英法百年战争中著名的以少胜多的战役。在英王亨利五世的率领下，以步兵弓箭手为主力的英军在法国的阿金库尔击溃了由大批贵族骑士组成的法军，为随后在1419年收复整个诺曼底奠定了基础。这场战役成了英国长弓手最辉煌的胜利，在战争史上影响深远。此役还成为后世大量文艺影视作品的主题，包括莎士比亚的名剧《亨利五世》。

徒）。中亚有聂斯脱利派①，东印度有圣多马的追随者②，埃塞俄比亚高原有一个古老的基督教王国。传说祭司王约翰统率着庞大的军队，富得流油。据 14 世纪时的一份史料记载，他"比世界上任何人都更强大，也更富裕，拥有不计其数的金银和宝石"。[3] 他的宫殿的屋顶和内壁都由金砖砌成，他麾下军队的兵器也是金的。到 15 世纪时，祭司王约翰的形象被认为就是埃塞俄比亚某些真实的基督教国王。有地图表明，通过穿越非洲中心的河流，就可以抵达他的王国。在一个多世纪的时间里，这种令人眼花缭乱的海市蜃楼将会对葡萄牙人的想象力和战略构成极大的吸引力。

地图；旅行者的故事；关于深入非洲心脏的大河的混乱图像；关于黄金的不可思议的传闻；关于强大的基督教统治者的传说，欧洲人或许可以与他们结盟，共同反对伊斯兰世界：这些旋涡般的半真半假的故事、异想天开和错误的地理知识，渗入了葡萄牙人的世界观。就是这些东西，引诱他们沿着非洲海岸不断南下，寻找黄金河或能够带他们到祭司王约翰那里的河流。在满怀探索精神的葡萄牙水手眼中，每一个海湾、每一条河流似乎都充满了希望。但沿海岸南下的推进不是一帆风顺的，他们经历了许多艰难险阻。惊涛骇浪让

---

① 聂斯脱利派是基督教早期的一个异端派别，得名自其倡导者聂斯脱利（386～450 年，曾任君士坦丁堡牧首），认为耶稣的神性与人性分开（后来的正统基督教认为耶稣只有一个性，神性与人性是融合的）。聂斯脱利派在罗马帝国遭到镇压，后传入波斯和东方。聂斯脱利派是唐代传入中国的最早的一个基督教派别，汉译名称为景教。

② 圣多马是耶稣的十二使徒之一，据说在罗马帝国范围之外传福音，于公元 52 年抵达印度，在那里建立了教会组织。

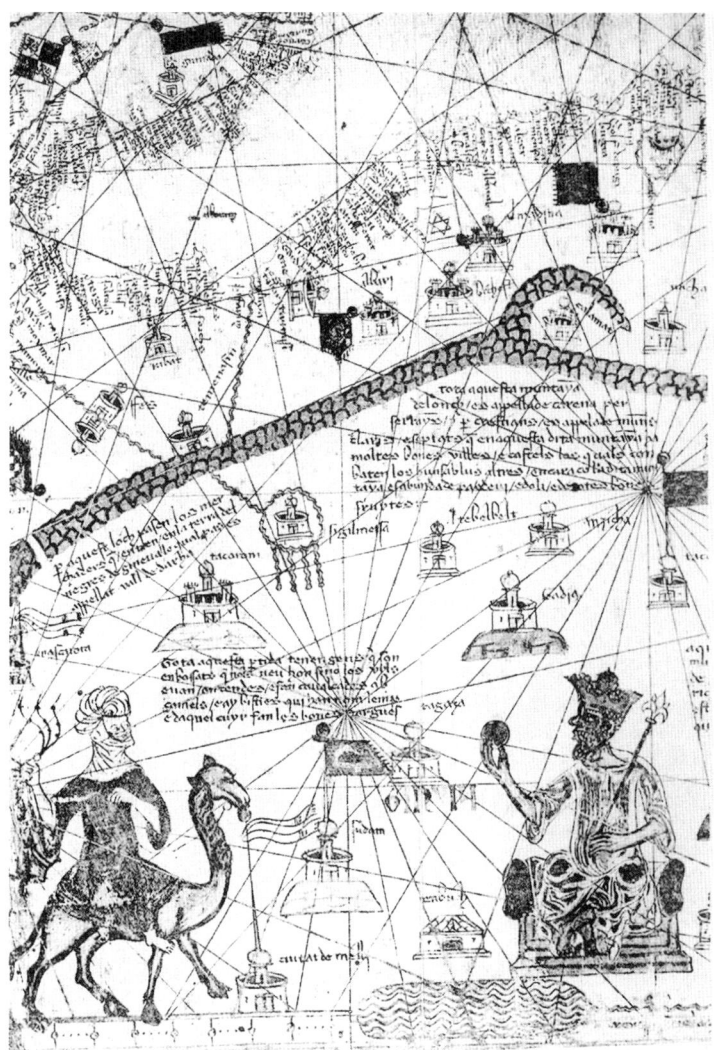

1375 年的加泰罗尼亚地图（绘制于马略卡岛）细部，图中曼萨·穆萨拿着金块，北方是神话中的黄金河、北非海岸与西班牙南部

登陆充满危险，与当地人的关系也总是高度紧张的。他们在河流入海口遇到过硕大无朋的潟湖、蜿蜒曲折的红树林沼泽地，当然也有浓雾、无风天气以及猛烈的赤道暴雨。热病让水手们损失惨重。在几内亚湾，当地反复无常的风向和从东向西的强劲海流严重阻碍了葡萄牙人的前进步伐，但在很长时间里，向东延伸的海岸线激励着他们继续前进。渐渐地，他们产生了一种信念，即他们正在一点一点接近非洲最南端，通往印度财富的道路或许是海路而非内河。但非洲大陆的面积相当于伊比利亚半岛的五十倍，它的形状和规模让他们困扰和迷惑了差不多八十年。

绕过伊斯兰世界对欧洲的遏制的想法，既是经济方面的，也是意识形态上的。为了与撒哈拉以南非洲的各民族直接开展商贸，寻找黄金或许还有香料的来源——受到马里国王控制着大量黄金的印象的驱策——是一种莫大的诱惑。与祭司王约翰及其神秘的军队连成一片，从伊斯兰世界背后发起攻击，同样也很有吸引力。恩里克去世后，葡萄牙人的努力松懈了一段时间，直到 15 世纪 70 年代恩里克的侄孙若昂王子再度推动航海探险事业。1481 年，若昂登基为王①之后，非洲计划得到了新的推动力。

若昂二世黑须、长脸，身材挺拔健壮，表情有些忧郁，加之"风度非常严肃和不怒而威，所有人都一下子看到他的人君之风"，[4]他"惯于号令天下，任何人都不能对他发号施令"。[5]他或许是现代早期最有意思的欧洲君主。对葡萄牙人来说，他在历史上留下的称号是"完美君王"。他的竞争对手伊莎贝拉（卡斯蒂利亚女王，后来成为统一的西班牙王国的女王）给了

---

① 史称若昂二世。

他最终极的嘉许。她简单地将他称为"那个男子汉"①。若昂二世专注于"建立伟大功勋的深切欲望",[6]他着手去做的第一件伟大功业就是探索非洲。在登基后,他启动了长达五年的由国家出资的大规模探索活动,并希望达成两个目标:找到通往东印度的道路,以及找到传说中祭司王约翰的王国。他把这些任务托付给了在西非海岸竖立许多石柱的迪奥戈·康。

若昂二世,"完美君王"

然而,到 15 世纪 80 年代时,里斯本的码头区在流传其他的理论,称前往东印度或许还有另一条路。里斯本城是探索的前沿,是测试关于世界的各种观念的实验室。在欧洲各地,天文学家、科学家、地图师和商人都指望从葡萄牙获得

———————————

① 原文是 El Hombre,字面意思是"那个男人"。也有的说法称,伊莎贝拉女王憎恶若昂二世残暴,所以鄙夷地称他为"那个男人",而不说他的名字。

关于非洲形状的最新信息。犹太数学家、热那亚商人和德意志地图师被吸引到葡萄牙熙熙攘攘的街巷，从塔霍河的入海口眺望无边无际的大洋，葡萄牙卡拉维尔帆船就从那里返回，运回黑奴、色彩鲜艳的鹦鹉、胡椒和手绘地图。若昂二世对航海的兴趣引发了一个科学委员会的问世，该委员会将利用所有这些知识资源。有一位知识分子是若泽·维齐尔尼奥，他是当时最伟大的犹太天文学家和数学家亚伯拉罕·萨库托的弟子；还有德意志人马丁·倍海姆，此人后来发明了地球仪的原型。为了科学探索，这两人都乘坐葡萄牙船只，以便观测太阳。

1483 年夏季，康在一点一点地沿着非洲海岸南下摸索的同时，热那亚冒险家克里斯托弗·哥伦布（西班牙人称他为克里斯托瓦尔·科隆）来到里斯本宫廷，提出了抵达东印度的一种新方案。若昂二世已经知道他的方案了。十年前，他收到了著名的佛罗伦萨数学家和宇宙学家保罗·托斯卡内利的一封信和一张地图。托斯卡内利提出，"从此地前往印度，即香料国度，有一条海路；这条海路的距离比通过几内亚要短"。[7] 他的推断是，因为地球是圆球形的，所以无论往东还是往西航行，都有可能抵达东印度，而向西航行的距离更短。除了此时尚无人知晓的美洲的"无形"障碍之外，托斯卡内利还犯了一个根本性的错误：他对地球的圆周长估算过低。然而，在该世纪最后几十年里，伊比利亚半岛的几个国家争夺世界的竞赛越演越烈，所以这封信和这张地图注定要成为重要的因素。哥伦布知道托斯卡内利的信的内容，或者拥有这封信的一个副本。现在他大胆地求见若昂二世，要求国王给他足够的资源，尝试一下。国王十分开明。他将极度自信的哥伦布的提议转交给他的学者与数学家委员会斟酌，并等待康归来。

康于次年，即 1484 年 4 月初返回了里斯本，带回了关于非洲海岸向东延伸的报告。若昂二世仔细地询问了他的探险家，对结果非常满意，赏赐给他一大笔年金，并封他为贵族，允许他使用国王的纹章。康选择的纹章图案是两根石柱，顶端有十字架。对若昂二世来说，东印度已经近在咫尺，显然只要再来一次远航就足够了。

康的报告意味着，哥伦布的希望破碎了。他的谈吐风格和数学计算都被认为是错误的。若昂二世的委员会判断，哥伦布在托斯卡内利的基础上错上加错，严重低估了地球的尺寸：按照他对去往东印度距离的估算，他把地球的尺寸缩小了 25%。而他那种自信满怀、不容置疑的傲慢模样也让人难以忍受，再加上他大言不惭地要求赏赐，更是让人不悦。"因为国王看到哥伦布夸夸其谈，并且非常傲慢地吹嘘自己的本领，并且对日本岛（的位置）完全是异想天开，所以对他没有多少信任，"[8]葡萄牙历史学家若昂·德·巴罗斯记载道，"于是他大失所望地离开了国王，前往西班牙，在那里兜售他的计划。"哥伦布开始游说伊莎贝拉和斐迪南，利用西班牙与葡萄牙之间的竞争关系，来鼓吹自己的宏图大略。

与此同时，若昂二世对成功自信满怀。1485 年 5 月或 6 月，康在马丁·倍海姆的陪伴下，携带着更多石柱再度出航，打算将石柱竖立在非洲的最南端。几个月后，葡萄牙国王向全世界宣布，他的水手已经接近了最终的突破。11 月，他的演说家瓦斯科·费尔南德斯·德·卢塞纳起草了国王给新教皇英诺森八世的书信，其中充满了民族主义宣传和圣战的浮夸言辞。他谈到了祭司王约翰以及

> 阿拉伯海周边那些居住在亚洲的王国和民族，我们对其知之甚少，但它们极有可能虔诚地信奉我们救世主的神圣宗教。如果最渊博的地理学家的阐述是正确的，那么葡萄牙航海家距离这些王国和民族已经只有几天的航程了。我们的人探索了非洲海岸的大部分，在去年接近了普拉苏斯海岬（非洲的最南端），阿拉伯海就从那里开始。从里斯本出发，4500英里的范围内，我们探索了所有河流、海岸和港口，最为一丝不苟地观察了海洋、陆地和星辰。在探索该地区之后，我们将发现数额巨大的财富和无上的荣光，它们属于所有基督徒，尤其属于您，我们的圣父。[9]

卢塞纳随后引用了《诗篇》第72章："他要执掌权柄，从这海直到那海，从大河直到地极。"[10]这里的大河指的是约旦河，而在若昂二世越来越膨胀的全球视野中，它完全也可以代表塔霍河。

然而，就在卢塞纳慷慨陈词的同时，国王的希望又一次破灭了。数千英里之外，康发现，海岸线向东延伸只是个幻觉，那只不过是一个大海湾，海岸线很快又继续向南延伸，似乎无穷无尽。这年秋季，他在南方160英里处的一个海岬竖立了又一根石柱；海岸的景致逐渐从热带森林变成低矮荒

芜的沙丘、稀疏的植被和半荒漠。1486 年 1 月，康的耐力
到了极限，此时他抵达了现代纳米比亚的一个地方，他称之
为"十字架角"。他在那里竖立了他的最后一根石柱，周围
是一大群海豹在黑色礁石上晒太阳。非洲似乎会无穷无尽地
延伸下去，康在这个时刻从历史中消失得无影无踪。他要么
在归途中丧命，要么返回了里斯本，但若昂二世因为自己公
开鼓吹的胜利化为泡影而恼羞成怒，对康大肆羞辱，让他从
此默默无闻。

　　不管康的最终命运如何，他为地图增添了新的 1450 英
里海岸线。葡萄牙人似乎不知疲倦，吃苦耐劳，而且愿意驱
使自己奔向已知世界的边缘，乘坐他们那灵敏的卡拉维尔帆
船翻越惊涛骇浪，或者探索西非的奔流大川，以寻找那捉摸
不定的祭司王约翰的王国，以及通向尼罗河的内陆航道。在
这种努力的过程中，许多人失去了生命。他们死于船只倾
覆、疟疾、毒箭和孤寂，留下了少量痕迹，否则历史会将他
们彻底遗忘。

　　康奋斗过程的最震撼人心的纪念物，位于刚果河上游
的叶拉拉瀑布。乘帆船或划桨船抵达此处的人，必然要从
海口逆流而上 100 英里，途经红树林沼泽和植被茂密的河
岸。随着他们的前进，水流也越来越强劲，直到他们抵达
一处怪石嶙峋的峡谷，看见声若雷霆的瀑布，巨大的激流
就这样从非洲的心脏喷涌而出。他们的船只再也不能前
进，于是他们丢下船，攀爬岩石，前进了 10 英里，希望
找到可供通航的上游水道，但接连不断的湍流粉碎了他们
的希望。在那高高耸立于震耳欲聋的激流之上的岩壁的表

叶拉拉瀑布岩壁上的主要铭文

面，他们留下了一幅雕刻，这是另一种类型的纪念碑。他们刻下了若昂二世国王的纹章、十字架和几句话："伟大的君主，葡萄牙国王若昂二世国王的船只抵达此地，水手有迪奥戈·康、佩德罗·阿内斯、佩德罗·达·科斯塔、阿尔瓦罗·皮里斯、佩罗·埃斯科拉·A……"右下角是另一个人刻下的其他姓名："若昂·德·圣地亚哥、迪奥戈·皮涅罗、贡萨洛·阿尔瓦雷斯，病号有若昂·阿尔瓦雷斯……"[11]另一个地方则只刻下了一个教名："安塔姆"（"安东尼"之意）。

所有这些铭文都断裂了，刻下这些文字的具体情况也模糊不清，仿佛极地探险家日记的最后一段。铭文显示了船长们的名字——迪奥戈·康和其他刻在十字架旁边的人名——但这些指挥官可能并不曾真正到场。康可能是派人进行了一次探索，以检查刚果河的适航性；第二批名字可能就是真正执行任务的人。两批铭文都不完整，仿佛在同时被打断了。显然有人患病或死亡，可能是因疟疾而死。他们是因为太虚弱而无力继续铭刻了吗？他们是在岩石上雕刻的时候遭到了突然袭击吗？不寻常的是，铭文没有留下日期，也没有当时的史料记载此次探险。直到探险家于 1911 年发现这些铭文，世人才知晓此事。

葡萄牙人的观念——存在横跨非洲的水道或陆路——受到古代地理学家推测的鼓舞，以及中世纪地图师带有黄金的书页的诱惑，所以生生不息，延续许久。这些信念——西非的大河与尼罗河相连；祭司王约翰的王国就在非洲大陆的另一端，而他们错误估计了非洲大陆的整个宽度——使得葡萄牙人花费了几十年时间，坚持不懈而满腹困惑地努力。若昂二世派遣了多个代表团，走陆路去搜寻信息和黄金，建立葡萄牙的威望。葡萄牙人还开展了多次类似刚果河探索的行动。卡拉维尔帆船在塞内加尔河逆流而上 500 英里，但止步于费卢的激流。一次类似的内河探险在冈比亚的巴拉昆达瀑布受阻，若昂二世派遣工程师去摧毁河床的岩石，但任务太过艰巨，他们未能成功。与此同时，王室的仆人和侍从徒步进入内陆。小群探险家穿越了毛里塔尼亚沙漠，抵达瓦丹①和廷巴克图②；他们来到齐洛夫人和图库洛尔人的国度；他

---

① 瓦丹位于今天毛里塔尼亚中部，如今是世界文化遗产地。
② 廷巴克图位于今天的马里共和国（西非），12 世纪兴起，一度是重要的贸易城市，非常繁华，在其黄金时代有许多伊斯兰学者居住于此，因此成为非洲重要的学术和文化中心。

们来到尼日尔河上游他们称为曼迪·曼萨的曼丁哥人国王那里。有些探险家带回了关于王国和贸易路线的报告，有些人则彻底消失了。

但若昂二世既不畏惧冈比亚和刚果的顽固激流，也不怕依然持续延伸的非洲海岸，更不担心找不到半神话的基督教国王的国度。他那印度计划的规模、一贯性和坚忍不拔，一直令人惊叹。1486 年，当他的地理学家委员会在里斯本更加专注地审视歪曲事实的世界地图时，哥伦布则正在游说西班牙君主支持他的西进路线，若昂二世国王只是加强了他的努力。同年，"发现"（descobrimento）这个词第一次出现在葡萄牙文书写材料中。

2 竞赛
1486～1495 年

里斯本的圣乔治城堡坐落于一个崎岖的海岬之上，视野极佳，可以远眺塔霍河。城堡收藏的宝物包括一张豪华版的世界地图。它是若昂二世国王的父亲阿方索五世三十年前聘请威尼斯的一位僧侣地图师绘制的，目的是囊括当时最尖端的地理知识。

毛罗修士创作了一幅非同小可的艺术品，极其详尽，饰有金叶、波浪起伏的蔚蓝大海和带有锯齿形城堞的城市的图像，熠熠生辉。它就像一张巨大的圆盾，宽 10 英尺，根据阿拉伯传统，上南下北。它展示了任何欧洲人制作的地图都不曾表现的东西：它将非洲描绘为一块独立的大陆，其南部有一个海角，他称之为迪亚布角。尽管非洲的形状被严重扭曲，而且很多细节因为若昂二世时期的发现已经显得过时，但毛罗修士努力根据他掌握的证据来创作。威尼斯与东方的贸易关系历史悠久，因此威尼斯是关于欧洲之外世界的信息与旅行者故事的交换中心。

除了图像，地图还配有数百条用红色或蓝色墨水写的文字评论，信息主要来自马可·波罗的耳闻目睹，一位名叫尼科洛·达·孔蒂①的 15 世纪旅行家的记述，以及"葡萄牙人执行或筹划的所有新发现的信息"。[1] "很多人认为，并且写道，海洋并没有环绕我们整个可居住的陆地和南方的温带，"毛罗在他的地图上写道，"但有很多证据可以支撑相反的观点，尤其是葡萄牙人的证据，他们的国王派遣他们乘坐卡拉维尔帆船，去亲眼查看真相。"他特别提到香料群岛和印度洋各港口（葡萄牙人特别对其感兴趣），并直截了当地反对托勒密地理学的一个关键概念：印度洋是一片封闭的海洋。毛罗相信存在一条从欧洲通往东印度的海路，他给出的证据包括古代地理学家斯特拉波对这样一次航行的记载，以及一个关于中国平底帆船环绕非洲航行的故事（可能是孔蒂讲述的）。

毛罗修士的地图以视觉形式表达了葡萄牙人寻找通往东印度海路的雄心壮志。它也突出了欧洲人是多么无知。世界从来不曾如此分裂过。欧洲人在中世纪与东方的接触比罗马帝国时期少得多。马可·波罗曾徒步和骑马，取道蒙古人控制下的丝绸之路，然后乘坐中国平底帆船渡过印度洋。他的记述具有极其深远的影响力，因为到 15 世纪时，欧洲与东方的几乎所有直接联系都被切断了。蒙古帝国已经土崩瓦解，远途陆路贸易路线由此消失；在中国，新朝代明朝在宝船的伟大远航之后，产生了仇外心理，封闭了自己的边境。

---

① 尼科洛·达·孔蒂（1395~1469 年），意大利商人与旅行家，生于威尼斯的基奥贾，曾旅行至印度和东南亚，可能去过中国南部。他于 1419 年离开威尼斯，在大马士革居住，学习阿拉伯语，熟悉了伊斯兰文化，后来以穆斯林商人的身份，去过亚洲很多地方。

除了孔蒂的报告之外，欧洲人对东方的几乎所有知识都还是差不多两百年前留下的。伊斯兰世界把基督教欧洲封堵起来。奥斯曼人攻入了欧洲，封锁了欧洲去往东方的陆路。开罗的马穆鲁克王朝①控制着令人垂涎的东方财富，通过亚历山大港和大马士革，以高额垄断价格兜售东方商品。威尼斯人和热那亚人从马穆鲁克王朝那里购买香料、丝绸和珍珠，但对于这些东方奢侈品的来源，只有一些含混不清的传言。

康企图绕过非洲之举的失败并没有让若昂二世灰心丧气，他继续坚持。他探索研究的范围越来越广泛，不会轻易排除任何可能性。两名僧人奉他的御旨，在地中海各地搜寻关于东方祭司王约翰的信息。关于哥伦布提议的西进路线，若昂二世也下了赌注。他雇用一名叫作费尔南·德·乌尔默的佛兰芒冒险家，授权他自费率领两艘卡拉维尔帆船向西航行四十天，允许他占据他发现的任何土地，王室提成其全部收入的 10%。也就是说，国王认为西进路线主要是推测，可能性不大，但他又不能完全排除其可能性，于是将这项冒险事业承包给了私人。看起来乌尔默似乎没能筹措到足够的资金；两名僧人也因为不懂阿拉伯语，在耶路撒冷被拦回来。若昂二世无所畏惧，继续努力尝试。

---

① 马穆鲁克王朝在约 1250~1517 年统治埃及和叙利亚。"马穆鲁克"是阿拉伯语，意为"奴隶"。自 9 世纪起，伊斯兰世界就已开始起用奴隶军人。奴隶军人往往利用军队篡夺统治权。马穆鲁克将领在阿尤布王朝苏丹萨利赫·阿尤布（1240~1249 年在位）去世后夺取王位。1258 年，马穆鲁克王朝恢复哈里发的地位，并保护麦加和麦地那的统治者。在马穆鲁克王朝统治下，残余的十字军被赶出地中海东部沿岸，而蒙古人也被赶出巴勒斯坦和叙利亚。文化上，他们在史书撰写及建筑方面成就辉煌。他们最后被奥斯曼帝国打败。

国王在自己身边聚集了新一代的忠心耿耿且才华横溢的航海家、水手与冒险家。他选拔这些人的时候看重的是才华，而不是出身地位。他呼吁这些人做一次最后的冲刺。1486 年，他精神百倍地筹划了三路并进的计划，去解决印度问题并找到祭司王约翰。他打算在问题的两端同时下手。一路是集中力量于非洲西海岸，超越康立下的石柱，继续南进，努力绕过非洲；沿途，探险队将派遣会说葡萄牙语的非洲土著深入内陆去打探传奇基督教国王的消息。同时，为了弥补从陆路前往东方计划的失败，他招募会说阿拉伯语的人，进入东印度腹地，去打听香料产地、基督教国王和通往印度洋的可能航线。

1486 年 10 月，也就是康（或者他的船只）回国不久之后，若昂二世任命宫廷的一名骑士巴尔托洛梅乌·迪亚士去指挥沿着非洲海岸的下一次远航。大约在同一时期，他为从陆路去往印度洋的探险选择了新人。

他为此次行动招募到的人是佩罗·达·科维良。此人大约四十岁，出身低微，却是一位机智敏锐、多才多艺的探险家，剑术高超，是葡萄牙国王的忠实仆人，也是一名间谍。除了葡萄牙语，他的卡斯蒂利亚语说得也很流利。更弥足珍贵的是，他还懂阿拉伯语，这可能是从西班牙的阿拉伯居民那里学来的。他曾在西班牙为若昂二世执行秘密任务，并与摩洛哥的非斯①国王展开秘密谈判。如今若昂二世将一项大

---

① 非斯是今天摩洛哥的第二大城市，一度是首都，也指摩洛哥北部地区。在本书涉及的时代，非斯王国指的是统治摩洛哥的柏柏尔人的马林王朝，其首都就是非斯城。

胆的任务托付给科维良和另一个会说阿拉伯语的人，阿方索·德·派瓦。

1487 年春，在迪亚士准备船只的时候，科维良和派瓦听取了丹吉尔①主教和两名犹太数学家（是拒绝哥伦布提议的委员会的成员）的介绍报告。两位探险家得到了一张中东和印度洋的航海图，这可能是欧洲内部关于地中海之外世界的最好的猜测，或许大幅度参考了毛罗修士的作品。5 月 7 日，他们在里斯本城外的圣塔伦宫最后一次秘密觐见了国王，领取了信用状，以便支付去往亚历山大港的海路旅费。此次会议在场的人当中有国王的堂弟，十八岁的贝雅公爵堂曼努埃尔，对他来说，此次冒险将会有着重大意义。这年夏天，他们从巴塞罗那乘船去往基督徒统治下的罗德岛，在那里买了一批蜂蜜，以便在阿拉伯世界假扮商人。从罗德岛，他们又坐船去了亚历山大港，那里是伊斯兰世界的门户。

在里斯本，迪亚士正在为自己沿着西非海岸的远航做最后的准备。他得到了两艘属于王室的卡拉维尔帆船，另外由于航程遥远，而卡拉维尔帆船的载货量有限，他们还带上了一艘横帆补给船，"以便运载更多给养，之前多次就是因为缺少给养，探险船返航时吃了极大苦头"。[2]迪亚士效仿康，也在船上运载了一些石柱，以便标示航行的每个阶段。迪亚士本人是经验极其丰富的航海家，他的部下也是当时最优秀

---

① 丹吉尔在今天摩洛哥北部，位于直布罗陀海峡入口处的北非一侧，是一座历史文化名城。

的水手，其中有佩罗·德·阿伦克尔，此人注定要在印度冒险中发挥关键作用。若昂二世国王显然对阿伦克尔评价极高，称他"凭借其经验和航海本领，理应得到荣誉、恩宠和奖赏"。[3] 补给船的领航员是若昂·德·圣地亚哥，他的名字被记载在叶拉拉瀑布的岩壁上，他对追踪康的远航极点做出了不可估量的贡献。

这支小型船队于 1487 年 7 月底或 8 月初从塔霍河起航。这将是人类地理大发现历史上最重要的航行之一，也是最神秘莫测的航行之一。当时的文献记载中几乎完全没有提及此事，仿佛葡萄牙编年史家故意对其视而不见。只有一些地图和书页边缘留下了一些零星记录，编年史里也有少量零散的信息。此次航行的细节、规模和成就还要再等待六十年，才由 16 世纪历史学家若昂·德·巴罗斯来记载。虽然迪亚士远航任务的具体细节已经佚失，但我们可以重建其大体情况：首先从康的最后足迹继续南下，追寻那捉摸不定的普拉苏斯海岬，即非洲的最南端。然后，派遣人员沿着海岸搜寻通往祭司王约翰国度的陆路或水路通道。这将与派瓦和科维良的探险相配合，为葡萄牙朝廷确立坚定不移且连贯一致的战略，去破解亚洲之谜。

为了这个目的，迪亚士船队带着六名非洲人，两男四女，都是康在某次旅途中绑架的，并向其传授葡萄牙语。据若昂·德·巴罗斯记载："国王命令将他们留在沿海各地，给他们打扮得漂漂亮亮，并分发黄金、白银和香料。"[4] 目的是"让这些非洲人进入村庄，告诉当地人，他的王国是多么辉煌壮丽，他是多么富有，他的船只在沿着这片海岸航行，并且他在寻找印度，尤其是一位叫作祭司王约翰的国王"。葡萄牙人特意选择女性来执行这个任务，是因为她们不会在部落纠纷中被杀死。

在亚历山大港，科维良和派瓦这两名间谍发了高烧，奄奄一息。

迪亚士沿着西非海岸南下，途经康的最后一根石柱，沿途用圣徒瞻礼日给他发现的海角与海湾取名，所以我们可以判断出他的旅程所取得的每个进展的日期：圣马塔湾（12月8日）、圣多美（12月21日）、圣维多利亚（12月23日）。到圣诞节时，他们抵达了一处他们称之为"圣克里斯托弗湾"的海湾。此时，他们出海已经四个月了，顶着海岸沿线的西南风蜿蜒前进，海流则涌向北方。他们一定在途中的不同地方放下了那些不幸的使者，不过其中一人已经在途中死去，其他人的情况则没有留下记载。此时，他们决定，将补给船以及九名水手留在纳米比亚海岸，待另外两艘船返回时再与补给船会合。

随后几天内，两艘卡拉维尔帆船经过了一片丘陵起伏的荒凉海岸。这时，水手们做出了一个惊人的决定。大约在南纬29度的某处海面，他们放弃了针对逆风与逆流的消耗战，而是远离海岸，将帆降到半桅，向西驶入了苍茫大海，尽管这与他们向东航行的目的相反。没有人知道为什么会这样。这可能是水手们预先设计的方案，也可能是灵机一动的天才之举，因为他们之前从几内亚海岸返航时（他们向西航行，远离非洲海岸，绕一大圈进入大西洋中部，然后借助西风，向东返回葡萄牙）已经了解到大西洋风的特点。或许，他们推断，这种规律在南大西洋同样有效。不管他们的逻辑如何，这都是世界历史的一个关键时刻。

卡拉维尔帆船适合探险，但在长途航行中显得过于拥挤

一连十三天，将近 1000 英里，船帆降到半桅的卡拉维尔帆船驶入茫茫大洋。他们进入南温带之后，天气变得酷寒。有水手死亡。在大约南纬 38 度的海面上，他们的直觉产生了效果。风向越发多变。西风将他们的船只吹向东方，他们希望并期待会抵达他们想象中仍然由北向南无尽延伸的长长的非洲海岸。他们继续行驶了几天。海平线上没有出现陆地的踪影。他们决定改为向北航行，希望能找到陆地。将近 1 月底时，他们看到了高耸的山岭。1488 年 2 月 3 日，他们登陆了，并将这个地点命名为牧牛人湾①。他们在开阔海域已经航行了将近四周。他们绕的一大圈已经让他们错过了好望角和厄加勒斯角，即非洲的最南端，也就是大西洋和印

---

① 今称贻贝湾（音译为莫塞尔湾），属于南非。

度洋融为一体的地方。

此次登陆的情形高度紧张。他们看到大群的牛，守护牛群的人"头发似羊毛，就像几内亚人"。[5]他们无法与这些牧牛人交流。九年后，领航员佩罗·德·阿伦克尔故地重游，回忆了当年的情形。葡萄牙人将礼物堆到海滩上，当地人却逃之夭夭。此地显然有泉水，但"迪亚士在靠近海滩的地方取水时，当地人企图阻止他。他们从一座小山上向他投掷石头，于是他用弩弓杀死了其中一人"。[6]

在此次冲突之后，葡萄牙人继续航行200英里，海岸线毋庸置疑地折向东北方。他们第一次清楚地意识到，自己一定已经绕过了非洲的最南端。海水变得更温暖，但海浪的颠簸起伏给他们造成了沉重打击。3月12日，他们抵达了一处海湾，在那里竖立了最后一根石柱。此时，精疲力竭的水手们"开始异口同声地喃喃抱怨，要求不再继续前进，说给养已经濒临耗尽，他们需要返回补给船（载有给养物资）那里。此时他们距离补给船已经非常遥远，他们可能还没到那里就已经全死了"。[7]迪亚士希望继续前进，但国王给他的指示是，在大事上，他必须征询其他官员的意见。他们同意继续航行三天。他们遇到了一条河，给它取名为因方特河①，随后便调头返航。迪亚士显然大失所望，但服从了民主决议。在六十年后写作的历史学家若昂·德·巴罗斯称，迪亚士在开始原路返回的时候，依依不舍地回头望去：

---

① 得名自迪亚士舰队中的一名船长若昂·因方特。这条河在今天的南非境内，现称大鱼河。

"他离开自己在那里竖立的石柱时，感到莫大的悲伤和极深切的情感，仿佛他在向一个被终身流放的儿子道别；他记起了他和所有部下曾面对的巨大危险，他们走了多远才到这一步，然而上帝却没有把最主要的奖赏给他。"[8] "他看见了印度的土地，"另一位编年史家写道，"但不能进入，就像摩西无法进入应许之地一样。"①[9] 但这些都只是后辈的想象。

在里斯本，若昂二世国王一边等待迪亚士或科维良的消息，一边在多方下注。他不能彻底排除西进路线的可行性，并且深切地认识到西班牙与葡萄牙的竞争越来越激烈。3 月 20 日，他向哥伦布颁发安全通行证，允许他返回里斯本。哥伦布之所以需要通行证才能回到葡萄牙，是因为他在葡萄牙负有债务。与此同时，在亚历山大港，患热病的科维良和派瓦奇迹般地恢复了健康。他们乘船溯尼罗河而上，来到开罗，接着跟随一支商队跨越沙漠抵达红海之滨，然后乘船来到红海出入口处的亚丁。两人在此分道扬镳，派瓦将择路去往埃塞俄比亚，他相信那里就是祭司王约翰的王国，而科维良则将前往印度。

现在，迪亚士率领船只向西返航，首次发现了好望角。这是一个历史性的时刻：他明确无误地证明，非洲大陆是有尽头的，这就一劳永逸地推翻了托勒密地理学的一大重

---

① 摩西不能进入上帝给以色列人的应许之地，见《旧约·申命记》32：48~52。

要信条。根据巴罗斯的记载，迪亚士及其伙伴将这个地方命名为风暴角，而若昂二世国王将其改为好望角，"因为它承诺了印度的发现，我们为此渴望了那么久，追寻了那么多年"。[10]在迪亚士离开好望角的时候，背后吹来对他有利的劲风。

补给船上的人被困在纳米比亚的沙漠海岸达九个月之久，凄凉地等待那或许永远不会再出现的卡拉维尔帆船。1488年7月24日，当两艘卡拉维尔帆船返回到补给船那里时，补给船上原先的九人已经只剩下三人了。其他人都在与当地人因为贸易而发生的纠纷中被杀。巴尔托洛梅乌·迪亚士自己的兄弟佩罗可能就死在这里。幸存者之一，补给船的文书费尔南·科拉索因为患病而羸弱不堪，目睹卡拉维尔帆船出现的景象，"重逢自己的伙伴，竟喜极而亡"。[11]补给船已经被虫子蛀得千疮百孔。他们将补给船上的物资搬到卡拉维尔帆船上，将停在沙滩上的补给船付之一炬，然后踏上了归途。饱经风霜的两艘卡拉维尔帆船于1488年12月再次驶入塔霍河。迪亚士此次旅途耗时十六个月，发现了1260英里新的海岸线，并首次绕过了非洲。

我们知道他的返回，是因为此时仍然滞留里斯本的克里斯托弗·哥伦布在一本书的边缘写下了一条著名的记录。当迪亚士向国王汇报的时候，哥伦布显然也在场：

> 他写道，1488年12月，巴尔托洛梅乌·迪亚士，三艘（原文如此）卡拉维尔帆船的指挥官，抵达了里斯本；葡萄牙国王派遣他去几内亚探索；他报告称，他

在此前已经抵达的极限之外又航行了 600 里格①，向南行驶 450 里格，然后向北 150 里格，一直抵达一个他称为好望角的地方；我们估计这个海角位于阿吉辛巴，根据星盘判断，它应当在南纬 45 度，距离里斯本 3100 里格；迪亚士在海图上描绘和描述了每一里格的路程，以便向国王汇报；汇报的全过程，我都在场。[12]

哥伦布提及的纬度成为历史学界激烈争议的主题。但似乎没有疑问的是，当国王及其宇宙学家们研究迪亚士远航的细节（它们将很快被当时的地图吸收）时，哥伦布的确在场。迪亚士取得了两项伟大突破。他明确地证明，非洲是一块大陆，与印度有海路相通，因此推翻了托勒密地理学的一些准则；他天才地先向西深入大西洋的航行，解开了季风之谜的最后一部分，其告诉人们，抵达印度的办法不是紧贴着非洲海岸缓缓前进，而是绕一个大弧线，先进入茫茫大西洋，然后信赖可靠的西风会将船只吹过非洲大陆的最南端。这是葡萄牙水手六十年艰辛努力的巅峰，但听取迪亚士汇报的人们未必理解这项成就的意义。空欢喜那么多次之后，他们或许比以往更谨慎了。迪亚士没有得到奖赏和荣誉，也没有宣布发现陆地的公告，仿佛人们还不能相信迪亚士揭示的真相：更温暖的海洋，以及海岸线的弯曲。人们仍然坚守古

---

① 里格这个长度单位曾在英国和拉美等地流行，原意是一个人步行一小时的距离。自中世纪以来，不同国家的里格的长度不一。西班牙古时的里格也有浮动，曾被官方规定为合 4180 米。葡萄牙的里格有 4444.44 米、5555.56 米和 6172.4 米等多种标准。

典地理学的残余部分，仍然相信，非洲的最南端还没有被发现。次年，一份新的演讲（内容与之前向教皇做的报告几乎雷同）宣布："每一天，我们都在努力抵达那些海岬……以及尼罗河的泥沙，我们通过那里可以抵达印度洋，然后从那里去往野蛮人的海湾，后者就是无尽财富的源泉。"[13]迪亚士远航的价值要到九年之后才能为人们清楚地认识到。而哥伦布感觉到，若昂二世对他的兴趣已经消失了。于是他返回了西班牙，去游说西班牙朝廷。

在遥远的印度洋，科维良还在旅行。这年秋季，他搭乘一艘经商的阿拉伯三角帆船，穿越印度洋，来到了卡利卡特（今天的科泽科德），那是香料贸易的中心和从更东方来的大部分远途贸易的终点。1488 年年初，他可能已经到了果阿，然后乘船北上，来到波斯湾入口处的霍尔木兹，这里是印度洋的另一个中心。他在印度洋来回穿梭，搜集并秘密记录关于航道、风向、海流、港口和政治的信息，搭乘一艘船从东非海岸出发，抵达遥远南方的索法拉，那里与马达加斯加岛只有一海之隔，是阿拉伯人在印度洋南部向南航行的极限。他在努力研究从海路绕过非洲的可行性，以及沿着非洲东海岸航行的信息。1490 年或 1491 年年初他返回开罗的时候，他已经几乎马不停蹄地奔波了四年。他已经侦察了印度洋的主要贸易航线，能够为国王提供详尽的报告。

回到开罗后，他得知派瓦已经在去往埃塞俄比亚途中的某地去世了。在此期间，若昂二世还派出了两名犹太人，一位拉比和一位鞋匠，去寻找他那两名杳无音讯的间谍。两名犹太人想方设法在喧嚣的开罗找到并认出了科维良，将国王的书信交给他。国王命令他在"目睹并了解伟大祭司王约翰之后"[14]返回里斯本。科维良写了一封长信给国王，由鞋匠送回。在信中，他详尽记述了自己曾看到和了解到的所有信息，涉及印度洋的贸易与航行，并补充道，若昂二世那些"频繁出入几内亚的卡拉维尔帆船，可通过四处航行并寻找马达加斯加岛和索法拉海岸的方式，轻松地进入那些东方海洋，抵达卡利卡特海岸，因为海路是贯通的"。[15]

此时科维良似乎已经沉迷于漫游，一心向往远方。他决定完成派瓦的工作，但对若昂二世的命令做了宽泛的理解。他陪同那位拉比来到亚丁和霍尔木兹，然后乔装打扮，游览了伊斯兰教圣城麦加和麦地那，然后前往埃塞俄比亚高原。他成为第一个见到他们所谓的祭司王约翰（埃塞俄比亚的基督徒皇帝）的葡萄牙人。当时的皇帝埃斯肯德隆重欢迎他，但不肯放他走。三十年后，一支葡萄牙探险队在埃塞俄比亚找到了他，他向探险队讲述了自己的故事。他一直留在埃塞俄比亚，直到去世。

迪亚士和科维良的冒险实际上已经摸清了通往东印度的可能海路。印度计划业已完成，不过我们不清楚科维良的报告是何时被送到国王那里的，甚至不能确定他的报告最终有没有被呈给国王。我们也不知道，葡萄牙朝廷对迪亚士的成就保持沉默究竟意味着什么。不过，在此期间，一名埃塞俄比亚神父被教皇派到里斯本。若昂二世让他送递一封写给祭司王约翰的信，表达了"他与祭司王约翰缔结友谊的意愿，以及他如何探索了整个非洲海岸和埃塞俄比亚"。[16]这种措辞可能说明他已经收到了科维良的消息。到15世纪90年代初时，若昂二世可能已经掌握了做最后冲刺，进入印度洋将整个世界连接起来所需的全部信息。

然而，他无所作为。在停顿了八年之后，葡萄牙才重新拾起此前几十年探索的努力。迪亚士回国后的岁月里，若昂二世遇到了许多麻烦。15世纪80年代末，他在摩洛哥卷入了一场激战，毕竟宗教圣战始终是葡萄牙国王的责任。他患上了肾病（最终因此丧命），并且接二连三地遭遇噩运。1491年，他的独生子和继承人阿方索在骑马时出事故死亡。1492年，西班牙开始驱逐犹太人，很多犹太人逃往葡萄牙，这虽然给葡萄牙带去了一大批勤劳而受过教育的人才，但也需要小心处置。

次年又来了一次沉重打击：1493年3月3日，一艘破破烂烂的船挣扎着驶入里斯本附近的赖斯特罗港，这里是从海外返回的船只的传统锚地。但是，这艘船不是葡萄牙的。哥伦布回来了，带回了消息。他在葡萄牙的竞争对手西班牙赞助下，乘坐"圣马利亚"号找到了所谓的"东印度"，实际上是今天的巴哈马、古巴、海地和多米尼加共和国。哥伦布的谎言极多，编造和粉饰了自己的过去，很不可靠。我们不知道他是被猛烈的风暴偶然吹入塔霍河的，还是故意来拜访并羞辱曾经拒绝他的葡萄牙国王的。等候与他会面的人是巴尔托洛梅乌·迪亚士，就是他的远航使得哥伦布丧失了葡萄牙朝廷的赞助。哥伦布自称抵达了靠近日本的岛屿，据他说自己随后得到了若昂二世的盛大欢迎。

葡萄牙方面的资料对此保持沉默。哥伦布的傲慢狂妄和居高临下的态度到了让人难以忍受的地步。葡萄牙宫廷看到，哥伦布"趾高气扬，在讲述自己的旅程时不断夸大其词，极大地夸张了自己此次航行获取的金银与财富"，[17]并指责国王对他缺乏信任。若昂二世看到哥伦布作为证据带来的土著人质（从外貌看他们显然不是非洲人），大受震动；这些土著看上去的确更像他想象中的东印度居民，但没人说得准这个自吹自擂的热那亚人发现的究竟是什么。国王的谋臣提出了一个简单的解决方案：不动声色地把哥伦布杀掉，西班牙的发现就将湮灭。若昂二世否决了该提议，因为这在道德上是错误的，而且在外交上也很糟糕，毕竟两国之间的关系已经高度紧张了。

他决定，迅速给正在塞维利亚的斐迪南和伊莎贝拉送去一封措辞严厉的信，声称哥伦布侵犯了葡萄牙领土。1479年，为了结束之前的一场战争，两国同意在大西洋划一条水平边界，规定双方专有的探索范围，并得到了教皇的批准。若昂二世相信，哥伦布发现的土地属于他的势力范围，于是准备派遣自己的探险队。西班牙人向西班牙裔教皇亚历山大六世（博吉亚）求助，后者支持西班牙人，将大西洋的很大一部分判给了西班牙，剥夺了葡萄牙人自认为属于自己的海域。突然间，葡萄牙人在大西洋的霸权受到了威胁，他们可不愿意眼睁睁地看着自己几十年的投资化为泡影。若昂二世以战争相威胁。两国决定绕过教皇，当面协商，以避免一场大规模的外交冲突。

在西班牙中部平原的古老小镇托尔德西利亚斯，两国代表团举行了会议，为瓜分世界而讨价还价。他们简单地"从北极到南极"[18]画了一条直线，将大西洋一分为二；这条线以东属于葡萄牙，以西属于西班牙。若昂二世和他的天文学家与数学家的团队可能经验更丰富，本领也更强，迫使西班牙将这条线从原先的位置（即教皇之前批准的那条线）向西移动了1000多英里，到达葡萄牙所占的佛得角群岛与哥伦布发现的加勒比群岛（他认为那是亚洲海岸的一部分）之间。如此一来，《托尔德西利亚斯条约》就将尚未被发现的巴西海岸纳入了葡萄牙的势力范围。因为我们没办法准确地确定托尔德西利亚斯子午线的经度，所以关于这条线的具体位置存在激烈争议。这场争吵一直持续到1777年。

　　如1492年发现美洲一样，这项条约本身也标志着中世纪末期的一个关键时刻。尽管《托尔德西利亚斯条约》后来得到了庇护三世教皇的批准，但瓜分世界的权利已经不在教廷的掌控之下。科学家们根据世俗国家的利益，做了计算和分割。伊比利亚半岛的两个国家处于探索发现的最前沿，实际上已经将欧洲之外的所有土地变成了两国政治斗争的空间，这令其他国家的君主感到好笑。一些年后，法兰西国王弗朗索瓦一世讥讽道："让我看看亚当的遗嘱里有没有这么写。"[19]但在1500年时，除了西班牙和葡萄牙，没有一个国家能够进入大西洋，或者有足够的经验去挑战伊比利亚半岛的两位先驱。而哥伦布在奔向东印度的竞赛中无意识地驶入了一个死胡同，被美洲大陆挡住。只有葡萄牙人拥有足够的知识，能够找到通往东印度的海路，将世界连为一体。葡萄牙人拥有一个机遇，而他们的西班牙竞争者却丧失了这个机遇。

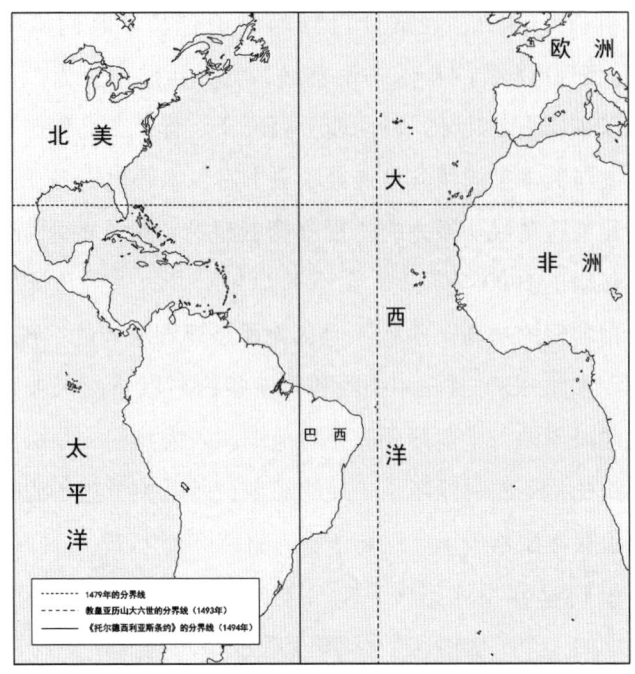

瓜分世界：葡萄牙与西班牙争夺大西洋之外新发现土地的竞争将导致
一系列持续的争端。若昂二世国王说得对，哥伦布的确侵犯了 1479
年边界以南的葡萄牙势力范围。教皇的解决方案对西班牙非常有利。
在 1493 年的一连串教皇诏书中，他规定，以南北两极之间、亚速群
岛和佛得角群岛以西 100 里格处的子午线为界。于是，西班牙人有权
占据这条子午线以西的所有土地，远至印度，而葡萄牙从这条线向东
航行似乎得不到多少东西。若昂二世不能接受印度被排除在葡萄牙势
力范围之外。在托尔德西利亚斯，这条线被向西推移了 170 里格，囊
括了此时尚未被发现的巴西海岸。葡萄牙还重新获得了这条线以东的
未发现土地的权益。1521 年，当西班牙人向西航行抵达摩鹿加群岛[①]
时，《托尔德西利亚斯条约》在世界的远端引发了更多争议，因为葡
萄牙人早在 1512 年就通过向东航行抵达了这里。

---

① 摩鹿加群岛位于今天印度尼西亚的苏拉威西岛东面、新几内亚西面以及
帝汶北面，是马来群岛的组部分。中国和欧洲传统上称为香料群岛的地
方，多指这个群岛。

尽管哥伦布的吹嘘让若昂二世大受震动，他还是修订了自己的印度计划，准备发动新的远征。但这一次太晚了。1495年，若昂二世驾崩，据说西班牙女王伊莎贝拉得知消息时喃喃地说："那个人死了。"她曾希望将自己的女儿嫁给若昂二世的儿子阿方索，但阿方索已经去世了。王位被传给了年轻的贝雅公爵堂曼努埃尔①，他曾听取派瓦与科维良临行前接受的报告。机缘巧合之下，曼努埃尔一世继承了王位、积累了八年的探索经验以及最后冲向印度的跳板，他甚至还能够获得建造船只所需的木材。若昂二世在葡萄牙历史上的绰号是"完美君王"，而曼努埃尔一世则注定要成为"幸运的国王"。

---

① 从此处开始，称曼努埃尔一世。

3 瓦斯科·达伽马

1495 年 10 月 ~ 1498 年 3 月

新国王继承了葡萄牙阿维斯王朝根深蒂固的救世主般的命运。他出生于耶稣圣体节，获得的教名是非常光辉的"曼努埃尔"，意思是"上帝与我们同在"。他认为自己获得王位，自有神秘不可测的天意。他二十六岁，圆脸，胳膊长得不合比例，一直垂到膝盖处，让他看上去有点像猿猴。他能够登上宝座，实在是出人意料：六个人先后死亡或被流放，包括若昂二世之子阿方索神秘的骑马事故和曼努埃尔一世自己的兄长迪奥戈被若昂二世杀害，才让他继承大统。他认为自己成为君主，是因为上帝选择了他。

15 世纪末，基督降生一千五百周年快到的时候，全欧洲的人都感到世界末日仿佛要降临了。伊比利亚半岛尤其如此，穆斯林和犹太人被逐出西班牙被认为是一个预兆。在这种气氛下，曼努埃尔一世相信，并且其他人也鼓励他相信，他必然要成就伟大的事业：消灭伊斯兰教，将基督教传播至全球，并且由一位世界君主来统治天下。"西欧的所有君主当中，"航海家杜阿尔特·帕谢科·佩雷拉写道，"上帝只选择了陛下。"[1] 蕞尔小国葡萄牙完全可能成就不世功勋，因为《圣经》里面写道："那在后的将要在前，在前的将要在后了。"①[2]

曼努埃尔一世国王是一位世界性君主，最上方的箴言为"仰仗天堂的上帝，与人间的你"。他的一侧是王室纹章，上有五个盾形徽章，右侧是浑天仪，它象征着葡萄牙探索世界的远航

印度计划在若昂二世统治末期有所松懈，而在曼努埃尔一世登基后成为他梦想实现的途径。曼努埃尔一世相信，他继承了自己叔祖"航海家"恩里克的衣钵。自君士坦丁堡陷落以来，基督教欧洲越来越觉得自己受到封堵压制。曼努埃尔一世的目标是绕过伊斯兰世界，与祭司王约翰和传说中在印度的基督徒群体会合，控制香料贸易，并摧毁开罗的马穆鲁克苏丹的财富。在他登基后的最初几个月，他就已经开

① 典出《新约·马太福音》20：16。

始酝酿一个雄心勃勃的地理战略设想，假以时日，它将会让葡萄牙人称霸全球。这个计划是以十字军圣战的精神设计的，但也有物质的层面：不仅要从马穆鲁克王朝手中攫取贸易，还要取代威尼斯人，成为东方奢侈品的贸易中心。所以，他的计划既是帝国主义的，也是宗教和经济的。就是抱着这样的精神，曼努埃尔一世开始集合人马，向东印度进发。由于他们缺少详细的知识，所以东印度只是一个定义含糊的空间，在欧洲人的想象里可能囊括整个印度洋和所有种植香料的地方。

不过，这个计划并没有得到大家全心全意的支持。1495年12月，也就是曼努埃尔一世登基几周之后，他召开会议商讨此事。贵族阶层强烈反对。他们曾受到若昂二世国王的欺压，并且认为这样长途的冒险没有什么光荣，且风险巨大，而在咫尺之外的摩洛哥开展圣战能够轻松得到报偿。曼努埃尔一世在统治期间有时会显得优柔寡断和踌躇不决，但他有时也非常专断。他宣称自己继承了探索新土地的责任，并运用自己神圣的使命感去压倒一切反对意见。

> 对于那些认为探索印度的远航太困难的人，他用压倒性理由反驳道，他的事业自有上帝佑助，上帝会保卫葡萄牙王国的福祉。最后，国王决定继续探索。后来在埃什特雷莫什时，他任命自己宫廷的绅士瓦斯科·达伽马为指挥官，率领船队向印度进发。[3]

起初，瓦斯科·达伽马似乎仅仅是第二人选。曼努埃尔

一世原先打算让瓦斯科的兄长保罗去，但他称病辞谢，不过
后来还是同意在瓦斯科的指挥下参加远航。瓦斯科·达伽马
"是单身汉，足够成熟坚强，能够承受此种远航的艰辛"，[4]
此时也才三十多岁。我们不清楚他职业生涯早期的状况和他
的履历，也不知道国王为何选择他。1496 年之前的史料里
很少提及他。我们不知道他有多少航海知识。他来自海港城
市锡尼什（在里斯本以南）的小贵族家庭，可能曾在摩洛
哥沿海从事海盗活动。他的生活以及后来的经历，都像哥伦
布一样，被笼罩在神话中。他显然脾气火爆。在得到国王任
命的时候，他正受到起诉，罪名是滋事斗殴。在后来的远航
过程中，他的执拗个性将会展露无遗。他遵循十字军的传
统，极度仇恨伊斯兰世界；他吃苦耐劳，能够坚持不懈地忍
受航海生活的艰辛；但非常关键的是，他对外交的微妙方面
非常不耐烦，后来被描述为"行动果决勇敢，发号施令严
苛，发怒时令人胆寒"。[5]国王之所以挑选达伽马，可能主
要是让他指挥水手、与东方的未知君王谈判，而不是因为他
擅长航海。

到 15 世纪 90 年代时，沿着非洲海岸的探索已经将里斯
本化为一座生机盎然而满怀期望的都市。珍奇的外国货
物——香料、奴隶、鹦鹉和糖——被卸载到塔霍河平缓的河
岸上，让人憧憬那防波堤之外的新世界。到 1500 年时，里
斯本人口中可能有 15% 是几内亚黑人。这里的奴隶数量超
过欧洲任何其他地方。里斯本充满异国情调，活力四射，五
彩缤纷而目标明确。"（里斯本）规模超过纽伦堡，人口也
比它多得多。" 1494 年造访里斯本的德意志博学之士希罗尼

瓦斯科·达伽马

穆斯·闵采尔如此写道。[6]这座城市是关于宇宙学和航海术，世界之形态与如何将之绘制下来的新思潮的最前沿。1492年，犹太人被从西班牙驱逐出境。一些犹太人，其中有不少是知识分子或商人，为里斯本增加了更多活力。尽管他们在葡萄牙受到的欢迎也很短暂，但还是给葡萄牙带来了大量宝贵的知识。难民包括犹太天文学家和数学家亚伯拉罕·萨库托，他发明的航海星盘和记录天体位置的图表书籍后来将给航海技术带来一场革命。

对于闵采尔来说，里斯本是一座遍布奇观的城市。在这里，他能看到一座雄伟的犹太会堂，其中悬挂十架巨大的枝形吊灯，每架枝形吊灯可容纳五十或六十支蜡烛；在一座教堂内，一具鳄鱼尸体被当作战利品，陈列在唱诗区内；一只鹈鹕的喙，一条剑鱼巨大的锯齿状长嘴；在加那利群岛海岸收集来的神秘的巨型藤条（哥伦布也发现过这种藤条，并将其带回，作为遥远西方土地存在的证据）。他还有机会看到"一张巨大的、制作极其精美的黄金地图，直径为十四个手掌的长度"。[7] 这就是毛罗修士在 1459 年制作的地图，在里斯本的一座城堡内展出。闵采尔可以邂逅一些水手，他们会给他讲述令人毛骨悚然的生存与逃亡的故事；他可以与一群德意志铸炮工匠和炮手交谈，这些人享有葡萄牙国王的极大尊重。

这座港口所出售商品的丰富程度也令他惊讶：大堆的燕麦、核桃、柠檬和杏仁，以及数量惊人的沙丁鱼、金枪鱼正准备出口至地中海世界的各个角落。他拜访了管理从新世界进口的商品的官衙，在那里看到了非洲产出的商品：突尼斯的染色布料、地毯、金属盆、铜锅、彩色玻璃珠，以及来自几内亚海岸的大量火辣的胡椒，"他们给了我们很多这种胡椒"[8]，还有象牙与黑奴。

闵采尔所目睹的，不仅仅是远方那富有异国情调的世界，还有造船业、航海物资供给与军械厂的工业基础设施，正是它们赋予了葡萄牙强大的航海实力。他看到一座硕大无朋的工坊，拥有许多熔炉，人们在那里制造船锚、火炮等物件，以及航海所需的一应器具。熔炉周围有那么多皮肤被熏黑的工人，我们觉得自己仿佛置身于武尔坎①的独眼巨人中间。后来我们看到，另外四座建筑物里有不计其数的巨大而精致的火炮，还有投掷武器、标枪、盾牌、胸甲、白炮、手枪、弓、长枪——全都制作精良，数量极大……还有数不胜数的铅、黄铜、硝石与硫黄！[9]

精力充沛的若昂二世国王已经拥有生产优质铜炮的能力，并掌握了在海上有效运用火炮的技术。他是个热衷于求索、充满好奇心的人，兴趣非常广泛，包括船载火炮的试验。他曾在卡拉维尔帆船上安装大型射石炮，并进行试射，以确定如何在处于颠簸之中的船甲板上最有效地运用射石炮。解决方案是，让火炮在吃水线高度水平射击，若是炮位更高，炮弹就可能掠过目标上方。在有的情况下，如果能将火炮设置在船首足够低的位置，炮弹就可能在水面打水漂，增加射程。葡萄牙人还研发了后装回旋炮②，即后膛装填的炮身可旋转的轻型火炮，可以将其安装在小艇上，与传统的前装火炮相比，它的优势是射速更快，每小时可发射 20 枚炮弹。葡萄牙人在火炮方面的优势（他们雇用了德意志与佛兰芒铸炮工匠和炮手，更加大了这种优势）将在随后的

---

① 武尔坎为罗马神话中的火神与工匠神。
② 传入中国（明朝）后，被中国人称为"佛郎机炮"。佛郎机是明代对葡萄牙、西班牙的统称。

事件中发挥清晰可辨的作用。

达伽马筹划的远航规模不大，但做了精心准备。它建立在几十年来逐渐获取并积攒的知识的基础上。许多年来为大西洋航行而积累的关于船舶设计、航海与物资供给的全部技术与知识，都被应用于建造两艘坚固的船只。曼努埃尔一世在这项造船工程中运用了才华横溢的新一代人的实践经验。卡拉维尔帆船是葡萄牙人海上探索的主要工具，非常适合在热带河流逆流而上，并逆风沿着非洲海岸前进，但非常不适合在广阔大洋的漫长航行。迪亚士绕过好望角的航行已经揭示了卡拉维尔帆船在操作上的局限：他的水手因为补给匮乏，不愿继续前进。

迪亚士奉命设计并监督建造两艘坚固的克拉克帆船①，以执行此次远航任务。需求是很明确的：它们必须足够坚固，足以承受南大西洋的惊涛骇浪；足够宽敞，能够比卡拉维尔帆船的颠簸甲板更适合船员的住宿和补给；足够小，能够在浅滩和港口顺利活动。在岸边建造的新船的骨架周围搭满了木制脚手架，船体矮胖，船舷很高，有一座艉楼和三座桅杆；但它们的吃水很浅，尺寸也不算很大。它们长约 80 英尺，每艘重量大约为 100 吨至 120 吨。它们配的是方帆，所以在逆风时会比较笨拙；但是，它们船体非常坚固，以便抵挡未知海洋不可预测的汹涌波涛。另外还建造了一艘补给船，并计划在好望角附近将其拆解。

① 克拉克帆船是 15 世纪时盛行于地中海的一种三桅或四桅帆船。它的特征是巨大的弧形船尾，以及船首的巨大斜桅。克拉克帆船体型较大，稳定性好，是欧洲历史上第一种可用作远洋航行的船只。

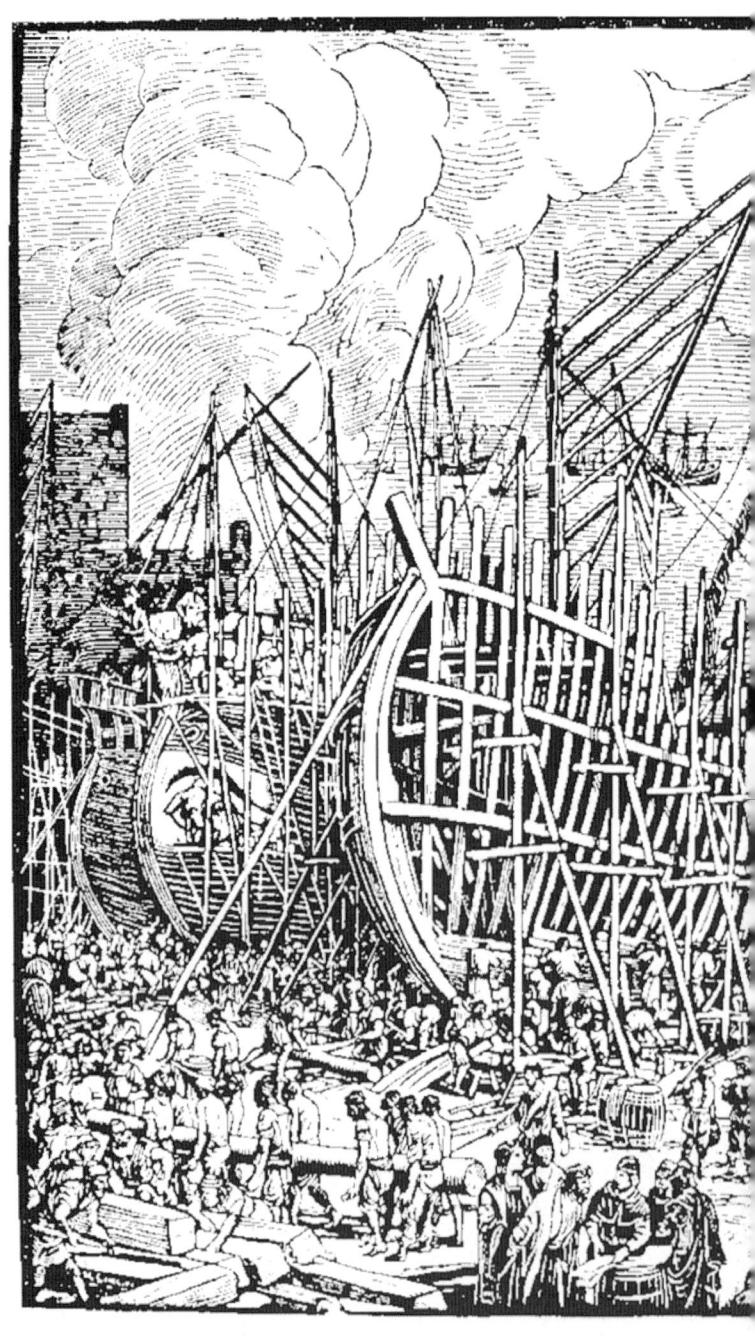

在里斯本船坞建造克拉克帆船，图右部有一艘卡拉维尔帆船停在海滩

为了建造这几艘船、为其配备物资、招募水手并支付薪水，朝廷可谓不惜血本。航海家杜阿尔特·帕谢科·佩雷拉回忆道：

> 造船的是最优秀的师傅和工匠，用的是强韧的钉子和木料，每艘船配备三套帆和锚，其他的索具和设备则准备了三四套。盛葡萄酒、水、醋和油的木桶都用许多道铁圈加固。准备的面包、葡萄酒、面粉、肉、蔬菜、医药、武器与弹药，数量都超过这样的航行所需的定量。葡萄牙最顶尖、技术水平最高的领航员与水手奉命参加此次航行，他们得到许多恩宠，而且领到的薪水也高于其他国家的任何海员。在此次远航的几艘船上花费的金钱极多，我就不详细说了，免得大家不相信我。[10]

从船坞跳板被推上船的木桶里盛放着足够维持三年的食物。达伽马为此次冒险获取了 2000 金克鲁扎多①酬金，这是一大笔钱；他的哥哥保罗也得到了同样的数额。水手们的薪金被提高，并预支了一部分，以维持其家人的生计。这或许是因为大家认识到，其中很多人将永远回不来了。事无巨细，全都一丝不苟地办理。船只携带了当时最好的航海辅助设备：除了测深铅锤和沙漏、星盘和最新的地图，或许还有亚伯拉罕·萨库托前不久才印制的根据太阳高度测算纬度的

---

① "克鲁扎多"在葡萄牙语中的字面意思是"十字军战士"，是葡萄牙古时金币或银币的名称，面值和价值差别很大。巴西的货币也曾用这个名字。

表格的副本。二十门火炮被运上船，既有大型射石炮，也有较小的后装回旋炮，另外还装载了大量火药（密封起来，以免被海上的潮湿空气损害）和炮弹。对于熟练技工，如木匠、填塞船缝的工人、铁匠和制桶工人，每个工种都招募两人，以防一个技工死亡后便无人从事相关的工作。探险队里有会说班图语和阿拉伯语的译员；有乐师为水手号子领唱，以及演奏庆典音乐；有炮手、武士和本领高强的水手，再加上一群地位低微的"甲板小厮"。这些小厮包括非洲奴隶、孤儿、皈依基督教的犹太人和犯人，被招来从事体力劳动，如拖曳绳索、起锚和起帆、抽干舱底污水。犯人是死不足惜的廉价劳动力，他们被专门从监狱释放，参加远航。到了无书面记载、可能对探险队抱有敌意的海岸之后，他们将被第一批送上岸去打探消息。另外还有神父负责引领祷告，并为死者举行海葬，为其灵魂祈祷。

　　远航船队一共有四艘船。其中两艘为克拉克帆船，名字分别是"圣加百列"号和"圣拉斐尔"号，它们都是大天使的名字，是根据若昂二世国王去世前的一个誓言取的。还有一艘卡拉维尔帆船"贝里奥"号，以及一艘 200 吨的补给船。达伽马招募了一些他认识的水手，以及他能够信赖的亲戚，以减少这个紧密小团体在远航时发生内讧的可能性。其中包括他的哥哥保罗（担任"圣拉斐尔"号的船长），以及他的两个堂兄弟。他的领航员和高级船员都是当时经验最丰富的人，如佩罗·德·阿伦克尔和尼古拉·科艾略（他曾与巴尔托洛梅乌·迪亚士一起绕过好望角），以及迪亚士的弟弟迪奥戈。还有一位是名字被镌刻在叶拉拉瀑布岩壁上的领航员佩罗·埃斯科巴尔，他曾与迪奥戈·康一同航行。巴尔托洛梅乌·迪亚士也计划参加远航的第一阶段，乘坐其中一艘船前往几内亚海岸。

此次远航是向未知世界的一次试探，规模不大，但成本很高。葡萄牙朝廷用来自几内亚海岸的黄金为其提供资金，另外还有一笔意外之财也被用于此次远航。1496 年，为了与西班牙的伊莎贝拉公主结婚，曼努埃尔一世不得不同意她的要求，将葡萄牙境内不愿改信基督教的犹太人驱逐出境。这些犹太人的家财和货物被政府没收，成为意想不到的资金来源。

远航准备就绪的时候，已是 1497 年仲夏。船帆被画上了圣战者基督骑士团①的红十字，木桶被滚上船，重炮被绞车安放就位，船员们集合起来。小船队离开了造船厂，停泊在赖斯特罗（里斯本下游的一个渔村）的海滩。在酷暑时节，曼努埃尔一世返回了位于新蒙特穆尔（距离海岸约 60 英里）的山顶城堡。瓦斯科·达伽马及船长们去往那里，接受航行指示和国王的仪式祝福。达伽马在国王面前跪下，隆重地接受了此次远航的指挥权。国王还赐予他一面饰有基督骑士团红十字的丝绸旗帜。国王向他发布了命令：在印度一座名叫卡利卡特的城市寻找基督徒国王，他应向其呈送一封用阿拉伯文和葡萄牙文写的书信；建立关于香料和"古

---

① 1312 年，圣殿骑士团遭到教皇克雷芒五世（受到法兰西国王腓力四世的怂恿）镇压。葡萄牙国王迪尼什一世保护了葡萄牙境内的圣殿骑士团组织，后来将其改建为"基督骑士团"。

代作家们交口称颂的，后来威尼斯、热那亚和佛罗伦萨等国家因此兴盛的那些丰富物产"[11]的贸易关系。还有一封信是写给祭司王约翰的。达伽马的使命既是神圣的，也是世俗的，十字军圣战的意味和商业竞争相互交融。

自航海家恩里克的时代以来，里斯本城墙之外塔霍河畔的小村赖斯特罗就是葡萄牙航海家们启程的传统出发点。它坡度平缓的海滩为宗教仪式和起航那热情洋溢的庆典提供了一个宽阔的舞台："对出发的人来说，这是洒泪的地方；对于回家的人，则是喜悦的场所。"[12]在赖斯特罗之上的山丘，恩里克的小教堂俯瞰着向西注入广阔大海的塔霍河，这座教堂是奉献给"伯利恒的圣马利亚"的，为的是向起航的水手们送去圣餐。在起航的酷热前夜，全体船员（148～166人）在那里守夜和祈祷。

1497 年 7 月 8 日，星期六，寻找"隐藏了许多世纪"[13]的印度的行动开始了。这一天是圣母玛利亚的瞻礼日，宫廷占星家为船队出发选择了这个吉日。一个月前，教皇授权曼努埃尔一世永久占有从异教徒手中征服的土地，条件是没有其他基督徒国王已经对其提出主权声明。人们从里斯本蜂拥而出，为亲友送行。达伽马率领部下进行了一次虔诚的游行，从小教堂走到海滩，由基督骑士团的神父和僧侣组织。水手们身穿无袖上衣，手捧点燃的蜡烛。神父们紧随其后，吟唱连祷，人们呼喊应答。游行队伍走到水边时，人群陷入沉默。所有人都跪下告解，并根据教皇诏书接受恕罪。恩里克从教皇那里得到了这份诏书，为所有"因探索和征服"[14]而死的人免罪。若昂·德·巴罗斯记载道："此次仪式中，所有人都落了泪。"[15]

然后，水手们乘小艇来到大船上。在节奏感很强的钹声中，船帆升起，小艇被推开，达伽马的旗舰"圣加百列"号升起了王旗。水手们向天举起拳头，吟唱着传统的呼唤："一帆风顺！"在口哨声中，小船队在风力驱使下开动了，由两艘克拉克帆船引领，它们的船首载着大天使加百列和拉斐尔的木刻像，涂色非常美丽。人们涉水前行，隔着越来越远的距离，再望自己的亲友最后一眼。[16]"就这样，一群人转身眺望陆地，另一群人望着大海，同样涕泗横流，思虑着那漫长的旅途。他们保持这个姿态，直到航船远离了港口。"船队顺塔霍河而下，直到经过河口，开始第一次感受到大洋的刺激。

在"圣拉斐尔"号上，有一个人（我们始终无法百分之百地确定他的身份）正在准备记录此次航程。这位不知名的作者骤然地开始了他言辞简练的日记（这是随后事件的唯一一份亲历者记述）：

以上帝的名义。阿门！

1497 年，葡萄牙国王曼努埃尔一世派遣了四艘船去发现，以及寻找香料。

我们于 1497 年 7 月 8 日，星期六，离开赖斯特罗。愿天主允许我们为了他完成此次旅行。阿门！[17]

他们的目标之一——"寻找香料"是明确的，但奇怪的是，

艺术家对"圣加百列"号的复原

发现（descobrir）是个不及物动词，后面没有说要发现的对象是什么。这暗示了，在很大程度上，此行是一次奔向未知世界的盲目之旅。

他们借助有利的风向，沿非洲海岸南下，不到一周就看到了加那利群岛。考虑到天气可能变坏，达伽马下令，假如各船分散了，那么就在南面1000英里处的佛得角群岛集合。

次日夜间，"圣拉斐尔"号在浓雾中迷失了方向。第二天雾散之后，"圣拉斐尔"号的船员发现另外三艘船已经无影无踪。它只得独自继续航行。7月22日，"圣拉斐尔"号发现了佛得角群岛外围的零星岛屿，看到了其他船只。但这一次，"圣加百列"号连同其指挥官都失踪了。其余三艘船的水手大感挫折，加之遇上风平浪静，船只因无风而受困四天之久。7月26日，"圣加百列"号终于露面，大家长舒了一口气。"当晚我们与他们联系上了。为了表达喜悦的心情，我们多次开炮并吹响喇叭。"[18]远航的早期，大家都十分紧张。他们在佛得角群岛的圣地亚哥岛停留了一周，修理桅杆，补充了肉食、木材和尽可能多的淡水（盛放在木桶内），为远洋航行做准备。

"8月3日，星期四，我们向东进发。"[19]不知名的日记作者这样记载道。事实上，他们即将展开一个几乎完全没有先例、仅有极其含糊记载的行动。在佛得角群岛以南约700英里、南纬约7度处，"圣加百列"号及其他船只没有沿着已经很熟悉的非洲海岸进入几内亚的赤道无风带，而是转舵朝向西南，绕了很大一段弧线，深入大西洋的心脏。陆地已经消失。很快，快速进入未知海域的船队仿佛就被茫茫大洋"吞没"了。船帆在咸湿的海风中噼啪作响。

达伽马的航程遵循巴尔托洛梅乌·迪亚士九年前发现的貌似违反直觉但非常有效的路途：要想绕过非洲，需要先绕个大弯，向西进入大洋，然后转身向东，借助西风，从好望角外海驶过。而"圣加百列"号的航行方法把迪亚士的做法放大了许多倍。很显然，到15世纪末时，葡萄牙航海家一定已经清楚地知道了南大西洋风的运作模式，但我们不知道他们是如何了解到大西洋西南部分的风向知识的。有人提出，在迪亚士返航之后，葡萄牙人还开展了一些秘密的探索之旅，但这目前还只是推测。葡萄牙人的自信——将船只驶入大洋深处，依赖太阳位置来判断方位——一定来源于其他方面。

如果达伽马的这趟旅程让船员们也胆战心惊，那本不动声色的日记没有显露出来。8 月 22 日，他们看到了类似鹭的鸟向东南偏南飞翔，"仿佛在前往陆地"，[20]但此时他们离开海岸已经有 800 里格，即超过 2000 英里。他们根据日历中的圣徒瞻礼日来维持自己对时间流逝的把握，除此之外他们的世界就是一片空荡荡的海与天、太阳与风。再过两个月，日记作者才看到了一些值得记录的东西，能够表明他们并非迷失在虚空之中："10 月 27 日，星期五，圣西门和圣犹大瞻礼日的前一天，我们看到了许多鲸鱼。"[21]

甚至在水手们操舵转向西南之前，航船也感受到了大海的重压。在圣地亚哥以南 600 英里处，"圣加百列"号的主桁端断裂，"我们以船首迎风，利用前桅帆保持船身静止，降下主帆，就这样过了两天一夜"。[22]船员的坚韧一定受到了极限考验。所有人轮流值班，每班四个小时，不分昼夜；船上的小厮用沙漏计时，时间到了的时候，就呼喊："换班了，时间到了！"[23]无须技能的体力劳动，如抽出船底污水、升帆、拖曳绳索、擦洗甲板，由犯人和身无分文的穷人承担。船员的饮食很不均衡，包括饼干、肉类、油和醋、豆类和咸鱼，如果能捕获新鲜的鱼，就吃鲜鱼。随着时光的流逝，所有食物最终都变质毁坏，饼干被虫蛀，老鼠也饥肠辘辘。不过海船一般会带猫，有时是鼬，以对付老鼠。如果条件允许，可以一天吃一顿热饭，饭菜是在沙箱上烹饪的。食物不会短缺，但饮用水会变得匮乏。随着旅程继续，船上储藏的淡水会越来越污浊并变臭，必须兑醋进去。木桶内的淡水用完后，就灌入海水，以维持船身的平衡。

船上的贵族是船长和领航员，他们的金项链上挂着哨子，身穿黑色天鹅绒斗篷，以表明他们的官职。他们在自己的私人舱房内吃睡，其他人则根据自己的地位，安顿在不同地方。有经验的水手住在艉楼，武士住在舰桥下。夜间舱内空气混浊恶臭，而犯人和弃儿们更可怜。船只驶离赤道进入比较寒冷的海域时，他们只能睡在甲板上，裹着羊皮或油布瑟瑟发抖。所有人都穿着因为沾了盐而硬挺的衣服，躺在稻草垫上睡觉。如果天气湿润，他们的衣服永远干不了。如果水手死亡，他们的油布毯子将会作为他们的裹尸布，陪他们坠入深海。他们往木桶里排泄，如果海况平稳，就直接向船外拉屎撒尿。没有人洗澡。每天的生活就是呼喊换班、按时吃饭、紧急维修的任务，以及清晨和夜间定时的祈祷。在暴风骤雨来袭的日子里，水手们高高地攀爬在索具上，俯瞰着颠簸狂暴的大海，调整风帆、收放或者调节沉重的帆布，感受风雨的击打。船只状况良好、海况稳定的时候，水手们也会娱乐。他们被禁止打牌赌博，因为这很容易造成麻烦。他们可以钓鱼、补觉、读书（如果他们识字的话），按照笛子或鼓点唱歌跳舞，或者聆听神父朗读圣徒传记。在圣徒瞻礼日，船员们可能在甲板上组织宗教游行。举行弥撒的时候，不分发圣餐，以免圣餐杯倾倒，亵渎了圣饼与酒。乐师的任务就是为大家提供娱乐，以维持士气。

水手们越来越憔悴、干渴，因为晕船而羸弱。无法适应航海生活的人纷纷死于痢疾和高烧。虽然餐食中起初加入了水果干、洋葱或豆类，以促进水手的健康，但这些食物日渐腐败，无法入口。渐渐地，在不经意间，所有船员都慢慢地也不可避免地染上了"水手病"。若没有充足的维生素 C，68 天后人体就会出现症状；84 天后，开始有人死亡；111 天后，坏血病就能消灭整条船上的船员。对达伽马的部下来说，时间正一分一秒地流逝。

虽然遭到了大海的沉重打击——赤道的酷热，温度逐渐下降，南方海域的惊涛骇浪——船队还是继续前进，平均每天能前进约 45 英里。在大约南纬 20 度的海上，水手们感受到了风向的变化，于是转向东南方，开始东进，希望能绕过好望角。11 月 4 日，星期六，言简意赅的日记作者又一次提笔记录，几乎完全没有提及他们前头的旅程："测深为110 英寻①。9 点，我们看到了陆地。然后各船靠拢。我们换上喜庆的衣服，鸣炮向总司令致敬，并以大小旗帜装点我们的航船。"[24] 这些简洁的话语背后掩饰着压抑已久的激烈情感。他们已经连续 93 天看不见陆地，在开阔海域航行了约 4500 英里，并坚持了下来。这是了不得的航海成绩。哥伦布抵达巴哈马的航行仅持续了 37 天。

---

① 英寻为测水深的单位，1 英寻合 6 英尺或 1.8288 米。

事实上他们还没有到好望角，而是在好望角西北 125 英里处的一个开阔海湾登陆。利用此次登陆，他们一丝不苟地维修了船只：清洗船体，修补船帆和桁端。他们还狩猎以获取肉类，并补充淡水。他们第一次得以组装和使用星盘（在颠簸的甲板上无法使用星盘），记录了准确的纬度。他们与土著的会面气氛紧张。据日记作者说，这些土著"肤色黄褐"。[25]他还吃惊地发现，"土著那数量极多的狗与葡萄牙的狗相似，吠声也差不多"。葡萄牙人俘虏了一名土著男子，将他带到船上，给他食物。但是，译员也无法理解这些土著的语言。日记记载道："他们讲话的时候，好像在打嗝。"[26]这些土著是科伊科伊人，西南非洲的游牧民族。后来欧洲人称其为霍屯督人，这个名字是模仿他们说话的声音。起初双方的交流还是友好的。日记作者得到了"一只他们戴在阴茎上的壳子"。[27]但双方最后发生了冲突，达伽马被土著用矛打成轻伤。"之所以发生所有这些事情，是因为我们鄙夷这些人，认为他们没有斗志，没有能力从事暴力，因此我们登陆的时候没有携带武器。"[28]这或许是此次远征的一个重大时刻。此后，葡萄牙人登陆时总是小心戒备，并全副武装。他们常常受到一丁点儿的刺激就射击。

在暴风骤雨中，他们花了六天，尝试了多次才成功绕过好望角。再度登陆牧牛人湾（此时已经更名为圣布莱斯，迪亚士九年前到过此地）时，他们大肆炫耀武力：身穿胸甲，弩弓蓄势待发，长艇上的回旋炮随时待命，以便让前来观看他们的土著知道"我们有能力伤害他们，尽管我们并没有这个意愿"。[29]这些会面进行的时候，双方互相无法理解，就像之前葡萄牙人沿着西非海岸航行期间与土著的多次接触一样。但也有一些时刻，双方逾越了文化与语言的鸿沟，体现出了人性的温暖。在这里，他们开始将补给船上的物资搬运到其他船上，然后将补给船烧毁在海滩上。

12月2日，一大群土著，约二百人，来到海滩上。

> 他们带来了十几头牛和四五只羊。我们一看到他们，就上岸了。然后，他们开始吹奏四五根笛子，有的是高音，有的是低音，构成了悦耳的和声，尽管我们没想到这些黑人懂得演奏音乐。他们按照黑人的风格跳舞。总司令随后命令吹响喇叭。我们在小船上跳起舞来，总司令重新回到我们身边的时候也跳了起来。[30]

一时间，非洲人与欧洲人在节奏和韵律中联合起来。但是，双方的互相猜疑并没有消散。几天后，葡萄牙人因为害怕遭到埋伏，从船上用他们的后装回旋炮开炮，驱散了土著牧民。葡萄牙人乘船驶走的时候，回望海湾，看到的最后一幅景象是科伊科伊人拆毁他们不久前竖立的石柱与十字架。为了泄愤，葡萄牙人一边航行，一边用大炮轰击一群海豹和不会飞的企鹅。

小船队因为未能尽快绕过好望角而付出了沉重代价。由于风暴，船队暂时分散了。12月15日，他们顶着强劲的逆流，艰难驶过了迪亚士的最后一根石柱。到20日时，他们又被海流冲回了那里。迪亚士的部下当初就是在此处拒绝前进的。幸亏从船尾方向刮起了非常猛烈的风，达伽马的船只才脱离了这处海岸迷宫，得以继续前进。"此后，上帝就仁慈地允许我们前进！"日记作者大感快慰地写道，"愿上帝保佑，一直是这个样子！"[31]

绕过非洲的艰难航行对人员和船只都造成了很大损害。"圣拉斐尔"号的主桅在接近顶端的地方破裂了，然后又损失了一只锚。饮用水越来越少。现在每人的饮水配给只剩1/3 升，而且他们烧饭用的是海水，所以更加干渴。坏血病开始在船员当中肆虐。他们急需登陆，进行休整。

1498 年 1 月 11 日，他们抵达了一条小河。他们立刻感到自己进入了一个全新的世界。聚集到海滩上观看的人身材魁梧，与科伊科伊人迥然不同。他们并不畏惧葡萄牙人，而是客客气气地接待了这些陌生的白人。这些人是班图人，葡萄牙人的译员能够和他们交流。葡萄牙人补充了淡水，但不能久留，因为风向对他们有利。1 月 22 日，他们抵达了一处低矮而林木葱茏的海岸和一条比之前看到的大得多的河流的三角洲，水中潜伏着鳄鱼和河马。皮肤黝黑、身材挺拔的人们乘着独木舟前来，与他们会见和做生意，不过有些土著在葡萄牙人的日记中被描述为"非常傲慢……看不上我们给他们的东西"。[32]

此时坏血病的肆虐已经非常严重，许多船员的身体状况非常糟糕。他们的手脚和腿肿胀得可怕；他们的牙龈满是血污、腐败发臭，并且覆盖了牙齿，仿佛将牙齿吞噬了，以至于他们无法进食。他们的口臭变得令人无法容忍。然后，开始有船员死亡。保罗·达伽马不断用自己的药品抚慰和治疗病人与垂死者，但挽救了整支探险队的不是保罗的治疗，也不是像有些人相信的那样，是当地的健康空气，而是因为赞比西河两岸长满了水果。

他们在庞大的三角洲下锚，逗留了一个月，将船体倾侧后进行清扫、堵缝和修理，维修"圣拉斐尔"号的桅杆，补充淡水，并从风浪颠簸的摧残中恢复元气。他们再次起航之前，竖立了一根奉献给圣拉斐尔的石柱，并将赞比西河命名为"吉兆河"。从空气、更温暖的气候和当地土著较高的文明程度中，葡萄牙人感受到了一种期许。航海七个月后，他们已经抵达了印度洋的门槛。

2月24日，船队出发，现在进入了莫桑比克海峡，即东非海岸与马达加斯加岛之间的开阔海峡。此处海域的漩涡和湍流可能对航船造成严重威胁。天气越来越热；海天一色，尽是鲜亮的碧蓝；陆地一面的景致则是绿树白沙与碎浪。为了避免在沙洲上搁浅，他们只在白天航行，夜间停船落锚。他们的航行一帆风顺，直到3月2日发现了一处大海湾。较轻型的卡拉维尔帆船"贝里奥"号在测深时认错了水道，一段时间内在一处沙洲搁浅。在领航员科艾略努力驾船脱离沙洲时，他们看到一群人乘坐独木舟在铜喇叭的乐声中，从邻近一座小岛驶来。"他们邀请我们进入海湾深处，说如果我们愿意，他们可以引领我们入港。其中一些人登上了我们的船，品尝了我们的饮食，吃饱喝足之后离去了。"[33]他们得知，这个港口叫作莫桑比克，他们交流的语言是阿拉伯语。他们已经来到伊斯兰世界。此时，他们复杂的任务出现了一个新的转机。

4 "让魔鬼把你抓走！"
1498 年 3 ~ 5 月

数千英里之外，在里斯本的圣乔治宫，墙上悬挂的毛罗修士绘制的圆形地图展示着它自己版本的世界形态。这幅地图上的非洲被严重扭曲，印度不像是个清晰的次大陆，而是巨大的圆形亚洲被撕裂的一角。地图的大部分注释和地名来自 15 世纪威尼斯旅行家尼科洛·达·孔蒂的漫游和讲述。但这幅地图清楚地表明了葡萄牙人需要跨越的印度洋，以及沿海城市卡利卡特。孔蒂说，卡利卡特是印度贸易的核心。地图上，"卡利卡特"下方写着诱惑人的图释——"胡椒产地"。据说，间谍佩罗·达·科维良在消失于埃塞俄比亚的高原之前，在开罗转发了一封信，里面记录了他前往印度的任务的详情。这应当能给葡萄牙人许多信息，帮助他们了解他们将要驶入的那个世界。但至今我们都不清楚，科维良的信有没有被送回里斯本，更不知道若昂二世国王有没有将其中的信息传递出去。而达伽马在远航时，脑子里有怎样的秘密指示、地图、目的地或地理学知识，是记载他的航行的那位不知名日记作者所不知道的。达伽马似乎携带着一封信，收信人是非常含糊的卡利卡特的"印度的基督徒国王"。这封信是用阿拉伯语写的，表明葡萄牙人知道印度洋地区有许多穆斯林。除此之外，从此后发生的事情来判断，葡萄牙人对这个世界——它的气候规律，历史悠久的贸易网络，伊斯兰教与印度教之间复杂的文化关系，商业与政治传统——知之甚少。他们犯下了许多错误，产生了许多误解，而这些错误和误解将产生深远的影响。

印度洋的面积是地中海的三十倍，形状像一个巨大的字母 M，印度就是 M 中间的 V。印度洋的西面是阿拉伯半岛的炽热海岸和东非斯瓦希里的漫长海岸；东侧是爪哇岛和苏门答腊岛，澳大利亚西部的末端将印度洋与太平洋隔开；南面是南极那冰冷而狂暴的海流。在风帆时代，印度洋一切航行的时机与贸易路线都由规律性很强的季风所决定。季风是地球气象的最宏伟戏剧之一，根据它季节性的周而复始，就像一套互相啮合的齿轮一样，人们得以将货物运过这片大洋。印度洋西部传统的海船是阿拉伯三角帆船，这是一个大类的名称，包括样式与类型不同的配有三角帆的瘦长型船只，尺寸和设计根据地区不同有所差别，从 5 吨至 15 吨的沿海船只到数百吨的远洋航船不等，后者比达伽马的克拉克帆船雄伟得多。历史上的阿拉伯三角帆船是用椰子外壳纤维制成的绳索固定起来的，而不用钉子。

与哥伦布不同，葡萄牙人闯入的并非沉寂的海域。数千年来，印度洋一直是世界贸易的十字路口，将货物运过遥远的距离，从广州到开罗，从缅甸到巴格达，其借助了一个由诸多贸易体系、航海风格、文化类型与宗教信仰，以及一系列中心交织而成的复杂网络。这些中心包括：马来半岛上的马六甲，它比威尼斯更大，是来自中国与更遥远的香料群岛的商品的集散地；印度西海岸的卡利卡特，它是胡椒市场；霍尔木兹，它是通往波斯湾与巴格达的门户；亚丁，它是红海的出入口和通往开罗的路径，也是伊斯兰世界的神经中枢。印度洋沿岸还有其他数十座小城邦。印度洋输送着来自非洲的黄金、黑奴和红树枝干，阿拉伯半岛的熏香和海枣，欧洲的金银，波斯的骏马，埃及的鸦片，中国的瓷器，锡兰的战象，孟加拉的大米，苏门答腊岛的硫黄，摩鹿加群岛的肉豆蔻，德干高原的钻石，以及古吉拉特的棉布。在印度洋，没人能够形成垄断，因为它太庞大、太复杂，所以亚洲大陆的各个强国把海洋留给商人。印度洋有小规模的海盗，但没有奉行贸易保护主义的武装船队，也几乎没有领海的概念；曾经的海上超级大国——明朝的星槎船队一度前进，又后退了。印度洋是一个硕大无朋而相对安定的自由贸易区：全世界财富的一半以上要通过它的海域，流过一个被许多玩家瓜分的商业联邦。有人说："神把大海给了大家。"[1]

这就是辛巴达的世界。它的主要商人群体中大部分人是穆斯林，他们零散地分布在印度洋周边，从东非栽种棕榈树的海滩，到东印度的香料群岛。在印度洋，伊斯兰教不是通过武力传播的，而是由传教者和商人乘坐阿拉伯三角帆船，播撒到各地。这是一个多种族的世界，贸易依赖于社会与文化的交往、远途移民，以及伊斯兰教、印度教、佛教的信徒和当地基督徒与犹太人之间一定程度的互相协调合作。印度洋世界比葡萄牙人起初能够理解的要丰富得多、层次更多，也更复杂。决定葡萄牙人思维的，是他们在非洲西海岸发展起来的垄断贸易权,以及在摩洛哥开展的圣战。他们似乎不知道印度教的存在,而他们受到遏制时的第一个冲动就是咄咄逼人地发动进攻:他们随时准备绑架人质,点燃了的蜡烛始终在射石炮的点火孔附近待命。他们带着船上高射速的火炮闯入印度洋。他们是来自印度洋世界固有规则之外的闯入者。最致命的是,他们在印度洋遇到的那些船只都没有可与他们相提并论的防护。

达伽马的船队在接近莫桑比克城时,当即发现此地与他们见识过的非洲大不相同。这里的房屋整洁优美,屋顶覆盖茅草;他们能够瞥见宣礼塔和木制清真寺。那里的人们显然是穆斯林商人,衣着华丽,身披丝绸镶边、带有黄金刺绣的长袍。他们是说阿拉伯语的城市居民,葡萄牙人的译员可以和他们交流。葡萄牙人通常都受到友好的欢迎。"当地人立即踌躇满志地登上我们的船,仿佛他们早就与我们熟识,并与我们亲切地交谈。"[2]葡萄牙人第一次听到了他们前来寻觅的那个世界的音讯。通过译员,他们得知了"白穆斯林"(来自阿拉伯半岛的商人)的贸易情况;港内有四艘"白穆斯林"的船只,运来了"黄金、白银、丁香、胡椒、姜和银戒指……珍珠、珠宝和红宝石"。不知名的日记作者以怀疑的语气(他不肯轻信也是情有可原的)补充道:"在我们即将前往的地方,这些货物很多……宝石、珍珠和香料极其丰富,根本不需要去购买,只要收集来放到篮子里就是了。"[3]这种令人陶醉的财富的诱惑对葡萄牙人而言是极大的鼓舞。他们还得知,沿岸地区居住着大量基督徒,并且"祭司王约翰的住地离这里不远;他统治着沿海的许多城市，那些城市的居民都是巨商富贾，拥有自己的大船"。[4]
不管翻译过程当中出了多少错误和遗漏，"我们兴高采烈，
恳求上帝赐予我们健康，好让我们亲眼看见我们如此憧憬的
东西"。[5]

葡萄牙人渐渐意识到，当地人把他们也当成了穆斯林商
人。起初，当地的苏丹秉持友好的精神，登上葡萄牙船只。
尽管达伽马努力摆开排场（这应当不是很轻松，因为他的
船和人员的外表都很寒酸），但当苏丹看到葡萄牙人呈上的
礼物的质量时，他还是大失所望。葡萄牙人显然不知道这个
新世界有多富庶，所以从里斯本起航时只带了一些用于取悦
西非酋长的小玩意儿：铜铃铛和铜盆、珊瑚、帽子和朴素的
衣服。苏丹想要的是鲜红色的布匹。既然这些怪异而憔悴的
水手无法证明自己是商人或显贵人物，那么他们的身份和目
的就招致了怀疑。苏丹起初以为他们是土耳其人，因此热切
希望一睹他们著名的弓和《古兰经》。达伽马不得不逢场作
戏，谎称他们来自邻近土耳其的一个国家，而没有带《古
兰经》来是因为害怕神圣的经书在海上损失掉；不过，他
为苏丹演示了弩弓的射击，并请其参观一套甲胄，"苏丹对
这些大感满意，并非常惊讶"。[6]

葡萄牙人已经了解到，海岸是多么险象环生——"贝
里奥"号在入港时不慎搁浅——而他们前方的海域也遍布
浅滩。达伽马请求苏丹派一名领航员帮助他们。苏丹派了两
名，并索要黄金作为酬劳。达伽马对穆斯林的意图抱有根深
蒂固的猜疑，于是坚持要求其中一名领航员始终留在葡萄牙
人的船上。东道主的心里狐疑渐增，双方交流的气氛很快压

抑起来。3 月 10 日,星期六,葡萄牙人的船只离开城镇,来到 3 英里外的一个岛屿上,秘密举行弥撒。这时,船上的一名当地领航员逃走了。达伽马派了两艘小船去追捕他,但小船遇到了六艘来自岛屿的武装船只,被命令返回莫桑比克城。到此时,基督徒可能觉得自己的伪装被揭穿了。他们把手边仅剩的一名当地领航员五花大绑以防止他逃跑,然后用射石炮驱散了穆斯林。上路的时候到了。

然而,天公不作美,他们无法起航。风向转了。他们被迫返回岛屿。苏丹努力议和,但遭到拒绝。随后十天,大家神经紧绷。岛上的水有咸味,葡萄牙人开始缺少淡水。他们不得不于 3 月 22 日返回莫桑比克港。午夜时分,他们企图偷偷登陆以补充淡水,把剩余的那名领航员也带了去。此人要么是找不到泉水,要么是不愿意找到。第二天晚上,他们又试了一次,发现泉水有二十人守卫。他们用射石炮轰击守军,将其驱散。争夺淡水的战斗在继续。次日,他们发现泉眼处仍然有人把守,这一次守军搭建了木栅来掩护自己。葡萄牙人炮击了这个地点三个钟头,直到守军逃走。3 月 25 日,炮击的持续威胁使得当地居民都闭门不出。葡萄牙人取了淡水,从一艘小艇抓了几名人质,最后向城镇放了几炮,这才离去。

葡萄牙人倍感挫折,于是做出咄咄逼人的反应,这已经形成了一种模式。船长们的脾气越来越暴躁,猜疑心越来越重,渴望得到可靠的给养和一个基督教港口的友好欢迎。但是,他们的愿望得不到满足。

北上的航程十分缓慢,他们被逆风往相反的方向推。因为不信任扣押来的领航员，他们必须小心翼翼地试探水深，以躲避沙洲和浅滩。他们错过了基尔瓦港（他们相信那里有许多基督徒），认为是领航员欺骗他们，于是狠狠地鞭打他。"圣拉斐尔"号不慎搁浅，他们最后终于抵达蒙巴萨港。这一天是棕枝主日①。"我们欣喜地在此地落锚，"日记作者写道，"因为我们相信次日一定能够登陆，与基督徒一同听弥撒。据说这里的基督徒有自己的聚居区，与摩尔人②隔开。"[7]与基督徒待在一起的想法令人宽慰，难以磨灭。

在蒙巴萨登陆的情形与之前相似。当地苏丹起初很欢迎他们。葡萄牙人试探性地派了两人（可能是犯人）上岸，受到当地人的热烈欢迎。他们第一次遇见了"基督徒"，"他们给他们（葡萄牙人）看一张纸，那是他们膜拜的对象，纸上画着圣灵的草图"。[8]葡萄牙人早期最根深蒂固、几乎滑稽可笑的一个误解就是，拥有自己神祇形象的印度教徒（葡萄牙人对其几乎一无所知）其实是基督教的一个离经叛道的派系。葡萄牙人来到印度洋的时候，希望能找到背离正统的基督徒。这些当地人拿着拟人化的图像，葡萄牙人就想当然地以为他们是基督徒。

苏丹给他们送去了一些香料样品，以开始贸易活动。不

---

① 棕枝主日是庆祝耶稣胜利进入耶路撒冷的节日，日期是复活节前的星期日。根据基督教多个教派的传统，信徒在这一天要手捧棕榈枝，举行宗教游行，以纪念耶稣进入耶路撒冷时群众在他面前抛撒棕榈枝。在有些国家，因为难以获得棕榈枝，也可以用本土其他树的树枝代替。

② 在中世纪，北非、伊比利亚半岛、西西里岛和马耳他岛等地的穆斯林被欧洲基督徒称为"摩尔人"。摩尔人并非一个单独民族，而是包括阿拉伯人、柏柏尔人和皈依伊斯兰教的欧洲人等。"摩尔人"也被用来泛指穆斯林。

过,葡萄牙人的恶名可能已经传播到了此地。当地人的欢迎让葡萄牙人放松了警惕,小船队准备在当地人的引导下入港,但这时"圣加百列"号开始漂移,撞上了另一艘船。在混乱中,船上的当地领航员惊慌失措,可能是因为害怕受罚,跳入海中,被当地小艇接走了。现在葡萄牙人惊恐张皇起来。当夜,他们严刑拷打两名人质,向其皮肤泼滚油,使其"供认"当地人已经下令要俘虏葡萄牙船只,以报复他们炮击莫桑比克的行为。"第二次上刑的时候,其中一名穆斯林虽然双手被缚住,但还是跳海了;上午,另一人也效仿他而去。"[9]他们显然宁愿冒被淹死的风险,也不愿承受酷刑。

将近午夜时,船上的瞭望哨发现,月光下海面上波光粼粼,似乎有一群金枪鱼游过。其实那是有人在静悄悄地向船只游来。在接近"贝里奥"号后,他们开始割断缆绳;其他人则爬上船,爬到索具上,但"看到自己暴露,就静悄悄地滑下去,逃走了"。[10]4月13日上午,船队再次起航,前往沿海以北70英里处的马林迪,寻觅更好的运气和可靠的领航员。佚名日记作者的记述表明,病人的恢复情况不错,"因为这里的气候非常宜人"。[11]当然,病人恢复的原因更可能是他们食用的大量柑橘中的维生素C。即便如此,远征也举步维艰。水手们起锚时因为筋疲力尽,无力将锚升起,不得不割断绳索,将一只锚留在了海底。他们在沿着海岸北上时,遇见了两艘小船,"立刻追击它们,打算俘获其中一艘,因为我们需要一名能够将我们带到目的地的领航员"。[12]一艘小船逃走了,但他们捕获了另一艘。小船上的全部十七名乘客，包括一名地位显赫的老人及其夫人，都选择跳海，而不是被海盗活捉。但他们被拉了上来，葡萄牙人还从小船上获得了"金银和大量粮食，以及其他物资"。[13] 葡萄牙人认为印度洋世界对他们抱有敌意，所以到此时已经将捕捉人质当作惯用策略。

4 月 14 日晚，他们抵达了马林迪。这里的房屋高耸，墙壁刷着白石灰，有许多窗户，坐落在肥沃田野与葱翠的景致之间。日记作者或许被思乡之情打动，说这里让他想起了塔霍河畔的一座城镇。次日便是复活节星期日。没有人前来查看这些奇怪的船只。他们的坏名声已经传开了。谨慎起见，达伽马让他俘获的老人登上城镇前方的一处沙洲，作为中间人，并等待当地人来营救他。当地苏丹的最初反应与葡萄牙人前两次登陆遇到的情况类似。老人带回了消息，苏丹"很乐意与他（达伽马）议和……并自愿将他国家的所有出产，不管是领航员还是其他什么，全都奉献给总司令"。[14] 达伽马带领船队接近了城镇，但还是拉开一段距离，努力判明局势。他拒绝了让他上岸的邀请，说"他的主人不准他上岸"。[15] 双方在小划艇上谈判，但交流还是很友好的。苏丹送来了羊和香料。他询问葡萄牙国王的名字，以便记录下来，并表示希望给葡萄牙国王派去一名大使，或送去一封信。

达伽马斟酌这些言辞，放松了自己的警戒，释放了小船上的人质，以表达善意。葡萄牙人有所不知的是，他们其实是在学习印度洋政治外交的第一课。苏丹在寻找盟友，以对抗海岸南北两面的穆斯林贸易竞争对手。基督徒闯入者后来渐渐学会如何利用当地不同宗教的纷争，建立联盟，分而治之。双方举行了彬彬有礼的庆典仪式，由一大片海域将他们安全地分隔开。苏丹"大为满意，乘船绕我们的船只行驶。我们鸣礼炮向他致敬"。[16]双方都派遣使者互相拜访，葡萄牙人派犯人上岸试探。苏丹端坐在海滩上一座青铜宝座之上，在乐师的奏乐声中，命令他的骑兵沿着沙滩举行模拟战斗的表演。达伽马拒绝了多次请他上岸拜访苏丹老父亲的请求。

与此同时，葡萄牙人百般振奋地得知，四艘印度基督徒的船只前不久抵达了马林迪。不久之后，这些"基督徒"便来到葡萄牙人的船上。葡萄牙人向他们展示一幅受难的基督及其母亲的图画，"他们匍匐在地。我们在那里时，他们就在画像前祈祷，并奉献丁香、胡椒和其他物品"。[17]这些"基督徒"的船只显然配有大炮和火药。夜间，他们发射火箭并鸣放礼炮，照亮了夜空，以此向基督徒朋友致敬。他们的呼喊"基督！基督！"振聋发聩。[18]他们还借助不流畅的阿拉伯语，向达伽马发出警示，不要上岸，也不要信任穆斯林。他们和葡萄牙人见过的基督徒都不一样。达伽马在日记中写道："这些印度人皮肤黄褐，穿的衣服很少，蓄着长胡须和长头发，并且把胡须与头发编成辫子。他们告诉我们，他们不吃牛肉。"[19]这可能是个文化上的误会。让葡萄牙人期待了许久的所谓基督徒可能其实喊的是："黑天！黑天！①"

---

①　黑天是印度教诸神中最广受崇拜的一位神祇，被视为毗湿奴的第八个化身，是诸神之首。许多关于黑天的神话主要源自《摩诃婆罗多》和《往世书》。在艺术上，黑天通常被描述为蓝黑色皮肤、身缠腰布、头戴孔雀羽毛王冠。他代表极具魅力的情人，因而常以一群女性爱慕者簇拥下吹笛的牧人形象出现。

葡萄牙人在马林迪受到的接待颇有些节庆气氛。"我们在这座城镇前方停泊了九天。在此期间，我们举行宴会、模拟战斗表演和音乐演出。"[20]但达伽马急于找到一名领航员，于是他又抓了一次人质，这才得到了自己需要的领航员。苏丹派遣了一名"基督徒"，此人愿意带领葡萄牙远征队跨越重洋，去往他们渴望的目的地。这个人更可能是一名来自古吉拉特的穆斯林，拥有一幅印度洋西海岸的航海图，并且熟悉四分仪，懂得观测天文。五百年后，阿拉伯三角帆船的船长们还会咒骂这个穆斯林领航员，因为就是他最早向法兰克人，即欧洲人泄露了印度洋航海的秘密。

4月24日，季风的风向转为对他们有利，于是他们驾船出海，前往"一座名叫卡利卡特的城市"。[21]日记中的说法表明，至少其作者是第一次听说这个名字。盲目地闯入印度洋的整支远征队可能对自己的目的地都只有非常模糊的概念。一路顺风，横穿新海域的航行惊人地迅速。他们的航向是东北方。4月29日，他们宽慰地发现，自从进入大西洋南部以来就看不到的北极星再次出现在夜空中。5月18日，星期五，离开陆地仅仅23天，在开阔海域航行2300英里之后，他们看到了崇山峻岭。次日，瓢泼大雨猛击他们的甲板，使得能见度大幅下降。猛烈的闪电划破了天空。他们目睹的是季风的前奏。风暴平息之后，领航员认出了海岸："他告诉我们，他们已经在卡利卡特以北，这里就是我们想要去的地方。"[22]雨停之后，他们第一次观察到了印度：昏暗的阴影中，高高的山峰屹立着。这是西高止山脉，与印度西南部马拉巴尔海岸几乎平行。他们能看得见林木繁茂的山

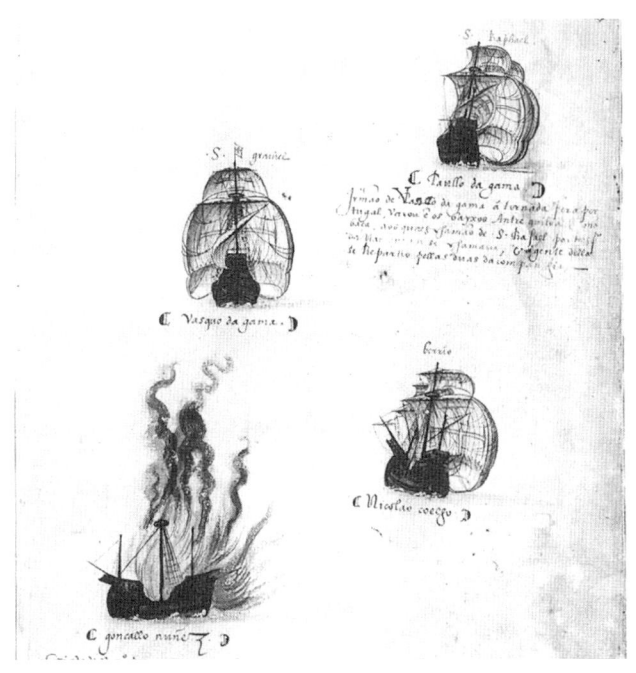

达伽马的小舰队，绕过好望角后，补给船被焚毁

坡、一块狭窄的平原，以及拍击白沙滩的波浪。

葡萄牙人目睹这景象，一定百感交集。309 天之前，在赖斯特罗，他们曾看着自己的亲朋好友涉水走进海中，为他们送行。他们航行了 1.2 万英里，已经损失了不少人。而在他们的远航之前，葡萄牙人还经历了更漫长的旅程，可以追溯到几十年前恩里克王子最早的一批探索之旅，沿着非洲海岸的艰难南下，探索河流，损失许多船只，以及航海和死亡的许多代人。葡萄牙人第一次模糊地看到印度，标志着世界历史的一个重大时刻。达伽马结束了欧洲的孤立。大西洋不再是一道屏障，而变成了一条将两个半球连接起来的通衢大道。这是全球汇聚的漫长过程中一个标志性时刻，但佚名作者写下的这本日记并没有体会到自己的重大成就，而稍晚的葡萄牙史料对此也只有一些含糊的暗示：瓦斯科·达伽马慷慨地赏赐了领航员，呼吁水手们祷告，并"感谢上帝，是他把他们安全送到了渴望已久的目的地"。[23]

他们抵达的时刻正是雨季的开端，此时一般不会有任何船只造访这片海岸。岸上的人们立刻对葡萄牙人产生了极大兴趣，这既是因为他们的船只很新颖，与在印度洋航行的任何船只都不同，也是因为他们到来的时机不符合常规。四艘小船赶来查看这些陌生的访客，并向他们指出一段距离之外的卡利卡特。次日，这些小船返回了岸边。达伽马派了一名犯人与这些当地人一同上岸，这个犯人名叫若昂·努涅斯，是个改宗犹太人，命中注定他要执行葡萄牙历史上最著名的一次登陆。

海滩上的人们误以为他是穆斯林，将他带到两名突尼斯商人那里，后者会说一些卡斯蒂利亚语和热那亚方言。双方会面之时，都大吃一惊。努涅斯发现对方用属于他自己的大陆的语言向他说道："让魔鬼把你抓走！谁带你来的？"[24]

长久的期待没有迎来高潮，反而一下子泄了气。在这个瞬间，世界一定都大失所望。葡萄牙人绕过了半个世界，却发现对方用和他们的母语差不多的语言说话。伊斯兰世界的贸易联邦，从直布罗陀的大门到中国海域，比葡萄牙人目前能够理解的要广大得多。

努涅斯相当沉着和机智地答道："我们是来寻找基督徒和香料的。"

4 "让魔鬼把你抓走!"

这可能是对曼努埃尔一世所发布航行指示的相当好的描述了。突尼斯人同样感到难以置信。他们无法理解,葡萄牙人怎么可能做这样的航行,目的又是什么:"卡斯蒂利亚国王、法兰西国王或者威尼斯共和国政府为什么不派人来?"[25]

努涅斯大力捍卫葡萄牙的尊严,回答说,因为葡萄牙国王不允许他们。两名突尼斯商人带他到他们的府邸,请他品尝精美食品——小麦面包和蜂蜜,然后热情洋溢地陪他回到船边。其中一人刚爬上船,就高呼道:"好运气!好运气!好多红宝石!好多绿宝石!你们应当好好感谢神,因为他把你们带到拥有这些财富的国度来!"[26]"我们听了这话,大感震惊,所以虽然听到了他的话,但还是不敢相信。"佚名日记作者写道,"在距离葡萄牙这么遥远的地方,居然有人能听懂我们的话。"[27]

与友好穆斯林的会面可能和之后发生的事情一样,让人眼花缭乱、头晕目眩。仿佛葡萄牙人在透过望远镜的错误一端,端详着自己的世界。无知和孤立的是欧洲,而不是他们跌跌撞撞地闯入的这片大海。并且,他们真是超乎寻常的幸运。其中一个突尼斯人,被称为孟塞德(可能是伊本·塔伊布),将帮助他们理解这个新世界。此人对葡萄牙有些怀念之情,他于若昂二世在位期间曾经看到葡萄牙船只在北非海岸经商。他为葡萄牙人介绍和指引了卡利卡特那极其复杂的礼仪与风俗习惯,这种帮助是极其宝贵的。他告诉他们,这座城市由一位国王统治,即扎莫林①,意思是"海王",

① 注意,扎莫林是卡利卡特君主的头衔,不是名字。

他会"非常高兴地接待将军（达伽马），因为后者是一位外国君主派来的使者；如果将军航行的目的是与卡利卡特建立贸易联系，并且如果将军为了这个目的带来了恰当的商品，扎莫林会更加喜悦。因为扎莫林财政收入的很大一部分来自他对贸易征收的关税"。[28]

卡利卡特虽然没有天然良港，但凭借其统治者治国有方和对商人公正的美誉，已经确立了自己的地位：马拉巴尔沿海香料贸易的主要中心。15世纪的一位访客写道："不管一艘船从何处来、到何处去，只要在卡利卡特停泊，都会受到不偏不倚的公正待遇，被征收的关税与其他船只并无二致。"[29]这里有一个规模相当大、根基很深的穆斯林贸易社区，被称为玛皮拉人，他们是穆斯林水手与低种姓的印度人的后代，也有来自阿拉伯半岛的商旅（即所谓的"麦加商人"）。所有人都与高种姓的印度教统治者和睦相处，穆斯林与印度教徒这两个群体之间互惠互利。中国人在一次大航海过程中注意到了卡利卡特的这种互惠关系。编年史家马欢写道："先是王与回回人誓定，尔不食牛，我不食猪，互相禁忌，至今尚然。"①[30]葡萄牙人则注定要扰乱这种和谐共存的关系。

扎莫林一般与其他高种姓的印度教徒一起生活在距离城市有一段距离的一处宫殿内。他在卡利卡特城内也有一处宅邸，居高临下，可以从那里俯瞰港口，查看船只穿梭来往，并征收税赋。他通常也在这里接见外国商人与使者。达伽马

---

① 出自马欢的《瀛涯胜览》，其中称卡利卡特为"古里国"。

此时还在城外，于是派了两名犯人当使节，和孟塞德一起去拜见扎莫林。

扎莫林立刻给出了友好欢迎的答复：他向使者赠送了礼物，表示自己愿意会见这些奇怪的访客，并带领随从返回城内。他还提供了一名领航员，引导葡萄牙人的船只去一段距离之外的更好的锚地，那是一座安全的港口，葡萄牙人把那个定居点称为班达里①。达伽马同意转移自己的船只，但根据自己在非洲海岸的经验，他非常谨慎，不肯径直驶入领航员指示的锚地。葡萄牙人在这个新世界活动的时候，猜疑和误读对方动机是家常便饭。

在船上，几位船长就下一步该如何做展开了激烈争论。他们已经以最大的恶意揣摩伊斯兰商人了。多数意见是，让总司令亲自上岸的风险太大。他们相信，即使当地大多数居民是基督徒，城内穆斯林商人在商业和宗教上也对基督徒抱有敌意，所以不能让总司令亲自上岸。达伽马在一次演讲（可能是编年史家虚构的）中坚持说，现在没有别的办法了。他们已经以国王使臣的身份来到了印度。他必须亲自去谈判，哪怕拿他自己的生命冒险。他打算带少数人同去，并只作短暂停留："我不打算在岸上待很久，那样就会给穆斯林机会，搞阴谋诡计反对我。我计划只和国王谈话，三天后返回。"[31]其他人必须留在海上，由他的兄弟指挥。每天要派一艘武装小艇接近岸边，与岸上保持联络；如果他不幸遇害，其他人应当立刻起航离开。

---

① 班达里，古港名。故址在今印度西南岸科泽科德附近。

征服者

5 月 28 日（星期一）上午，也就是他们抵达卡利卡特一周之后，达伽马带领十三人出发了。队伍当中包括译员和佚名日记作者，所以能够记录下真实的第一手材料。"我们穿上了自己最好的衣服，"日记作者写道，"将射石炮搬运到我们的小船上，还带上了喇叭与许多旗帜。"[32] 一方面，他们尽量摆排场；另一方面，他们又做好武装防御的准备。饱经风霜的水手们还因为船只的颠簸而步伐不稳，就这样踏上了印度次大陆的土地（它"隐匿了那么多年"）。他们尽其所能地摆出威武雄壮的姿态，在喇叭声中登陆。19 世纪画家将以浪漫化的笔法描摹这个场景。

扎莫林的总督以截然相反的风格迎接他们。对步履蹒跚的水手们来说，岸上欢迎委员会的景象一定让他们大为警觉：一大群人，有的蓄着大胡子和长发，戴着金光闪闪的耳钉耳环，许多人上身赤裸，手里利剑出鞘。这些人是"奈尔"，即印度教一个武士种姓的成员，自青年时代便宣誓捍卫自己的国王，直至献出自己的生命。葡萄牙人误以为他们是基督徒，于是迎接的场面似乎很友好。一顶配有雨伞的轿子（专供权贵使用的交通工具）已经在等候达伽马。六名轿夫轮班将轿子抬在肩膀上，快步前进。其余人只能尽快跟上。卡利卡特离海滩有一段距离，他们沿途吸引了大群人围观。过了一段时间，他们在一座房屋停留，吃了带有大量黄油的米饭和非常香甜可口的蒸鱼。达伽马非常警惕，或者已经感到心焦，拒绝用餐；总督及其随员到邻近一座房屋用餐。他们之所以分开吃饭，可能是因为种姓制度的要求。

然后，他们登上两艘束缚在一起的船，驶过一条河。两岸有许多棕榈树,他们身后有一大群其他船只跟随,河岸上也有人在观看。河岸沙滩上停放着大船。"他们全都出来看我们,"日记作者写道,"我们下船后,总司令又一次坐上轿子。"[33]随着他们接近城市,围观的人越来越多;女人抱着孩子从屋里出来,跟着他们在路上走。在人群层层包围之下,日记作者似乎感到浑身不自在,还有点晕头转向。他东张西望,努力观察周围的一切:这些人的外貌十分陌生,他们"面色黄褐",[34]与葡萄牙人见过的非洲人十分不同;男人们有的脸剃得干干净净,有的蓄着大胡子;女人们按照他的看法"全都矮小丑陋"[35],但佩戴着沉甸甸的金项链和金手镯,脚趾上也戴着镶嵌宝石的趾环(或叫脚戒),似乎炫耀着东印度的财富。一般来讲,他看到的人"十分友好,显然性情温和",[36]但最让他惊愕的是此地人口极多。

他们进城后,被带到"一座大教堂……像修道院一样大,全是石质建筑,表面覆盖砖瓦"。[37]这其实是一座印度教神庙,但这段记述里没有迹象表明它并非某个非正统的基督教派别的教堂。神庙外有两根石柱,可能是湿婆神的林伽。走进神庙,他们看到中央有一座圣所小堂,门是青铜的,"圣所内有一幅小圣像,他们说是圣母像"。[38]我们不知道在翻译的过程中究竟发生了多少误会:葡萄牙人可能需要用阿拉伯语交流,由一名懂阿拉伯语的当地人将其翻译成马拉雅拉姆语,即马拉巴尔沿海地区的语言。达伽马跪下祈祷;祭司们洒了圣水,"给了我们一些白土,这个国家的基督徒惯于将白土涂抹在自己身上";[39]达伽马把他拿到的白土搁到了一边。他们离开的时候,日记作者注意到,墙壁上的圣徒戴着冠冕，"形态各异，口中的牙齿伸出一寸长，而且有四五支胳膊"。[40]

走出神庙来到大街上后，围观的人越来越多，人山人海，让他们根本无法行进。他们不得不暂时躲在一座房屋内，然后唤来卫兵，敲锣打鼓、吹奏喇叭和笛子并鸣枪，这才清出道路。为了围观这些异乡来客，人群挤到了屋顶上。他们抵达宫殿的时候，差不多已是黄昏。"我们走过了四扇门，每一次都要拼命挤进去，对围观人群推推搡搡。"[41]入口处有人因为拥挤而受伤。最后，他们终于来到国王的觐见厅，"那是一座宏伟的大厅，周边是一排排高高的座位，就像我们的剧场里一样，地板上铺着一张绿天鹅绒的地毯，墙壁上悬挂着五光十色的丝绸织物"。[42]端坐在他们面前的，就是他们航行 1.2 万英里来寻找的那位基督徒国王了。

5 扎莫林

1498 年 5 月 ~ 1499 年 8 月

对葡萄牙人来说，第一次见到一位印度教君主，是令人难忘的体验：

> 国王肤色棕褐，身材魁梧，已经上了年纪。他头戴一顶饰有宝石和珍珠的帽子或冠冕，耳朵上戴着同样的珠宝。他身穿精致的棉布上衣，纽扣是很大的珍珠，纽扣孔周边是金线。他腰部围着一张白色棉布，只到他的膝盖；他的手指和脚趾都戴着许多镶嵌美丽宝石的金戒指。他的手臂和腿上戴着许多金镯子。[1]

扎莫林按照东方人的风俗，悠闲地斜倚在一张绿色天鹅绒卧榻上，嚼着槟榔，将其渣子吐到一个很大的痰盂里。"国王右侧立着一个金盆，尺寸很大，足以让一个人环抱；金盆内盛着草药。另外还有很多银罐。卧榻上方的华盖是全部镀金的。"[2]

孟塞德显然已经教导达伽马如何以恰当的仪态回答国王的致意：不可以走得太近，讲话时要把手挡在自己嘴巴前方。客人们得到了水果和饮水的招待。他们被要求从一个水罐里喝水，但不可以用嘴唇接触水罐，于是"有些人把水倒到自己喉咙里，咳嗽起来；其他人把水泼洒到自己脸上和衣服上，把国王逗乐了"。[3] 在人头攒动的觐见厅，葡萄牙人在文化上处于劣势，出了洋相，这可能刺伤了达伽马的自尊心。

国王要求他向聚集在此的人们讲话，达伽马捍卫了自己的尊严，请求与国王单独谈话。于是双方来到一个内室，只有译员在场。达伽马大肆吹嘘了自己的使命：他们苦苦寻找印度已经六十年，如今代表葡萄牙国王（"形形色色海量财富的主人"[4]）终于来到了印度，以寻找基督教国王。他承诺次日把曼努埃尔一世的书信呈送给扎莫林。这说明，达伽马认为扎莫林是基督徒。

此时已经过去了不少时间。根据惯例，扎莫林问他们愿意与基督徒（其实是印度教徒）还是与穆斯林一起住宿。达伽马谨慎地请求让他的人单独住宿。这时已经是晚上十点。夜色中，大雨倾盆而下，拍打着街道。他又坐上有雨伞遮盖的轿子；他们在蜿蜒曲折的街道上行进，后面跟着一大群人；轿子走的速度很慢，达伽马不耐烦地抱怨起来。他们暂时在房屋内避雨，但继续与东方人交涉。当地人请他骑马，但没有马鞍，于是他拒绝了。他可能一直坐着轿子，直到抵达他们的住宿地。葡萄牙水手已经把他的床送来了，还送来了准备给国王的礼物。眼花缭乱的漫长一天结束了，给葡萄牙人留下了极其深刻的印象：熙熙攘攘的人群、挤得几乎喘不过气来、陌生的仪式、激起浓烈气味的季风暴雨。他们可能还习惯于航船鬼魅般的颠簸起伏，很快就因精疲力竭而熟睡过去了。

葡萄牙人在扎莫林那里建立的公信力迅速烟消云散。他们在里斯本置办的礼物遭到了莫桑比克和马林迪的鄙夷，如今在扎莫林的王国更是遭到唾弃。次日早上，达伽马收齐了准备送进宫的礼物：十二块带条纹的布、四顶鲜红色兜帽、六顶帽子、四串珊瑚、六个洗手盆、一盒糖、两箱蜂蜜和两箱油。这些东西是用来取悦一位非洲酋长的，而不是印度洋那富庶的贸易文化中的一位权贵。总督捧腹大笑："来自麦加，或者印度其他地区的最穷的商贩，拿出来的东西也比这多……如果他（达伽马）想送礼，应当送黄金做的东西。"[5] 他直截了当地拒绝把这些鸡零狗碎的东西送到海王那里。双方爆发了激烈的争吵。达伽马反驳道："他不是商贩，而是一位大使……如果葡萄牙国王命令他再次来印度，一定会托付给他贵重得多的礼物。"[6] 一些穆斯林商人到场，进一步鄙视了这些可怜兮兮的礼物。

达伽马要求亲自到国王那里解释。对方告诉他，这样是可以的，但要稍等一会儿再带他进宫。他焦躁不安地等着。没有人回来找他。在幕后发生了一些事情。穆斯林商人感到这些基督徒新来者对他们构成了威胁；他们可能得到了消息，这些基督徒的手段咄咄逼人，还炮轰了斯瓦希里海岸。卡利卡特固然是笑迎天下客的开放的贸易城市，但穆斯林商人需要保护自己的利益。有证据表明，几十年前，穆斯林就是将中国商人逐出卡利卡特的主要推动力量。穆斯林商人可能觐见了扎莫林，向他提出，达伽马说得好听是个骗子，更有可能是位海盗。葡萄牙人后来相信，穆斯林要求扎莫林将达伽马处死。达伽马等了一整天，怒火中烧。但是，他的伙伴们不像他那样无法放松心情。"至于我们其他人，"日记作者写道，"我们消遣时光，在喇叭伴奏下载歌载舞，玩得非常开心。"[7]

第二天早上，他们被带回到王宫，在那里又等了四个钟头。达伽马现在已经怒不可遏，他觉得这是扎莫林刻意怠慢他。最后，终于传来消息，国王只接见总司令和另外两人。大家都觉得"这种分隔不是好兆头"。[8]达伽马带着他的秘书和译员，在武装人员的护卫下，走进了大门。

第二次觐见国王的气氛冰冷而令人费解。扎莫林问达伽马，前一天为什么没有进宫。他无法理解这些陌生人的动机（如果他们不是来经商的），于是连珠炮一般提问，大意是：如果达伽马来自一个富饶国家，为什么没有带礼物来？他之前提到的书信在哪里？达伽马不得不随机应变，答道，他之所以没有带礼物来是因为这是一场探索之旅；将来会有更多旅行，并带来丰厚礼物。他至少手头有葡萄牙国王的书信。扎莫林又一次试探那神秘礼物的问题："他（达伽马）探索的目标是什么：宝石还是人？"[9]扎莫林还讥讽地问道："如果他（达伽马）是来找人的，那么为什么两手空空地前来？"显然已经有人告诉扎莫林，葡萄牙船上有一尊圣母玛利亚的金像。达伽马答道："那不是金的。"圣母像可能是镀金的木头制成的。达伽马顽强地捍卫自己，补充道："即便圣母像是金的，他（达伽马）也不愿意与它分离，因为圣母指引他跨越了大洋，还会引导他安全回到自己的国家。"[10]当要宣读葡萄牙国王书信的阿拉伯文版本时，达伽马不信任穆斯林将其翻译成马拉雅拉姆语；为他翻译的那个"基督徒"男孩虽然会说阿拉伯语和马拉雅拉姆语，却不识字，无法阅读这两种文字。书信最终被翻译出来之后，扎莫林得到了一些抚慰。达伽马至少证明了自己作为葡萄牙国王使臣的身份。最后是关于商品的问题：他可以回到船上，驾船靠岸，并尽可能地卖掉商品。此后，他再也没有机会见到扎莫林。

在返回大船的路上，紧张气氛、不确定性和猜忌愈演愈烈。达伽马可能是为了彰显自己的地位，又一次拒绝骑马，要求坐轿子。季风暴雨猛烈地敲击街道。佚名作者和伙伴们跟在轿子后面，在瓢泼大雨中迷了路。他们抵达班达里时已经精疲力竭，追上了正在一座客栈避雨的总司令。到此时，达伽马的心情又恶劣起来。他要求提供一艘小船，送他们回大船上。总督非常明事理地答道，现在天已经黑了，要找到停泊在距离岸边一段距离的大船可能比较困难。达伽马与总督两人之间的互相敌视越来越严重。一行人十分疲惫；总督给他们提供饮食，"我们吃了饭，尽管这一整天我们都因站着而疲惫不堪"。[11]

次日早上，达伽马又一次要求提供小船。总督说，因为雨季天气恶劣，请葡萄牙人把大船开到距离岸边更近的地方，这样比较方便。葡萄牙人害怕这是城内穆斯林设下的陷阱，总督则怀疑这些陌生的访客可能企图不缴纳入境税就离开。"总司令说，如果他命令大船接近岸边，他的兄弟可能会以为他被俘虏了，是在强迫之下发出这道命令的，于是就会扬帆起航，返回葡萄牙。"[12]他要求回到"和他一样都是基督徒"[13]的扎莫林那里，向他投诉。总督同意了，但随后就派遣全副武装的卫队把守房门，"我们没有一个人能够独自出门，但凡出去都有几名卫兵跟随"。[14]总督要求，如果葡萄牙人的大船要留在岸边，就应当交出舵和帆，以确保他们不会溜走。达伽马拒绝了。总督宣称，他们这样会被饿死。达伽马的回答是："如果我们（葡萄牙人）饿死，也得忍着。"双方高度紧张，僵持不下。

在这争执期间，达伽马设法派了一个人溜去与停在岸边的一艘葡萄牙小艇会合，让其"传令到大船上去，把大船开到安全的地方"。[15]这艘小艇遭到当地船只的追击，但成功地返回了船队。达伽马一行人等于是成了人质，他们感染了一定程度的被迫害妄想症。达伽马担心如果船只入港，"就很容易被俘获，之后他们就会先杀掉他，然后杀掉我们其他人，因为我们已经被他们牢牢掌控了"。[16]

日记记载了这一天里葡萄牙人越来越严重的恐惧，但也表现出他们及时行乐的能力。

这一天，我们都心急如焚。夜间，包围我们的人比以往更多了，他们不准我们在大院子里行走，而是把我们关在一个小小的铺地砖的庭院里，一大群人围着我们。估计第二天我们很可能会被分隔开，或者我们会遭到伤害，因为我们注意到，狱卒对我们非常恼怒。即便如此，我们还是用从村里找到的食材做了一顿美味的晚餐。这一夜，看守我们的人有一百多个，全都装备剑、

> 双刃战斧、盾牌和弓箭。其中一些人在睡觉，其他人则
> 在看守，夜间轮流值班。[17]

这些葡萄牙人担心，这可能是他们在人间的最后一夜了。

第二天早上，整个问题莫名其妙地消失了。据日记作者说，囚禁他们的人回来了，"比之前和气了一些"。[18]国王的要求是：如果葡萄牙人将自己的货物运上岸，就可以离开。他们解释了怒气冲冲的达伽马所不理解的东西："本国的惯例是，每艘船抵达之后，应当立刻将它运来的货物送上岸，船员也应当立刻上岸，在货物卖完之前不能回到船上。"[19]达伽马立刻发送消息给他的兄弟，要求送"一些东西"（但不是全部货物）来。部分货物被运上岸。两名葡萄牙水手被留下销售这些货物，人质则被释放回自己的大船。"我们欢呼雀跃，感谢上帝从这些头脑比野兽强不了多少的人手里拯救了我们。"[20]

扎莫林或许犹豫不决，不知道应该如何对待这些陌生访客：他们不像是他了解的任何一种类型的商人，但显然是一位强大国王派来的。扎莫林非常注重商贸，他的财富就来源于到他的开放港口做生意的各国商船，所以他不愿意丢掉潜在的商机。穆斯林商人无疑敌视这些异教徒闯入者。我们不确定穆斯林商人有没有密谋杀害葡萄牙人，但他们对葡萄牙人的敌视可能既有商业的也有宗教的因素。葡萄牙人是满怀戒心地来到印度海岸的。他们在北非打了几十年的圣战，平素一贯的策略是：保持警惕、极具侵略性地抓捕人质、武器随时待命，以及在基督徒和穆斯林当中二选一。他们似乎当

真没有考虑到印度教的存在。葡萄牙人这种简单化的、焦躁的心态，与复杂的印度洋世界格格不入。在这里，印度教徒、穆斯林、犹太人，甚至印度基督徒，都融入了一个多种族的贸易圈。

最终，葡萄牙人的部分货物被送上岸（没有按照当地的惯例送来全部货物），放在班达里海港的一处房屋内展出。国王派遣了一些商人来查看这些商品。他们对葡萄牙人出售的商品嗤之以鼻。"他们往地上啐唾沫，说：'葡萄牙！葡萄牙！'"[21]达伽马向国王抱怨，并询问他是否可以将商品运到卡利卡特城内。为了表达善意，扎莫林命令总督将葡萄牙人的商品运到城内，由扎莫林承担运费。日记作者表达了葡萄牙人始终如一的猜忌心和常常误解对方意图的倾向："他们这么做，是为了对我们不利。因为有人向国王报告，我们是贼，到处偷窃。"[22]

即便如此，现在葡萄牙人有了机会去参与卡利卡特城的商贸活动，尽管他们参与的规模很有限。水手们带来了少量属于他们私人的商品，有"手镯、衣服、新衬衫和其他物件"，[23]他们被允许三人一组，轮流上岸。他们大多对自己的生意大失所望。制作精良的衬衫只能卖出相当于在葡萄牙国内十分之一的价钱，他们的其他商品也是这样。但是，他们买回了少量香料和宝石。随后几周内，他们逐渐开始摸清马拉巴尔社会的不同层级。在通往卡利卡特的道路沿途，他们接触到低种姓的渔民（"基督徒"），这些渔民非常欢迎葡萄牙人。葡萄牙人受邀"吃饭睡觉"。[24]"睡觉"可能是个隐晦的说法，指的是马拉巴尔女人乐于"献身"。人们带着孩子登上葡萄牙船只，用鱼交换面包。来拜访的人非常多，"有时直到天黑我们才能把他们全打发走"。这些人显然穷困潦倒。他们从正在修理船帆的船员手里偷走饼干，"让他们没有东西吃"。达伽马的政策是，只要有成年人或儿童上船，就给他们食物，"以赢得他们的好感，让他们说我们的好话，而不是坏话"。[25]

对文化好奇心很重的葡萄牙人开始观察当地社会的分层，并且学得很快。这几周的非正式交易让他们得以瞥见印度洋贸易的机制与节律，以及供给网络的概况。他们记下了这些信息，留待将来参考。卡利卡特本身就是姜、胡椒和肉桂的主要产地，不过质量更好的肉桂来自"一个叫作锡兰的岛屿，在向南八天的航程之外"。丁香产自"一个称为马六甲的岛屿"。[26]"麦加商船"（即来自阿拉伯半岛的商船，从那里到卡利卡特有五十天的航程）可以将香料运往红海，然后通过一系列转运，先抵达开罗，然后顺着尼罗河运往亚历山大港。威尼斯和热那亚的桨帆船从亚历山大港运载香料。他们注意到了这项贸易中的所有制衡与壁垒：不充足的转运能力，前往开罗道路上的盗匪横行，需要向埃及苏丹缴纳的高额税费。葡萄牙一心要扰乱这条复杂的供给链。

7月和8月是卡利卡特的贸易淡季，因为时间太早，季风还不能把阿拉伯三角帆船从阿拉伯半岛和波斯湾吹来。但葡萄牙访客一定观察到存储妥当、等候阿拉伯三角帆船的各色商品，闻到把潮湿空气熏染得香喷喷的香料气味，并看到来自中国的瓷器和漆器，以及黄铜、加工过的金属、硫黄和宝石。葡萄牙人的生意很萧条，这一点儿都不奇怪。

他们还听到了一些故事，可以上溯到许多年前，那时候有神秘的访客到此，他们"像德意志人一样留着长发，除了嘴巴周围不蓄须"。那些人显然是带着宏大的技术资源前来的。

> 他们登陆的时候穿着胸甲，戴着有面甲的头盔，并携带一种附在长矛之上的兵器。他们的船只装备了射石炮，尺寸比我们使用的短小些。他们一度每两年来一次，每次都带来二十或二十五艘船。他们没有说明自己是什么民族，也没有说给卡利卡特城带来了什么货物，只是他们的货物包括非常精美的亚麻布衣服和铜器。他们往自己船上装载香料。他们的船像西班牙船一样，配有四根桅杆。[27]

这个故事含糊不清，但说的肯定是中国明朝派来的庞大的星槎船队。它们早已经消失，在印度洋留下了有待填充的权力真空。不过，和海上所有的漂泊者一样，他们也留下了自己的基因。卡利卡特和马拉巴尔沿海居民有一点儿中国血统。

8 月初，达伽马做好了离开的准备。他在此地的生意已经做得差不多了，他可能急于抢在一大群阿拉伯船只抵达之前离开，也是为了抢在风向变得对起航不利之前。但问题是，他那远征队的行动与印度洋的气象规律严重地不吻合。

好在至少做了一点生意，达伽马受到鼓舞，决定尝试在城里留下葡萄牙的永久性商业基地。他给扎莫林送去礼物，告知后者他打算离开，但要留一些人在当地继续从事贸易。

同时，他要求扎莫林派使者（或人质）跟随他的船只返回葡萄牙。作为自己的礼物的报偿，他向扎莫林索要几袋香料，"如果他（扎莫林）希望的话，他（达伽马）可以付钱购买这些香料"。[28]

葡萄牙人与扎莫林的交流又变得很冰冷。达伽马的信使迪奥戈·迪亚士等了四天，才被带到扎莫林面前。扎莫林对达伽马的礼物不屑一顾，说达伽马理应将这些礼物送到他的大臣手中。接着，扎莫林要求葡萄牙人缴纳贸易税，"然后就可以离去；这是本国的规矩，也是来到本国的人必须遵守的规矩"。[29]迪亚士说，他会回去向达伽马禀报。但是，迪亚士和他带来的商品都被武装人员扣押在宫内。扎莫林禁止任何船只接近葡萄牙船只，他显然在担心葡萄牙人不交税就开溜。

双方的关系又一次恶化了。达伽马没有明白，所有商人都必须缴纳港口税，而他们留在岸上的可怜兮兮的商品甚至都不能算作抵押品。他对扎莫林举动的解读是，这位"基督徒国王"受到了穆斯林出于商业目的而进行的蛊惑；穆斯林告诉扎莫林，"我们是一群贼，如果我们航行到他的国家，就不会有商船从麦加来……也不会有商船从其他地方到卡利卡特……他从和葡萄牙人的贸易中得不到任何利润，因为我们没有什么东西拿得出手，还要掳掠他的财富，他的国家会因此垮掉"。[30]这种战略上的基本推断被后来的事件证明是正确的，尽管葡萄牙人的担忧——穆斯林"向国王送去丰厚的贿赂，要他抓捕并杀死我们"——可能是多余的。在这期间，达伽马一直都得到他们第一次登陆时遇到的两名突尼斯人的建议和辅佐。两名突尼斯人大力帮助葡萄牙人，去理解这个令人困惑的世界。

与此同时，被扣押的迪亚士等人向船队偷偷送去了消息，称他们被扣为人质了。达伽马已经知道了这一点，而扎莫林的人不知道他已经知道，所以他能够设计一个秘密行动计划。8月15日，一艘小船划到葡萄牙船队那里，小船上的人要向葡萄牙人出售宝石。事实上，他们可能是来试探葡萄牙人的情绪的。达伽马没有流露出他知道迪亚士等人被扣押；他给在岸上的迪奥戈·迪亚士写了一封信，仿佛一切正常。看到葡萄牙人没有恶意，更多商人来拜访葡萄牙船只："我们欢迎了他们所有人，并给他们食物。"[31] 19日，有二十五人来到葡萄牙船上，包括"六名显贵"[32]（高种姓的印度教徒）。达伽马抓住机会，迅速将其中十八人绑架，以此为筹码，要求释放他的部下。23日，他虚张声势地说自己要起航返回葡萄牙，行驶到距离海岸12英里处，在那里等待。次日，他又回来了，停泊在可以看到城市的海域。

随后是气氛高度紧张的谈判。一艘小船前来，提议用迪亚士换回印度人质。达伽马始终满腹狐疑，认为他的部下已经遇害，对方只是在争取时间，"等待麦加的船只来俘获我们"。[33] 于是他表现得非常强势，威胁称如果不释放他的部下，他就炮击城市，并将人质斩首。他又一次虚张声势地沿着海岸驶走。

卡利卡特城内的人们显然大感震惊。扎莫林命令把迪亚士带来，努力解决棘手的难题。他提议用迪亚士换回葡萄牙船上的人质，并通过两次翻译——先从马拉雅拉姆语翻译成阿拉伯语，然后从阿拉伯语翻译成葡萄牙语——向迪亚士口述了一封给曼努埃尔一世国王的书信。这封信是由迪亚士"按照该国的风俗"[34]用铁笔写在棕榈叶上的，大意是："您宫廷的绅士瓦斯科·达伽马来到了我国，我很高兴。我国盛产肉桂、丁香、姜、胡椒和宝石。我请你们用黄金、白银、珊瑚和鲜红色布匹来交换。"[35]扎莫林可能是在为将来与葡萄牙的贸易打基础。他还允许葡萄牙人竖立一根石柱，这是表达葡萄牙人意图的不祥的"名片"。

在海上，讨价还价还在继续。迪亚士被带来，在一艘划桨船上交换人质，因为跟随而来的印度人都不敢踏上"圣拉斐尔"号。石柱被绞车搬运到小船上，十二名①印度人质中的六名被释放。至于剩余六名人质，达伽马承诺："如果次日他的商品被归还，他就释放他们。"[36]第二天，来了一位出乎意料的客人。突尼斯人孟塞德恳求上船。因为他帮助不受欢迎的葡萄牙人，已经遭到了当地人的仇视，他为自己的生命担忧。后来，七艘小船运载着商品和很多人来了。之前的约定是用人质换取这些商品，但达伽马食言了。他专横跋扈地决定放弃这些商品，把人质运回葡萄牙。他离开之前抛下一句话："好自为之，因为他（达伽马）希望很快就重返卡利卡特，那时他们就会知道，我们是不是贼。"[37]达伽马是个睚眦必报的人。"于是我们扬帆起航，返回葡萄牙，为了我们伟大的发现而欢呼雀跃。"[38]日记作者心满意足地写道。

他们已经结下了冤仇。扎莫林对葡萄牙人的食言怒火中

---

① 上文说一共是十八名人质。

烧，派遣一大队船去追击。8 月 30 日，葡萄牙船只因为海上无风而动弹不得，被卡利卡特人追上了。"大约七十艘船接近我们……船上挤满了身穿用红布制成的某种胸甲的人。"[39] 在对方进入大炮射程后，葡萄牙人的射石炮轰鸣起来。双方激战了一个半小时，后来"出现了暴风雨，把我们吹向外海；他们奈何不得我们，便调头返回了，而我们继续按照自己的航线前进"。这是印度洋上葡萄牙人与当地人之间许多场海战中的第一场。

葡萄牙船队深入大洋之前，还要经历一些纠葛。船只状态不佳，而且需要淡水。他们沿着海岸非常缓慢地航行，寻找水源，从当地渔民那里受到友好的接待，用物品交换食物，并收割了一些生长在岸边的野肉桂。9 月 15 日，他们在一座岛上竖立了他们的第三根石柱。几天后，他们在一些淡水资源丰富的小岛登陆。从当地印度人那里，他们误将这个群岛的名字听成了安贾迪普。

这一次，他们的一举一动都受到严密监视。9 月 22 日，他们遭到了来自卡利卡特的一支小船队的第二次攻击，但葡萄牙人的炮火将打头阵的敌船严重击伤，其他敌船闻风而逃。葡萄牙船只的存在引起了当地人持续的兴趣和猜疑，达伽马发现在沿海地区越来越不舒服。随后两天，有小船作为代表驶来，船上的人挥舞着表示友好的旗帜。达伽马鸣炮示警，将其打退。到葡萄牙船上拜访的人带来的消息互相矛盾。又有人友好地前来拜访葡萄牙人，还带来甘蔗作为礼物，但也被打退。葡萄牙人越来越相信，当地人的好奇通常掩饰着某种歹毒用心。当地渔民警示他们，来"友好拜访"他们的人当中有一个名叫狄摩吉的当地的著名海盗，他将在葡萄牙人后来的故事里扮演重要角色。

葡萄牙人将"贝里奥"号拖曳到海滩，在将船倾侧后进行清扫和修理时，又有客人来访。这是个衣冠楚楚的人，会说威尼斯方言，称达伽马为朋友。他有个故事要告诉葡萄牙人。他是个基督徒，后来被俘虏，被强迫改信伊斯兰教，"不过内心始终是个基督徒"。[40]他现在为一位富裕的领主效力，领主派他送来消息："我们（葡萄牙人）可以在他的国度得到想要的任何东西，包括船只和给养。如果我们打算永久留下，他也会很高兴。"起初，这人说的话还头头是道，但渐渐地，葡萄牙人发现他"高谈阔论，谈及的事情极多，有时还自相矛盾"。

与此同时，保罗·达伽马询问与这个人一起前来的印度人，以确认此人的身份："他们说他是个海盗，曾经来攻击我们。"[41]这个神秘的威尼斯人被擒获并遭到殴打。在接受"询问"三四次之后，他吐露了与之前不同的故事。他承认有越来越多的船只集合起来，准备攻击葡萄牙船队。但除此之外，他不肯招供更多。

是时候离开了。沿海地区已经太危险，葡萄牙人难以对付。很快就会有穆斯林商船从阿拉伯半岛驶来，而安贾迪普岛是个常用的补充淡水的中转站。葡萄牙船只除了"圣拉斐尔"号之外，都已经清洗修理完毕。他们也装载了淡水。在当地渔民的帮助下，他们把很大量的肉桂运上了大船。达伽马曾俘获一艘船，船长愿意以高价赎回自己的船只，但达伽马鄙夷地拒绝了。他"说这船不卖。因为它属于敌人，

他宁可把它烧掉".[42]这种顽固不化预示着后来局势的发展
走向。

10 月 5 日，葡萄牙船队出海了，把那个神秘的威尼斯间
谍也一并带上。他或许会有用。现在他们没有领航员，而懂
得季风知识的人是绝对不会在这个时节起航向西的。他们可
能没有别的选择，但我们不知道达伽马当时是否认识到，这
将是个可怕的弥天大错。他们离开印度 600 英里之后，"那个
威尼斯人"终于招供，不过他是一点一点地把真相吐出来的。
他的确是一位富裕领主的爪牙，那就是果阿的苏丹。他的使
命是来评估苏丹是否可以用自己的力量，而不是借助海盗，
去俘获葡萄牙船只，将其用于讨伐自己的邻国。达伽马就这
样对印度西部的政治有了一点有趣的认识，后来他会把这知
识派上用场；他也注意到了果阿的重要性。随着旅行的继续，
威尼斯人吐露的故事越来越出人意料。他原本是波兰犹太人；
在欧洲受到反犹迫害，后来浪迹天涯，曾用过多个假身份。
在此次旅程中，他获得了一个新身份：抵达葡萄牙时，他已
经接受洗礼，成为基督徒，更名为加斯帕尔·达伽马。

穿越印度洋的返航渐渐化为噩梦。佚名作者日记里的细
节很含糊，只是短暂地提及"常常因无风受困，或遇到暴
风".[43]但我们从字里行间可以读到他们在印度洋受困三个
月的惨状：令人沮丧的逆风把他们往回推；更恐怖的是无风
的平静，船只一连几天在颜色如同熔化锌的海面上动弹不
得；毫无怜悯之心的月亮照耀夜空；人们为争夺护墙或纹丝
不动的帆投下的一点点荫凉而争吵，受到饥渴的折磨，呼唤

5 扎莫林

圣徒援救他们；饼干里爬出虫子；储藏的淡水变得恶臭。为了防止船只的木料开裂从而导致船只无法航行，他们必须不断向木板泼水。

令人畏惧的坏血病的症状又出现了："我们所有人又一次患上了牙龈的毛病，牙龈覆盖了牙齿，让人无法进食。他们的腿和身体其余部分也肿胀起来，肿胀的面积越来越大，直到受苦受难的病人死亡。"[44]高种姓的印度教人质因为被婆罗门教律法禁止在海上进食，所以可能是第一批死亡的。一具又一具死尸在喃喃祷告声中，被推过船舷，扑通一声坠入大海。活人也步履蹒跚。"我们有三十个人就是这样死的。在这之前，已经死了三十个人。每艘船上只剩七八个人能够操纵船只。""我们濒临绝境，所有纪律的约束都消失了。"日记作者守口如瓶，但实际上很可能发生了哗变。显然有人希望返回印度，甚至有人阴谋夺取船只的控制权。指挥官们原则上同意，假如刮起西风，就掉头返回。佚名作者写道，再过两周，他们就要全完蛋了。

在人们的绝望接近巅峰时，突然刮起了有利的东风，把他们吹向西方，一连六天。1499 年 1 月 2 日，遍体鳞伤的葡萄牙船队看到了非洲海岸。他们从非洲航行到印度只花了二十三天，返回却花了九十三天。季风的奥秘是要吃很大的苦头才能学到的。

他们沿着非洲海岸南下，途经穆斯林港口摩加迪沙。达伽马对马拉巴尔海岸穆斯林的怨气还没有消，于是无端炮击摩加迪沙，然后继续前进。破破烂烂的葡萄牙船只于 1 月 7 日抵达马林迪，又一次受到热烈欢迎。他们获取了橘子，

"我们的病人非常渴望这种水果"，[45]但对很多病人来说，已经为时太晚。葡萄牙人与马林迪的苏丹关系比较友好，交换了礼物，其中有一只赠给曼努埃尔一世的象牙。葡萄牙人在此竖立了一根石柱，并将一名年轻穆斯林带上船，他"希望和我们一起去葡萄牙"。[46]他们继续航行，绕过了不友好的蒙巴萨。1 月 13 日，形势很明显，他们人手不够，无法驾驶全部三艘船。"圣拉斐尔"号没有在印度海岸接受清洁修理，被虫蛀的情况最严重。他们将"圣拉斐尔"号上的所有物资和雅致的红金两色大天使拉斐尔雕像搬到其他船上，然后在沙滩上把"圣拉斐尔"号付之一炬。在桑给巴尔岛，他们与当地苏丹做了和平的接触，然后在莫桑比克附近的圣乔治岛停留，举行弥撒，竖立最后一根石柱，但"大雨倾盆，我们没有办法点火来熔化用于固定十字架的铅，所以石柱上没有十字架"。[47]

在凉意渐深的风的驱动下，他们于 3 月 3 日来到圣布莱斯湾，在此逗留，然后于 20 日绕过好望角，不过"有时简直冻得要死……继续前进，渴望回家"。[48]4 月 25 日，在西非海岸冈比亚河入海口的浅滩附近，佚名作者的记录突然中断了，情况不明。航行的最后一段被记录在其他史料中。在一次暴风雨中，"贝里奥"号和"圣加百列"号失散了。但此时达伽马有了更深的烦恼，他的兄长保罗奄奄一息。在圣地亚哥岛，他把"圣加百列"号交给领航员若昂·德·萨掌管，雇了一艘卡拉维尔帆船，匆匆将保罗送往亚速群岛的特塞拉岛。"贝里奥"号带着消息驶入了塔霍河口，于 1499 年 7 月 10 日在里斯本附近的卡斯凯什靠岸。"圣加百列"

号不久之后也赶到了。忠心耿耿地陪着弟弟参加此次史诗般远航的保罗在抵达特塞拉的第二天便去世了，随后被安葬在那里。正在服丧的瓦斯科可能直到 8 月底才返回里斯本。他在贝伦圣母小教堂与僧侣待了九天，为兄长哀悼，随后才在 9 月初胜利进入里斯本。

这是一次史诗般的远航；他们离家一年，行驶了 2.4 万英里。这是一桩伟大业绩，彰显了他们的忍耐力、勇气与极好的运气。他们也遭受了沉重打击。船员中有三分之二的人死亡。他们不懂得季风的规律，能够幸存，实属幸运。他们原本完全有可能在印度洋因坏血病和恶劣天气而全军覆没，只剩下幽灵般的空船在空荡荡的大海上漂流。

达伽马得到了群情激昂的热烈欢迎。国王封赏他土地与金钱，提升他为更高级别的贵族，并赐给他"东印度海军司令"的荣誉头衔。曼努埃尔一世命令在全国各地举行宗教游行和弥撒。他拥有搞好公共关系的天赋，着手向教廷与欧洲各国朝廷宣扬葡萄牙的辉煌成功。他暗自窃喜地通知西班牙的斐迪南和伊莎贝拉，他的船队"确实抵达并发现了印度"，还带回了大量"肉桂、丁香、姜、肉豆蔻和胡椒……以及许多精美宝石，如红宝石等"。[49]他还虚伪地说："我知道，两位陛下听闻此事，必定心花怒放、满心欢喜。"他当然知道，斐迪南和伊莎贝拉肯定不会开心。他写信给教皇亚历山大·博吉亚及其红衣主教们，大肆宣扬发现了信奉基督教的印度："教皇与各位大人一定要公开地表达喜悦，并向上帝感恩。"[50]而关于印度世界的许多信息来源于改宗犹太人加斯帕尔·达伽马的事实，被认为是一个迹象，表明"上帝的旨意和意愿是让葡萄牙成为一个大国，因为葡萄牙发现了一大奥秘，为上帝做出了贡献，并提升了神圣的信仰"。[51]曼努埃尔一世认为这是天命所在。

达伽马获得贵族地位后的纹章

5 扎莫林

葡萄牙人发现印度的商业意义火速传遍欧洲。达伽马的第一艘船在里斯本靠岸时，就已经有窃窃私语传到了威尼斯。8月8日，威尼斯日记作者吉罗拉莫·普留利记载了一条来自开罗的传闻："属于葡萄牙国王的三艘卡拉维尔帆船已经抵达亚丁和印度的卡利卡特，它们是被派去寻找香料群岛的，指挥官是哥伦布……这消息如果是真的，将对我影响很大；但我并不相信。"[52] 在里斯本，意大利商人很快开始从回国的水手那里收集第一手信息，以证实此次远航的真实性以及指挥官的真实身份。大家立刻认识到，东印度的财富就在欧洲人触手可及的范围内，这必将带来商业上的优势，并威胁欧洲的既得利益集团。佛罗伦萨人吉罗拉莫·塞尔尼基指出，当前通过红海的商路的税赋和运输成本使得东方商品的购买价格为原来的六倍。

> 商品价格的大部分都是用来支付陆运费、船运费和给苏丹的税赋的。所以，如果走达伽马的新航路，就能砍掉所有这些成本与中间商。所以，我相信，苏丹、这些国王和穆斯林会在此事上不遗余力地阻挠葡萄牙国王。若国王……继续这样操作，在比萨销售香料的价格就能比在开罗低廉很多，因为能通过里斯本以便宜得多的价格获取香料。[53]

结果就是，威尼斯人和热那亚人将丧失他们对香料贸易的垄断。"我丝毫不怀疑，他们会竭尽全力地摧毁葡萄牙人的努力。"

征服者

瓦斯科·达伽马的远航令所有人惊讶。它给欧洲的世界地名词典增加了 1800 个新地名，并揭示了关于东印度的新信息宝库。它很快将迫使全球很大范围内的各利益相关方——基督徒、穆斯林和印度教徒——进行全新的战略筹划，并将不可避免地导致商业冲突与战争。对曼努埃尔一世来说，他的自信心因此大涨。他现有的头衔是"大海此岸的葡萄牙与阿尔加维①国王，大海彼岸的非洲之王，几内亚领主"，如今又加上了"埃塞俄比亚、阿拉伯半岛、波斯与印度的征服、航海与贸易之王"。这是对贸易垄断权的大胆主张，也表达了葡萄牙的意图：大海应当是有主人的。甚至在达伽马返回之前，国王就已经在为下一次远航铺设龙骨、建造新船了。与此同时，他下令对达伽马远航的所有航海图严格保密，泄露机密者一律处死。知识就是财富和权力。

---

① "阿尔加维"源自阿拉伯语，本意为"西方"，是今天葡萄牙大陆部分最南端的地区。13 世纪中期，在"收复失地运动"中，葡萄牙从穆斯林手中夺取了阿尔加维。

第二部

竞争：垄断与圣战
1500～1510 年

GVOVERNA DOR DA IIM
DIA. D. FRANC SCO D ALMEIDA
ANO 1 5 0 5

6　卡布拉尔

1500 年 3 月 ~ 1501 年 10 月

　　达伽马回国仅仅六个月后，一支比先前庞大得多的船队准备就绪，即将从贝伦①海岸起航：十三艘船、一千二百人，以及佛罗伦萨与热那亚银行家注入的资本。船队跃跃欲试，准备去捕捉东印度的机遇。曼努埃尔一世有时优柔寡断，容易受人影响，有时一意孤行，但 1500 年时回荡着弥赛亚的预兆，欧洲的目光投向了里斯本。这支新船队，在总司令——贵族佩德罗·阿尔瓦雷斯·卡布拉尔的领导下，是对达伽马前番成绩的快速乘胜追击，旨在赢得物质的优势，以及凭借一场十字军圣战，赢得天主教世界的仰慕。

　　卡布拉尔的远征标志着葡萄牙人的活动从侦察转为商贸，又转为征服。在 16 世纪的最初五年里，曼努埃尔一世将派出许多支船队，规模越来越大，一共八十一艘船（有的船只参加了不止一次远航），意图在争夺印度洋永久性立足点的生死斗争中确保胜利。这是全国的极大努力，动员了全部可动用的人力、造船、物资供给，以及抢在西班牙人做

————————

　　①　贝伦就是葡萄牙语的"伯利恒"。它是里斯本的一个教区。

出反应之前把握和利用机遇的战略眼光。在此过程中，葡萄牙人让欧洲和东印度的各民族都大吃一惊。

卡布拉尔得以将达伽马远航获取的全部知识付诸实践。出发的时间不再由宫廷占星家计算的良辰吉日来决定，而是取决于季风的规律。路线是按照 1497 年远航采纳的向西的绕圈，然后利用领航员和船长们的经验，如曾与达伽马一同远航的佩罗·埃斯科巴尔、尼古拉·科艾略，以及巴尔托洛梅乌·迪亚士本人。卡布拉尔的船队带了一些说马拉雅拉姆语且已经学会葡萄牙语的印度人。他们的目的是砍掉说阿拉伯语的中间商。改宗犹太人加斯帕尔·达伽马也在船上，他懂得马拉巴尔海岸错综复杂的政治形势。另一名改宗犹太人约翰先生（曼努埃尔一世的御医）以天文学家的身份随同船队出海，任务是研究南半球的星相，以为将来的航海提供便利。葡萄牙人过去在卡利卡特只能拿得出让人尴尬的不值钱的礼物，出了大丑。卡布拉尔这次携带了贵重礼物，希望能吸引扎莫林。葡萄牙人似乎仍然坚持相信扎莫林是一位基督徒国王，尽管是不太正统的基督徒。于是，根据教皇的旨意，一个方济各会修士代表团也伴随此次远航，去纠正扎莫林的错误，以便"印度人……能更全面地接受我们的信仰的指导，能够接受我们的教义，得到相关的教诲，正确地侍奉上帝，救赎他们的灵魂"。[1]

商业方面的使命同样重要。船队带上了在卡利卡特开设贸易站所需的人员、文书资源和商品。他们吸取了上一次远航的教训，精心准备了有可能吸引马拉巴尔印度人的商品，包括珊瑚、黄铜、朱红色染料、水银、精制和粗制布匹、天鹅绒、五颜六色的绸缎与锦缎，以及金币。一位经验极其丰富、会说阿拉伯语的商人艾雷斯·科雷亚负责领导商业活动，有一群文书人员支持他，帮助记录资料和记账。这些识文断字的下属人员，如佩罗·瓦斯·德·卡米尼亚（他写下了第一部描述巴西的著作），记述了关于随后一年里葡萄牙人事迹的一些最扣人心弦，有时也催人泪下的故事。

卡布拉尔本人并非海员，而是一位外交官。他接到了一套精心准备的指令，其中一部分是达伽马设计的，旨在平息达伽马在卡利卡特闹出的风波，以便与"基督徒"扎莫林建立安宁且利润丰厚的关系。卡布拉尔掌握的信息比他的前任丰富得多，可以随时参考这份许多页的指令文书，其中规定了在遇到形形色色情况时的各种选择。它还指示他对有可能制造麻烦的敌人要实施强制性的、专横的行动。

1500 年 3 月 9 日，船队从贝伦出发，按照惯例举行了隆重庆典。人们举行了悔罪弥撒，对王旗（上有五个圆圈，象征着基督身上的伤）祝圣。这一次，曼努埃尔一世驾临现场，将王旗交给卡布拉尔。然后，修士们引领着游行队伍，"国王陪他们走到海滩。里斯本全城人都聚集在海滩上，为自己的丈夫或儿子送行"。[2] 他们看向在赖斯特罗外海停泊的克拉克帆船，那里的小艇解开了缆绳，大船的船帆展开。曼努埃尔一世乘船陪同远航船队来到塔霍河口。在那里，远航船只感受到大海的冲击，调头转向南方。

他们……伽马的经验，选择了更直接的路线。天气晴……牙过佛得角群岛时没有停留。海况良好，却突然有一艘船失踪，这令人费解，也是个不祥的征兆。他们奉命按照前一次远航的做法，向西绕一个大圈："背后有风吹来之后，他们转向南方。如果一定要改变航向，就改为西南方。遇到微风之后，他们应当绕一个圆圈，直到好望角出现在正东方。"[3]他们的圆圈一定比上次更大，因为在4月21日时，他们看到西方"首先出现一座高山，直插云霄，呈圆形，它的南面是较低的土地和平原，有很大的树林"。[4]

这次登陆出乎意料，也很安宁。当地居民赤裸身子，与葡萄牙人在非洲海岸遇到的部落迥然不同："这些人皮肤暗黑，光着身子走来走去，不知羞耻。他们的头发很长，还会把胡须拔掉。他们的眼皮和眉毛上画着黑白蓝红的图案。他们的下唇被穿刺过。"[5]葡萄牙人注意到"当地女人也全身赤裸，没有羞耻感。她们身材很美，头发很长"。葡萄牙人第一次看到了吊床——"像织布机一样搭起来的床"。[6]当地人似乎很温顺。他们在葡萄牙风笛音乐伴奏下翩翩起舞，模仿葡萄牙人在热带海滩举行的弥撒的动作，并且很容易受惊，"就像在吃食的麻雀一样"。[7]对传教者来说，当地人似乎是大有希望的目标。

他们把这个地方命名为"真十字架之地"。这里有丰富的淡水和水果，以及奇异的动物。他们吃了海牛肉，"它大得像桶，脑袋像猪，眼睛小，没有牙齿，耳朵有人的胳膊那么长"。[8]他们看到了一些五彩缤纷的鹦鹉，"有的像母鸡一样大；还有其他非常美丽的鸟儿"。[9]一艘船被派回葡萄牙，去报告曼努埃尔一世，发现了这片新土地。这艘船还带回了天文学家约翰先生的一封信，内有他对南半球星辰的观察结果，并坦率地描述了用新式天文观测器材和纬度表观测的困难："我觉得完全没有办法在海上测量任何一颗星的高度，因为我花费了很大力气，但不管船是多么稳，误差还是有四五度，所以除非在陆地上，没有办法做得到。"[10]文书佩罗·瓦斯·德·卡米尼亚也送回一封信给曼努埃尔一世，记述了他对这个新世界的所有奇观及居住在此的图皮南巴人的细致观察，文笔十分优美。这就是巴西历史的开端，卡米尼亚是绝对没有想到这一点的。5月2日，九天的贸易和物资补给之后，他们将两名犯人留在岸上，又起航了。"这两人开始哭泣，但当地人安慰他们，表达对他们的同情。"[11]

卡布拉尔船队为了远远绕过好望角，比达伽马向南走得更远。5月12日，他们观察到一颗彗星"拖着特别长的尾巴，飞往阿拉伯半岛的方向"，[12]一周之内都能看得清清楚楚。他们觉得这是不祥之兆。十二天之后，灾难降临了。24

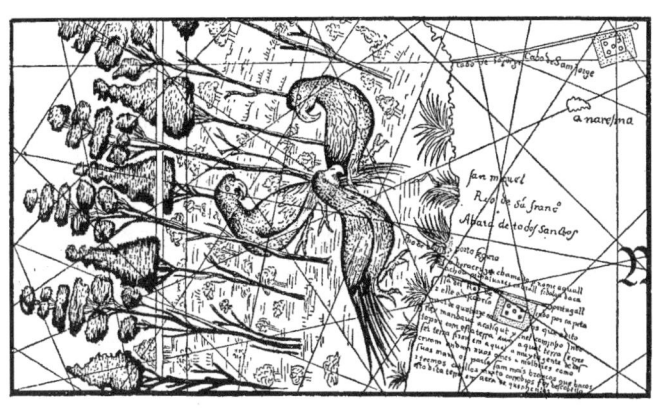

一幅著名的葡萄牙世界地图（坎迪诺平面球形图）复制品的局部，约1501年被人从葡萄牙偷偷带走。其细部第一次展现了巴西海岸，以及"大如母鸡"的鹦鹉

日，他们进入了南大西洋的高压带。风稳稳地从背后吹来，但他们迎头撞上了一阵狂风。这场狂风的猛烈程度与方向都让他们措手不及："它来得太突然，我们根本没有料想到，帆已经被从桅杆刮落了。"一瞬间，"四艘船倾覆沉没，船上人员全部丧生，我们没有任何办法援救他们"。[13]被大海吞噬的人包括巴尔托洛梅乌·迪亚士，他葬身波涛的地点就是十二年前他第一个绕过的好望角外海。船队残部分散成三群，被风暴驱赶着漂流了二十天，一直没有升帆。

船队只剩下遍体鳞伤的七艘船，终于于 6 月 20 日在莫桑比克重新集合。第八艘船由迪奥戈·迪亚士（巴尔托洛梅乌·迪亚士的兄弟）指挥，第一次看到了马达加斯加岛，但没有找到船队主力，最终蹒跚返回了里斯本。卡布拉尔船队在东非海岸受到的待遇比达伽马好不了多少。莫桑比克的苏丹现在对葡萄牙大炮很是害怕，至少表现得比较顺从一些。葡萄牙人得以在此补充淡水，并找到了领航员，前往海岸最重要的贸易城市基尔瓦。那里的苏丹虽然欢迎了他们，但并无热情。与卡利卡特的穆斯林一样，他也不需要外国闯入者来侵犯他的商业领地。葡萄牙人完全绕过了蒙巴萨。直到抵达马林迪，他们才受到欢迎。水手们又一次患上"口腔疾病"，"吃了橘子就能治得好"。[14]他们还雇用了一名领航员，准备渡海前往印度。

抵达安贾迪普群岛（卡利卡特以北 400 英里处）之后，卡布拉尔所接受指示的要旨才显得明晰起来。这些岛屿是前往卡利卡特的船只常去获取补给和淡水的中转站。瓦斯科·达伽马曾在此检修船只并补充给养。卡布拉尔如法炮制。他也知道，从红海来的阿拉伯船只（葡萄牙人称之为麦加船只）也会经过安贾迪普群岛。卡布拉尔的任务是竭尽全力与扎莫林建立友好关系，但在扎莫林的领土之外，卡布拉尔还奉命破坏阿拉伯航运：

> 如果你在海上遇到上述的麦加穆斯林的船只，必须尽可能地将其俘获，扣押其商品、财产和船上的穆斯林，以增进你的收益。攻击他们，尽可能损害他们，因为自古以来他们就是我们的不共戴天之敌。[15]

卡布拉尔奉命将这些命令也告知扎莫林。葡萄牙人此时已经完全了解，他们的火炮具有很大的优势。他们将在远距离炮击阿拉伯船只，而不是近距离交战。需要活捉领航员和船长，因为这些人是有价值的；关于如何处置普通乘客的命令则比较含糊。在最坏的情况下，"你应将所有穆斯林乘客转移到缴获的状态最差的一艘船上，让他们全都上船，然后击沉或烧毁其他所有缴获的船只"。[16]对于这些指示，可以有很宽泛的解读。它实际上是两极化的：一方面要与"基督徒"扎莫林建立友好的贸易关系，并热烈欢迎卡利卡特港内的穆斯林商人（"为其提供饮食与其他各方面的良好待遇"[17]）；另一方面又要在驶离扎莫林的海岸之后，对他的穆斯林臣民开展侵略性的全面战争。这些指示为葡萄牙人此后在印度洋的行动确立了基调，并触发了一系列不可逆转的事件。卡布拉尔在安贾迪普群岛守株待兔十五天，等待袭击阿拉伯船只，然而没有一艘船露面。后来他驶向卡利卡特，或许遵照吹毛求疵的指示下锚停泊："各船队形紧密，井然有序，以旗帜装饰，尽可能美化。"[18]

达伽马离去之后，老扎莫林已经驾崩；如今是他的侄儿统治王国，但葡萄牙人与新国王的关系并不比之前轻松。他们很快就发现，他们教会了葡萄牙语的那些马拉巴尔人没有办法承担译员的任务，因为他们全都出身低种姓，不可以出现在御前。葡萄牙人和上一次一样，首先咄咄逼人地抓捕人质。卡布拉尔受到严格指令，在采取抓人质的预防措施之前，不得登陆。焦躁的谈判和僵持了好几天之后，才安排好了总司令的登陆。卡布拉尔严格执行自己接到的命令，而扎莫林因为高种姓印度教徒在海上被扣押的情况而烦恼，因为根据印度教的禁忌，高种姓印度教徒在海上不可以吃喝，也不可以睡觉。有些人质企图游泳逃走，被关押在甲板之下；扎莫林也囚禁了卡布拉尔的一些部下，作为报复。

卡布拉尔接到并执行的所有指示都带有针对印度人的专横跋扈的语调。葡萄牙人相信，他们是得到教皇的批准而来的，是奉行上帝的意志来控制印度贸易的。卡布拉尔在觐见厅向扎莫林呈上贵重精美礼物的同时，也表达了对同为基督徒国王的扎莫林的友善之意，尽管尽是些虚伪的溢美之词，但他还提出了强硬的要求。他要求扎莫林为达伽马当初留下的货物提供补偿，为葡萄牙人提供优惠的关税待遇、价格低廉的香料、安全的贸易站，并对葡萄牙人豁免当地的一项普遍规矩，即商人死后，其商品变为当地统治者的财产。卡布拉尔希望扎莫林明白，葡萄牙人必须对离开了扎莫林国土的穆斯林开展圣战，"因为我们继承了圣战事业"。[19]他还要求扎莫林驱逐在卡利卡特的穆斯林，"因为这是他身为基督徒国王的义务"。[20]作为回报，扎莫林将得到"目前为止他从穆斯林那里获得的全部利润，以及比那多得多的收益"。另外，方济各会修士将纠正他在信仰教义方面的不幸谬误，"以正确地侍奉上帝，救赎他们的灵魂"。[21]葡萄牙人仍然完全没有理解印度洋世界文化与宗教的现实。

接下来的两个半月内，双方笨拙地谈判、僵持，卡布拉尔佯装要拂袖而去（达伽马也曾运用这个策略），最后终于达成了商贸协定。扎莫林同意建立一个贸易站，由艾雷斯·科雷亚领导。双方都心怀猜忌，葡萄牙人无法直接用马拉雅拉姆语沟通一直是个严重问题。科雷亚只懂阿拉伯语，所以他们与扎莫林的所有沟通都必须借助穆斯林中间人。科雷亚信任这些穆斯林为他翻译，但穆斯林敌视葡萄牙人在卡利卡特的存在，所以科雷亚这么做可能是个错误。

葡萄牙人虚张声势地炫耀自己的武力，可能造成了事与愿违的结果。扎莫林希望从更南方的科钦港口的一位商人那里获得一头珍贵的战象。他提议买下战象，遭到了耻笑。一艘船载着战象和其他货物经过了卡利卡特海岸，于是扎莫林要求葡萄牙人帮忙去俘虏该船。卡布拉尔只派遣了一艘卡拉维尔帆船"圣彼得"号，由佩罗·德·阿泰德指挥。起初扎莫林对这么微薄的力量表示鄙夷，因为船上只有七十人，但卡布拉尔为这艘卡拉维尔帆船装备了一门大型射石炮。印度人的三角帆船武装精良，载有三百人，但阿泰德沿着海岸紧追不放。三角帆船上的穆斯林看到这艘小小的卡拉维尔帆船在自己雄伟的大船旁追击，不禁捧腹大笑。然而，卡拉维尔帆船开始射出致命的炮火，严重击伤三角帆船的船体，打死船上许多人。这艘船最终投降，被带回卡利卡特，好几头战象被交给扎莫林，还为此举行了隆重庆典。有一头大象在交战中死亡，葡萄牙水手们把它吃掉。葡萄牙人的这次武力展示在马拉巴尔沿海地区造成了相当大的影响，但也让扎莫林开始畏惧他们，因为葡萄牙人有能力强迫他人。

与此同时，葡萄牙人在缓慢地往自己船上装载香料。在卡利卡特待了三个月之后，只有两艘船被装满。阿拉伯商人显然在以某种方式阻挠他们的工作，而阿拉伯商人自己的船则满载香料秘密地离开了。卡布拉尔发出抱怨，扎莫林被夹在两股互相竞争的力量之间，为了安抚这位不受欢迎的客人，于是允许前者扣押任何偷偷离开的穆斯林船只。又一次发生这种事情的时候，卡布拉尔就动用武力去扣押穆斯林商船。

他起初可能还有点犹豫，不敢做出这种挑衅的举动，但被科雷亚催促和说服了。而科雷亚是被穆斯林权贵狡诈地说服的，这些穆斯林权贵的秘密动机是在城内挑起事端。果然，他们得逞了。原本就紧张的气氛在葡萄牙人没收穆斯林商船货物的时候引爆了冲突。扎莫林的立场如何，外人无法判断。城市街道上开始聚集一群暴民，冲向葡萄牙贸易站。一位佚名的目击者记述了随后发生的事情。城里有大约七十个船上的人（即葡萄牙人），手执利剑和盾牌，企图抵抗暴民的攻击。这些暴民"数不胜数，拿着长矛、剑、盾和弓箭"。葡萄牙人被打退到房屋内，房屋周围有"高度相当于骑在马背上的人"的围墙。他们成功地强行封闭了大门，并从墙上用弩弓射击暴民，他们有七八张弩弓，杀死了不少人。他们还从屋顶上升起一面旗帜，以此为信号，向船队求救。

此时卡布拉尔身患重病，不能亲自到场，而是派遣配有回旋炮的长艇，企图驱散群众，但无济于事。穆斯林群众开始摧毁被包围的建筑的外墙，"一个小时之内把外墙全部拆除了"。[22]守军被困在建筑里面，只能从窗户里向外射击。贸易站靠近海边，所以科雷亚认为继续死守是没有意义的。他们最大的希望是杀出重围，奔向岸边，希望长艇能赶来援救。他们冲出了房屋，大多数人逃到了海边。但让他们沮丧的是，长艇没有过来救他们，因为海况很差，长艇的水手不敢在惊涛骇浪中靠岸。武装暴民逼近过来。科雷亚被砍倒在地，"死者还有五十多人"，包括巴西的第一位编年史家佩罗·瓦斯·德·卡米尼亚和好几位方济各会修士，他们是"印度的第一批基督徒殉道者"。二十人走入海水，包括那位不知名的叙述者，"全都身负重伤"，"几乎溺死"，被拉上长艇，以及科雷亚的十一岁儿子安东尼奥。

卡布拉尔因为患病而虚弱无力，希望扎莫林立即为没有保护他的定居点而道歉。他等了一天，但扎莫林并没有道歉的意思。扎莫林显然不知道如何是好。卡布拉尔认为扎莫林的沉默是因为心怀歹意，他也相信扎莫林正在备战。二十四小时后，卡布拉尔开始报复。他命令俘获港内的十艘阿拉伯船只，屠杀船上的所有人。岸上的市民目睹这惨状，不禁毛骨悚然。

就这样，我们屠杀了五六百人，抓获躲藏在船舱内的二三十人，缴获舱内的商品；就这样，我们掳掠了这些船只，抢走了船上的货物。其中一艘船载着三头大象，我们把它们都杀掉吃肉，然后烧毁了全部九艘空船。[23]

卡布拉尔还不肯罢休。夜幕降临之后，他把自己的船只带到靠近海岸的地方，将火炮准备就绪。拂晓时分，他对卡利卡特进行了猛烈炮击。岸上有一些小型火炮开始还击，但葡萄牙人的炮火如排山倒海般猛烈。整整一天，炮弹雨点般落入城镇，摧毁了许多建筑，包括一些属于国王的房屋，并打死了他的一名显贵人士。扎莫林匆匆逃离城市，卡布拉尔也驾船离开，途中俘获并烧毁了另外两艘船，并沿着海岸线南下 100 英里，来到科钦城（今天的柯枝）。他得到的命令是，假如与扎莫林的谈判破产，就去拜访科钦。葡萄牙人与卡利卡特关系的最终破裂让双方都蒙受了损失并且怒火中烧。对卡利卡特城的炮击是当地人永远不能原谅的，而贸易站的葡萄牙人遭到屠杀，也是一桩大仇。这是为了印度洋的贸易与信仰而发生的漫长战争的第一炮。

卡布拉尔掌握的关于科钦城的信息可能来自加斯帕尔·达伽马。葡萄牙人知道，这座城市的君主是扎莫林的附庸，热切希望摆脱卡利卡特的桎梏，所以会欢迎新来者并与其结盟。葡萄牙人果然受到了热烈欢迎。双方交换了人质；每天都要交换两名高种姓印度教徒和两名葡萄牙人质，因为前者不能在海上进食或睡觉，所以人质是轮换的。两周后，卡布拉尔的船只装满了香料，他还同意在当地建立一个小的永久性贸易站。葡萄牙人还对马拉巴尔海岸有了更多了解。沿海的其他港口，如坎纳诺尔（今坎努尔）和奎隆都派来了使者，邀请其去做生意，并寻求结盟，共同反对扎莫林。也是在科钦，葡萄牙人第一次见到了真正的印度基督徒。从附近的克兰加努尔（今科东格阿尔卢尔）来了两名神父，约瑟和马太。他们来到葡萄牙船上，为这次会面欣喜若狂。这对葡萄牙人来说是一大宽慰，但他们也终于幡然醒悟，原来印度并非基督徒主宰的国度。他们开始真正了解到作为异教的印度教的存在与性质。两位神父告诉他们，在印度遵从圣多马教诲的基督徒远远不占多数，而是一个遭到异教徒围攻的少数派，沿海地区的几乎全部贸易都被穆斯林把持着。

在卡利卡特，扎莫林复仇心切。卡布拉尔得到消息，有一支拥有八十艘船的船队即将起航，准备在他返回的路上拦截他。科钦的国王提议派海军掩护他，但卡布拉尔对自己的火炮高度信任，谢绝了。他几乎旋即出海，丢下了在贸易站的人，还把两名印度人质也带走了。这两名可怜的人质在海上既不能吃，也不能喝。过了三天，连哄带骗，"他们才吃饭，带着极大的忧伤和悲痛"。[24]葡萄牙人对当地文化的漠视给他们与科钦的联盟关系投下了长长的阴影。十三年后，科钦国王在给曼努埃尔一世的一封投诉信里还回忆了此事，说他对葡萄牙人忠心耿耿，他们却忘恩负义。

卡布拉尔无须动武。他的船只武备强大，而扎莫林的船只害怕葡萄牙大炮，只敢在一段距离之外跟随，天黑之后就跟丢了。在更北方的沿海，坎纳诺尔国王恳求卡布拉尔停船并装载香料。他这么做既是为了保护自己免遭葡萄牙人炮击，也是真心希望与葡萄牙结盟反对卡利卡特。卡布拉尔的船队在此做了短暂停留，然后起航，穿越印度洋。

在漫漫归途中，船队是分成若干小组逐次前进的。在马林迪，他们遇到了一场商业灾难。由于操作鲁莽，一艘满载香料的船损失掉了；"船上的货物损失殆尽，水手们虽然逃得性命，但只剩下身上的衬衫。"[25] 为了防止船上的货物被穆斯林拿走，他们放火焚烧船只残骸，但莫桑比克的潜水员还是打捞了一些火炮，后来用这些火炮对付葡萄牙人。

在里斯本，曼努埃尔一世相信，他赠给扎莫林的贵重礼物一定能确保友好地解决问题，因此已经派出了下一批远征队。3月，卡布拉尔的船只在艰难驶向好望角时，一支仅有四艘船的小型商船队在若昂·达·诺瓦指挥下离开了塔霍河。因为航程特别遥远，一支船队起航之后，要过整整两年时间才能返回，并将自己吸取的经验传授给下一支船队，使其能够顺利出发。一切都取决于季风的规律。每一年的船队都盲目地行进，与穿过大西洋返航的前一支船队失之交臂，并根据两年前汲取到的信息继续前进。不过，葡萄牙人已经采取了一些临时性措施，以缓解这些问题。诺瓦抵达好望角附近的圣布莱斯湾时，发现一棵树上挂着一只鞋，里面有一封信，告诉了他卡利卡特的真实局势。于是他绕过了卡利卡特，在坎纳诺尔和科钦装载香料，并且凭借葡萄牙火炮的优势，又一次从扎莫林船只的追击之下全身而退。

6 卡布拉尔

1501 年夏季，卡布拉尔的船队分几批返回了里斯本。回家途中他也开展了一些探险活动，获取了一些新知识。他探索了非洲黄金贸易的重要中心——索法拉港。迪奥戈·迪亚士探索了红海入口。曼努埃尔一世已经在设计那个方向的战略。在红海入口周边的探险非常艰难。葡萄牙人发现那里的环境极度干旱，不适合人类居住，酷热似熔炉。大多数参加此次探险的水手都丢了性命，"于是那艘船回来的时候，只剩六人，并且大多患病，他们除了下雨天在船上收集的雨水之外，没有任何淡水喝"。[26] 所有这些信息都让葡萄牙人编纂的地图内容越发丰富起来，他们将这些地图秘密藏好，留待将来使用。

国内的人们热切地期待他们返回里斯本。出发的十三艘船只有七艘返回了，其中五艘满载香料，两艘是空的。其余六艘都已经在海上损失掉了。教堂的钟声响起，朝廷命令全国举行宗教游行。葡萄牙朝廷对卡布拉尔的远航评价不一。有势力很强的一派认为代价太大，距离太遥远。曼努埃尔一世对此次远航做了很多投资，虽然返回的船只带来了不错的利润，但损失了这么多人的生命，确实令人不安。对西方土地（巴西）的发现被认为很有趣，但并不重要。卡布拉尔未能够确保在卡利卡特的活动有一个和平的结局，卡利卡特的葡萄牙贸易站也被摧毁，而且现在更有确凿证据表明，印度海岸的绝大多数人民及其统治者并非基督徒，这更让人感到忧虑。

然而，曼努埃尔一世确保将正面的消息大肆传扬到全欧洲。对此关注最密切的是威尼斯人。这个航海共和国到 15世纪末之前几乎已经垄断了欧洲的香料贸易，对它来讲，香

卡布拉尔远航的代价：六艘船遭遇海难

料贸易就是生命线。威尼斯人在地中海东端四面受敌的环境中想方设法与埃及的马穆鲁克王朝维持关系，确保他们的船只每年能在亚历山大港购买并装运香料。葡萄牙人成功地绕过了这些中间商的消息令威尼斯人瞠目结舌。这威胁到了威尼斯城的生存，因此急需调查。警觉的意大利人阿尔贝托·坎蒂诺对里斯本做了细致观察，他给费拉拉方面写信道，葡萄牙国王"已经告诉威尼斯大使，如果他的事业像大家相信的那样进展不顺利，他就干脆彻底放弃"。[27]威尼斯人或许在希冀和期望葡萄牙国王打退堂鼓。更务实的人则表达了一种不祥的预感，甚至近乎恐惧。葡萄牙远航船队返回里斯本的时候，威尼斯大使"克里特人"就在城里。他报告的细节令人不安。"他们带回了大量香料，价格低得我都不敢说……如果葡萄牙继续这样的远航……葡萄牙国王就可以自称金钱之王，因为所有人都会跑到葡萄牙去购买香料。"[28]曼努埃尔一世请"克里特人"一起来庆祝香料船队的返回，"于是我强作笑颜，遵从礼节"。[29]威尼斯人肯定宁愿吃锯末，也不肯庆祝葡萄牙人的成功。

　　在威尼斯，日记作者吉罗拉莫·普留利预言道，假如葡萄牙人能从供货源头直接购买香料、绕过伊斯兰国家的中间商，威尼斯的末日就到了。他写道："这些新事实对于我们的城市来说是如此重要，以至于我烦躁不安，没能够控制住自己。"[30]曼努埃尔一世志得意满地幸灾乐祸。他向"克里特人"提议道："我应当写信给阁下，告诉您，从此刻起，你们应当派遣船只从葡萄牙购买香料了。"[31]威尼斯与葡萄牙之间的秘密商战就这样打响了。在这场战争中，信息是重中之重。"完全没有办法搞到那次远航的航海图，"威尼斯间谍报告称，"葡萄牙国王宣布，谁要是泄露航海图，格杀勿论。"[32]

　　不过，卡布拉尔远航船队遭受的严重损失也打击了曼努埃尔一世的公信力。他现在知道了马拉巴尔沿海地区的真实局势——那里的基督徒极少，整个贸易被穆斯林商人把控——但他没有放弃自己的雄心壮志。他告诉"克里特人"，"他会禁止马穆鲁克苏丹从印度获取香料"。[33]他要继续推进。

葡萄牙人在卡利卡特蒙受了损失，必须做出回应。在卡布拉尔返回之后，葡萄牙的印度战略发生了变化。事实表明，扎莫林是个异教徒，他唾弃葡萄牙人奉上的贵重礼物，摧毁了卡布拉尔的贸易站，杀害了卡布拉尔的部下。在葡萄牙人看来，扎莫林显然被麦加的穆斯林牢牢掌控。从此，葡萄牙人需要动用武力，去争夺东印度的贸易。同时，富有战斗精神的基督教世界必须复仇。八十年后一部由穆斯林写下的关于葡萄牙人进犯印度洋的著作哀叹地指出，卡布拉尔的远航标志着和平转向战争。从这时起，"十字架的信仰者"[34]开始"侵犯穆斯林的产业，压制他们的商贸"。[35]卡布拉尔拒绝第二次前往印度，于是曼努埃尔一世再次起用瓦斯科·达伽马。

7 "米里"号的命运
1502 年 2~10 月

曼努埃尔一世相信，葡萄牙在印度洋的商贸活动需要有咄咄逼人的行动，于是他准备了一支规模超过以往的船队，在 1502 年春时从塔霍河起航。到此时，去往东方的远航已经制度化，是一年一度的了。这一次有二十艘船出发，分成两队，由达伽马担任总司令。他的舅舅维森特·索德雷也一同前往，此人有另外的任务和一定程度的自主权。达伽马从朝廷接到的书面指示未能留存至今，但我们可以从后来的事态发展做出推断。他的任务应当是：为葡萄牙人被杀害向卡利卡特的扎莫林索取赔偿；落实他自己的要求，即驱逐穆斯林商人；扩展与马拉巴尔海岸敌视扎莫林的国王们的贸易协定；葡萄牙人通过在科钦与坎纳诺尔建立贸易站，在印度已经有了小小的立足点，现在要扩大这些立足点。葡萄牙人自信印度洋没有任何武装力量能够与自己的炮火匹敌，所以这即便不是赤裸裸的战争，也是炮舰外交的政策。

从曼努埃尔一世给索德雷的指示里，也可以清楚地看到船队如此大的规模必将产生的影响和曼努埃尔一世的雄心壮志。索德雷的任务是"守卫红海的出入口，确保麦加穆斯

133

林的船只既不能进入红海，也不能从红海出来，因为麦加穆斯林最仇恨我们，对我们进入印度的行动阻挠也最厉害；因为他们手里掌握着香料，而香料取道开罗和亚历山大港进入欧洲的那些地区"。[1]葡萄牙的地缘政治计划的规模在扩大，也在更进一步。维森特及其兄弟布朗斯（也参加了此次远航）虽然是达伽马的舅舅，但年龄与他差不多。舅甥三人是一起长大的，可能曾在摩洛哥外海一同从事海盗活动。他们同样都是不忌惮动用暴力的人。达伽马还招募了他的堂弟埃斯特旺。这次远航将是他所在家族的事业。

根据已经形成的惯例，新船队出发前举行了宗教仪式。在里斯本肃穆的十字军大教堂举行的弥撒上，达伽马被正式授予东印度海军司令的头衔，并披挂了象征帝国霸业与战争的装束。他身披深红色绸缎斗篷，戴着银项链，右手拿着出鞘利剑，左手拿着王旗，跪在国王面前。国王将一枚戒指戴到他的手指上。

1502 年 2 月 10 日，在祷告声中，船队的大部分船只从赖斯特罗起航，水手亲属的泪花消逝在风中。第二批五艘船在埃斯特旺·达伽马指挥下于 4 月 1 日出发。与之前相比大大扩充的远航队伍中包括一些观察员，他们将作为目击者，记录第一手资料。有些记述者是佚名的，有些则留下了自己的姓名。这些人中有一位葡萄牙文书，名叫托梅·洛佩斯，以及一位意大利商业代理人，马泰奥·达·贝尔加莫。他们都在埃斯特旺的船队里，记载了此次远航的进展，其间，葡萄牙在印度洋的目标从和平贸易变成了武装侵略。

卡布拉尔的船队在南方大洋曾几乎全军覆灭，所以水手们如今对远航抱有畏惧之心。托梅·洛佩斯可能是个旱鸭子，对航海没有多少经验，他描绘了他们经历的天气变化。从马德拉岛——"该地区气候宜人，不热也不冷"——船队前往佛得角群岛，然后折向西南方，进入开阔海域。到了赤道附近，天气开始变得酷热难当，"无论白天黑夜，没有一丝凉意"。然后，夜空中不再出现北极星，炎热渐渐消退。接近好望角时，"天气变得极端寒冷；我们越接近那里，就越冷，我们也更难保护自己。为了御寒，我们用自己的衣服裹住身躯，吃喝很多"。[2]白昼越来越短，缩减到八个半小时，黑夜则长达十五个半小时。6月7日，洛佩斯所在的船于黑暗中突然遭遇暴风雨。船队被打散了。"只有两艘船还待在一起，'茹利娅'号和我们的船……第三次刮起狂风的时候，风力太猛，我们三角帆的帆桁从中间断了，'茹利娅'号的主桅也断了……山峰一般的海水向我们席卷而来——这景象让人呆若木鸡……"[3]横扫甲板的惊涛骇浪使得"茹利娅"号开始进水。水手们拼命抽水，使船只维持浮力，同时发誓赌咒，并抽签决定，假如他们能够幸存，哪些人要去朝圣感恩。他们几乎被冻僵，浑身湿透，等待风暴平息。9日，天气好转了："我们把衣服挂出去晒干，但太阳没有给我们多少热量，我们还没有暖暖身子，就又被无数的浪头打湿了。而且还大雨如注，更是增加了我们的痛苦。"[4]在这段危险的航程中，达伽马的部下向海水中投掷圣物，期望能够安全渡过难关。这一次，所有船只都得以幸存，但在葡萄牙与东方之间往返的旅程始终是对忍耐力的极大考验，始终要承担沉船或倾覆的风险。

征服者

葡萄牙人既想在非洲东海岸经商，又想在那里建立安全稳固的立足点，作为中转站，以让在横渡大西洋的艰难旅程中被打散的船队能够重新集结和补充给养。达伽马第一次远航的时候与莫桑比克和蒙巴萨的谈判非常紧张，双方互相猜忌，所以他显然决心采纳更强硬的路线。达伽马对东方外交习惯的微妙和冗长非常不耐烦，同时坚信欧洲的大炮能够让当地人肃然起敬。他还意识到，季风是一种执拗而不可能改变的力量：季风不等人。如果当地人不迅速地服从他，他就要动武强迫他们。

他先拜访了索法拉和莫桑比克。像以往一样，双方互相猜疑，于是交换了人质，葡萄牙人携带可以隐藏的武器登陆，总算以比较友好的气氛购买了一些黄金。但他的主要目标是基尔瓦，即海岸的关键贸易港口，之前它对卡布拉尔的接待很冷淡。达伽马率领全部二十艘船到达基尔瓦，旌旗招展，并用射石炮发出一轮齐射，以宣扬葡萄牙王室的辉煌与强力。他给苏丹送去了一封简短强硬的短信，要求觐见他。但答复是，苏丹患病，不能接见他。达伽马立刻把自己的船只带到海岸，摆开极具威胁性的阵势，派遣三百五十人携带火枪、乘坐配有回旋炮的长艇登陆。"他不想见我，"总司令本人记述道，"还对我们非常不礼貌，于是我带领所有部下，全副武装，决心消灭他，乘船来到他的宅邸前，将船首靠岸，用比他更不礼貌的口吻要求他出来。于是他同意了，来到我面前。"[5]

根据编年史家加斯帕尔·科雷亚绘声绘色的记载，总司令通过翻译，训斥了这位倒霉的统治者：

7 "米里"号的命运

我是我的国王的奴仆,你在这里看到的所有人和那
些在船上的人,都会服从我的命令。你要知道,只要我
愿意,就能在一个小时之内把你的整个城市化为灰烬。
如果我想要屠戮你的人民,他们全都会被烧死。

他继续说,他"会扭住苏丹的耳朵,把他拖到海滩,用铁
锁套住他的脖子,把他带走,将他在印度各地展出,让所有
人都看到,不愿意服从葡萄牙国王是什么下场"。[6]

达伽马要求获得贸易权,并要求苏丹向葡萄牙国王每年
缴纳大笔贡赋。不幸的苏丹必须升起葡萄牙王旗,以表示臣
服于葡萄牙国王的宗主权。这是为了彻头彻尾地羞辱苏丹。
贡赋则分两批支付,第一批在隆重典礼中交付,用托梅·洛
佩斯的话说,"鼓乐喧天,大家欢呼雀跃"(他这么说可能
带有讽刺意味),海滩上一大群妇女呼喊着"葡萄牙!葡萄
牙!"[7]她们这样呼喊,可能是出于畏惧,而不是喜悦。斯
瓦希里沿海地区都感受到了葡萄牙炮舰外交赤裸裸的威胁。
7月27日,达伽马继续驶往马林迪,当地苏丹是他的老友,
热情(不过有些紧张)地接待了他。

这一次跨越印度洋的航行平安无事。8月20日,整支
船队抵达安贾迪普群岛,他们在没有正当理由的情况下袭掠
了附近的一些港口,包括霍纳瓦尔和巴特卡尔。根据科雷亚
的记载,达伽马直截了当地向此地缩手缩脚的国王宣布:
"这是我的主公葡萄牙国王的船队,他是海洋、世界与这片
海岸的君王。"[8]船队从安贾迪普群岛继续南下。9月初,船
队抵达德里山,此地是一块突出的海岬,周围有一片掩护它

的潟湖，位置在坎纳诺尔以北。这是沿着马拉巴尔海岸经商的商船遇到的第一个或最后一个中转港口，来自红海的香料商船普遍在此暂时停留，以补充淡水、木材和食物。达伽马的二十艘船和数千人就在潟湖内停船落锚。据托梅·洛佩斯记载，坏血病又一次对水手们施以沉重打击。他们为病人搭起帐篷。虽然得到了大量橘子，很多病人已经病入膏肓，最终有六十或七十人死亡。其他病人身上则出现了一种令人不安的新症状。他们两腿之间长出了瘤子，这可能是热带寄生虫造成的，不过显然并不致命。

德里山顶峰的海拔为 900 英尺，是一个居高临下之地，从顶峰可以俯瞰周边，并筹划海上的伏击作战。达伽马和他的索德雷亲戚年轻时可能在摩洛哥沿海从事过类似的行动。他们的任务是扼杀印度与红海之间的穆斯林贸易，但也要为卡利卡特大屠杀复仇。很多人无疑也热切希望为自己捞一笔油水。1502 年 9 月 29 日，机会来了。一艘阿拉伯三角帆船出现在北方。达伽马率领一队船只出海，射石炮严阵以待。

好几位目击者记述了随后发生的战斗。意大利商业代理人马泰奥·达·贝尔加莫大感震惊，在写给自己雇主的信中语焉不详。"我们没有参加。葡萄牙人告诉我们，这不关我们的事，"他写道，"而且此事的一些细节，此时此地还不方便透露。"[9]葡萄牙文书托梅·洛佩斯就没有这么沉默寡言了。他可能是第一个对葡萄牙人征服印度洋的手段与心态加以批评审视的人。

这艘船叫作"米里"号。它刚从红海返回，船上载着约二百四十名男子和一些妇女儿童，其中很多人刚参加完在

7 "米里"号的命运

转向征服：达伽马第二次远航的舰队规模是第一次的六倍

麦加的朝觐。这艘船显然有武装，载有一些火炮。乘客中有一些富裕的卡利卡特商人，其中一人是马穆鲁克苏丹在卡利卡特的代理商朱哈尔·法基，他是一位颇有地位的富商，拥有好几艘船。

　　达伽马或许感到意外，"米里"号未做抵抗便投降了。马拉巴尔海岸沿线有一些得到严格遵守的规矩。如果在某些海域遭到当地海盗拦截，只需要付一笔买路钱就可以了。商人们腰缠万贯，自信可以用金钱换得安全通行。法基首先提议了一个价码。他表示愿意出资修理一艘葡萄牙船只损坏的桅杆，并在卡利卡特为所有葡萄牙人提供香料。达伽马拒绝了。这位商人又试了一次：他愿意把自己、诸多妻子之一和一个侄子作为人质交给葡萄牙人，随后给达伽马的四艘最大的船装满香料。这个条件显然比刚才提高了很多。人质将留在葡萄牙船上。他的另外一个侄子会上岸去安排交易。另外，他还保证促成在卡利卡特被扣押的葡萄牙货物都物归原主，并在卡利卡特和葡萄牙之间确立友好关系。这等于是邀请葡萄牙人参与香料贸易。如果过了十五或二十天，这些承诺还没有兑现，总司令就可以任意处置人质。达伽马依然不为所动。他命令法基告诉商人们，交出手头现有的所有财产。法基越来越感到震惊，他带着尊严答道："我指挥这艘船的时候，他们都服从我的命令。现在你是主子，你自己告诉他们！"

据洛佩斯记载，商人们"没有受刑"，交出了自己愿意交出的财物，显然船上还藏有大量财物。根据某些记载，葡萄牙船长们对达伽马颇有些讥讽，因为他顽固不化，既不肯接受对方提出的条件，也不愿意彻底洗劫商船。洛佩斯显然十分震惊。达伽马秉承某种怪异的原则，不肯直截了当地去抢劫，真是不可理喻："想一想船上留着的那些珠宝和其他贵重财物！那成罐的油、黄油、蜂蜜和其他商品！"[10]

达伽马有其他的计划。让"米里"号乘客难以置信的是（或许葡萄牙船队的许多人，出于不同的原因，也无法相信），"米里"号被拆除了舵与索具，然后被长艇拖曳到一段距离之外。葡萄牙炮手登上"米里"号，安放火药，然后将其点燃。穆斯林将被活活烧死。

"米里"号上的人们现在意识到事态严重，精神百倍地想办法自救。他们设法扑灭了火，并搜罗出能找到的所有武器、投射兵器和石块。他们决心战斗到底。葡萄牙长艇返回，准备重新点火，但遭到"米里"号上男女乘客一阵冰雹般的射击。长艇被迫后退。他们企图炮击丧失了活动能力的"米里"号，但长艇上的火炮是很轻型的那种，无法对大船造成严重的损害。即便在很远的地方，葡萄牙人也能看得到"米里"号上的妇女捧着珠宝和其他贵重财物，恳求总司令饶命。托梅·洛佩斯写道，有些人举着自己的小孩子，"我们明白他们是在恳求开恩"。他的记述语调越来越心烦意乱，对达伽马的暴行也越来越无法理解。"男人们打着手势，表示他们愿意付一大笔赎金……毫无疑问，他们愿意交出的钱足以赎回所有被囚禁在非斯的基督徒，还会剩下极多的财富给我们的国王陛下。"[11]达伽马躲在船上，透过一个观测孔，面无表情地看着这一切。他没有做出任何回应。"米里"号上，乘客们开始用床垫、围栏和能找得到的一切东西来构筑壁垒。他们决心死战到底，即便牺牲，也要让敌人付出惨重代价。

一连五天，丧失活动能力的"米里"号在酷热难当的海上漂流。洛佩斯所在的船跟随着它，船尾拖曳着另一条缴获的穆斯林船只。第五天，他们奉命消灭"米里"号。"我们把一切都看得清清楚楚，"洛佩斯写道，"今天是10月3日，星期一，我将永远铭记这个日子。"[12]

他所在的船逼近"米里"号，来到它的侧舷。一门大炮于抵近距离在"米里"号甲板上轰出一个大洞，但葡萄牙人严重低估了对方的抵抗意志。"米里"号用抓钩抓住了他们的船，"事出突然，非常迅猛，我们都没有时间从战斗平台上抛掷一块石头"。战局旋即逆转。葡萄牙人遭到突然袭击，吃了大亏。"我们当中许多人没有携带武器，因为我们以为对方手无寸铁。"[13]他们不得不匆匆将甲板下方舱室里被囚禁的穆斯林俘虏锁起来，然后去面对"米里"号的猛烈攻击。"米里"号船体更高，向葡萄牙船只甲板倾泻出暴风雨般的投射武器，以至于炮手无法接近自己的炮位。葡萄牙水手用弩弓打倒了一些攻击者，但有四十名水手在长艇上。他们人手不够，不得不退缩："我们当中只要有一人在敞开的甲板上露面，就会遭到二十或三十块石头的袭击，有时还有箭射来。"[14]

两艘船缠斗起来。激战持续了一整天。穆斯林打得非常疯狂，不畏惧任何伤痛；"他们凶猛地向我们扑来，这真是非同寻常的奇景。我们打死打伤很多人，但他们丝毫不犹豫，似乎感觉不到自己身上的伤痛。"[15]洛佩斯看到自己周围的形势越来越危急。"我们全都负伤了。"[16]十四或十五名葡萄牙水手被堵在艉楼内，成群的穆斯林企图猛攻进去。大多数葡萄牙人放弃了自己的岗位，逃向甲板下方。只有洛佩斯和船长乔万尼·博纳格拉齐亚还留在上层，为自己的生命而奋战。博纳格拉齐亚不知从何处找到一块胸甲来保护自己，此时胸甲已经在石块的齐射打击下凹陷变形，系带也脱落了。一名敌人冲到他面前，胸甲却从他身上滑落了。博纳格拉齐亚在战斗嘈杂中转过身来，喊道："文书托梅·洛佩斯，大家都走了，我们还在这里干什么？"[17]

是时候逃走了。两人放弃了岗位，把艉楼让给了"米里"号乘客。"他们高声呼喊，仿佛已经战胜了我们。"穆斯林还占领了艉楼。集合起来支援船长和文书的水手们看到形势已经绝望，于是跳入大海，被小艇救起。"我们的船上已经只剩几个人了，几乎全都负了伤。"[18]更多人从"米里"号跳到葡萄牙船上以替换伤员，不过有几个人不慎坠海淹死了。船上剩余的葡萄牙人被包围在艉楼下方的甲板处，尽可能地躲避敌人的投射武器。"他们打死了我们的一个人，打伤了另外两三人。我们很难保护自己、抵御石块的袭击，尽管船帆对我们有一定的掩护作用。"[19]

对葡萄牙人来说惨败已经近在眼前，这时他们的敏锐思维救了他们。另一艘克拉克帆船"若亚"号驶向"米里"号，佯装要强行登船。战局又逆转了。穆斯林攻击者为自己的船担心。他们匆匆逃回"米里"号，解开抓住葡萄牙船只的抓钩。精疲力竭的葡萄牙幸存者于是为自己的好运气感到欣慰。

"米里"号乘客的奋起自卫失败了。他们的末日降临已经只是时间问题。

达伽马率领六七艘最大的船，紧跟着因为没有舵而在广阔海域漂流的"米里"号。风浪很大，无法强行登船，所以"米里"号的死期被推迟了很久，这最后的垂死挣扎十分恐怖。随后的四天四夜，葡萄牙人追踪自己的猎物，向其开炮，但没有收到什么效果。第五天早上，有人从"米里"号游泳过来，带来了一个提议。他为了挽救自己的生命，愿意将绳索的一端固定在"米里"号上，好让葡萄牙人把它拉近并烧毁。他还告诉葡萄牙人，"米里"号上已经没有战利品可以掳掠了；所有贵重物品、货物和食物都已经被投入大海，免得落入葡萄牙人手中。洛佩斯对穆斯林的斗志和勇气做了最后的致敬："战斗期间，我们有时看到中箭的人自己把箭拔出来，扔回我们的方向，并继续战斗，仿佛完全不知道自己已经负伤。"[20] "就这样，"他严厉地谴责道，"在许多场战斗之后，总司令残酷无情地烧毁了那艘船，把船上的人全部活活烧死了。"[21]

据说，在"米里"号沉没之前，达伽马从船上救起了一名驼背的领航员和大约二十名儿童，并命令他们皈依基督教。

"米里"号缓缓走向末日的恐怖命运令后世的许多葡萄牙评论者震惊而困惑，尤其是印度历史学家更视其为从海上侵犯的西方帝国主义的开始信号。这是两个自给自足、互相无法理解的世界之间的第一次暴力碰撞。"这是闻所未闻的，"一位穆斯林统治者曾说，"竟然要禁止别人在大海上航行。"[22] 尽管葡萄牙人被定性为海盗，达伽马的动机——并非为了掳掠财物而在海上大开杀戒——也实在令人费解。他可能相信要以恐怖手段震慑敌人，并且他的这种信念过于极端。但是，这样想的人不是只有他一个。葡萄牙人来自一个充满激烈竞争、根深蒂固仇恨的环境，并且在那个环境里的人们致力于将最先进的技术应用于航海和火炮。他们来到印度洋的时候，对伊斯兰世界的观念非常狭隘，因为其是在摩洛哥海岸与穆斯林冲突的条件下获得的。1494 年在托尔德西利亚斯瓜分世界的两大伊比利亚强国受到历史与环境的塑造，只相信垄断贸易和十字军圣战的责任。

在马拉巴尔海岸，"米里"号事件不会被遗忘，更不会被原谅。数百年间，人们对它铭记不忘。有一句西班牙谚语说，严重的罪孽会投下很长的阴影。但是，达伽马的暴力活动才刚刚开头。他已经热血沸腾。

8　狂怒与复仇
1502 年 10 ～ 12 月

达伽马驶向坎纳诺尔，这个港口名义上对葡萄牙友好，并且设有一个小型葡萄牙贸易站。到此时，暴躁易怒的总司令对外邦人的一切意图都满腹狐疑，因此极难安抚。他拒绝上岸去拜见当地国王。于是双方以一种尴尬的方式会面，坎纳诺尔国王站在伸向大海的一个小平台上，达伽马站在一艘船的艉楼上。不过双方都大张旗鼓，摆开隆重的排场。在微妙的外交对话和交换礼物之后，双方很快围绕贸易条件出现了问题。国王无法讨论这些条件；关于香料贸易的谈判必须去找城里的商人，而这些商人是穆斯林。

达伽马不能够，也不愿意去理解马拉巴尔沿岸各地普遍存在的一个现象：印度教精英统治集团掌握政治权力，但经济活动由他们的穆斯林臣民把持。被派来与达伽马谈判的穆斯林商人索要高价，因为葡萄牙人的商品质量一般，不值得他们购买。这样的回应令达伽马大发雷霆。他问道，坎纳诺尔国王为什么要派这些穆斯林来见他，"因为国王心知肚明，穆斯林自古仇恨基督徒，是我们最凶残的敌人"。[1] 看来国王并不珍视与他的友谊。既然国王不肯与他打交道，他打算于次日清晨将已经装上船的少量香料也退回去。

在这次争吵当中，葡萄牙在坎纳诺尔的代理商派伊·罗德里格斯赶来，努力平息事态。达伽马命令他立刻离开这座城镇。罗德里格斯面无惧色：他不是总司令的下属，所以不必听从他，而且手里还有商品要出售，有工作要处置。这样的对抗让达伽马越发暴跳如雷。他怒气冲冲地拂袖而去，临走前还警告坎纳诺尔国王：如果当地的葡萄牙基督徒受到任何伤害，"他的卡菲尔①一定会付出代价"。[2]整个沿海地区都要被达伽马疏远了，而且他走的时候还故意鼓乐喧天、礼炮齐鸣。

他沿着海岸南下，奔向卡利卡特，刻意寻找麻烦。途中，他炮击了一座向坎纳诺尔称臣纳贡的小港口，并俘获了一船穆斯林。坎纳诺尔国王送了一封认输服软的信去安抚总司令，称即便葡萄牙人杀死了他的"卡菲尔"，他也不会撕毁与葡萄牙国王的和约，而是向他报告一切事态。达伽马读了信，心情并没有好转，因为这封信显然是派伊·罗德里格斯写的。

然而，卡利卡特人此时已经知晓了"米里"号惨剧，扎莫林陷入了深思。葡萄牙人显然不是偶然到马拉巴尔海岸来做客的。他们每年都来。他们想方设法去俘虏船只。如果他们在印度建立了陆地基地，那么这些不受欢迎的外来客造成的威胁将大大增加。就连上一年来的四艘船也证明葡萄牙

---

① "卡菲尔"原是穆斯林对非穆斯林的称呼，即异教徒。地理大发现时代的葡萄牙人用这个词称呼非穆斯林黑人。

人完全不怕印度人的武装抵抗，而这一年的葡萄牙舰队规模极大。关键在于找到一个办法来解决法兰克人的问题，但考虑到他们拥有技术优势，要做到这个并不容易。

扎莫林做了两件事。达伽马还在坎纳诺尔企图确立和平的时候，扎莫林给他写了一封信。他表示，自己对基督徒的态度是纯粹的友谊。他愿意为葡萄牙人留在卡利卡特的货物提供补偿。至于之前的屠杀惨案，这是不能用金钱来表达或补偿的，而且因为葡萄牙人在麦加商船和其他船只上杀了更多人，双方的血债肯定算是扯平了。他提议双方搁置过去的纠纷，既往不咎，从头开始；他的语气极其温和克制。

然而，他给自己那犯上作乱的附庸科钦国王写了一封腔调迥然不同的信，强调双方急需合作，并敏锐地分析了他们共同的处境："只有一个解决办法。如果他们不采纳这个办法，就必然全部垮台，被葡萄牙征服。在印度的整个马拉巴尔海岸，任何人都不能向葡萄牙人提供任何香料，价钱再高也不行。"[3]不幸的是，科钦国王仍然反抗卡利卡特。正是当地政治上的这些裂痕，最终将毁掉他们所有人。他答道："他与葡萄牙人处于和平状态……不打算以其他方式行事。"并且他把这封信拿给在他城内的葡萄牙人看，后者则将信发给了达伽马。所以，总司令收到了扎莫林的两封信。他的看法没有变：印度人都是两面三刀的奸佞之徒。

10 月 26 日，总司令在接近卡利卡特的时候，把两名穆斯林俘虏吊死在自己的桅杆上。根据从"米里"号掳来的儿童的"证词"（这些儿童指出，这两人在前一年的屠杀中杀死了卡布拉尔的部下），达伽马处死了这两人。次日，同样根据儿童的"证词"，第三名俘虏被指控曾从葡萄牙贸易站偷窃，被用长矛戳死。29 日，船队在离卡利卡特有一段距离的地方落锚。"我们只能看到卡利卡特的一小部分，它坐落在一座平坦的山谷之内，有非常高大的棕榈树。"[4] 托梅·洛佩斯如此写道。扎莫林派来了一个代表团，重申了之前在信里提议的条件。达伽马不肯让步。他要求扎莫林对葡萄牙人的生命和财产损失做全面的赔偿，驱逐所有穆斯林，"不管是商人还是永久居民。否则他不愿意议和，也不愿意与他达成任何协议，因为自从世界开端以来，穆斯林是基督徒的敌人，基督徒是穆斯林的敌人……并且此后不准任何来自麦加的船只到他的港口或在那里经商"。[5] 扎莫林是不可能答应这些条件的，达伽马也一定知道。扎莫林做了尽可能温和抚慰的回答。他希望和平，但穆斯林自古以来就在卡利卡特，城里有四五千户穆斯林；他们的人民诚实守信，忠心耿耿，为他做了许多宝贵的服务。

达伽马宣称扎莫林的答复是对他的侮辱，于是扣押了信使。这一天，双方不断交换消息，脾气都越来越坏，双边关系越发恶化。在这期间，一些渔民以为已经议和成功，便驾船出海。葡萄牙人抓住了他们，然后扣押了一艘满载食物的大型阿拉伯三角帆船。扎莫林胸中燃起怒火。葡萄牙人的行径悍然违反了大洋的精神。"基督徒更喜欢在海上偷窃和侵略，而不是贸易……他（扎莫林）的港口始终是开放的，"他继续说，"所以总司令绝不可以阻挠或驱赶麦加穆斯林。"[6] 如果达伽马接受这些条件，扎莫林"会做出相应举动……如果不接受，他（达伽马）必须立刻离开他（扎莫林）的港口，不要再停留在那里；他（达伽马）无权停留，也无权在印度的整个马拉巴尔海岸的任何港口停泊"。达伽马在回复里对当地文化做了嘲讽：他的主公（葡萄牙国王）能从棕榈树里制造出一位同样优秀的国王；扎莫林竟敢命令葡萄牙人离开，唯一的后果就是，今天扎莫林不能享受咀嚼槟榔叶的乐趣了。他要求扎莫林于次日中午前给出恰当的回复，否则后果自负。

当晚，达伽马命令自己的所有船只逼近城市；它们都稳稳地下锚停泊，船首向前，以减小目标，抵御扎莫林的炮击。天黑时，他们看到一大群人出现在海滩上，拿着灯笼。他们劳动了一整夜，为自己的火炮挖掘堑壕和炮位。"黎明时分，"洛佩斯回忆道，"我们看到许多人走向海滩。"达伽马命令各船更加靠近岸边，准备就绪。然后，他发布了更进一步的命令。如果到下午一点时扎莫林还没有给出答复，他就要把穆斯林俘虏吊死在桅杆上，并把许多印度渔民吊死在桁端，"把他们吊得高高的，让所有人都能看得清清楚楚"。但最后还是没有答复。"于是有三十四人被绞死。"[7]

海滩上很快人山人海，他们惊恐万状地看着桅杆上的死尸，无疑在努力辨认自己的亲戚。在他们恐惧地举头仰望的时候，葡萄牙船只用重炮向人群开了两炮，将人群驱散。所有其他火炮也轰鸣起来，抛掷出"持续不断的暴风雨般的铁弹和石弹，杀人无数"。[8]洛佩斯看到人们扑倒在沙滩上，然后逃跑，或者"像蛇一样匍匐逃走；看到他们在哭喊，我们高声讥笑他们。海滩很快就肃清了"。[9]印度人企图还击，但他们的射石炮效力很差，"他们的射击精度极差，而且填弹速度极慢"。葡萄牙人的重型炮弹落在印度炮位附近时，印度炮手抱头鼠窜。炮击持续到晚上，一刻不停，在木屋上打出窟窿，炸倒棕榈树，"震耳欲聋，仿佛棕榈树是被斧子砍倒的。有时我们还能看到城里遭到轰击的地方有人在逃窜"。[10]

葡萄牙大炮的威力在印度洋无可匹敌

达伽马还不愿善罢甘休。夜间，为了加快破坏速度和增加恐怖气氛，他命令将吊在桁端的死尸全都取下来，砍掉首级和手足，将躯干扔进大海。那些残肢被堆放在一条渔船内。达伽马写了一封信，命人将其翻译成马拉雅拉姆语，然后用一支箭把信钉在渔船的船首。然后，他们把渔船拖曳到岸边。信的内容是：

　　我来到这座港口，是为了买卖商品，收购你们的产出。这就是贵国的产出。我现在给你们送上这份礼物。这也是送给你们的国王的。如果你们想和我们友善，就必须为在此港掳走的我国商品付账。你们还强迫我们开炮，所以还要为我们消耗的火药与炮弹买单。如果你们这么做，我们立刻就成为你们的朋友。[11]

死尸被冲刷上了岸。人们小心翼翼地来到海滩，检查渔船和那封很显眼的信。达伽马命令停止炮击，好让当地人理解他的提议。洛佩斯观察了随后发生的事件。他们看到渔船里的东西后，

　　脸色大变，这表明局势很严重。他们伤心欲绝，不敢相信自己的眼睛。有些人跑过来，但看到那些首级，又跑开了。也有人拿走了一些首级，手里提着它们走开。我们距离他们很近，能看得很清楚。这一夜我们无人入眠，因为岸上传来呼天抢地的哀哭，被海水冲上岸的死尸周围也有人在吟唱。整整一夜，他们一直在借助蜡烛和灯笼的光亮修补堑壕，因为他们担心我们放火烧城。[12]

拂晓时分，全部十八艘葡萄牙船的大炮再次轰鸣起来。靠近海边的房屋已经化为废墟。这一次，大炮射击的仰角比较大，瞄准了较远处的权贵与富人的豪宅。城镇似乎空荡荡的。达伽马如果愿意，或许可以洗劫全城。他可能还在希望

8 狂怒与复仇

用炮火迫使扎莫林屈服。炮击行为持续了一上午。重型射石炮向城内发射了 400 枚炮弹。当地一些船只企图营救一艘被葡萄牙人俘获的阿拉伯三角帆船，但为时已晚，被打得匆匆撤退。

次日，达伽马驶向科钦，一路展开血腥报复，留下六艘克拉克帆船和一艘卡拉维尔帆船由维森特·索德雷指挥，继续从海路封锁卡利卡特。葡萄牙人至少能够指望科钦的一些支持。科钦国王是葡萄牙人最长期的盟友，长远来看他的忠诚大体上没有得到葡萄牙人的感谢和报答，但因为他渴望脱离卡利卡特的枷锁，所以一定会热情欢迎葡萄牙人。

不过，整个马拉巴尔海岸都对葡萄牙人凶暴的到访感到不安，印度国王们与其穆斯林商人臣民之间的关系越来越紧张，甚至在科钦也导致了摩擦。装载香料的工作时断时续，双方没有谈好价钱，商人在关键时刻故意拖延。"有时他们为香料索要更高的价钱，"洛佩斯记载道，"有时他们不肯接受我们的商品。因为他们每天都提出新要求，有时会突然停止往我们的船上运送香料。就这样，他们迫使总司令天天上岸……他们与他就某个问题达成一致之后，就继续装运，然后又突然停手。"[13] 达伽马或许也认识到，自己的暴躁必须有个限度，万万不能疏远了他唯一一个真正的盟友，并且在科钦的生意至少能让他在那里获取一些当地人的建议。在这期间，葡萄牙人学到了关于印度次大陆的更多知识。他们听到了关于锡兰的故事，"那是一座富饶而庞大的岛屿，位于 300 里格之外，那里有崇山峻岭，种植大量肉桂，出产宝石和许多珍珠"。[14] 这很有诱惑力，于是葡萄牙人在自己预定将来探索的地点清单上添加了锡兰。邻近港口的印度基督徒，即圣多马的追随者，兴致勃勃地赶来见他们，向曼努埃尔一世臣服，并帮助他们装运香料。

索德雷对卡利卡特的海上封锁给城内的人造成了很大的困难。扎莫林还在想办法解决葡萄牙问题。他试图通过直接与间接的途径组建一个反对外来者的统一战线，去抵御他们那令人生畏的火力和侵略。他的策略是打一场消耗战：努力延缓与达伽马的代理商的香料贸易谈判，让葡萄牙人停留过久，被季风困在印度。科钦的穆斯林商人的拖延战术也是这个用意。但卡利卡特港口被封锁，无法从事其他贸易，所以必须另谋他策。

扎莫林又试了另外一个办法。他派了一名婆罗门，给达伽马送去新的和平建议。达伽马肃然起敬，因为婆罗门是印度的高级祭司，是崇高种姓的成员。通过这位使者，扎莫林提议补偿葡萄牙人的损失，并签订新的友好条约。达伽马倾向于严肃对待这名使者，尽管此人的故事的某些细节有点儿不对劲。这位婆罗门自己也想来见葡萄牙人，并请求将他拥有的香料也运到葡萄牙船上。婆罗门和其他一些人质与达伽马一同返回卡利卡特。到了卡利卡特，婆罗门被允许上岸，留下他的儿子们在船上，并承诺会回来。然而，他没有再露面。另一个人前来，请求达伽马派遣"一位绅士"登陆，去接收扎莫林欠他们的钱。达伽马听到"绅士"这个词，大发雷霆。他要求使者通知国王，就连他船上最低贱的小厮，他也不会派去。他不欠国王什么东西。如果扎莫林有东西要给他，那就自己搬到船队这里好了。扎莫林送来了安抚人心的答复：到第二天结束时，一切都能处理好。但到了晚上，总司令的耐心快要枯竭了。

热带的黑夜降临到卡利卡特。

在黎明前的黑暗中，达伽马船上的瞭望哨看到一艘渔船离开了港口。当它接近的时候，他们发现它其实是两艘连接在一起的船。达伽马被唤醒。他迅速穿上衣服，来到甲板上，认为国王在兑现诺言。但很快他们就发现，事实并非如此。他们观察到七十至八十艘船在悄无声息地出海。瞭望哨在一段时间内坚持认为那是一群渔船。当第一轮炮弹袭来时，他们才意识到自己错了。

印度船上的射石炮鸣响了，火球掠过水面，在葡萄牙旗舰上打出窟窿。很快，印度船就包围了葡萄牙旗舰。任何人只要出现在甲板上，都会遭到箭雨袭击。葡萄牙人从桅杆顶端向下投掷石块，但攻击者离葡萄牙船的距离极近，火力极猛，让葡萄牙炮手无法操纵自己的火炮。达伽马所在的克拉克帆船的尾部还系着一艘缴获的阿拉伯三角帆船。印度人向这艘三角帆船放火，希望大火能蔓延到克拉克帆船上。葡萄牙人切断了连接两艘船的绳索。更多小船蜂拥而来，它们都配有轻型射石炮和弓箭。葡萄牙人别无办法，只能割断缆绳，弃锚逃跑。但达伽马的旗舰为了防止敌人在黑暗中砍断系锚的缆绳，使用的是一根特别坚固的铁链。水手们不得不在敌人的猛烈火力之下艰难地砍断铁链，旗舰才能开动。然而弃锚之后，海上风平浪静，于是旗舰停在原地纹丝不动，随后遭到暴风骤雨般的投射武器袭击。

挽救达伽马旗舰的,是偶然事件。维森特·索德雷的小船队——一艘克拉克帆船和两艘卡拉维尔帆船——出人意料地从坎纳诺尔赶来了。大海一片平静,所以大船不得不靠划桨缓缓移动,驶向一大群不断开炮的小船。攻击者终于撤退了,"有的缺了胳膊,有的少了腿,也有的人被炮火击毙"。[15]

疑心很重的达伽马因为自己被诱骗进了陷阱而怒火中烧。他又一次将人质吊死在卡拉维尔帆船的桁端,并在海边向敌人展示,随后又将死尸丢进一艘当地小船中并将小船送到岸边,还附带了一封更狂暴的书信:"哦,你这可怜虫,你让我来,我就来了。你已经竭尽全力,若是你有更大的力量,一定会做得更多。你理应受到惩罚,我必然会惩罚你。等我回来,我就会报偿你,不过不是用金钱。"[16]

瓦斯科·达伽马的签名

9　立足点
1502 年 12 月 ~ 1505 年

　　1503 年 2 月，达伽马起航返回里斯本，在印度海岸留下了两个脆弱的立足点，即分别位于坎纳诺尔和科钦的贸易站。卡利卡特的扎莫林怒气冲天，备受羞辱，另外还因为科钦苏丹拒不配合他铲除葡萄牙海盗而格外愤怒。很显然，与这些外来入侵者是不可能进行和平谈判的。葡萄牙人的到访越来越有规律，这很令人不安。每次季风快结束时，他们的船只就返回印度了，有时是一小群，有时规模雄壮，炫耀武力。他们用旗帜和炮声宣布自己的驾临。他们来了之后，放肆地索要香料，并提出驱逐根深蒂固的穆斯林群体的无理要求。他们向印度教文化的禁忌挑衅，大加威胁，并肆无忌惮地犯下常规的战争法则所不允许的暴行。

　　葡萄牙人现在开始努力在马拉巴尔海岸建立一种通行证制度，向过往船只收缴买路钱。他们发放安全通行证，以保障对他们友好的势力的船只的安全。这实际上是对贸易征收的一种赋税。后来，他们要求所有商船仅在葡萄牙控制的港口从事商贸活动，并且还要缴纳高额的进口与出口关税。通行证上的印章带有圣母玛利亚和耶稣的图像，这标志着印度洋世界的一个极端变革。欧洲人来了之后，大海不再是自由贸易区。通行证制度给印度洋世界引入了一个陌生的概念——领海，即由武装力量和葡萄牙的野心（主宰大海）控制的政治化的海洋空间。

如今，全世界都认识到了葡萄牙对印度洋贸易构成威胁的全部意义。1502 年 12 月，忧心忡忡的威尼斯人组建了一个"卡利卡特委员会"，专门请求开罗的苏丹采取行动。威尼斯驻开罗大使贝内代托·萨努多奉命"快速找到秘密的补救办法"。[1]此次行动需要最高度的谨慎。威尼斯人这是要帮助穆斯林去反对他们的基督徒兄弟，一旦泄露出去，必将成为大丑闻，所以威尼斯在开罗的外交活动极其微妙，需要严格保密。萨努多的使命是很明确的：向苏丹强调葡萄牙封锁他的香料贸易路线造成的威胁，敦促他向扎莫林施加压力，驱逐入侵者，并降低通过埃及的香料贸易的关税，以便与葡萄牙竞争。最后一点显然对威尼斯人特别重要。

在开罗，苏丹阿什拉夫·坎苏·加乌里还有其他事情要关注——民变、贝都因部落族民对通往麦加与麦地那朝觐路线的威胁，以及空荡荡的国库。但葡萄牙人突然出现在印度洋，既让他不安，也让他匪夷所思。"法兰克人的大胆没有边际，"编年史家伊本·伊亚斯对葡萄牙人越来越多的侵犯行为评价道，

> 据说法兰克人已经成功地在亚历山大大帝建造的堤
>
> 坝上打开了一个缺口……这个缺口是在分隔中国海

（此处指印度洋）与地中海的一座山上打出来的。法兰克人在努力扩大这个缺口，以便让他们的船只进入红海。这些海盗活动的来源就是这样的。[2]

在马穆鲁克王朝治下的开罗那如天方夜谭一般的世界里，这样的奇思异想不断流传。苏丹对威尼斯人的建议置之不理。他对降低关税、减少自己收入的设想当然不予理睬，但葡萄牙人的暴行越演越烈。苏丹是麦加与麦地那两处圣地的监护人，是信众的捍卫者。葡萄牙人对红海的封锁影响到了他的收入，而朝觐者的自由和保护广大穆斯林的义务则事关他的合法性。"米里"号的命运影响深远。1502 年冬季，达伽马还在科钦的时候，发生了第二起类似的暴行。这意味着，苏丹迟早要处置葡萄牙问题。

达伽马的舅舅维森特·索德雷留在印度，巡视更北方的马拉巴尔海岸。他在坎纳诺尔（葡萄牙与其比较友好）外海的时候，收到了坎纳诺尔国王的信，请求他扣押属于一位富有的穆斯林商人的船只，此人刚刚离开坎纳诺尔，却没有缴纳赋税。索德雷和他的外甥一样酷爱暴力。如果坎纳诺尔国王愿意的话，他会烧掉这名穆斯林商人的船只。国王并没有这个打算，只要迫使商人交税就可以了。这位商人名叫马伊玛玛·马拉卡尔，他在索德雷逼迫下返回港口，怒气冲冲地交了税，然后离开，并诅咒坎纳诺尔国王和葡萄牙国王。

坎纳诺尔国王发出抱怨，索德雷决定代行法律，惩治马拉卡尔。索德雷剥光了马拉卡尔的衣服，将他捆在桅杆上，毒打他，并对他施加了一种侮辱性的暴行。葡萄牙人在摩洛哥时经常这样侮辱穆斯林，即往对方嘴里灌粪便。索德雷还增加了一种花样。他往马拉卡尔嘴里塞了一根短棍，将他双手缚在背后，然后把一块腌猪肉塞进他的嘴里。遭到虐待的马拉卡尔愿意交出一大笔钱，以免受这样的侮辱。索德雷的答复与达伽马回答企图用金钱赎买自由的"米里"号乘客的话类似："货物可以用钱来买，但国王和大贵族的荣誉不卖。"[3]马拉卡尔在印度洋贸易世界中是一位有权有势的大人物，这场奇耻大辱令他满腔怒火，寻求复仇。1504年，他亲自来到开罗，将葡萄牙人的亵渎恶行汇报给信众的捍卫者——马穆鲁克王朝的苏丹，并要求对这些可恶的异教徒采取行动。

在马拉巴尔海岸，扎莫林也渴望复仇。他完全明白，假如葡萄牙在各个香料王国扎下根来，那就构成了极大的威胁。几乎所有人都知道，达伽马在不可阻挡的季风吹拂下返航之后，扎莫林一定会攻打科钦，惩罚它的统治者，并摧毁葡萄牙人羽翼初生的贸易站。因此，维森特·索德雷的小船队奉命保卫这个定居点，并支持科钦统治者。但索德雷还有一个任务是封锁红海，消灭在红海与卡利卡特之间来往的穆斯林船只。这后一项任务意味着可能获得丰富的战利品，因此更受他偏爱。在他的兄弟布朗斯的怂恿与帮助下，索德雷无视科钦国王和葡萄牙贸易站的哀求，航向北方，去捞油水。他那明目张胆的不顾自己同胞死活的行为，遭到了抗议。两名船长放弃了自己的指挥岗位，宁愿留在遭到围攻的科钦贸易站。

9　立足点

索德雷走后，扎莫林迅速行动。他率领一支大军开往科钦，发了一封语气专横的信给科钦国王，指出"接纳严重伤害我们的基督徒"的恶果，要求他交出城内的基督徒。如若不从，扎莫林"决心进入你的国度，将其摧毁，抓住基督徒，俘获他们的所有财物"。[4]

这电闪雷鸣般的严厉通牒遭到了拒绝。科钦国王已经决定与基督徒并肩作战，无论生死，都要坚守自己的决定。葡萄牙人将这种坚定理解为高尚的骑士风度。然而从长远来看，科钦国王得到的回报少得可怜。扎莫林可能更为切实地描述了与外来者同流合污的后果，但科钦国王不改初心。他派遣自己的侄子和继承人纳拉扬率领军队去抵抗扎莫林，不惜战死沙场。纳拉扬起初取得了一些成功，但扎莫林贿赂他的部下，使那些人对纳拉扬不满，最终将其刺杀。科钦国土被扎莫林占领。根据印度教军事种姓的律法，两百名科钦幸存者宣誓要遵照仪式的要求慷慨赴死。他们剃掉了全部毛发，冲向卡利卡特，见人就杀，直到全部阵亡。

但纳拉扬为国王和葡萄牙人争取到了时间。他们撤离科钦，逃到外海岛屿威平。扎莫林将科钦城付之一炬，但无法接近威平岛，因为雨季快到了。倾盆大雨和惊涛骇浪开始拍击马拉巴尔海岸，扎莫林率军撤回了卡利卡特，在科钦只留下少量驻军。他发誓要在 8 月回来，消灭所有敢于抵抗的人。葡萄牙人在印度的立足点命悬一线，但科钦国王相信葡萄牙船只会按照航海季节的规律回来。与此同时，索德雷兄弟一心掳掠从红海来的穆斯林船只，却遭遇海难，被困在一个小岛上。维森特不幸溺死，他那不得人心的兄弟布朗斯幸存下来，但随后可能被自己的部下杀死了。在虔诚的编年史家看来，这纯属罪有应得："这两兄弟犯下了弥天大罪，之所以丧命，是因为他们没有援助科钦国王，并且抛下自己的葡萄牙同胞，让他们单独面对极大的危险。"[5]

索德雷兄弟现在帮不上忙，一小群葡萄牙人和科钦国王及其亲信就被困在威平岛，等待救援。1503 年 9 月初，他们的信念得到了回报，两艘船从里斯本赶来，这是本年度香料航运的第一批船只，指挥官是弗朗西斯科·德·阿尔布开克。两周之后，又有四艘船紧跟着抵达威平岛。这第二批船带来了葡萄牙历史上最才华横溢的指挥官中的两位。

第二批船的指挥官是弗朗西斯科的堂兄弟阿方索·德·阿尔布开克，他注定要不可逆转地改变印度洋的历史轨迹，塑造和震撼世界。1503 年时，他可能已经四十多岁了，长期为王室效力，拥有极其丰富的军事经验。他的相貌颇为引人注目，清瘦，鹰钩鼻，眼睛显得非常精明，蓄着垂到腰间的已经有些斑白的胡子。他曾在意大利与奥斯曼土耳其人交战，在北非对抗阿拉伯人，在葡萄牙与卡斯蒂利亚人厮杀。在摩洛哥，他亲眼看见自己的兄弟在身旁战死；他曾与还是年轻王子的若昂二世并肩作战。和达伽马一样，他吸纳了葡萄牙贵族的荣誉法则，包括对伊斯兰教的根深蒂固的仇恨与不可撼动的对复仇和惩罚敌人的信念。他没有结过婚，但有一个私生子。他对王室忠心耿耿，清廉诚实，不可腐蚀，对自己的才干——无论是驾船航海、指挥陆海军、建造要塞还是治理帝国——自信满怀。"如果陛下把十几个王国托付于我，我也懂得如何以最高的谨慎、理智和知识来治理。"他曾这样告诉起初对他不是很信任的曼努埃尔一世，"这不是因为我拥有什么特殊的才华，而是因为我在这些工作上的经验非常丰富，而且已经到了成熟的年纪，懂得是非曲直。"[6]他总是行色匆匆，拥有魔鬼般充沛的精力，绝不容忍傻瓜。不是所有人都喜欢阿方索，但他和曼努埃尔一世一样，拥有领袖魅力、使命感和建立世界帝国的雄心壮志。他显然相信，自己大展宏图的时机已经到了。

阿方索·德·阿尔布开克

与他同来的一位船长，是同样精明强干的杜阿尔特·帕谢科·佩雷拉。此人是航海家、领袖、战术天才、地理学家、实验科学家、博学之士和数学家。佩雷拉是奉命在1494年敲定《托尔德西利亚斯条约》的学者之一。巴西被正式发现之前，他可能已经秘密去过那里。他写下了第一部描述黑猩猩使用工具的能力的论著；他把经度计算到非常精确的程度，在当时无人可比；他记载了印度洋的海潮规律，并善加利用这门知识。史诗作者卡蒙伊斯（又译贾梅士）后来歌颂他为葡萄牙的阿喀琉斯，"一手拿笔，一手持剑"。[7]

曼努埃尔一世没有把最高指挥权交给两个阿尔布开克中的任何一人，他俩的关系迅速恶化。竞争意识非常强的阿方索抢先从里斯本出发，但他的船队遭遇风暴，损失了一艘商船。他原本就心情恶劣，抵达印度时更是发现弗朗西斯科先到一步，并且还因已经打退扎莫林在科钦的驻军以及把科钦国王扶回王位而春风得意；此外，后者也把城内现有的胡椒都装载到了自己船上。

出人意料的局势让堂兄弟之间的紧张关系更加糟糕。曼努埃尔一世给他们的命令仅仅是购买香料并返回。然而，他们发现贸易站受到威胁，负责保护贸易站的索德雷兄弟已经死亡，并且扎莫林一定会率军返回，彻底消灭贸易站。常驻科钦的葡萄牙代理商及其伙伴表示，如果没有巩固的要塞和驻军保护他们，他们是不会留下的。因此，阿尔布开克堂兄弟必须偏离曼努埃尔一世的书面指示。弗朗西斯科已经说服满心不情愿的科钦国王，给葡萄牙人一块地，并提供木料与人力，以建造要塞。这座要塞的选址是科钦所在的长条形半岛的尖端，守卫着一个大型内层潟湖的出海口和腹地的河流网路与城镇。

建造一座木制要塞的工程匆匆进行。"每艘船都为其装备贡献自己的力量。"乔万尼·达·恩波利如此写道。他是一个年轻的托斯卡纳人，以商业代理的身份参与了此次远航。不到一个月时间，要塞就竣工了。它很原始，布局为方形，外层是土木筑成的壁垒，中间有一座粗糙的石质主楼。用恩波利的话说，这座要塞"固若金汤……周围有很深的壕沟与护城河，有强大的驻军，工事完备"。[8]它标志着葡萄牙人帝国主义冒险的一个重要里程碑。这是他们在印度土地上的第一个稳固的立足点。1503年11月1日，万圣节，为了庆祝要塞在这个吉利的日子竣工，葡萄牙人尽其所能地举行了庆典。他们穿上自己最光鲜的衣服，壁垒上旗帜招展，举行了肃穆的弥撒。科钦国王身穿华服，乘坐大象，在武士簇拥下赶来庆贺，并参观这座完工的建筑。

阿尔布开克堂兄弟小心地在印度盟友面前掩饰自己的内部分歧，但他俩之间的气氛仍然是非常恶毒的。为了任何事情，他们都能吵起来——香料分配的比例，建筑工程的进展速度，甚至要塞的名字。一名修士对他们的纷争感到不安，被传来仲裁。弗朗西斯科希望给要塞取名为阿尔布开克要塞。阿方索热衷于曼努埃尔一世的弥赛亚风格的王权思想，希望用国王的名字给要塞命名。最终阿方索胜利了，但他的狂妄放纵、咄咄逼人的竞争意识和焦躁的情绪有时会影响他的判断，并且这已经成为他的领导风格的标志。

葡萄牙人与扎莫林的武装冲突时断时续。双方同意了一项玩世不恭的停战协定。葡萄牙人在马拉巴尔海岸搜罗胡椒，准备返回里斯本，而扎莫林则在筹划一次新的攻势。葡萄牙人很快撕毁了停战协定，无缘无故地攻击了一支运送香料的船队，于是战争再度爆发。然而，扎莫林在等待时机。

他知道，由于季风的铁律，1504年年初，葡萄牙大部分船只必然会载着香料回国。葡萄牙人自己也知道这一点。在卡利卡特，扎莫林开始集结一支新的军队，准备一劳永逸地将葡萄牙人逐出。

1504年1月，阿尔布开克堂兄弟出发的日子迫在眉睫。东风很快就会停息。曼努埃尔一世曾命令整个船队必须一同航行，但后来船队没有这样出发。在坎纳诺尔，弗朗西斯科还在慢悠悠地装载香料，阿方索却不肯再等了。1月27日，他扬帆起航，留下自己的堂兄弟吊儿郎当。弗朗西斯科最终于2月5日起航。他们只留下微弱兵力守卫曼努埃尔要塞和科钦王国：九十人和三艘小船，由杜阿尔特·帕谢科·佩雷拉指挥。这九十人都是自愿留下的。在乘船返航的人看来，留下的人必死无疑。踏上归途的人们目睹马拉巴尔海岸消失的时候，一边画十字，一边喃喃地说："上帝保佑杜阿尔特·帕谢科及其部下的灵魂。"[9]科钦国王看到自己的盟友承诺的留守兵力如此脆弱，目瞪口呆。还要再过八个月，才会有援兵从地球的另一端赶来。

阿方索船队的归途很典型，经历了印度冒险的所有持久不变的艰难险阻：风暴、逆风、补给匮乏、惊人的命运逆转。托斯卡纳人乔万尼·达·恩波利留下了一份生动的记载，描写了这次噩梦般的旅程，船队在几内亚外海因为无风而被困五十四天之久：

> 淡水几乎耗尽……没有葡萄酒，船上也没有其他给养；船帆和其他东西都磨损了，人们开始接二连三地病

倒。五天后，我们从船舷抛下了七十六具尸体。我们船上只剩下九人……我们彻底绝望了。由于虫蛀，船体损坏，船在渐渐下沉；除了上帝的援助，我们没有得救的希望……非常糟糕，我找不到言辞来描述。[10]

他们最终返回里斯本的时候，已然命悬一线。

风向不利于我们。我们带来的黑人刚刚感受到冷风，就开始纷纷死亡。就在即将进港的时候，我们又遇到逆风，几乎沉船。我们的状态极度糟糕，如果在海上再多待半天，一定会在河口沉没。[11]

他们不知道，自己其实已经很幸运了。弗朗西斯科的船队于2月5日从坎纳诺尔出发，后来就杳无音讯了，他的船队可能在南方大洋的某处消失在波涛之中。国王最终听到的，是阿方索对自己成绩的报告。

在印度，扎莫林于1504年3月开始进军科钦。他集结了一支庞大的军队，约有五万人，兵员来自他自己的领地和臣服于他的附庸城市，包括一大群奈尔（马拉巴尔海岸的军事种姓）武士，得到卡利卡特的穆斯林群体支持，还携带了所需的辎重与器具：三百头战象、火炮和约二百艘用来包围科钦港的战船。科钦国王判断自己身陷绝境。他恳求葡萄牙人借助有利风向，到阿拉伯半岛海岸过冬，而不是毫无意义地白白丢掉性命；他自己将谦卑地向卡利卡特的主人投降。

然而，杜阿尔特·帕谢科·佩雷拉是来打仗的。他完全明白此时关系重大，形势危急：如果他丧失了科钦，那么其他对葡萄牙友好的港口也将屈服于卡利卡特。葡萄牙在印度的整个事业就彻底完蛋了。当两个阿尔布开克还在印度的时候，佩雷拉已经花了几个月时间与扎莫林军队作战，他曾研究科钦的地形地貌。科钦位于海边一个长条形半岛之上，背后有一个潟湖。该地区遍布滩涂、岛屿和受潮汐影响的周围长满棕榈树的浅滩，因此是一个复杂的迷宫，也正是伏击战的理想战场。佩雷拉不肯后退。

他给出了直截了当的回应。他告诉科钦国王，他会打败扎莫林，"如果情势需要，我们会为您效力至死"。[12]科钦将是最后决战的战场，是葡萄牙的温泉关。佩雷拉至多只有一百五十人和五艘船（一艘克拉克帆船、两艘卡拉维尔帆船和两艘比较大的长艇）。科钦人名义上可以集结八千人，但究竟有多少人愿意为了一项不得民心的事业而战，是存疑的。国王觉得佩雷拉发疯了。但 1504 年秋季一支葡萄牙救援船队抵达科钦的时候，发现佩雷拉及其大部分部下都还活着，而扎莫林丢人现眼地撤退了。

佩雷拉赢得了一场精彩的战略胜利。他认识到，科钦坐落在一座半岛之上，周围遍布咸水溪流和水道，因此要从陆地一侧接近科钦，就必须通过少数几个浅滩，而这几个浅滩受潮汐影响，有时会被海水淹没。佩雷拉可能是历史上第一个以科学方法研究潮汐与月相关系的人。通过细致观察，他得以预测到每个浅滩在何时可以通行，于是可以调动他的寥寥几艘船和士兵，去迎战敌人。他命人在各浅滩安插了削尖的木桩，将木桩用铁链锁起来，构成一道栅栏，露出水面。他的船只则铺设了厚厚的木板，作为木制装甲。扎莫林的军事行动在战术上非常死板，漏洞极多。每一次当他通过狭窄的浅滩发动进攻时，葡萄牙人的强大火力都会把涉水前进、企图在木栅栏上砍出缺口的奈尔士兵打成碎片。佩雷拉成功地鼓舞了科钦人的士气。奈尔士兵遇到一群在水稻田里劳作的低种姓农民，农民们挥舞着锄头和铁锹攻击他们。奈尔士兵害怕被低种姓的人污染，抱头鼠窜。在四个月里，扎莫林发动了七次大攻势，全都失败了。作战和霍乱造成的死亡人数攀升，他丧失了斗志。1504 年 7 月，他终于撤退。由于严重丧失威望，他不得不退位，隐遁到宗教生活中，由他的侄子继位。

1504 年秋季援救科钦的葡萄牙船队规模很大：十四艘克拉克帆船，包括五艘新建的大船。它们带来了大量士兵、水手和强大的火力。扎莫林惨败的消息传遍了马拉巴尔海岸，葡萄牙新船队的抵达对各贸易城市及其统治者施加了很大影响。葡萄牙人显然是不可战胜的；越来越多的人投奔他们；葡萄牙船队抵达科钦时，扎莫林的另一个臣属——塔努尔国王向葡萄牙宣誓效忠。麦加穆斯林的情绪越来越阴暗。印度海岸的贸易港口一个接一个地对他们关闭了大门。

葡萄牙人坚定顽强的对抗、他们军事行动的凶悍猛烈、船队的灵活机动、火力的优势和他们对战斗的酷爱，似乎构成了一股无法抵挡的力量。不仅在马拉巴尔海岸，在东非棕榈树环绕的沙滩，开罗和吉达的旅行商人都大感沮丧。到 1504 年年末时，一大群穆斯林商人对时事悲观失望，决定拖家带口，带着商品货物返回埃及。这一年的最后一天，洛佩斯船队追上了这群穆斯林船只，可能杀死了两千名穆斯林。这是对扎莫林及其阿拉伯盟友的最后打击。"此次失败之后，国王感到自己被毁掉了；从此以后，美好往昔不再来，因为他已经损失惨重，而摩尔人都离开了卡利卡特；因为那里暴发了饥馑，人口逐渐流失。"[13]卡利卡特的辉煌时代快要落幕了。进入 1505 年之际，葡萄牙人自信满怀，将要永久占领马拉巴尔海岸。曼努埃尔一世筹划下一次远航时已经在考虑这一点了。

印度洋传统贸易体系遭受的破坏产生了深远影响，让越来越广泛的圈子都能感同身受。威尼斯人原指望漫长的距离、疾病和海难能够消灭葡萄牙的香料贸易路线。每年 3 月，葡萄牙船队从塔霍河口出发，前往印度，来回 2.4 万英里。这是非同小可的航海壮举。但它造成的消耗损失也极大。远航船只从赖斯特罗海滩起航，岸上的人们目送它们离去时以泪洗面，不是没有道理的。从 1497 年达伽马首航到 1504 年，共有 5500 人去往印度，其中 1800 人，也就是 35%①，没能回来。损失的人员大多死于海难。不过，远航的回报极其丰厚。瓦斯科·达伽马首航的收益就相当于投资的 60 倍。据计算，扣除成本，王室每年从香料贸易中获得 100 万克鲁扎多的利润，这是天文数字的巨款。里斯本码头上香料的气味吸引了大量满心渴望的新人投入冒险。很多人一穷二白，不怕任何风险。葡萄牙匮乏自然资源，处于欧洲政治与经济中心的外围。所以，东方的诱惑是葡萄牙人无法

---

① 原文如此，应为约 33%。

抵御的。法兰西国王弗朗索瓦一世称曼努埃尔一世为"杂货商国王",以此嘲讽一个以贸易为生的小国君主的庸俗自负,但其中也有羡慕的意味。在中世纪欧洲,葡萄牙王室的经商行为就像航海本身一样,是一大创新。葡萄牙国王是王室商人资本家,通过垄断贸易获得了巨额利润。

葡萄牙人对海难有许多想象

有了这个金钱的源泉,曼努埃尔一世得以重塑里斯本的形象。1500 年,他命人在塔霍河两岸开辟空间,准备营造一座巨大的新王宫,要俯瞰塔霍河,让国王能观看东印度的财富滚滚而来。河畔宫殿既是帝国辉煌的表达,也是商业活动的中心,这两方面由王室的身份联系起来。王宫旁设有作为基础设施的行政管理部门:印度事务院,海关大楼,管理木料和奴隶进口及与佛兰德贸易的官衙,王家铸币厂以及兵工厂。在新世纪之初,里斯本摇身一变,成为一个不断运动的世界,欧洲最富活力的中心之一,充盈着金钱与能量,并由王室将里斯本经营成一门价格垄断的生意。商业与技术基础设施的很大一部分是从国外进口的。葡萄牙人的航海技能无与伦比，但该国缺少富有商业精神的中产阶级。除了铸炮工匠和炮手之外，葡萄牙还需要拥有专门知识技能的经纪人在东印度买卖货物。在里斯本和全欧洲，葡萄牙需要经销商、零售商、银行家和拥有精明商业头脑的投资者。它从佛罗伦萨、热那亚、博洛尼亚、安特卫普、纽伦堡和布鲁日吸引了一大批人才。

1503 ~ 1504 年，富可敌国的富格尔家族①在里斯本开设银行，人们认为这标志着威尼斯在欧洲享有的香料贸易中心的声誉遭受到了严重威胁。在意大利和其他国家，威尼斯的竞争对手们幸灾乐祸，喜不自禁。普留利希望葡萄牙贸易会在好望角的礁石上撞个粉碎，但这希望过于乐观了。1504年2月，威尼斯元老院忧伤肃穆地听取了关于达伽马第二次远航往欧洲带回大量香料的报告。与此形成对照，在亚历山大港的威尼斯商人极难获得香料。威尼斯人不知道的是，个中原因与葡萄牙没有多大关系，而主要是由于马穆鲁克王朝的内乱。

---

① 富格尔家族是德意志商业和银行业大亨，曾统治 15 ~ 16 世纪的欧洲工商业。家族的创立者汉斯·富格尔（1348 ~ 1409 年）是奥格斯堡的织工。在他的孙子乌尔里希（1441 ~ 1510 年）、格奥尔格（1453 ~ 1506年），特别是雅各布（1459 ~ 1525 年）的经营下，公司开展国际贸易，包括香料和奴隶贸易，并通过开采铜矿和银矿获得大量财富。富格尔家族给予各国国王和皇帝贷款，并参与教皇免罪符的贩售，使家族在欧洲政治中具有很大的影响力，因而招来马丁·路德的批评。查理五世因得到富格尔家族的财力支持，得以当选神圣罗马皇帝。16 世纪后，富格尔家族逐渐衰落，但三个有爵位的支系一直延续到 20 世纪。

9 立足点

16 世纪的里斯本和塔霍河

　　1504 年春，威尼斯的卡利卡特委员会决定再次开展秘密行动，暗中打击葡萄牙的地位。威尼斯人派遣了两名使者。莱奥纳尔多·达·卡马瑟奉命前往葡萄牙，继续调查该国香料贸易的情况。他将假扮为商人，用密码发回报告，尽可能搜集关于葡萄牙整个香料贸易活动的信息。同时，弗朗切斯科·泰尔迪假扮成首饰商人，前往开罗，再次敦促苏丹，在严格保密的情况下破坏葡萄牙在东印度的行动。卡利卡特委员会在执政官宫殿内会商，设想了一些更疯狂的计划。能不能说服苏丹，在苏伊士开掘一条运河？这样就可以降低前往欧洲的运输成本。没有证据表明，威尼斯人曾将运河的设想呈送给加乌里，但泰尔迪奉命向他指出，很多威尼斯商人急于到里斯本购买香料，曼努埃尔一世还厚颜无耻地邀请他们去里斯本；威尼斯政府当然希望固守老的贸易盟约，但如果……泰尔迪要给出许多言犹未尽的暗示，让加乌里明白，威尼斯有可能寻求其他路径。事实上，双方有着共同利益，却只能越过互相猜疑的鸿沟，摸索着相互交流。

在卡马瑟与泰尔迪从威尼斯动身之前，印度洋传来的义愤填膺的怒吼已经迫使开罗的苏丹采取行动。他决定以更强硬的手段试探威尼斯的支持和基督徒的决心。1504 年 3 月，他让方济各会修士毛罗送回赤裸裸的威胁：让葡萄牙人撤离印度洋，否则他就摧毁耶路撒冷的圣地。威尼斯人在 4 月接待毛罗的时候，对此的态度模棱两可。他们不敢支持苏丹的立场；他们假模假式地请求苏丹不要这样做，但通过暗示和迂回的措辞表达了同情。泰尔迪奉命通知苏丹，威尼斯没有办法公开支持他，而且基督教各国应当不大可能有办法保卫耶路撒冷。威尼斯人迅速将这不受欢迎的使者送到教皇那里，就像传递一个烫手的山芋一样。教皇尤利乌斯二世也匆匆将这吓人的威胁传递给曼努埃尔一世，先是通过书信，然后把使者毛罗修士送到了葡萄牙朝廷。修士直到第二年夏季，即 1505 年 6 月才抵达里斯本，曼努埃尔一世有充足的时间来考虑如何回应。消息送抵之后，它对葡萄牙造成了决定性影响，不过不是苏丹想要的那种。

卡马瑟在葡萄牙的间谍活动出师不利。他还没抵达里斯本，就被揭露了身份。出卖他的是威尼斯人的竞争对手——佛罗伦萨人。据他后来的说法，他被投入一座"恐怖的监狱"。[14] 他被带到国王面前，凭借三寸不烂之舌竟然逃脱，花了两年时间为威尼斯政府搜集珍贵的情报。但是，曼努埃尔一世对外国人的刺探越来越警惕。卡马瑟抵达里斯本一个月之后，曼努埃尔一世发布了一道敕令，禁止制作地球仪或复制地图。他这是为了保住葡萄牙辛辛苦苦得来的优势，防止外人刺探。

在越来越激烈的商业竞争中，葡萄牙人肯定对威尼斯人的评价越来越差。葡萄牙人相信，1504 年帮助扎莫林的两名铸炮工匠是威尼斯派去的。事实可能并非如此。航海共和国似乎没有在国家层面上为开罗提供技术援助，但肯定有一些威尼斯商人愿意给亚历山大港送去铜条（用来铸造大炮等），并且鼓舞阿拉伯人的决心。地中海世界有越来越多的水手、工匠、炮手、技术专家、弃儿和犯人，其中有些可能来自靠近非洲海岸的威尼斯殖民地，如克里特岛和塞浦路斯岛，他们愿意向任何能出钱的人兜售自己的技能。到 1505 年时，其中一些人来到了开罗。阿拉伯世界内部缓缓聚集的压力很快就需要采取决定性的行动。

10　印度王国
1505 年 2～8 月

1505 年 2 月 27 日，里斯本出现了一道言辞浮夸的帝国敕令。一次向所有参与印度事业的人士的讲话说道：

> 堂曼努埃尔，蒙上帝洪恩，大海此岸的葡萄牙与阿尔加维国王，大海彼岸的非洲之王，几内亚领主，埃塞俄比亚、阿拉伯半岛、波斯和印度的征服、航海与贸易之王，我命令在印度建造的各要塞的指挥官、法官、代理商……我派遣加入此船队的船长、贵族、骑士、士绅、大副、领航员、行政长官、水手、炮手、武士、各级军官与一概人等，郑重宣布……

随后的清单里列举了从高到低各个级别的人员。然后是实质性的话："以此授权书为证，我无比信任堂弗朗西斯科·德·阿尔梅达……任命他为上述整个船队与上述印度的总司令，任期三年。"[1]

关于在印度的冒险是否明智，朝廷已有过多次辩论，有人表达了激烈的反对意见。大量的生命损失，扎莫林的负隅顽抗，卡利卡特的屠杀，在更靠近本土的摩洛哥开展圣战的更高贵的选择，对其他君主的嫉妒的担忧——这一切都导致曼努埃尔一世的计划遭到了强烈抵制。但到1505年时，国王在一群理论家与谋臣的支持下，确信自己的命运就是继续执行印度计划。2月27日宣言代表的是一种全新的战略，一种大胆的长期计划，它的基础是激动人心的雄心壮志：通过武力，在印度建立一个永久性的帝国，并控制整个印度洋的贸易。他选择这个时机发布宣言，不是偶然的。曼努埃尔一世知道毛罗修士正从教廷赶来，想要表达对耶路撒冷的担忧。所以，他可能想抢在这个不受欢迎的信使抵达之前采取行动。在更广泛的层面上，国际形势对葡萄牙非常有利：意大利深陷于战火；威尼斯人在与奥斯曼帝国交战，无暇他顾；马穆鲁克政权似乎在持续衰落；西班牙卷入欧洲事务。一个重大机遇出现了，一个命运攸关的时刻降临了。曼努埃尔一世也认识到，通讯联络上的延迟意味着想从里斯本遥控印度事务，是不切实际的。尽管他天生缺乏安全感且疑心很重，但还是必须下放权力，选拔一名代表，将指挥权交给他掌管足够长的时间，以便有效地落实计划。

　　他选择的那个肩负重任的人，堂弗朗西斯科·德·阿尔梅达，仅仅是国王的第二人选。他起初提名的是特里斯唐·达·库尼亚，但这位经验丰富的航海家突然瞎了，其可能是由于缺乏某种维生素。尽管他后来恢复了视力，但他的失明被认为是上帝给出的征兆。阿尔梅达将是第一位领导印度远征的高级贵族。他大约五十五岁，在军事、外交和航海方面都有丰富经验，但他还拥有一种品质，正是曼努埃尔一世在

弗朗西斯科·德·阿尔梅达

选拔人才以托付国家大事时乐于看到的。阿尔梅达清正廉洁，不可腐蚀，对财富的诱惑无动于衷，秉性温良，是个没有家庭羁绊的鳏夫，虔诚，具有成熟的判断力。多年来，印度的诱惑就是能让人发大财，而阿尔梅达没有索德雷那样的贪婪胃口。他更珍视头衔而不是大包的香料，并且他还懂得如何作战。

阿尔梅达将不仅仅是船队的总司令。他还获得了副王的崇高头衔，名义上拥有代理国王的行政权。一周后，国王在颁布给他的指示里具体规定了他的权责范围。指示长达 101 页，文字密密麻麻，包括 143 条，分成许多章节，既体现了国王指示的极其详尽，也让人感受到国王宏大的野心。

阿尔梅达的任务是，绕过好望角之后，控制斯瓦希里海岸。他的目标是索法拉港（黄金贸易的关键）和基尔瓦港。国王推荐的策略是打着友善的旗号前去，然后向城镇发动突然袭击，囚禁所有穆斯林商人，俘获其财产。随后在斯瓦希里海岸建造要塞，控制黄金来源，因为在马拉巴尔海岸购买香料需要黄金。这将是一场打着和平旗号的战争。然后，他必须径直穿越印度洋，再建造四座要塞，分别位于作为中转站的安贾迪普岛，使其成为支援基地和补给中心，以及坎纳诺尔、奎隆和科钦。

接着他需要北上，在红海出入口或其附近、接近祭司王约翰王国的地方建造另一座要塞，以扼杀苏丹的香料贸易，确保"整个印度断绝与除了我们之外任何人做生意的念想"。[2]两艘战船将长期在远至非洲之角的非洲海岸巡逻。

指示随后谈及棘手的卡利卡特问题。新的扎莫林和前任一样敌视葡萄牙，必须想办法对付他。如果扎莫林同意驱逐所有穆斯林，阿尔梅达应与他议和；如果他不同意，"就向他开战，用一切手段，尽你最大力量，从海陆两路攻击，彻底消灭他"。[3]

不能忽视任何战略要点。封锁红海之后，他将要派遣一支船队去往其他的伊斯兰城邦与王国：朱尔、坎贝、波斯湾出入口的霍尔木兹。阿尔梅达应当要求这些国家向葡萄牙国王年年纳贡；命令它们切断与开罗和红海的穆斯林商人的一切商贸联系；途中要俘获所有穆斯林船只。为了给上述行动提供资金，他必须确保每年的香料商船能迅速装满货物，并快速返航。

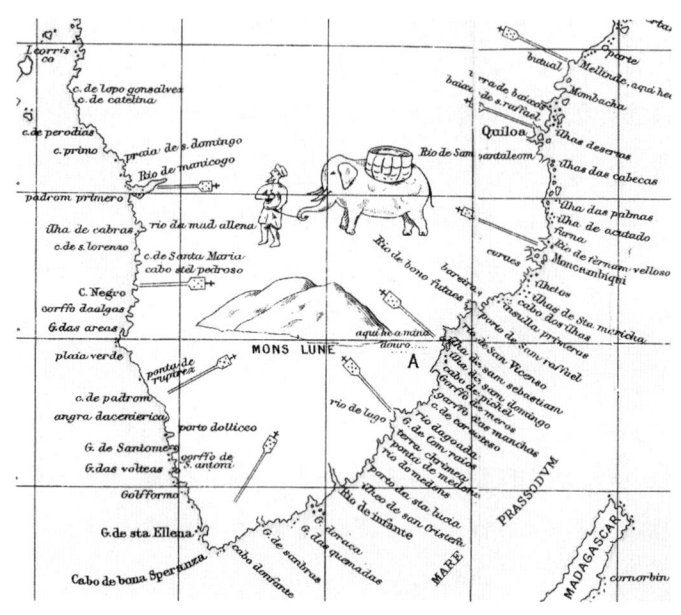

1502 年葡萄牙人绘制的非洲南部地图，
沿海标注了许多石柱所在地

曼努埃尔一世的雄心壮志还不止这些。在照顾好香料商船之后，副王还要开拓新边疆，"发现"锡兰、中国、马六甲和"目前尚不了解的其他地区"。[4]要在新发现的土地竖立石柱，以宣示主权。这是一份详尽的清单。

尽管国王的指示据说给了阿尔梅达一定的行动自由，以处置未预见的突发情况，但这实际上是一份非常严格的行程安排。曼努埃尔一世从未见过，也永远不会见到他要求征服的那个世界，但从他的指示可以看出，他对印度洋的各个战

略要地有着惊人的准确把握，对控制这些要地和建设他自己
的帝国也有着非常权威的地缘战略眼光。他获得这些知识的
速度是非常神速的。在闯入新世界的七年之后，葡萄牙人就
已经相当准确地了解 2800 万平方英里的印度洋是如何运作
的，它的主要港口、风向、季风规律，以及它的航海可能性
与通信走廊，并且葡萄牙人已经在迫不及待地眺望更远方。
获取知识的方法是在葡萄牙人缓缓绕过非洲海岸的漫长岁月
里发展起来的。在那些年月中，葡萄牙人成为专业的观察者
和地缘政治与文化信息的搜集者。他们搜罗信息的效率极
高，俘获当地能够提供信息的人和领航员，雇用译员，学习
语言，带着客观冷静的科学兴趣观察万事万物，尽可能绘制
出最准确的地图。天文学家也参加了远航。研究和记载纬度
信息成为国家大业。杜阿尔特·帕谢科·佩雷拉这样的人用
观察得来的第一手知识取代古人的智慧，秉承了文艺复兴的
探索精神。关于新世界的信息被送回一个中心，即里斯本的
印度事务院。在那里，所有信息都在王室的直接管理下被记
录在案，以便帮助下一轮航行。这种反馈与适应的体制迅捷
而高效。

　　曼努埃尔一世依赖一小群谋臣来给阿尔梅达编纂指示。
其中很有影响力的一位是加斯帕尔，即瓦斯科·达伽马第一
次远航时绑架的那个冒充威尼斯人的波兰犹太人。他深入地
参与了葡萄牙最初十年的探索，作为专家和译员具有极大价
值。他是个难以捉摸的人物，经常根据时机与环境的需求改
换身份和名字，以适应自己的主公。他起初的名字是加斯帕
尔·达伽马，后来在曼努埃尔一世面前可能自称加斯帕尔·

达·印度。在即将开始的远航中，他自称加斯帕尔·德·阿尔梅达，"以表达对副王的敬爱"。[5]他总是投其所好，说自己的新雇主想听的话，但他的确见多识广，似乎对印度洋非常熟悉，足迹遍天下。正是他最早向科钦发出和平建议，他可能还去过锡兰、马六甲和苏门答腊岛。他也理解红海的重大战略意义。就是这方面的信息，渗入了曼努埃尔一世1505年宏伟计划的方方面面。

加斯帕尔曾主张葡萄牙人应直接掐住穆斯林的咽喉，先攻打亚丁，封锁红海，扼杀马穆鲁克王朝的贸易，然后迫使扎莫林成为葡萄牙的附庸，而不是在马拉巴尔海岸辛辛苦苦地建造许多要塞，因为后一种策略必然要消耗大量金钱与生命。在随后的一些年里，修建要塞的战略是否正确，一直是激烈争论的主题。曼努埃尔一世吸纳了加斯帕尔的计划，但不是按照他建议的顺序来操作。他更愿意先在印度土地上建造一些巩固的基地，作为扼杀穆斯林贸易的平台。

国王身边的其他人鼓励他以越来越宏大的方式解读印度洋发生的惊人事件。其中有他的第二任妻子阿拉贡的玛丽亚，她坚信曼努埃尔一世的命运是天命所系。他的重要谋臣杜阿尔特·加尔旺以及后来成为曼努埃尔一世梦想的主要执行者与建筑师的那个人——阿方索·德·阿尔布开克——也是这么想的。

在这个小圈子的建议下，国王确定了给阿尔梅达的指示，为远征做好了准备。这支船队非常庞大，共有二十一艘船，是仅仅八年前达伽马所率领的船只数量的七倍。一代出类拔萃、经验丰富的航海家担任船长，其中有若昂·达·诺瓦和费尔南·德·麦哲伦（就是在接下来的那个十年内首度进行环球航行的那个麦哲伦）。阿尔梅达的儿子，英俊潇洒的洛伦索也参加了，他是"一位高贵的绅士……比任何人都更强健，兵器样样精通"。[6]

　　共有一千五百人参加此次远航，这些人等级和背景五花八门，仿佛葡萄牙社会的一个缩影被派到海外建设一个新的葡萄牙国家。他们当中有贵族绅士，也有弃儿和社会最底层成员——改宗犹太人、黑人、奴隶、罪犯，以及一些外国冒险家和商人。所有人都是志愿者。他们被选中，不仅是要去驾船航行和战斗，还要用自己的技能建立一个新国家。他们当中有鞋匠、木匠、神父、行政长官、法官和医生，还有不少德意志和佛兰芒炮手。有三艘由私人出资的船，德意志和佛罗伦萨银行家与商业资本家注入了巨资。加斯帕尔和另一名威尼斯译员一同出发。甚至有一些女人扮成男人，偷偷上了船。她们的名字很快出现在花名册上：伊莎贝拉·佩雷拉、利亚诺尔、布兰达和伊内斯·罗德里格斯。

　　这可以说是葡萄牙的"五月花"号，目标是到一个新世界定居。船队载着为要塞和船只准备的火炮，用来交易的商品——铅、铜、银、蜡、珊瑚，用于建造要塞的预制件，如窗框、加工过的石料，用于建造小船的木材，以及一大批其他建材与工具。他们是来永久定居的。

　　1505 年 3 月 23 日，在里斯本大教堂举行的弥撒仪式反映了此次特殊远航的重大意义。编年史家加斯帕尔·科雷亚留下了对此次戏剧性事件的精彩记述。仪式结束后，国王向总司令授旗，旗帜是"白色锦缎，饰有红色丝绸织的基督十字，旗帜边缘是金色的，缀有金色流苏和一枚金星"。国王通过一扇帘子走出来，授予这面旗帜，它"带有真十字架的标志"，将其交给他的副王，并做了长长的祝福演说，还告诫副王要成就伟大事业，"让许多异教徒与民族皈依"。阿尔梅达和所有贵族与船长跪下亲吻国王的手。然后是通往水边的盛大游行，"堂弗朗西斯科·德·阿尔梅达，印度总督与副王"和他的船长们骑行，其他人徒步。阿尔梅达非常伟岸英武，身穿精美外衣，头戴黑色缎帽，骑着一匹装饰华美的骡子，"身材中等，仪态威严，略微秃顶，但气度非凡，前后各有八十名武士扛着镀金的戟"，[7]这些武士穿着灰色鞋子、黑天鹅绒上衣，配有镀金宝剑，穿着白色紧身裤，手捧红色缎帽，卫队长骑着马，手执象征权威的节杖。曼努埃尔一世就是这样夸耀自己的使命与命运的。

队伍肃穆地在蜿蜒曲折的街道前进，走向水边。科雷亚应当没有亲眼看见这盛景，但他无疑添油加醋，把它描绘得非常生动鲜活：阿尔梅达的儿子洛伦索也身穿锦衣华服，举着旗帜；船长和贵族们个个衣着光鲜；国王、王后和宫廷的其他贵妇从窗口观看游行队伍。副王第一个登船，船上旌旗招展。雷鸣般的礼炮之后，水手们起锚，船只驶向赖斯特罗，在那里的贝伦圣母圣龛要接受又一次祝福。他们最终于3月25日出发，这一天非常吉利，是圣母领报日①。

这支远征船队照例要经受一些损失和磨难。一艘克拉克

---

① 圣母领报日是基督教纪念大天使加百列告诉圣母玛利亚她将生下上帝之子的节日。

帆船"贝拉"号漏水沉没了，但沉得很慢，船员得以逃生，并将贵重物品转移。经过巴西的时候，在大约南纬40度的海面上，船队遭遇暴风和大雪。阿尔梅达的旗舰损失了两人；船队被吹散。6月底，在绕过好望角的时候，阿尔梅达根据国王的指示，凶猛而狡猾地袭击了斯瓦希里海岸。6月22日，他们抵达了第一个目的地，基尔瓦岛。航海三个月后，这座岛屿是一处令他们欣喜的景致——青翠欲滴的棕榈树丛间，可以看得见刷白石灰、屋顶覆盖茅草的房舍。在"圣拉斐尔"号的德意志文书汉斯·迈尔看来，这是一处郁郁葱葱、闲适丰饶之地。此地的红土"非常肥沃，和几内亚一样，种了许多玉米"。围着整齐篱笆的菜园里的青草长到人那么高，这里也出产大量食物："黄油、蜂蜜和蜂蜡……树上有蜂巢……甜橙、酸橙、萝卜、小洋葱。"橘类水果特别受到患有坏血病的水手的欢迎。这地方并非热得无法忍受；丰富的草料把牲畜养得肥肥的；鱼很多，抵达的船只周围有鲸鱼在嬉戏。基尔瓦是一座繁荣的小城，有约四千居民，建有多座带穹顶的清真寺，"其中一座很像科尔多瓦的清真寺"。据迈尔说，此地的穆斯林商人"吃得很好，蓄着大胡子，看上去很吓人"。[8]港口海滩上停放着足有50吨重（相当于一艘卡拉维尔帆船的重量）的阿拉伯三角帆船，它们是用椰子纤维绳索固定起来的。农田由黑奴耕种。基尔瓦与斯瓦希里海岸各地、阿拉伯半岛和印度的古吉拉特各邦都有贸易往来，经营索法拉黄金、棉布、昂贵香水、熏香、白银和宝石。这里是印度洋自给自足的贸易网络的关键一环，足有几百年历史。它即将感受到一个来自陌生世界的闯入者的全副力量。

其实，目前在任的基尔瓦苏丹是一个不得民心的篡位者，他对葡萄牙人粗暴的外交手段已经有所领略。1502年，瓦斯科·达伽马就曾威胁把他拖到印度各地展出，就像用链子牵着一条狗一样。他不得不屈服于葡萄牙王室，升起葡萄牙旗帜，并年年纳贡。阿尔梅达抵达的时候，他已经有两年没有纳贡了，葡萄牙旗帜也不见了踪影。达伽马到访的时候，他曾称病拒不去面见这个不受欢迎的不速之客。这一次，他宣称有客人要接待，不方便去见阿尔梅达。他给阿尔梅达送去食物，企图以此安抚他。

副王并不满意，于次日将船只摆好阵势，射石炮随时待命。然后他以全副排场登陆，要求觐见苏丹。这一次苏丹派来五名大臣，并承诺要缴纳贡金。阿尔梅达的耐心耗尽了。他扣押了使者，准备攻打城镇。24日黎明，他发动了进攻。副王本人第一个上岸，将葡萄牙旗帜插在海滩上。他身先士卒的本能也暗示了他的鲁莽个性。洗劫这座富裕城镇的渴望让士兵们精神百倍。结果，胜利轻松得让大家吃惊。葡萄牙人刚刚展示武力，苏丹就带领许多居民逃之夭夭。葡萄牙人抵达王宫时，只看到一个人从一扇窗探出身子，挥舞葡萄牙旗帜以保障自己的安全，并喊道："葡萄牙！葡萄牙！"[9] 士兵们用斧子砍倒宫门，但苏丹已经卷着他的金银财宝逃走了。方济各会修士在一栋显眼的建筑上竖立了十字架，开始吟唱《感恩赞》。

在其他地方，葡萄牙士兵将城镇洗劫一空。他们搜集了大量战利品，不过没有根据上级指示来分配。士兵们是来为自己捞油水的，不是为了让国王发财。曼努埃尔一世后来表示对此役的收益不满意。次日，即 7 月 25 日，是圣雅各的瞻礼日，而圣雅各是针对伊斯兰教的圣战的主保圣人。他们开始建造葡萄牙在印度洋的第一座石质要塞，建材取自被拆毁的房屋。只花了十五天，要塞就竣工了。他们在要塞安顿了驻军，并举行隆重典礼，把苏丹的竞争对手，一名富商，扶植到王座上。一顶预定给科钦国王的金冠被暂时戴在他头上。他宣誓对葡萄牙永远忠诚，并且每年向葡萄牙国王纳贡，这两方面同样重要。然后，他穿上华丽的鲜红色金线长袍，骑着一匹"按照葡萄牙方式备鞍的马，在许多衣着华丽的穆斯林簇拥下，在全城游行"。

译员加斯帕尔作为传令官走在他前面，向可能不知就里的老百姓解释道："这是你们的国王，你们要服从他，亲吻他的脚。他会永远忠于我们的主公，葡萄牙国王。"[10] 阿尔梅达欣喜地给葡萄牙国王写信称："陛下，基尔瓦拥有据我所知世界上最好的港口和最美丽的土地……我们在这里修建一座要塞……它和法兰西国王能够期望的一样强大。"他还表示："在我有生之年，陛下一定能够成为东方世界的皇帝，东方世界比西方伟大得多。"[11]

扶植了傀儡之后，身为工作狂的副王需要匆匆赶往下一个目标，他的目标清单很长。他派了两艘船去巡逻非洲之角，并安排封锁索法拉，同时等待里斯本派出新一批船只，去迫使索法拉投降，以在那里建造第二座要塞。

根据国王的指示，阿尔梅达此时应当直接横渡印度洋，但他已经表现出自作主张、自行决断的倾向。他打算攻击蒙巴萨群岛，让更多沿岸城镇臣服于葡萄牙。蒙巴萨的苏丹到目前为止一直在抵抗葡萄牙人，而且蒙巴萨城是阿拉伯贸易的一个强大中心。蒙巴萨城的两座港口得到岛屿的掩护，条件比斯瓦希里海岸的其他港口都优越，是一个难对付的目标。苏丹知道讨厌的葡萄牙人会定期返回，所以已经加强了防御，建造了一座堡垒并部署了一些火炮。这些火炮是四年前卡布拉尔船队损失的那艘船上的，被潜水员打捞了起来。一名皈依伊斯兰教的葡萄牙叛徒水手教会了蒙巴萨人如何操纵火炮。

当阿尔梅达船队逼近蒙巴萨岛时，这些大炮开始射击，命中了一艘葡萄牙船。但是，蒙巴萨人的成功转瞬即逝。葡萄牙人还击时，一发炮弹幸运地击中了堡垒的弹药库。穆斯林炮手仓皇逃离一片狼藉的炮兵阵地。阿尔梅达派人上岸，要求苏丹和平地臣服于葡萄牙国王，但得到的回复是一通葡萄牙语的滔滔不绝的咒骂，说他们是猪狗、吃猪肉的恶棍……蒙巴萨可不是基尔瓦，不是坐以待毙的小鸡。那名叛徒说得起劲，列举了他们即将面对的可怕障碍：四千名战士，包括五百名赤胆忠心的黑人弓箭手，城内还有更多火炮，另有两千人正在赶来支援。苏丹准备为保卫蒙巴萨打一场全面战争，阿尔梅达则更加坚决要将它拿下。

蒙巴萨城和基尔瓦相似，但规模更大也更宏伟。人口稠密的市中心是典型的阿拉伯露天市场，包括迷宫般错综复杂的小巷、死胡同和通道。有雄伟的石屋，有些是三层楼，但其他很多房屋是芦苇顶的木屋。阿尔梅达觉得这是个机会。他决定火攻蒙巴萨城，然后将其洗劫一空。一支葡萄牙队伍

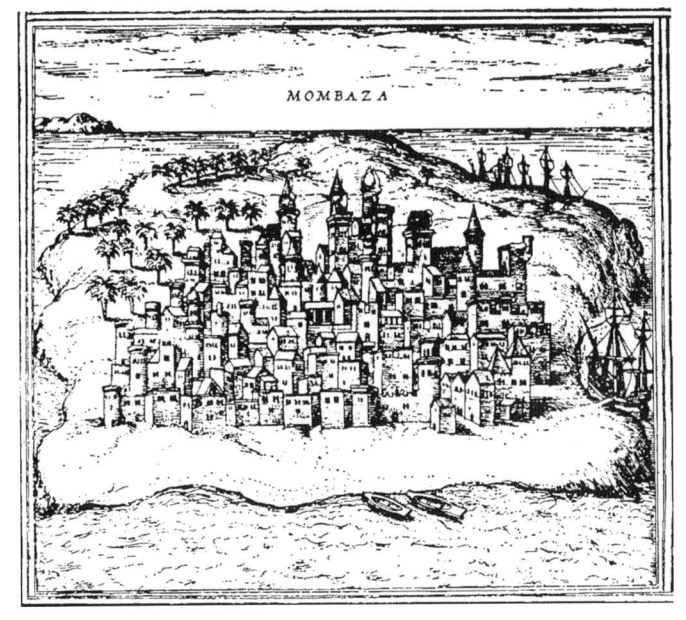

蒙巴萨岛

上岸，向房屋投掷火药罐。大火迅速蔓延，没过多久，城市的很大一部分就燃起熊熊大火。据编年史记载，

> 大火横扫全城，持续燃烧了整个下午和随后的整夜。这景象令人毛骨悚然，仿佛全城都着火了。大火造成的破坏极其严重，木屋被夷为平地，石头和砖瓦建的房屋也着火坍塌。大量财富就随着这些房屋，毁灭在大火之中。[12]

次日黎明前，大火还没有熄灭，阿尔梅达的军队从四面同时发动了进攻。他们遇到了顽强抵抗，很快陷入激烈的巷战之中。这些小巷极窄，两个人无法并肩行走。当地居民不分男女，都从阳台和屋顶向他们投掷石块和砖瓦，射箭和投射标枪，势头很猛，"我们的人没有时间用火枪射击"。[13]葡萄牙人被迫躲在墙后，从一个掩蔽处跳到另一个。

阿尔梅达已经认出了王宫，他的部下一边战斗，一边逼近王宫，一条街一条街地推进。斯瓦希里人在绝望的防御战中将狂野的大象驱赶到敌人当中，但这无济于事。攻击者接近王宫的时候，看到一大群衣着华丽的人匆匆逃走。那是苏丹及其亲信在逃跑。葡萄牙人冲进王宫，但发现里面空空荡荡。方济各会修士又一次竖立了十字架，并升起葡萄牙旗帜，同时呐喊："葡萄牙！"

随后，抢劫开始了。一扇又一扇门被撞开，室内的物品和人都被掳到船上。蒙巴萨是斯瓦希里海岸的主要贸易中心，战利品相当丰厚，包括"大量十分精美的衣物，有丝绸和金线的，有地毯、鞍褥，尤其是一张无与伦比的精美地毯，后来它和许多其他贵重物品一起被送给了葡萄牙国王"。[14]为了防止士兵将财物占为己有，阿尔梅达尽量循序渐进地抢劫，加强对士兵的管理。每位船长都被分配了一个专门供他抢劫的区域；所有战利品都被搬走并分类整理，根据御旨分配下去：发现战利品的人将获得其价值的二十分之一。但在实践中，要想约束大肆掳掠的士兵是很难的。广大士兵远涉重洋来到东印度，不是为了传播基督教，也不是出于对国王的忠诚，而主要是为了自己发财。后来，曼努埃尔一世得知，假如要惩罚在蒙巴萨私藏战利品的人，那么阿尔梅达的军队就要损失大部分兵力了。一方面是普通士兵与贵族的私欲，另一方面是副王执行御旨的职责。在葡萄牙殖民冒险的几百年间，这两方面始终处于尖锐的对立状态。正直而廉洁的阿尔梅达看到士兵们明目张胆地违抗御旨，颇为愤怒，但他也没有办法阻止。

在距离城市有炮弹射程那么远的一片棕榈树林的掩护下，苏丹及其亲信观看着蒙巴萨遭到洗劫和焚烧。葡萄牙人精疲力竭，无法继续追击。和往常一样，双方的伤亡数字完全不成比例。街巷和房屋里躺着七百具穆斯林尸体。葡萄牙方面有五人死亡，不过伤员比较多。他们抓了两百名俘虏，"其中不少是肤色较白、容貌姣好的女人，还有很多十五岁及以下的女孩"。[15]

次日，苏丹认识到抵抗毫无意义，急于避免基尔瓦统治者的命运，于是给阿尔梅达送去了一个极大的银碟，作为和平的示意，并献城投降。为了表达善意，阿尔梅达释放了很多俘虏，并承诺保护所有返回城市的人的生命与财产安全。苏丹缴纳了高额贡金，以后要每年纳贡，并签订了一项和约，有效期为"只要日月尚存"。[16]8 月 23 日，阿尔梅达离开了斯瓦希里海岸，留下一片血迹。延续了许多世纪的贸易体制如今在炮轰之下，屈服于葡萄牙了。

受到极大伤害的苏丹给他的老对手——马林迪国王写了一封言辞悲戚的信：

真主保佑你，萨义德·阿里。我要告诉你，一位强大的领主经过了这里，四处纵火。他残酷地强行闯入我的城市，没有饶恕任何人的生命，不论男女老少……不仅人被杀死和焚烧，就连天上的鸟儿也坠落到地面。在这座城市里，死人的恶臭迎面而来，让我不敢进城。没有人能够描述或估算出他们所掳走的不计其数的财富。[17]

11　巴比伦大淫妇[*]

1505 年 6 ~ 12 月

阿尔梅达的使命已经算是雄心勃勃了，而在里斯本，曼努埃尔一世关于印度洋的战略思考还在继续发展演变。他的宫廷原本就感染了强烈的弥赛亚式使命感，如今更甚。他的亲密谋臣鼓励他相信，自己是被上帝选中的，注定要成就不世功勋。人们解读了很多迹象，从他的名字，从他当上国王的超乎寻常的境况，从比他更有资格继承王位的六个人的先后死亡，从如潮水般涌入里斯本码头的财富，从地理探索的快速进展，大家都感到这是命中注定。曼努埃尔一世第一次尝试就成功抵达了应许之地印度，而他的好几位前任花了四分之三个世纪才绕过非洲。这被认为是上帝的奇迹，表明一个和平与上帝得胜的新时代在降临，或许时间的尽头在加速到来。葡萄牙纹章的五个点，形似基督身负的五处伤；葡萄牙朝廷迫害犹太人，以净化国家为理由强迫犹太人改宗或将其驱逐出境。这都表达了一种狂热的信念：葡萄牙人现在是

---

[*] "巴比伦大淫妇"的说法出自《新约·启示录》第17和18章，基督教用它来比喻邪恶的力量。

新的上帝选民，肩负着上帝赋予的伟大使命。船队每一次从东印度满载而归，葡萄牙的目标就变得更恢宏。

具体地讲，葡萄牙的目标是彻底打垮伊斯兰世界。曼努埃尔一世的亲信们从圣约翰的《启示录》中找到了隐秘的指涉。开罗的马穆鲁克王朝被认为是巴比伦大淫妇，必须要打倒。葡萄牙人有一种根深蒂固的观念，认为圣战是葡萄牙人的使命，"葡萄牙王室的神圣性，建立在殉道者的鲜血之上，并通过这些殉道者，延伸到世界的末端"。[1]如今，葡萄牙人要在庞大的战线上奉行自己的信念。曼努埃尔一世的亲信鼓励他采纳皇帝的称号。杜阿尔特·帕谢科·佩雷拉在关于葡萄牙地理大发现的书中称他为"恺撒·曼努埃尔"。

1505 年 6 月初，曼努埃尔一世派人给教皇尤利乌斯二世做了报告。从这份报告里可以清楚地看到葡萄牙野心的弥赛亚式意味和广泛程度，以及对曼努埃尔一世战略的暗示：

> 因此，基督徒们可以希望，在不久的将来，伊斯兰的全部奸诈和异端邪说都将被斩草除根，基督的圣墓……长久以来遭受这些恶狗的践踏和毁坏……将恢复它原初的自由。这样，基督教信仰将传遍全世界。为了让这种前景更容易成为现实，我们已经在百般努力，希望能与最重要也最强大的基督徒（祭司王约翰）结为盟好，派遣使者去他那里，与他接触，提议给他最大的帮助。

曼努埃尔一世的大使越讲越眉飞色舞，最后来了一个光辉灿烂的修辞夸耀，邀请教皇去把握世界：

> 请接受您的葡萄牙。不仅是葡萄牙，还有非洲的很大一部分。请接受埃塞俄比亚和广袤无垠的印度。请接受印度洋本身。请接受东方的臣服。您的前任无法了解东方。这项荣誉专属于您。您已经非常伟大，通过上帝的仁慈，将变得更加伟大。[2]

阿尔梅达奉命去建设一个印度国家，而教皇将享有这片广袤土地之上的宗教权威。曼努埃尔一世的雄心壮志远远不是他给阿尔梅达的指示能够满足的。向教皇报告的仅仅一周之后，毛罗修士带着苏丹的威胁（摧毁圣地）终于抵达里斯本，而曼努埃尔一世的野心也昭然若揭。苏丹的威胁造成的后果与他的期望截然相反。曼努埃尔一世丝毫不畏惧苏丹的敲诈。他派毛罗返回罗马，给苏丹送去一封毫不妥协的回信，威胁道，假如圣地遭到破坏，他将发动一场十字军东征。他追溯了葡萄牙的圣战历史；他发誓要彻底消灭异教徒。他自称得到了上帝佑助。这个威胁似乎具体体现了里斯本的一个明确计划：不仅要消灭马穆鲁克王朝，还要为基督教世界收复失落的圣地。曼努埃尔一世秘密派遣大使去见英格兰国王亨利七世、西班牙国王斐迪南、教皇尤利乌斯二世、法兰西国王路易十二和神圣罗马皇帝马克西米利安一世，邀请他们参加一次海上十字军东征，渡过地中海，前往圣地。没人回应——尽管只有马克西米利安一世表示了支持——但曼努埃尔一世仍然面不改色。

1505 年之后，这种宏大的计划主宰葡萄牙人的思维达十五年之久。计划的设计者是葡萄牙朝廷内部的一个小团体，他们面对商界的坚决反对、其他君主的嫉妒和马穆鲁克苏丹的敌视，为自己的计划严格保密。计划的灵感虽然来自中世纪的末世论（关于神圣天意与世界末日），其战略却建立在对已知世界的最前沿知识的基础上，规模席卷全球。阿尔梅达接到的指示已经体现了国王的部分计划：首先从经济上扼杀马穆鲁克王朝，然后通过红海直接攻击他们。宏伟的新计划涉及一个从两面发动的钳形攻势。曼努埃尔一世提议从地中海发动海路的十字军东征，同时集中力量攻击摩洛哥的穆斯林势力。

他的政策的基石便是消灭伊斯兰集团，印度是达成此目标的攻击跳板，而非目标本身。甚至在摧毁伊斯兰世界之后，可以放弃通往印度的海路。基督徒占领红海地区之后，便可以生意照旧，从更安全和更短的红海商路获取东方财富。财富的通货膨胀泡沫鼓励国王去做黄粱美梦。7月，教皇批准曼努埃尔一世收缴两年的十字军税，并赦免所有参与十字军东征的人的罪孽。尽管曼努埃尔一世严格控制对这些思想的公开表达，但他似乎在渴望弥赛亚式基督教国家的皇帝头衔，而这个帝国的建设者将是阿方索·德·阿尔布开克。

与此同时，威尼斯间谍卡马瑟守候在里斯本码头区，随着每一支船队的起航和返航，就兢兢业业地搜集关于葡萄牙远航队所带来的财富的确凿信息。尽管曼努埃尔一世对这些信息加以严密封锁，卡马瑟还是获得了详细得惊人的情报。

"我看到了印度航线的航海图，"他向威尼斯国内报告道，"上面显示了葡萄牙人从事贸易和发现的所有地方。"[3]他冷静地记录了葡萄牙船队编成、吨位、出海货物、船长、挫折与海难、带回来香料的数量、航行时间、香料销售的安排与售价，以及关于基础设施和政府的大量信息。1505 年 7 月 22 日，他目睹葡萄牙一年一度的香料船队（这一次是十艘船）驶入里斯本，仔细地记下了肉豆蔻衣、樟脑、姜和肉桂与"价值 4000 杜卡特①的珍珠"。[4]他得知，上一年 12 月，葡萄牙人在潘塔拉伊尼取得一场辉煌胜利，摧毁了十七艘穆斯林商船，"连船带香料一同被烧毁了，都是运往麦加的货物……难以置信的损失……二十二名葡萄牙人死亡，七八十人负伤"。[5]但关于此次远航的规模，卡马瑟的报告却比较混乱："航程持续了十八个月，去印度的航程是五个月，然后花三个半月装船，六个半月返回。他们原本应当早些回来，但因为船只状况不好，在莫桑比克耽搁了十二天……第一艘船的全程是二十四个月零八天。"

拥有精明商业头脑的威尼斯人能够准确把握在里斯本卸载的香料的巨大数量。他们曾热切地希望，去往印度的漫长海路是不切实际的，但葡萄牙人航行的事业不屈不挠。一年又一年，葡萄牙人的远航像节拍器一样有规律，舰队起航又返回。卡马瑟不抱任何幻想，他深知威尼斯的利益受到了严重威胁：

---

① 杜卡特是欧洲历史上很多国家都使用过的一种金币，币值在不同时期、不同地区差别很大。威尼斯杜卡特一度受到众多国家的认可与接受，类似今天的美元和欧元。

我认为，要说葡萄牙人无法航行到印度，因此这门生意做不下去，是大错特错的。这已经变成了一门定期的、稳定的生意，葡萄牙国王无疑会完全主宰大海，因为印度人显然没有能力保护自己的航海贸易，也无力抵抗这位尊贵国王的航运或火炮。印度人的船很弱……不带火炮，因为他们目前没有船载火炮。[6]

对威尼斯人来说，唯一的办法是再次尝试秘密地催促马穆鲁克苏丹采取行动。1505 年 8 月，在阿尔梅达洗劫蒙巴萨的时候，威尼斯人又派遣了一位使者阿尔维斯·萨谷迪诺去开罗："单独与苏丹谈话，不能有任何见证人……我们非常希望能够确定，苏丹已经采取坚定的措施……在卡利卡特方面，我们给你充分的自由，可以提出任何恰当的提议。"为了让苏丹明白，他和威尼斯都遭受着急迫威胁，萨谷迪诺要给苏丹看"一封刚刚从葡萄牙来的信，内容有关于大宗香料运抵葡萄牙"。[7]这封信无疑是卡马瑟写的。

在开罗，高声疾呼地反对葡萄牙的不止威尼斯人一家，而且这样的声音越来越多。葡萄牙人烧毁穆斯林船只，对穆斯林商人施以暴力，阻碍朝觐，麦加本身受到威胁：伊斯兰世界的怒火在熊熊燃烧。阿拉伯编年史家详细记载了葡萄牙人在印度洋对穆斯林的虐待：

……阻挠他们的旅程，尤其是去麦加的旅程；毁坏他们的财产；烧毁他们的房屋与清真寺；俘获他们的船只；破坏和脚踩他们的档案与文书……还杀戮去麦加的朝觐者……公开咒骂真主的使者……用沉重的枷锁束缚他们……用拖鞋殴打他们，用火折磨他们……简而言之，在对待穆斯林的时候，他们没有一丝一毫的仁慈之心！[8]

除了伊斯兰教遭到侵犯，马穆鲁克苏丹的税源也受到威胁，因此他必然要和威尼斯人联手。

在身处开罗那香气袭人的御花园和繁文缛节的典礼之中的人看来，印度洋似乎很遥远。7月，苏丹准备迎娶一位新妻子。"为了迎接她的驾临，举行了奢华的庆典。"编年史家记载道。

> 她乘坐饰有金线刺绣的轿子。阳伞和有花鸟图案的华盖遮蔽着她的头顶；她经过的地方，侍从撒出小的金币或银币。新房门前铺开了丝绸地毯，一直铺到柱廊大厅。公主们走在新娘前方，直到她在高台之上落座。苏丹专门为她修缮了柱廊大厅，并以新颖的方式进行了装潢。[9]

8月，"根据惯例"，举行了一条灌溉水渠的落成典礼，以应对"有福的尼罗河"一年一度的涨水。苏丹还"像平素一样，大摆排场地"[10]纪念了先知的诞辰。

但对于远方传来的坏消息，苏丹再也不能充耳不闻了。9月，他检阅了军队，准备组建三支远征军，其中两支将去镇压阿拉伯半岛的内乱，第三支则奉命"抵抗法兰克人对印度海岸的侵犯。大量兵员被动员起来，武器装备的准备工作也在积极推进”。[11] 11 月 4 日，军队做好了开拔的准备。士兵们领取了给养和预支了四个月的饷银。大部分士兵来自北非，也有来自安纳托利亚的土库曼人和许多连队的黑人弓箭手。这是一支混编的伊斯兰雇佣军，葡萄牙人称其为鲁姆人①。一些砖瓦匠、木匠和其他工匠随军行动，准备加固吉达的防御，并为其建造城墙。大家担心葡萄牙人会袭击麦加和伊斯兰世界的腹地。大军开始向红海港口苏伊士进发。

为此次远征所做的技术准备工作至今仍然是个谜。马穆鲁克王朝并非海军强国，而是像寄生虫一样，依赖印度洋穆斯林商人的私营贸易产生的税金而生存。马穆鲁克王朝没有舰队，而且长期匮乏造船所需的木材。他们只能千辛万苦地从黎巴嫩的地中海沿岸进口木材，通过尼罗河运往开罗，然后用骆驼或大车运过 80 英里沙漠，来到苏伊士。获取铸炮所需的金属，同样也是个难题。但马穆鲁克王朝在集中木材和金属，准备打一场大战役。在这一年，曼努埃尔一世从罗德岛得到了警示。圣约翰骑士团驻扎在罗德岛，其中一名骑士，葡萄牙人安德烈·多·阿马拉尔，不断向里斯本报告关于马穆鲁克王朝的信息。

葡萄牙人后来宣称，苏伊士造船厂建造船只所用的木材

---

① 鲁姆的说法源自希腊语，意思是罗马人，最早指的是拜占庭帝国，因为拜占庭自称罗马人，“拜占庭”的名字是后来的学者的说法。在不同的历史时期，伊斯兰世界用这个词来指代不同的意思，如拜占庭帝国、生活在近东的希腊人、奥斯曼帝国的非穆斯林居民、巴尔干和安纳托利亚地区，甚至整个地中海东部等。16 世纪的葡萄牙人将他们在印度洋遇到的马穆鲁克或奥斯曼人称为鲁姆人。

是由威尼斯人砍伐、加工和供应的，而且威尼斯官员还去监管造船工程。1517 年，葡萄牙派驻英格兰国王亨利八世宫廷的大使向威尼斯大使发出了这项指控，但遭到毫不含糊的否认。尊贵的威尼斯共和国在其他地方也遇到了麻烦。威尼斯人认为价格是比战争更好的武器。"让葡萄牙放弃去往印度远航的最妥当、最快捷的办法是，"统治威尼斯的十人委员会后来收到了这样的报告，"降低香料价格，让威尼斯的香料比里斯本更便宜。"[12]他们多次尝试请苏丹削减关税，从而降低香料价格，但都失败了。不过，威尼斯的一些私营商人可能为马穆鲁克王朝提供了铸炮用的铜条，他们素来是这样干的。也有一些来自威尼斯领地的自由工匠，如造船匠和铸炮工匠，在苏伊士和开罗制造欧洲风格的船只与火炮。

　　苏丹集结的军队被认为足以完成其任务。1505 年冬季，一千一百人开往苏伊士，由经验丰富的海军指挥官侯赛因·穆斯里夫（库尔德人）指挥。他们登上了集结完毕的舰队（包括六艘欧洲设计风格的克拉克帆船和六艘桨帆船），开始沿着红海南下，前往吉达。他们掌握的最新情报表明，葡萄牙人在印度洋拥有四艘船，只有一座要塞，位于科钦。在1505 年夏季阿尔梅达抵达之前，这情报基本上是准确的。但没过多久，它就过时了。

　　8 月 27 日，阿尔梅达第一次看到了马拉巴尔海岸。汉斯·迈尔记载道："山峰高耸入云，树木非常高大，青翠欲滴得令人难以置信。"[13]葡萄牙人在印度海岸仍然只有脆弱的立足点，仅仅是一些印度权贵顶着穆斯林商贸精英集团的压力准许他们开设的贸易站，以及位于科钦的木制要塞。全靠杜阿尔特·帕谢科·佩雷拉的天才，科钦的要塞才死里逃生。阿尔梅达的政府所在地其实就是他的船甲板。他命令以闪电般的速度建造一系列设防基地，以巩固立足点；若有可能，要借助和平的联盟；若不可能，就诉诸武力。

根据国王的指示，他首先在无人居住的安贾迪普岛登陆。这个岛被认为是葡萄牙人的一个重要的撤退基地，也是伏击穆斯林船只的瞭望哨。不到一个月时间，他们就建造了一座要塞的雏形。然后他向南前进，拜访了霍纳瓦尔。这是他的计划上没有的。为了一船马匹，阿尔梅达与当地国王发生了争吵，引发了一场大规模冲突。阿尔梅达的进军过程主要是短促的激战。在这样的一次战斗中，霍纳瓦尔城的一部分被摧毁，一些属于狄摩吉（马拉巴尔海岸臭名昭著的海盗，瓦斯科·达伽马七年前与他打过照面）的船只被付之一炬。此次进攻的指挥官是阿尔梅达的儿子洛伦索，他很快就因为进攻特别凶猛而赢得了"魔鬼"的绰号。这一次，他差一点被敌人切断退路和丧命。阿尔梅达自己的脚上也中了一箭。这个箭伤让他"更多是愤怒，而不是疼痛"，[14]但猛冲猛打的荣誉法则就是会造成风险，这将对葡萄牙人的整个事业造成影响。后来，霍纳瓦尔国王向葡萄牙人求和，承诺年年纳贡。狄摩吉则加入了葡萄牙阵营，此事的影响非常深远。一座座城市被攻破并熊熊燃烧，一艘艘船被击沉，这些消息借着季风迅速传开，令整个大洋屈膝投降。

曼努埃尔一世曾敦促阿尔梅达尽快赶往科钦，以保障冬季返航的船只装满香料，并且明确指示他不要在途中的坎纳诺尔（葡萄牙人在那里有一座贸易站）浪费时间。副王没有遵从御旨，这可能是因为他已经得到风声，葡萄牙在坎纳诺尔的商业利益受到了穆斯林商人（他们为自己的生意担忧）的威胁。他在坎纳诺尔停留了八天，雷厉风行，接见了强大的纳辛哈的印度教国王的使节，然后受到坎纳诺尔国王的欢迎。纳辛哈国王愿意把沿海港口交给阿尔梅达使用，并提议把自己的一个妹妹嫁给曼努埃尔一世。汉斯·迈尔对印度教仪式的景观和印度庞大的人口规模感到困惑。

> （坎纳诺尔国王）命令在一颗棕榈树下挂起一些装饰物，然后在一队随从的护送下前来。他带来了三千名手执利剑、匕首和长矛的武士与弓箭手，以及喇叭手与笛手。从坎纳诺尔到王宫的距离是 2 里格，路两边有村庄。他抵达棕榈树下的帐篷时，身后已经有六千多人。在帐篷内，摆放着一张卧榻，上面有两个软垫。他穿着一件齐膝的精致棉布长袍，系着腰带，头戴一顶丝绸帽子，就像加利西亚帽。他的侍从捧着一顶金冠，肯定有 8 马克①重。[15]

国王或许知晓这些西方人一路烧杀抢掠留下的废墟与血迹，决定抗拒穆斯林群体对他施加的压力。他允许葡萄牙人加固他们的贸易站，还为其提供了石料。阿尔梅达停留的时

---

① 马克起初是流行于西欧的重量单位，专用于测量金银，1 马克最初相当于 8 盎司（249 克），但在中世纪时会不断浮动。

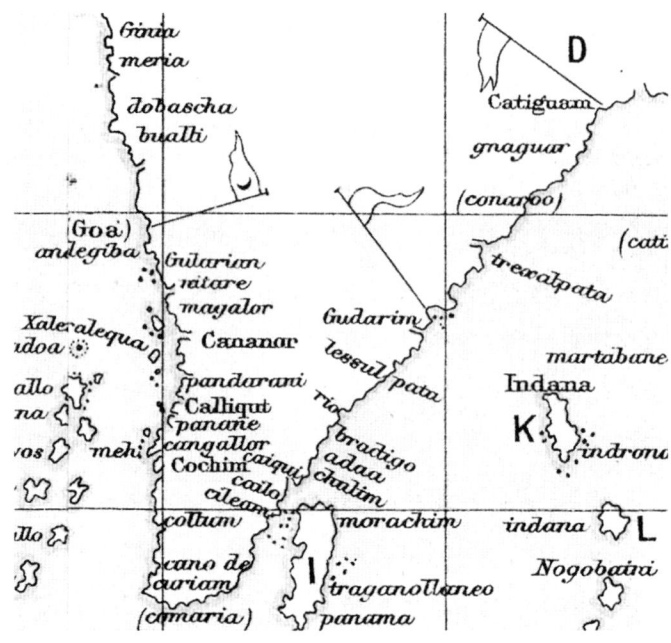

1502 年的印度地图，图中包括斯里兰卡和一系列半神话的岛屿

间不长，等到贸易站的地基打好之后就继续航行，留了一百五十人和一些火炮在坎纳诺尔，去巩固据点并建造一座固若金汤的建筑，它很快就将受到一场围城战的考验。

到 11 月 1 日万圣节时，阿尔梅达已经在科钦了。这座城市是曼努埃尔一世印度计划的重中之重。它也是葡萄牙在印度的唯一一个可靠盟友。阿尔梅达抵达的时候，发现老国王特里姆帕拉已经隐遁，专注于宗教。根据王位继承法，继位的是他的侄子南贝多拉，但有人对此不服，正在兴风作浪。阿尔梅达举行了一场隆重典礼，动用了大象、喇叭、游行，并向南贝多拉奉上一顶金冠和贵重礼物。他仿佛变戏法一般，把合法的王权"授予"了南贝多拉。南贝多拉"从曼努埃尔一世国王手中接受了这一切。曼努埃尔一世是西方最伟大的国王、东方海洋之王、南贝多拉加冕礼的主人，也是科钦所有统治者的主公"。[16]葡萄牙人在非洲海岸打磨这样的战略已经有五十年了。阿尔梅达乘胜追击，狡猾地要求将目前的木制要塞改为石制，"作为副王的司令部和官邸，从今往后所有前来组织征服和本地贸易的总督都将以此为基地，以便让葡萄牙王国的船只到此地装载货物，而不去马拉巴尔海岸的其他任何港口"。[17]国王有些不情愿，因为根据传统，石制建筑是国王与婆罗门专享的特权，但他还是同意了。阿尔梅达说服他的理由之一是，他承诺将要塞钥匙交给国王，以显示国王才是要塞的主人。但马拉巴尔海岸的统治者们将会发现，法兰克人有了坚固的城墙，并在坚固的炮台安放大炮之后，就几乎没有任何办法将他们赶走了。

然而，据历史学家巴罗斯记载，阿尔梅达劝服国王的言辞或许包含了另一个有远见卓识的方面。他宣称："曼努埃尔一世国王从事这些探索的主要意图是，与这些地区的王室沟通交流，以发展贸易。这种活动源自人类的需求，依赖于通过互相交流而构建的友谊。"[18]阿尔梅达颇有先见之明地认识到了远途贸易——从瓦斯科·达伽马开始的全球化的脱缰野马——的起源和益处。

1505年的最后几个月和1506年，阿尔梅达忙得不可开交，仿佛他面前的机遇随时可能因为马拉巴尔海岸权贵的变卦而骤然消逝，而且他必须完成葡萄牙国王交给他的紧迫任务。曼努埃尔一世给他布置了许多任务，其中两项被他视为优先考虑的对象：财富与安全，即在科钦给香料商船装满香料，并在科钦与坎纳诺尔建造要塞。他的勤奋与精力充沛堪称楷模。据他的秘书说，一艘船装货的时候，"副王持续不断地小心处置。他总是亲自到场，监督香料的过秤，哪怕夜间亦如此"。[19]他的目标是遏制无处不在的欺诈，因为香料的分量可能给得不足，或者香料口袋会"偶然"崩裂，落出的香料可能会被人顺手牵羊。对于科钦要塞的建造，他同样兢兢业业："每天天亮前两个小时，有时是三个小时，他就起床了，与砖瓦匠一同工作……一直辛苦到日落之后两个小时。"

阿尔梅达忙碌于方方面面，监督着修理船只、建立医院和建造帝国行政机构的基础设施。他身边有一名财务监管人员、一名行政秘书、一名负责司法的巡视官，还有商业经纪人与船长。他那小小的宫廷就是一个工作组，包括神父、火炬手、喇叭手、保镖和仆人。每座要塞有一名指挥官、一名有商贸经验的经纪人和一群辅助人员，后者包括仓库管理员、文书、秘书长、警长、法庭官员、税吏、主持葬礼的人和遗嘱公证人。医院、房舍、小礼拜堂和教堂拔地而起。常驻的海军由他的儿子洛伦索指挥，负责保障海上安全。

阿尔梅达是一位出类拔萃的行政管理者，也是王室利益不可腐蚀的守护者，对诚实、纪律和公平交易极其重视。他让回国的香料船队送回一丝不苟的账簿，上面记录了帝国体制的管理情况。他曾在给国王的信中不无夸张地写道："请陛下放心，任何人想进入科钦城，都必须得到我的批准，让我知情。连一个雷阿尔①也不会失窃……此地大小事务就像在葡萄牙一样，全在掌控之中，且井井有条。"[20]他持续不断地与个人的腐败行为做斗争。攻占基尔瓦之后，葡萄牙人掳得大量商品和金银，他为自己留下的只有一支箭，作为此次胜利的纪念品。他给国王写信称："我得到的报偿，就是能够这样为陛下服务，我的行为就为此见证。"[21]作为副王，他可以理直气壮地占有大量胡椒，但他总是只拿一点点。他坚定不移地捍卫普通水手与士兵的利益，他们为了建设印度帝国而受苦受难，甚至丧命，而薪水却总是被拖欠。

1505 年冬季，当年的香料商船在科钦迅速装货之后，分几批返航了。九艘商船抵达了里斯本，只有一艘，即虽然庞大却船龄很大的"海洋之花"号，因为漏水而不得不在莫桑比克过冬。丰厚的回报证明了东印度商业运作的高效和有序，阿尔梅达始终认为这是整个殖民事业的核心。威尼斯人卡马瑟目睹香料商船陆续返航，详细地报告了其货物，"是我从商船文书的账簿看来的"，[22]还描述了里斯本方面经营这些商品的越来越高的水平："所有货物都在印度事务院卸载，这是专门为了这个目的而新建的海关大楼。每艘船有自己的仓库。海关大楼内有二十间这样的仓库，所有胡椒在那里井然有序地存放。"[23]卡马瑟估计，阿尔梅达在 1505 ~ 1506 年冬季送回的货物价值"肯定非常高"。[24]据他估算，足有 35000 担②香

---

① 雷阿尔是旧时西班牙、葡萄牙、巴西等国的货币单位。葡萄牙使用雷阿尔的时期是约 1430 ~ 1911 年。

② 担（Quintal）是西方旧时的重量单位，不同时期在不同地区差别很大。葡萄牙的 1 担约合 58.75 千克。

料，这是国际贸易中前所未见的巨额数字，后来一直到1517 年才打破了这个纪录。

1505 年 12 月，在给曼努埃尔一世写信的时候，阿尔梅达可以回顾自己一系列可喜的成绩了。在奔波忙碌了四个月之后，副王为葡萄牙在印度的永久存在打下了坚实的基础。他现在向曼努埃尔一世建议，不仅要采纳"航海之王"的头衔，还应当使用更为恢宏的称号：

> 在我看来，陛下应当采用"东印度皇帝"的称号……因为基尔瓦和蒙巴萨的国王……以及马林迪和摩加迪沙国王……都认您为主公，自称是您的臣属……而在印度海岸，您要有许多安宁的王家要塞，任何船只要横穿大海，都必须得到您的保护。巴特卡尔和霍纳瓦尔向我承诺，要向陛下臣服，向陛下纳贡……所以陛下采纳皇帝的头衔，是理所应当、实至名归的。[25]

与此同时，阿尔梅达知道自己没有办法完成国王交给他的全部任务。他给曼努埃尔一世写信解释道，因为他自己把建造要塞和输送香料视为头等要务，"我决定今年不去红海，尽管这是全世界我最渴望做的事情"。[26]他解释说，自己必须建成要塞并保障其安全，并且需要在采取进一步行动之前及时地为商船装货。不过，扎莫林仍然是一个留待解决的问题。

这封信于次年中期被送抵里斯本，国王收到信后命令在全国举行弥撒和宗教游行，并考虑制作一系列纪念性壁毯，以纪念促成印度帝国建成的那些伟大事件：基尔瓦国王的加冕、占领蒙巴萨、在马拉巴尔海岸建造要塞。这些壁毯是自我宣扬的恢宏手段。教皇也在考虑赐予他"基督教国王"的头衔。在此期间，曼努埃尔一世的雄心壮志还在继续膨胀。1506 年 5 月，克里斯托弗·哥伦布，西班牙与葡萄牙竞争的代理人，在巴利亚多利德去世，死前仍然坚信自己抵达了东印度。

12 "恐怖的人"
1506 年 1 月 ~ 1508 年 1 月

在弗朗西斯科·德·阿尔梅达辛勤劳作以建设一个有利可图的印度帝国的同时，里斯本的曼努埃尔一世对海外事业的指挥结构有了新想法。国王几乎完全无法想象世界另一端的情况。与印度的通信耗时甚久，所以他对印度事务的管理充满了矛盾。他给阿尔梅达的指示过于细致、喋喋不休，但他疑心很重，而且容易受到妒火中烧的廷臣小圈子的压力与影响。曼努埃尔一世没有眼力，不能区分有真才实学的人才和庸碌无能、贪赃枉法、自私自利之辈。杜阿尔特·帕谢科·佩雷拉在 1503 年冬季单枪匹马地挽救了葡萄牙在科钦的事业，然而他回国后渐渐湮灭在史册中。在收到阿尔梅达的第一份工作汇报之前，曼努埃尔一世就已经决定了取代他的新人选。阿方索·德·阿尔布开克和曼努埃尔一世一样，相信后者奉天承运，命中注定要涤荡印度洋的伊斯兰教，并收复耶路撒冷。阿尔布开克还向国王鼓吹，让他更加相信自己的伟大使命。阿尔布开克将成为国王选定的工具。

1506 年 2 月 27 日，也就是曼努埃尔一世公开表达对阿尔梅达百般信任的整整一年之后，新人阿尔布开克签署了一份秘密文件：

> 我，阿方索·德·阿尔布开克，郑重宣布，我已经
> 当面向我主国王陛下宣誓，在弗朗西斯科（·德·阿
> 尔梅达）回国或死亡之前，绝不向任何人泄露关于印
> 度总督职位（目前由阿尔梅达担任）的御旨。在此御
> 旨生效、我成为印度总督之前，我要对此文件严格保
> 密，不向任何人泄露。[1]

曼努埃尔一世已经任命他在差不多三年后接替阿尔梅达，头衔为总督，地位比副王要低。但在规定的时间之前，此项任命必须保密。在此期间，曼努埃尔一世写信给阿尔梅达，通知他，阿尔布开克将在原先仅由副王一人管辖的印度洋西半部分执行公务。权责的重叠必然在将来的岁月导致混乱与敌意。与此同时，在归国船长们的冷嘲热讽和宫中敌视阿尔梅达的大臣们的影响下，曼努埃尔一世对阿尔梅达的语气越来越严厉。

1506 年春季的香料舰队将包括十五艘船，由特里斯唐·达·库尼亚统一指挥。其中九艘由他直接掌管，另外六艘是阿尔布开克的。整支舰队的计划是进入印度洋，在索科特拉岛建立一个基地。索科特拉岛是红海出入口附近的一个岛屿，据信由基督徒控制，因此是一个理想的基地，有助于消灭去往埃及和中东的穆斯林市场的伊斯兰航运。

在 16 世纪初，里斯本是一个生机勃勃、喧嚣嘈杂而风云激荡的地方。东印度的财富滚滚涌入塔霍河两岸的码头，

富有企业家精神的商旅、买卖人、水手和冒险家在香料气息和奢侈品的吸引下，纷纷抵达"新威尼斯"。里斯本码头区的大部分布局雄壮恢宏，以反映"杂货商国王"的雄心壮志，但这也是一座污秽肮脏、充溢着歇斯底里般狂热的城市。1506年1月，城里暴发瘟疫，其可能是由塔霍河上的航船传播进来的。很快，城里每天都有一百多人死亡，国王考虑撤离城市。4月，他将宫廷迁往90英里之外的阿布兰特什。气氛高度紧张；为恳求上帝解救万民于瘟疫，人们举行弥撒；带兜帽的悔罪者在大街上行进。招募足够的水手到舰队去变得困难。没有人愿意和来自里斯本的人同船出航。

里斯本码头

预定的起航日子——4月5日快到了，舰队按惯例在贝伦举行出发前的仪式。为了补足人手，阿尔布开克不得不吸收监狱里的犯人，这为此次远航增添了更多的爆炸性因素。水手们桀骜不驯，难以管教。阿尔布开克后来宣称，他的舰队里发生的打架斗殴比萨拉曼卡全城还多。船员们是一群无法无天的狂徒，对穆斯林恨之入骨，并且对凶残的海盗活动有经验，阿尔布开克很难驾驭他们。在预计出发的那天，阿尔布开克遇到了另一个问题。他的领航员，经验丰富的若昂·迪亚士·德·索利斯，没了踪影。索利斯偏偏在这个时候谋杀了自己的妻子，然后越境逃到了西班牙。阿尔布开克从来不会低估自己的才能，决定亲自领航。"我相信，我能像舰队里最优秀的领航员一样，把我的船开到印度。"[2] 起航两周后，里斯本出了大事。新基督徒（近期皈依基督教的犹太人）曾被允许留在城内，现在却被指控犯有异端罪并散播了瘟疫。歇斯底里的暴民在方济各会僧侣的率领下，在大街小巷里攻击改宗犹太人。有两千人因此次迫害犹太人的暴力事件而丧生，直到后来才恢复了公共秩序。

库尼亚和阿尔布开克是亲戚，但此次远航并不比 1503年阿尔布开克与其堂兄弟弗朗西斯科的那次更为友善和谐。库尼亚和阿尔布开克摩擦不断。阿尔布开克虽然是库尼亚的下属，但一贯自负，而且近期又得到了国王的秘密任命，所以越发飞扬跋扈，不肯向任何人低头。从葡萄牙国家利益的角度看，他们此次的任务在商业上是一次灾难。舰队遭遇风暴，几乎原路返回非洲海岸；库尼亚冲动地希望探索新发现的马达加斯加岛，耽搁了不少时间；途中掳掠索马里海岸，又花了不少时间。原本六个月就应当完成的任务，最后花了十六个月。他们的第一个正式目标索科特拉岛名义上属于基督徒，实际上却是一组穆斯林要塞，必须用武力攻打。结果发现，索科特拉岛没有任何战略价值，无助于对红海出入口的巡逻，也没有给养能够维持新的驻军。在这期间，库尼亚错过了 1506 年去印度海岸装载香料的航行季节。

在其他地方，1505 年出征的马穆鲁克王朝远征军以同样悠闲的速度缓缓行进。指挥官侯赛因·穆斯里夫显然不着急与法兰克人打仗，而且他的远征军在途中还有多项任务要执行。他的第一要务是加强吉达的防御工事，他也是吉达的总督。他需要监督建造强大的防御工事，以防葡萄牙人攻击。里斯本方面正在提议的攻打麦加的计划让马穆鲁克王朝提高了警惕，因此穆斯里夫的远征军整个 1506 年都待在红海。此外，他还要镇压一些犯上作乱的贝都因人。直到第二年 5 月，吉达的防御工事才竣工。

最初的军事行动导致了很大损耗。穆斯里夫原先有十二艘船，由于逃兵和战损，1507 年 8 月抵达亚丁时已经只剩六艘。印度洋的坏消息仍然不断传到开罗。"近来，法兰克人狗胆包天，不知深浅，"编年史家伊本·伊亚斯写道，"他们有二十多艘船敢于在红海游弋，袭击从印度来的商船，伏击船队，杀人越货，所以很大一部分进口都停止了。如今在埃及很难搞到头巾和平纹细布。"[3] 但埃及方面坚信，只要以圣战精神鼓舞起一次泛伊斯兰联盟，再加上扎莫林的帮助，就足以消灭入侵者。

与此同时，阿尔梅达舰队继续破坏马拉巴尔海岸的穆斯林商贸，于是阿拉伯半岛的商人将他们的船派往其他香料市场。越来越多的阿拉伯商船向南去往低矮的马尔代夫环礁，在那里获取食物与淡水，然后继续前往锡兰。阿尔梅达派遣他的儿子去切断马尔代夫航线，但领航员们迷路了。海流将洛伦索的船只带到了锡兰，这是葡萄牙人第一次在锡兰登陆，与当地人缔结了条约，并竖立了十字架。

然而，副王的前景越来越黯淡。曼努埃尔一世的全部扩张主义计划都取决于在马拉巴尔海岸维持一个稳定的基地，而这不仅依赖于训练有素的海军力量及其无坚不摧的铜炮，还依赖于威望。所以，必须让各城邦觉得与法兰克人做生意有利可图。1506 年，印度各城邦对葡萄牙的信心在动摇。

在安贾迪普岛上的要塞竣工几个月后，葡萄牙人发现建造它是个错误。不管他们去哪里，都会侵犯当地原本固有的利益。安贾迪普岛是比贾布尔苏丹的势力范围，他的船只强迫过往商船到他的达布尔港去缴纳关税。他不打算容忍葡萄牙人的擅自闯入。雨季开始时，比贾布尔苏丹发动了一次精心策划的攻势，由一名葡萄牙叛徒领导，围攻安贾迪普要塞。三艘葡萄牙船只被烧毁，这时消息传来说洛伦索即将赶来救援，于是比贾布尔军队撤退，但要塞显然是守不下去了。因为它距离敌国比贾布尔太近，而且奇缺自然资源。这年年末，阿尔梅达没有禀报曼努埃尔一世便自行决定放弃并拆毁安贾迪普岛的要塞。此举是对国王的宏图大略是否明智提出的质疑，后来对阿尔梅达自己产生了负面影响。同时，这让穆斯林商人感到，驱逐葡萄牙人并非不可能。

随后又发生了两次沉重打击。葡萄牙人给印度洋事务带来了程度前所未有的两极化与军事化。他们向忠于自己的人——后来包括一些玛皮拉商人，即在马拉巴尔海岸，尤其是在科钦与坎纳诺尔的本土穆斯林——提供保护，发放通行证。他们假定印度洋将成为葡萄牙的专有领地。就是为了完成这样的任务，洛伦索在 1506 年年末护送一些船只北上，驶往朱尔港。他在中途停下，以便去拆除安贾迪普岛的要塞，于是在敌视葡萄牙的达布尔附近停泊。一些穆斯林商人自称是友好港口的居民，登上他的船，向他求助。他们满载货物的船只从科钦和坎纳诺尔驶来，现在停泊在达布尔港口，而一大群麦加船只后来也停到了那里。现在，达布尔方面正图谋掳掠葡萄牙盟友的船只，这些到访的商人于是恳求洛伦索尽快发动进攻。

洛伦索决心作战，但根据他父亲的指示，他在决定开战之前必须召集船长们商议。在当晚的会议上，船长们以六对四的多数票反对采取行动：他们担心这次求援是个圈套，他们不熟悉达布尔所在的河口，说不定进去就出不来了，何况他们本来就肩负着护送船只去朱尔的任务。船长们的决定可能是出于谨小慎微，也可能是出于对洛伦索的恶意：他们都是经验丰富的老船长，不肯服从副王那才二十五岁的儿子的号令。洛伦索瞠目结舌，说不出话来。他接受了大家的意见，但谨慎起见，首先把反对派的意见都记录在案，并让他们签字。然而，船上的骑士和水手们却求战心切，摩拳擦掌，渴望得到战利品，因此对上级的决定非常愤怒。

随后发生了不可避免的事情。葡萄牙盟友的商船遭到达布尔人的抢劫，船员被杀。卡利卡特船只经过坎纳诺尔的要塞时，射出嘲讽的炮火。这是葡萄牙人第一次逃避战斗。他们拒绝保护盟友的船只，这在马拉巴尔各个亲葡萄牙的港口造成了恶劣影响。阿尔梅达被此消息震惊了。他对所有船长，包括他儿子，实行军法审判。曾投票反对参战的人被囚禁、降职和送回葡萄牙。洛伦索的命运如何，悬而未决。

达布尔事件留下了长长的阴影。历史学家若昂·德·巴罗斯概括了此事对船长和指挥官们造成的后果："在决定战和的时候……为了建立荣耀的功业，即便危险，也绝不应该出于个人安全的考虑而拒绝作战。"[4] 从此以后，葡萄牙人就不可能做到审慎了。任何人都不敢拒绝作战，不管决定有多鲁莽，否则就会被指控怯懦。他们必须做出最显著的英勇行为。葡萄牙贵族的荣誉法则强调近距离肉搏战，而不赞同远距离炮击。

1506 年冬季，比达布尔事件更严重的损失降临到忠于葡萄牙的当地商人身上。特里斯唐·达·库尼亚舰队未能如期抵达。自 1498 年瓦斯科·达伽马第一次到访印度以来，这还是第一次没有来自里斯本的舰队来购买香料。坎纳诺尔和科钦港口储存了大量商品，却卖不出去。商人们开始后悔与法兰克人订立的专有贸易条约，并渴望回到过去那种与麦加的稳定可靠的贸易。

坎纳诺尔尤其不满。当地的穆斯林群体看到葡萄牙要塞的成长，大感沮丧，并且非常理解它们的意义。商人们也担心他们与波斯湾的利润丰厚的马匹贸易很快会消失。葡萄牙人开始掳掠从霍尔木兹来的商船，商人们已经损失了一船昂贵的大象，其是被洛伦索在攻打奎隆期间摧毁的。洛伦索向马尔代夫和锡兰方向的试探让商人们更加不安。新来者的野心似乎没有边界。商人们开始为所有属于他们自己的市场忧

217

心忡忡。在坎纳诺尔城内，葡萄牙还开始扰乱社会等级制度，并蔑视当地风俗。低种姓的女人与要塞驻军勾勾搭搭；出现异族混居的社区，那里的人皈依基督教，令穆斯林大为怨恨。而新来者爱吃红肉，有时会杀牛，更是增加了他们与印度教徒之间的紧张气氛。坎纳诺尔统治者给曼努埃尔一世写了不止一封信以表达自己的担忧，担心"葡萄牙人友谊的蜜糖会化为毒药"。[5]

1507 年 4 月，坎纳诺尔统治者去世，扎莫林运用自己的影响力，在坎纳诺尔王座上安插了一个比较亲近他的人。就在这时，一些死尸被海水冲刷到海滩上，其中有一位显赫穆斯林商人的侄子。一名葡萄牙船长被指控为凶手，他曾拦截一艘当地商船，宣称该船的通行证是伪造的（尽管上面有阿尔梅达的驻军指挥官的签名），并屠杀了船员。他用帆布裹住尸体，以确保它们会沉底，然后才将其抛入海中，但潮水松动了帆布，把尸体送到了哀哭流泪的亲戚面前。

此事激起了马拉巴尔地区的广泛起义。一万八千名武士集合到坎纳诺尔城，扎莫林送来二十四门炮。葡萄牙要塞位于一座海岬之上，于是被切断了陆路通道，而从海上的补给也变得越来越困难。

在印度洋，季风决定万事万物的规律：船只何时起航；战争何时开展；葡萄牙的香料舰队应当何时抵达，又应当何时离开。若是错过了一个关键时刻，就会浪费好几个月时间。葡萄牙的对手很快认识到，依赖海洋力量的敌人在风暴到来后就会很脆弱，于是他们相应地选择了攻击的时机。4月，天气开始变糟。

12 "恐怖的人"

耶稣受难节这天，坎纳诺尔遭到攻击的消息传到了科钦。阿尔梅达意识到时间很紧迫，于是一分钟也没有浪费。他在城内四处奔走，呼吁人们拿出粮食和武器。教堂内正在上演一部神秘剧①，打扮成守卫基督坟墓的罗马百夫长的演员不得不当场交出自己的胫甲和胸甲。此时正是涨潮时节，洛伦索带着搜罗到的所有物资和人员，起航奔向坎纳诺尔。他将一些人员和物资送上岸，但风力越来越猛，他不得不起航返回科钦。坎纳诺尔要塞的指挥官洛伦索·德·布里托和约四百名士兵就这样被季风切断，不得不独自抵挡敌人的猛烈攻击。8月，当攻防战还在进行时，已经占领荒凉的索科特拉岛并驻军的库尼亚和阿尔布开克分道扬镳：库尼亚率领香料舰队去印度，比原计划晚了一年；阿尔布开克则负责在阿拉伯海巡逻。这个月底，库尼亚的船只营救了饥肠辘辘的坎纳诺尔驻军，终于打破了当地的反葡萄牙联盟。

库尼亚和阿尔布开克在索科特拉岛道别时，关系已经冷若冰霜。阿尔布开克焦躁而狂怒。他只有六艘饱受虫蛀的船只，装备破烂，给养紧缺，而且也只有四百人。作为最后的鄙夷，库尼亚还带走了所有的喇叭。在外国港口展示自己的权威与力量时，非常需要喇叭；在战斗中重整战阵时也需要喇叭。阿尔布开克不仅要为自己的船员提供粮食，还要为留

①　神秘剧（Mystery play）是中世纪欧洲最早的戏剧形式之一，一般讲述圣经故事，有伴唱。

在索科特拉岛的营养不良的驻军提供给养。

曼努埃尔一世在给阿尔梅达的一封信中设定了阿尔布开克的任务，即"守卫红海出入口，俘获穆斯林运输船，控制这些船上能找得到的所有珍贵货物，在有利的地方订立条约，如塞拉①、巴尔巴拉②和亚丁，还要去霍尔木兹，并尽可能了解这些地区的情况"。[6]所以，阿尔布开克的行动范围非常广袤，从红海沿着阿拉伯半岛，跨越波斯湾一直到印度西北部。他以自己的方式对国王的指示做了非常宽泛的解读。

尽管缺少人员和物资、船只破败、武器不足，尽管曼努埃尔一世信中的命令似乎要求使用和平手段，阿尔布开克还是率领他那群嗜血如命的水手，开始在阿拉伯半岛沿岸开展了一场闪电战。今日阿曼那荒芜海岸上的小港口背后就是阿拉伯半岛广袤无垠的大沙漠，但这些港口非常繁荣富裕，让人颇感意外。它们出口海枣、食盐和鱼类，并向印度大陆的军阀们出售贵重马匹，以此为业。

在这里，短短几周内，阿尔布开克就在葡萄牙征服者当中立下了与众不同的威名，流传青史的名号是"恐怖的人"。他那群破破烂烂的船，旗帜招展，驶入阿曼的各个贸易港口，勒令当地人臣服于葡萄牙王室。由于没有喇叭，水手们奉命在船只接近港口时大声呼喊，发出好战的喧哗。阿尔布开克在后甲板摆开架势，要求当地人上来拜见他，企图

---

① 塞拉是今天索马里的一座港口城市。
② 巴尔巴拉是今天索马里北部的一个沿海地区，意思是"柏柏尔人之地"。

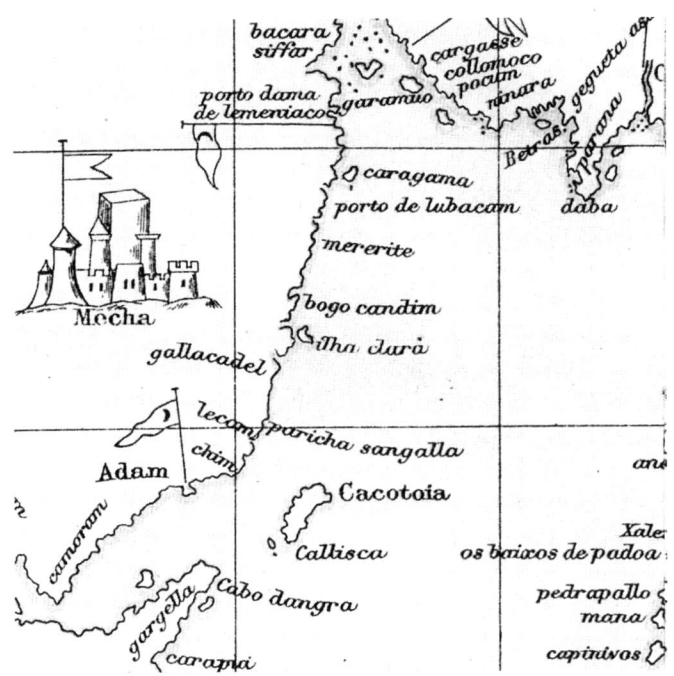

当时地图上划定的阿尔布开克的行动范围，红海入口附近可见索科特拉岛（Cacotoia），还有亚丁以东的阿拉伯半岛沿海，及波斯湾入口的霍尔木兹

以此种方式震慑和吓唬当地人。当地谢赫[①]的不幸使者登上葡萄牙船只，看到的是精心设计的景象：总司令身穿灰色天鹅绒衣服，头戴灰色天鹅绒帽子，脖子上挂着金链子，肩披鲜红色斗篷，端坐在一张雕刻精美的椅子上，周围簇拥着衣着尽可能光鲜的船长，周遭装饰着精美的挂毯。每一位指挥

①　谢赫（Sheikh）是阿拉伯语中常见的尊称，指"部落长老""伊斯兰教教长""智慧的男子"等，通常是超过四十岁且博学的人。在阿拉伯半岛，谢赫是部落首领的头衔之一。

官都拿着出鞘利剑，这清楚地传达了他们的信息：当地人不投降就开战。阿尔布开克没有时间按照东方外交惯例去闲聊打趣。他不收礼物，而是告诉使者，他不会从那些可能即将成为敌人的人那里收受礼物。他长须飘飘，面容严峻不动摇，企图以这副威风派头吓倒对方。在这些精心安排的场景中，有很大的心理上虚张声势的成分。他的兵力远远少于对方，而且离家千万里，却用威风凛凛的仪态取得了很好的效果。有时他坚持让部下每天穿不同的衣服，以欺骗访客，让对方高估他手下的人数。

阿曼沿海的有些港口迅速屈服了，其他的则选择抵抗，于是遭到洗劫。来自里斯本的罪犯水手成群结队地拥入这些港口，烧杀抢掠。惩一儆百的恐怖暴力是一种战争武器，用来软化海岸其他地区的抵抗。就这样，一连串小港口陷入了火海。在每个港口，葡萄牙人都摧毁清真寺；马斯喀特是沿海地区的贸易中心，"一座非常雅致的城镇，有非常美丽的房屋"，[7]遭到的破坏特别野蛮。葡萄牙船上的炮手们摧毁支撑清真寺的柱子，"这是一座非常宏伟而美丽的建筑，大部分是用雕刻精美的木料建造的，上半部分是灰泥砌的"，最后轰然坍塌。阿尔布开克以为在清真寺里搞破坏的葡萄牙人都死了，但"感谢上帝"，编年史家写道，"他们毫发未伤地出来了，身上连一处擦伤都没有……我们的人吓坏了，看到幸存者，都向上帝感恩，感谢他创造了这个奇迹，并纵火焚毁清真寺。它荡然无存，没有留下任何遗迹"。[8]这样彰显天意的奇迹令阿尔布开克的神圣使命感越发膨胀。在古赖亚特港，搜罗了自己需要的所有补给物资之后，"他命令将港口焚毁……大火熊熊，没有一座房屋、建筑留存，那里的清真寺是我们见过的最美丽的建筑之一，也化为了灰烬".[9]阿尔布开克致力于散播自己的恐怖威名："他命令将俘获的穆斯林的耳朵与鼻子割掉，并将他们送到霍尔木兹，以证明他们的受辱。"[10]

阿尔布开克的放纵不羁变得越来越明显，不仅是针对倒霉的阿曼人，就连对自己的船长也非常刚愎自用。按照惯例，总司令会与各位船长商议，常常会接受全体的投票结果，但聪明、暴躁且对自己的才干无比自信的阿尔布开克不懂得这样的策略，也没有合作精神。在阿曼远征开始时，他名义上向各位船长知会了此事，但随着一周周过去，他与船长们的关系越来越紧张。9月中旬，他们进入了波斯湾，距离他们接受的关键任务——封锁红海出入口——越来越遥远。在阿尔布开克脑子里，沿着阿拉伯半岛沿海的远征有一个明确的目标：岛屿城市霍尔木兹，是外海的一小块受赤日炙烤的礁石，那片海岸是波斯与印度洋之间贸易的轴心。霍尔木兹是一座富得流油的贸易城市，伟大的阿拉伯旅行家伊本·白图泰来到那里时，看到"这是一座美丽的大城市，拥有绝妙的露天市场"和雄伟优美的房屋。中国的星槎船队到访此地时，发现这里"民富俗厚"①。霍尔木兹控制着有名的波斯湾珍珠养殖地，并向印度大陆互相争斗不休的各大帝国出口大量优质的阿拉伯骏马，后者在这方面欲壑难填。"如果世界是一枚戒指，那么霍尔木兹就是戒指上的宝

---

① 出自《明史》，卷三百二十六，列传第二百一十四。

石。"[11]一句波斯谚语如是说。阿尔布开克很清楚这座城市的美名和战略价值。

曼努埃尔一世给他的指示是"订立条约",[12]似乎没有让他侵略霍尔木兹。阿尔布开克抵达时，霍尔木兹港内挤满了商船，他按照自己惯常的手段行事。他拒绝了国王使者送来的所有礼物；他的答复非常简单，要么成为葡萄牙王室的附庸，要么城市将被摧毁。霍尔木兹主要的维齐尔①瓦加·阿塔得出结论，阿尔布开克只有六艘船，竟敢如此嚣张，实在是满脑子幻想。然而 1507 年 9 月 27 日，在雷霆般的轰鸣中，葡萄牙的铜炮又一次凭借优势火力击败了数量多得多的穆斯林舰队。维齐尔迅速求和，接受曼努埃尔一世为主公，并同意缴纳一笔沉重的岁贡。

阿尔布开克认为此次胜利是上帝的功劳。后来，他在给曼努埃尔一世的信中提及

> 天主创造的伟大奇迹……战役结束三天后我们在场的所有人都见证了这一奇迹……一大群穆斯林的尸体，超过九百具，漂浮在海面上，其中大多数人身上、胳膊上和腿上都有许多箭，尽管我这里并没有弓箭手，也没有箭。这些死尸身上有大量黄金和属于贵族的镂刻白银与宝石的剑。我们的人乘小船搜罗这些战利品，花了八

① 维齐尔最初是阿拉伯帝国阿拔斯王朝哈里发的首席大臣或代表，后来指各伊斯兰国家的高级行政官员。维齐尔代表哈里发，后来代表苏丹，执行一切与臣民有关的事务。奥斯曼帝国把维齐尔的称号同时授给几个人。

天时间，获得了大量财富。[13]

其实这些穆斯林是被友军误伤的，但在阿尔布开克看来，仿佛曼努埃尔一世在印度洋的神圣使命得到了证实，送来了胜利与利润。

阿尔布开克在霍尔木兹的工作还不算完，他坚持要求获得在当地建造要塞的权利。此时，他与船长们的关系也到了一个危急关头。船长们觉得在霍尔木兹建造要塞没有意义：这不是他们的任务；真正的任务，即封锁红海，被阿尔布开克抛在脑后；索科特拉岛急需粮食补给；霍尔木兹已经臣服于葡萄牙王室；更何况，他们也没有足够的人手来驻防一座新要塞。船长和水手们也渴望返回红海出入口，他们相信在那里可以掳掠到宝贵的战利品。但是，阿尔布开克对他们的抱怨置之不理，他甚至坚持要求船长们参加建造要塞的体力劳动。这将是团队的工作。因为工程是在当地百姓众目睽睽之下进行的，所以高级别的船长和贵族们觉得这是对他们个人的侮辱。

有四位船长渐渐觉得，总司令是一个难以对付的严苛地执行军纪的人，不肯聆听正当的反对意见。如果他是在代表曼努埃尔一世执行一项宏大的战略计划，国王的书面命令里并没有这么写，而且他未能赢得指挥官们的支持。他的外表令人生畏，他的火爆脾气令人心惊胆战地畏缩，似乎他决心凭借自己的人格力量来征服穆斯林的海洋。四位领头的船长，包括经验丰富的若昂·达·诺瓦，相信阿尔布开克是危险分子，说不定已经疯了。他们遭到阿尔布开克的辱骂，于是写了一封投诉信：

> 先生，我们以书面形式告知您（因为我们不敢口头通知），您素来对我们厉声呵斥，口出恶言。虽然您经常告诉我们，国王没有要求您与我们商议，但兹事体大，我们觉得有必要向您提出建议。如果我们不这么做，就应当受到惩罚。[14]

1507 年 11 月，阿尔布开克收到第一封信，将其撕成了碎片。船长们送来第二封时，他看都不看就把信折叠起来，放在要塞正在建造的一处门廊的一块石头下。

当有四人叛逃到霍尔木兹并皈依伊斯兰教，而维齐尔瓦加·阿塔拒绝将他们交出时，阿尔布开克大发雷霆。"我当时完全失控了。"他后来向阿尔梅达吐露心迹。他命令在岸上的船长们"杀死所有活的东西。他们心不甘、情不愿地服从了命令，但对自己的任务非常不开心。他们上了岸……只杀死了两名老人，但良心不安，不能继续杀人。于是他们杀了四五头牲口，在遇到更多当地人时，就告诉他们赶紧逃走"。据编年史家记载，他们相信总司令"受了诅咒，要下地狱，魔鬼在他心里"。[15]

尽管部下反对，阿尔布开克继续对霍尔木兹开展全面战争。他给水井下毒，开始炮击城墙。"船长们陷入绝望……坚持不懈地抗议……阿尔布开克全然不在乎。他们不愿意服从一名癫狂的总司令的命令，他甚至不配指挥一艘小划艇，更不要说一支舰队了。"[16]阿尔布开克对部下的抗命不遵怒火中烧,有一次"抓住若昂·达·诺瓦的胸口,与他扭打,若昂开始大呼小叫,称阿尔布开克无端伤害和攻击他"。据编年史家记载,"他们看到自己的抱怨对总司令没有产生任何效果……于是商议决定起航前往印度"。[17]1508 年 1 月中旬,他们抛下阿尔布开克,自行起航前往科钦,向副王报告他们版本的故事。阿尔布开克暴跳如雷。他现在只剩下两艘船,于是不得不放弃对霍尔木兹的围攻。他驶回索科特拉岛,去救援正在挨饿的守军。

葡萄牙人未能在红海巡逻,他们为此付出了沉重代价。缓缓前进的马穆鲁克舰队于 1507 年 8 月抵达亚丁。阿尔布开克 9 月间袭击阿曼海岸的时候,马穆鲁克舰队从他背后驶过了阿拉伯海,来到古吉拉特的港口第乌。葡萄牙人对此一无所知。

13　朱尔的三日
1508 年 3 月

　　沿着印度西海岸，洛伦索·德·阿尔梅达忙个不停，不断开展航海活动。1507 年 12 月底，本年度的香料舰队返航了，他又奉命执行护航任务。1508 年 1 月，他沿马拉巴尔海岸北上，护送一支来自科钦的商船队。途中，他抓住机遇，烧毁了一些阿拉伯商船，并破坏了忠于扎莫林的港口。对这位年轻的指挥官来说，达布尔还是个伤心之地。他这一次逼近达布尔，促使当地人迅速投降并立刻纳贡。2 月，商船队及护航的葡萄牙克拉克帆船、桨帆船和卡拉维尔帆船抵达了最终目的地，朱尔的贸易站，它位于一条河流入海口的弯曲处。

　　适合航海的季节快结束了。不久雨季就会来临，大海不再能通行，葡萄牙人期望可以在科钦过冬，在无事可做的几个月里休养生息并修理船只。水手们很疲惫；洛伦索之前负的伤还没有痊愈；船舱内满是在沿海地区掳掠来的战利品；气温也在升高。与此同时，他们负责护送的科钦商人在懒洋洋地慢慢做生意。一个月过去了。3 月到了。地势低洼的朱尔潮湿得让人难以忍受。葡萄牙人无事可做，终日饮酒，与舞女嬉戏，变得懒散怠惰。洛伦索束手无策，倍感挫折。他知道，阿方索·德·阿尔布开克的舰队很快将加入他们。

在他们等待科钦商人结束装船的时候，洛伦索耳边听到了一些含混不清的传闻：一支埃及舰队即将赶来；它曾在古吉拉特的关键港口之一第乌停靠，就在坎贝湾对岸 200 英里处；这支舰队要来向法兰克人开展圣战；舰队的士兵是白人（可能是土耳其人），并且斗志昂扬、装备精良且拥有火炮。这些传闻的来源五花八门：来自朱尔当地人，来自一名从第乌来拜见洛伦索的德高望重的婆罗门，以及最后来自副王本人。但弗朗西斯科·德·阿尔梅达显然相信并不存在值得担忧的严重威胁，他只派来了一艘船。没有任何证据表明葡萄牙人目前为止遇到的任何舰队能够抵御葡萄牙的炮火，即便是在葡萄牙船只远远少于敌人的时候。洛伦索对这些报告并不在意。

事实上，动作迟缓的埃及舰队早在六个月前就抵达了第乌，此前经历了漫长而蜿蜒曲折的航行，消耗和损失相当大。由于拖欠军饷，有不少士兵逃亡；两艘船哗变；四分之一的士兵于途中在阿拉伯半岛的战斗中阵亡；在第乌，侯赛因·穆斯里夫得到了当地总督马利克·阿亚兹相当谨慎的接待。阿亚兹是个白手起家的成功人士，原先是来自高加索的奴隶兵，在古吉拉特的穆斯林苏丹统治下崛起到高位，第乌差不多算是他的私人封地，拥有自己的弗斯特船（一种小型的桨帆船）舰队。阿亚兹精明、务实，并且极其狡黠，对海上的力量对比有着非常清醒的认识。他与外界的贸易，包括出口棉花和头巾（这些商品已经不能运往埃及），被葡萄牙人的封锁搞瘫痪了。要想在第乌维持独立,他需要在两大难以对付的强大力量——在印度洋势力越来越强的葡萄牙人和决心消灭葡萄牙势力的穆斯林——之间灵活机动。现在他处于一个两难境地,即尽管知道法兰克人迟早会来"拜访"他,但如果他不参与圣战,就会遭到强大的宗主——古吉拉特苏丹的毁灭。他已经尝试与副王秘密谈判,但知道自己必须小心翼翼。

侯赛因进入这个地区,带来了明确的战略计划和圣战呼吁。回应他的人当中有马伊玛玛·马拉卡尔,即1503年被维森特·索德雷羞辱的那位阿拉伯商人。马拉卡尔在开罗奔走呼号,为扎莫林鼓吹,努力推动苏丹打造一个反对可恶的基督徒闯入者的泛伊斯兰统一战线。他带着一艘自费装配的大船和三百名士兵(其中不少是来自他自己所在部落的本领高强的弓箭手)来到了第乌。他们宣誓要为信仰复仇,甘愿献出自己的生命,他们的船也配备了不错的火炮和弹药。

埃及人在朱尔有间谍,所以掌握的情报要比由于酷热而无精打采的葡萄牙人丰富得多。他们知道洛伦索的兵力多么微薄,他有三艘小型克拉克帆船、三艘卡拉维尔帆船和两艘桨帆船,约五百人。侯赛因的目标是发动突然袭击,将洛伦索的队伍彻底消灭,然后对付正在封锁卡利卡特的葡萄牙卡拉维尔帆船,在雨季到来前切断位于科钦和坎纳诺尔的要塞的联系。现在他要求阿亚兹支持他。第乌总督别无选择,只得做出热情洋溢的样子。加上阿亚兹的小舰队之后,侯赛因一共有四十五艘船,包括四十艘弗斯特船和桨帆船,以及苏

伊士的欧洲造船匠建造的一艘盖伦帆船①和四艘克拉克帆
船。这将是争夺印度洋权力与贸易的一次决定性大摊牌。

　　3月的某个星期五——星期五是穆斯林常选择发动战役
的日子。在朱尔，葡萄牙人在昆达利卡河两岸消磨时光。科
钦商人的船还在河北岸的朱尔城旁边装货。葡萄牙船只零零
落落地停泊在河面上。洛伦索的旗舰"圣米迦勒"号和他
经验丰富的副将佩罗·巴雷托的"圣安东尼奥"号停泊在
河中央。其他船只更靠近南岸，船首指向陆地。很多水手在
岸上，洛伦索正与其他贵族投掷长矛取乐。

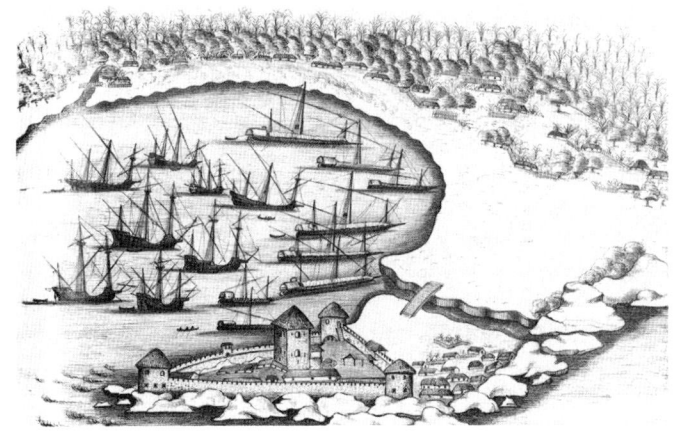

在印度沿海的航海活动中，葡萄牙人既用桨帆船，也用帆船

---

①　盖伦帆船是至少有两层甲板的大型帆船，在 16～18 世纪被欧洲多国采
　　用。它可以说是卡拉维尔帆船及克拉克帆船的改良版本，船身坚固，可
　　用作远洋航行。最重要的是，它的生产成本比克拉克帆船低，生产三艘
　　克拉克帆船的成本可以生产五艘盖伦帆船。盖伦帆船被制造出来的年
　　代，正好是西欧各国争相建立海上强权的大航海时代。所以，盖伦帆船
　　的面世对欧洲局势的发展亦有一定影响。

临近中午时分，微风拂面，瞭望哨看到海上出现了五艘欧洲的克拉克帆船。他们以为这是等待了许久的阿尔布开克舰队，兴高采烈地欢迎它们。人们放松身心、饶有兴趣地停下观看五艘船接近，但一名老兵更仔细地观察了那些船的索具。他向自己的侍从喊道："我们现在要武装起来，我们全都要！"他命令侍从取来他的胸甲，开始迅速穿上胸甲。站在周围的其他人嘲笑他。"这些开过来的阿尔布开克船只，"他反驳道，"帆上没有十字架。他们升的是穆罕默德的旗帜……先生们，我向上帝祈祷，愿今天只有我一个人是傻瓜，今天落日时你们还能嘲笑我。"[1]

那些船驶入了河口。在克拉克帆船后面有六艘秩序井然的桨帆船在前进。现在所有人都能看到，那些船上飘扬着红白两色的旗帜和画有黑色新月的三角旗。这景象非常壮观，武士们头戴绚丽的头巾，甲胄外面披着色彩鲜艳的丝绸，在阳光下闪闪发光，"如此大张旗鼓地驶入河口，奏响许多喇叭，再加上他们武器的光辉，令人胆寒。我们的人终于认识到，这些新来者是鲁姆人"。[2]他们是来打仗的。

葡萄牙舰队发生了恐慌。士兵们匆匆奔向划艇，以便返回停在岸边的大船。他们披挂铠甲，抓起剑、头盔和火枪。未做好发射准备的火炮被推出来；桨手们疯狂地努力将桨帆船调转过来，以便将船首炮对准敌人。一时间到处是呼喊和咆哮，命令和相反的命令。侯赛因在河口暂停，等候阿亚兹那慢吞吞的弗斯特船，所以葡萄牙人有时间摆开阵势，恢复了一定程度的纪律性。第乌总督假称遇到了某些困难，将自己的船停在河口外，以便坐山观虎斗，然后见机行事。侯赛

因无所畏惧地继续推进，从脆弱的科钦商用桨帆船旁驶过，
未发一炮，逼近"圣米迦勒"号和"圣安东尼奥"号，这
两艘船距离其他葡萄牙船很远，停在河中央，非常孤立。侯
赛因的打算是以第一轮猛击摧毁洛伦索的旗舰。

双方之间的距离在缩短，穆斯林战船上两门炮从侧舷开
火。一发铁弹丸击穿了"圣米迦勒"号船体，但无人死亡；
"圣米迦勒"号从船首到船尾整个晃动起来。这是葡萄牙人
在印度洋上第一次遭到炮击。穆斯林弓箭手用他们短而柔韧
的土耳其弓射出嗡嗡作响的"阵雨般"的箭矢，每分钟能
射出二十支箭。[3]"圣米迦勒"号的桅杆上扎满了箭；船上
一百人当中有三十人中箭负伤。但葡萄牙武士用激流般的弩
箭和火枪枪弹还击，船上炮手有足够的时间为大炮做好射击
准备，并开炮还击。在震耳欲聋的炮声中，双方船只都被浓
烟笼罩，后又重新浮现。"圣米迦勒"号的八发炮弹击中了
挤满四百名战士的穆斯林战船。网兜也无法减弱这轮大炮齐
射的威力，炮弹从队形紧密的士兵队伍中呼啸冲过，击碎铠
甲，打得血肉横飞。碎木片更是造成了更严重的杀伤。甲板
上一片狼藉。侯赛因原想尝试强行登上敌船，后来改变了主
意。借助朝向陆地的微风和潮水，他从葡萄牙克拉克帆船
（现在得到了两艘桨帆船的支援）旁驶过，然后停泊在河对
岸上游处，其他穆斯林战船也跟了上来。

洛伦索看到侯赛因旗舰遭到损伤，决定乘胜追击。这就
需要用划艇将打头阵的克拉克帆船拖曳着驶向敌船，但他没
有用桨帆船提供支援，所以这个动作执行得很笨拙。侯赛因
派遣自己的桨帆船上前，向脆弱的拖曳划艇射出毁天灭地的

火网，它们不得不后撤。洛伦索的进攻只得放弃。

高度紧张的一天结束了。两支舰队在小小的战场纠缠着，分别停在两岸，之间距离仅有 500 码。科钦商船还停在城镇前方的河边，没有受到骚扰。双方都在医治自己的伤员，清点损失。侯赛因的战船损失惨重，伤亡数字高得惊人，他的火药也所剩无几。夜幕降临时，葡萄牙船长们乘小艇来到"圣米迦勒"号上开会商议。因为没有外界消息，他们举棋不定。他们决定派遣巴尔塔扎尔（译员加斯帕尔·德·阿尔梅达的儿子，懂多种语言）上岸，去朱尔打探消息。他得知，侯赛因在等待马利克·阿亚兹赶来，以便发动新的进攻；在此期间，他也在努力笼络当地人。目前当地人保持着谨慎的中立，等着看局势如何发展。

天亮之后，洛伦索可以看到侯赛因将其战船摆成了紧密的防御阵形。它们靠岸摆开阵势，用铁链锁起来，船首指向河流，互相之间还用跳板连接，以便在战斗中快速地从一艘船向另一艘调动兵力。这简直是战术上的自杀。他的克拉克帆船在这种阵形下将无法运用侧舷的射石炮，也逃脱不了。侯赛因把他的舰队从一支进攻性力量变成了蜷缩在一起的营地，等待阿亚兹的支援。但是，阿亚兹还在外海闲荡。在此期间，侯赛因的舰队就是瓮中之鳖。

侯赛因不知道的是，他的对手的思维同样不正常。第二天早上在"圣米迦勒"号上召开军事会议时，敌人舰队的意图昭然若揭，葡萄牙人决定发动进攻。他们需要吹向陆地的风，而这种风要到中午才会刮起来。眼下他们有两个战略选项：要么炮击埃及船只，要么猛攻上去。

在一份可能是由编年史家捏造的演讲中，洛伦索的主炮手，德意志人米歇尔·阿尔瑙提出了一个简单的解决方案。"不要拿你们自己和你们的士兵去冒险，因为你们想要的，能够以安全的手段得到，只有我和我的伙伴们会遇险。"如果洛伦索同意把克拉克帆船调动到他指定的位置，洛伦索的部下都可以离船上岸暂避，阿尔瑙的炮手可以在夜幕降临之前击沉敌人的整支舰队，"如果办不到……你可以下令砍掉我的双手"。

在达布尔怯战的阴影还笼罩着聚集在船舱内的所有人。洛伦索需要重建威望和公信力。炮击虽然是简单而有效的解决方案，但在葡萄牙贵族的荣誉法则里却几乎是与怯懦联系在一起的。获得荣耀的途径是个人的英勇、肉搏战和掠夺战利品。于是，按照科雷亚从后见之明来看的记载，"他们渴望荣誉和财富……对德意志人的建议不予理睬。他们决定登上敌船厮杀，用剑来赢得荣誉"。[4]副将佩罗·巴雷托比较冷静，可能支持阿尔瑙，但他们的意见被推翻了。会议决定采取肉搏战，尽管那正中侯赛因的下怀。

虽然鲁姆人的舰队已经遭到重创，但葡萄牙人的任务仍然不简单。鲁姆人的克拉克帆船比洛伦索的船大得多，也高得多，可以从甲板上倾泻投射武器。而且操纵帆船接近敌船以便近距离攻击是很困难的，因为风向多变难测，潮水和涡流也难以驾驭。葡萄牙人拟定了进攻计划。"圣米迦勒"号和"圣安东尼奥"号将两面夹击侯赛因的旗舰。其他葡萄牙船只则与穆斯林战线的其他部分交战，将其牵制住，以阻止它们向侯赛因旗舰输送援兵。葡萄牙的轻型卡拉维尔帆船和桨帆船负责攻击敌人的桨帆船。

星期六下午早些时候，借助潮涌和海风，葡萄牙船只起锚，开始向河流上游行驶。打头阵的"圣米迦勒"号接近目标时，又遭遇暴风雨般的箭矢袭击。葡萄牙人为了避免损坏可能很珍贵的战利品，没有让自己的大炮火力全开。尽管侯赛因那身形较高的战船嗖嗖地不断射箭，"圣米迦勒"号还是逼近了，一直开到距离敌船只有 10 码或 15 码的位置，但这时葡萄牙人的进攻计划突然垮了。风向变了，然后完全停息。船只在潮涌控制下漂走。惯性足以驱动"圣米迦勒"号继续向前，与敌人旗舰搏斗，而"圣安东尼奥"号落在后面。但侯赛因把握住机会，成功执行了一次超乎寻常的机动。他的水手放松了船首锚的缆绳，而收紧船尾锚的缆绳（另一端系在岸上），所以船向岸边后退，避开了葡萄牙船只进攻的路线。"圣米迦勒"号的舵无法纠正航向。它漂移着从目标一旁驶过。

"圣米迦勒"号的副水手长本能地决定落锚，以防止船只从目标旁滑过，而跟在后面的葡萄牙船只都类似地被迫放线落锚，以防撞上前面的船只。进攻于是停顿了。葡萄牙船只凌乱地停在河中央，一动不动。洛伦索对这突然的混乱暴跳如雷，从甲板上跑过，手持利剑，要杀掉搞砸了整个进攻行动的肇事者。副水手长考虑了自己的选择，觉得还是更害怕洛伦索的惩罚，于是跳水逃生游上了岸，不过后来还是被杀掉了。

对洛伦索的船员们来说，形势现在非常危急。"圣米迦勒"号已经下锚，懒洋洋地在潮水中摆动，距离敌船只有咫尺之遥，而敌船能够从更高的位置上用投射武器攻击它。若没有精良甲胄就暴露自己的身形，显得很不明智。主炮手米歇尔·阿尔瑙躲避着敌人的火力，又一次提议扭转船身，以侧舷面向敌人，如此他就可以在抵近距离把埃及船只轰得粉身碎骨。但是，洛伦索不肯在未夺得战利品且丧失荣誉的情况下离开战场。敌人的投射武器继续扫射"圣米迦勒"号的甲板。葡萄牙水手们完全暴露在敌人的火力之下，洛伦索蛮勇鲁莽地坚持在敞开的甲板上发号施令。他成了一个很明显的目标。第一支箭仅仅从他身旁掠过，第二支箭则命中了他的面部。他血如泉涌，终于命令起锚，逃离箭雨。"圣米迦勒"号和"圣安东尼奥"号向下游撤退，在敌人弓箭射程之外停船。

与此同时，两艘葡萄牙桨帆船和一艘轻型卡拉维尔帆船因为能够在减缓的风中活动，所以运气比较好。它们从丧失机动力的克拉克帆船旁经过，攻击停泊在战线较远处的埃及桨帆船。它们逼近敌船时，同样遭到箭雨袭击；桨帆船上没有防护的划桨奴隶纷纷中箭，直到倒在自己的桨上，但葡萄牙人的进攻所向披靡，撞向停泊着的敌船。葡萄牙武士们得到链甲、钢胸甲和头盔的良好防护，横冲直撞地攻上敌船，横扫甲板，践踏被锁在桨位上的桨手，风卷残云般砍倒敌兵，用长枪、戟和巨大的双手重剑将敌人推下水。这群训练有素、装备精良的葡萄牙武士的进攻是不可阻挡的；每艘穆斯林战船都化为屠宰场，甲板上血流成河，走路都容易滑倒。穆斯林士兵或战死在自己的岗位，或跳船逃命，或通过跳板逃到邻近的其他桨帆船上。每艘桨帆船都被扫荡干净之后，葡萄牙人继续追杀抱头鼠窜的敌人，从跳板紧追不舍。跳入大海的穆斯林则被乘坐划艇的葡萄牙人猎杀，穆斯林逃往岸边的道路又被一艘葡萄牙卡拉维尔帆船切断了。泅渡逃命的穆斯林四面受敌，就像落入圈套的金枪鱼，被小艇上的葡萄牙人残酷地杀死。这是一场屠杀。

四艘被抛弃的穆斯林桨帆船被当作战利品拖走，而"圣米迦勒"号和"圣安东尼奥"号开始在一段距离之外炮击埃及的克拉克帆船，瞄准它们的索具。一发炮弹幸运地击落一艘敌船的桅杆瞭望台，杀死了上面的所有人员。其他船的桅杆顶端的战斗平台被抛弃了。为圣战而丧命的人当中包括马伊玛玛·马拉卡尔，他一度站在艉楼甲板，用《古兰经》的诗句鼓舞士兵。

穆斯林桨帆船上的水手遭到屠戮，克拉克帆船的船员又被葡萄牙炮火打得抬不起头，并且被战友们遭到的灭顶之灾而震惊，于是战局似乎转为对洛伦索有利。他受到这鼓舞，又一次考虑攻击侯赛因的旗舰，想在这一天大获全胜。在"圣米迦勒"号上，大家又为下一步如何是好而激烈争论起来。此时没有风。洛伦索希望用小艇拖曳大船，再次尝试进攻。船长们非常不愿意这么做：士兵们已经精疲力竭；很多人负了伤，包括洛伦索自己；天色已晚；若遭到敌人顽抗，必将导致灾难。阿尔瑙又一次提议从安全距离用炮火击沉敌船。洛伦索仍然固执己见。他希望，也需要向父亲送去战利品，而不是眼睁睁看着敌船沉没。虽然船长们可以用多数票压服洛伦索，但达布尔事件之后他们可能也不愿意这么做了。当他们还在争执不休时，局势又发生了逆转。

13　朱尔的三日

此时差不多已是薄暮时分。他们向外海眺望，看到一线轻型桨帆船进入了河口。那是马利克·阿亚兹和他的三十四艘弗斯特船。在观望和煎熬了一整天之后，第乌总督得出了结论，他再也不能继续拖延了：若在伊斯兰事业中被人指控故意耽搁或怯懦，会危害他自己的地位。鲁姆人的舰队响起了一阵阵欢呼。他们指手画脚地宣称要将葡萄牙人吊死，而大部分人是穆斯林的朱尔当地居民之前也持观望态度，现在则公开表达自己热切希望伊斯兰舰队获胜。他们来到海滩上，向疲惫不堪的敌人射箭。"圣米迦勒"号上的作战会议不得不再一次重新考虑。此时，他们在河口面对三股敌人。停泊在城镇附近的科钦桨帆船在当天的战斗中被双方遗忘，而葡萄牙人应对其安全负责，这些科钦桨帆船的处境此时越来越危险。

阿亚兹的前进非常谨慎。他没有形成横队以支援侯赛因，而是在河流南岸附近摆开阵势，也就是这一天早上葡萄牙人占据的位置。他对正在演化的局势仍然持谨慎态度。他尝试派遣三艘船与侯赛因取得联系，但洛伦索把它们打退了。直到天黑之后，阿亚兹才与侯赛因见上面。侯赛因需要火药和炮弹，因为他急缺这些物资。他还要训斥阿亚兹，因为后者在这一天激战结束、死了两百多人之后才姗姗来迟。

葡萄牙舰队里的气氛很严肃。在这一天的跌宕起伏、攻击与撤退之后，大家筋疲力尽，火药也剩下不多了。穆斯林的胜利欢呼在黑暗中隔着河面传来。负伤的洛伦索发起高烧，不得不卧床。侍奉他的医生们给他放血。

征服者

在"圣米迦勒"号上，船长们还在激烈地争论。他们确信无疑，天亮之后，终于装满货物的科钦桨帆船会受到严重威胁。若是它们损失掉，对负责保护它们的葡萄牙人来说是奇耻大辱，会进一步损害葡萄牙的公信力。务实的解决方案是乘夜色借助夜风溜走。暂时担任总指挥的佩罗·巴雷托激烈反对逃走，另一位船长佩罗·康持同样的意见，他说："因为他们的罪孽要求他们逃跑，那么至少不要表现出逃跑的意图，免得葡萄牙人在印度丢尽颜面。如果马拉巴尔商船先离开，然后他们（葡萄牙人）在黎明时离开，那么敌人就不能说他们（葡萄牙人）是因为怯战而逃离战场。"[5]所以，这仍然是荣誉的问题。他们哄骗其他人同意于拂晓起航，并将俘获的穆斯林桨帆船拖在身后，以此羞辱敌人。

午夜时分，在月光下，科钦商船开始静悄悄地溜出停泊地，借助风力驶向外海。天快亮时，葡萄牙人也偷偷跟了上去。没有口哨声，没有呼喊。他们开始起锚，或者割断缆绳，把锚留在海底。这种策略被顽固不化的巴雷托搞砸了，他不肯如此灰头土脸地撤退。他大张旗鼓地爬上一艘小艇，拉起大船的锚。敌人立刻发现了他的动作，开火射击。收回锚之后，他又登上自己的大船。洛伦索的伤势有所恢复。他要求"圣米迦勒"号最后一个撤离，并决心效仿巴雷托的蛮勇，亲自监督起锚。

此时，侯赛因已经让他麾下两艘毫发未伤的克拉克帆船起锚。阿亚兹认为葡萄牙人在逃离战场，于是终于决定现在是表现自己"英勇"的时候了，同样也让自己的弗斯特船做好战斗准备。洛伦索正在小艇内起锚。在他背后，大船的大副看到天色越来越亮，敌人也正在紧锣密鼓地准备，不禁魂飞魄散。他砍断了系锚的缆绳，让洛伦索一段时间内被困在小艇之上。

穆斯林借助退潮，在河中顺流而下，追击敌人。大多数葡萄牙船只能够击退对方，逃离河口。但"圣米迦勒"号落在后面，而且因为拖曳着一艘缴获的桨帆船，动作比较迟缓。所以，"圣米迦勒"号是最容易被命中，也最有吸引力的目标。侯赛因集中力量，希望一举击沉敌人的旗舰。而"圣米迦勒"号的船长没有跟随撤退的战友，而是将船转向远岸，以便与敌人的舰队拉开距离。

阿亚兹的弗斯特船的轻型射石炮尝试轰击"圣米迦勒"号的舵，以剥夺其行动能力。一发石弹击中了靠近吃水线的船尾部，击穿了一块木板。葡萄牙船上没有人注意到这一点。他们的全副注意力集中于打退不断撕咬的弗斯特船和侯赛因的两艘克拉克帆船。"圣米迦勒"号继续航行，海水缓缓渗入舱内的贵重货物中。水手们还没有注意到，他们的船越来越笨重，反应越来越迟缓。这时风停了。"圣米迦勒"号一下子完全被潮水掌控，而潮水涌向南岸，当地渔民在南岸的水中安插了木桩，以便停泊他们的渔船。"圣米迦勒"号随波逐流，被困在这些障碍物当中，因为漏水而越来越沉重的船身使得它动弹不得。水手们努力操控船只移动，但无济于事。一艘葡萄牙桨帆船（船长是帕约·德·索萨）尝试拖曳"圣米迦勒"号，也失败了。一些水手奉命上岸，用斧子砍掉那些碍事的木桩。但"圣米迦勒"号舱内进的水使得它越来越稳固地卡在木桩之间；现在船身的倾斜已经可以看得出来了，甲板倾斜，船首上扬。

一时间，大家无法理解问题所在。船首的倾斜态势非常明显之后，他们才确认船尾在漏水。洛伦索派遣领航员下船舱调查。在黑暗中，领航员惊恐万状地发现了真相：舱内满是海水和大米，晃来晃去。他回去报告的时候面如土色。他们没有办法舀水，舱内的水太深了，而且大米会阻碍水泵的工作，此外身体健全、能够操作水泵的人手也不够。所以，此船实际上是完蛋了。领航员结束报告之后，"回到舱内，他们说他活活吓死了"。[6]洛伦索命令割断缆绳，放开俘获的桨帆船。阿亚兹意识到"圣米迦勒"号是一头受伤的困兽，于是开始用自己的弗斯特船包围它，而侯赛因的两艘克拉克帆船也逼近了。

帕约·德·索萨仍然打算用他的桨帆船营救指挥官的旗舰。根据当事人后来的记载，到此时，葡萄牙舰队开始感受到恐惧，有的水手主张继续战斗，有的人则打算逃走。桨帆船上的很多人已经负伤，"圣米迦勒"号纹丝不动，敌人步步紧逼。有的水手后来说，在帕约·德·索萨的桨帆船尝试拖曳"圣米迦勒"号的时候，拖曳绳索崩断了。真相更可能是有人割断了绳索。桨帆船被潮水带往下游。索萨企图调转船头，再试一次，但他的部下做不到，或者不愿意了。其他葡萄牙船只疯狂地努力回身去营救陷入困境的旗舰，但它们已经到了下游很远的地方，有心无力。

阿亚兹和侯赛因感到，杀戮时刻到了。重量越来越大的海水使得倾斜的"圣米迦勒"号下沉得越来越厉害。穆斯林的弗斯特船和克拉克帆船忙碌地向它射出箭雨。对葡萄牙贵族来说，当务之急是将洛伦索活着救走，因为"他能不能活下去，关系到葡萄牙的荣誉"。[7]他们命令水手长准备放下小艇，并集合起能够划桨的一群人。但是，洛伦索不肯逃走，他要留下来死战到底。他的部下坚持要带他走，他用戟威胁他们。

海水还在灌入船体；现在船上只有约三十个身体健全的人。洛伦索把还能站立的人分成三组，每组一名组长，努力保卫"圣米迦勒"号。三个小组分别在船尾、主桅和艏楼处。水手长精神崩溃了。他解下小艇，借着潮水来到"圣安东尼奥"号，向忠诚的佩罗·巴雷托撒谎，说他是奉命来求救的。巴雷托的帆船在逆流的情况下完全没有办法移动；他爬上小艇，命令水手长去找最近的桨帆船"圣克里斯托弗"号，它至少还有机会用人力划船，返回受困的旗舰那里。他哀求"圣克里斯托弗"号的船长迪奥戈·皮雷斯尽力而为，告诉他"洛伦索能否活命，取决于他"。[8]皮雷斯开始努力鼓舞船上的划桨奴隶行动起来，但他们精疲力竭，不肯行动。在绝望和狂怒之下，巴雷托开始用剑砍杀划桨奴隶。他杀死了七人，然后承认这样也不是办法。他转向自由身的葡萄牙人，他们同样"不愿意划船回去"。[9]他尝试强迫他们坐到桨位上去，但完全没有任何希望。他别无办法，只能回到自己船上，希望风向转变，或许能把"圣米迦勒"号推走。每一分钟的流逝都越加表明，这需要一个奇迹才行。

"圣米迦勒"号上仿佛人间地狱。穆斯林的弗斯特船发射的箭狠狠插入动弹不得的船体；云团般的箭呼啸着从空中掠过。浓密的硝烟遮蔽了越来越无力自卫的帆船。甲板倾斜的角度已经很大了，船上的有些火炮已经被淹没。随着船体不断渗水，船上的火药也失效了。守军打退了敌人一次或两次登船的企图。他们"奋勇拼杀，就像是渴望在临死前报仇雪恨的人"，[10]但在他们周围，"圣米迦勒"号正逐渐死亡。甲板上面一片狼藉，满是尸体和垂死挣扎的人，飞落的人头和腿，木板上的血像小溪一样流着。到处都是犬牙交错的碎木片、绳索、被抛弃的武器，以及呼喊声和惨叫声。

身材魁梧的洛伦索身穿鲜亮的铠甲，身形非常明显，是一个不可能错过的目标。一门轻炮的炮弹在他大腿处切断了他的腿，顿时血如泉涌，且止不住。他还有意识，尽管生命在迅速流失。他请求把他扶到桅杆脚下的一张椅子上。不久之后，另一发炮弹击碎了他的胸膛，夺去了他的性命。他的仆人洛伦索·弗莱雷俯身在阵亡的指挥官身上，号啕大哭，随后被打死在他身旁。船上还活着的人都清楚地知道，船是守不住了。他们急于阻止洛伦索的尸体被敌人当作战利品抢走、剥皮、塞入稻草并拿到伊斯兰世界各地游行展出——那将是葡萄牙人无法容忍的——于是他们把洛伦索及其忠仆的尸体拉进了淹水的船舱。

葡萄牙人坚持奋战，已经不能站立的人也硬撑着，坚定不移地握着剑。穆斯林之前是在一段距离之外炮击"圣米迦勒"号，现在他们逼近了。他们第三次、第四次、第五次企图登船，仍然被击退。阿亚兹那边死伤惨重。第六次进攻的时候，"圣米迦勒"号已经化为屠戮场。葡萄牙人已经没有还击的火力了。穆斯林欢呼胜利，跳上敌船，包围了幸存者。征服过后，穆斯林迅速转向抢劫。胜利者热切地想看看从正在沉没的船上还能挽救什么金银财宝。他们用剑威逼一些俘虏走在前面，共有一百人走下了淹水的船舱，寻找战利品。因为人太多，下层甲板坍塌了；黑暗中他们坠入海水，全都溺死了。

最后的十八名葡萄牙人几乎全都带伤，被穆斯林俘虏。还有最后抵抗的一幕。来自波尔图的水手安德烈·费尔南德斯爬上桅杆瞭望台，不管敌人用什么办法企图将他从倾覆的船顶端驱赶下来，就是不肯下来。他在那里待了两天，向下方的人投掷石块，辱骂他们。最后阿亚兹承诺允许他安全地离开，这才把勇敢的水手哄骗下来。

侯赛因的两艘克拉克帆船离开了"圣米迦勒"号残骸，开始追击停泊在河口附近观战的其他葡萄牙船只。其中一些船只割断缆绳，可耻地逃走了，向南逃往科钦。但佩罗·巴雷托岿然不动，展开风帆，准备作战。埃及战船后退了。

阿亚兹未能生擒洛伦索，大失所望；他还希望能找到洛伦索的尸体。但这位勇士的尸体在沉重板甲的拖拽下，已经消失了，可能从船底的某个窟窿里坠入了朱尔河，始终没有找到。"堂洛伦索就这样牺牲了，"编年史家卡斯塔涅达写道，"八十名葡萄牙人与他一起阵亡，其中有若昂·罗德里格斯·帕桑尼亚、若热·帕桑尼亚、安东尼奥·德·圣帕约、随船代理商迪奥戈·维利乌和佩罗·巴雷托的一个兄弟，其他人的名字我们就不知道了。"[11]

荣誉、光荣、恐惧、对战利品的贪婪和噩运，酿成了此次大祸。如果葡萄牙人听从主炮手的意见，完全可以在远距离用炮火消灭整支埃及舰队，但这不是葡萄牙人的战斗风格。剩余的人驾船撤离，几乎都没有损伤。他们在朱尔可能损失了两百人。杀死副王的儿子，给开罗的苏丹和伊斯兰世界的勇气增添了极大威望。几个月后，战胜"肆虐印度洋的欧洲人"的喜讯传到开罗，人们欣喜若狂。"苏丹大喜过望，命令连续三天击鼓庆祝。"伊本·伊亚斯记载道，"侯赛因要求提供援军，以彻底消灭残存的欧洲人力量。"【12】

　　侯赛因肯定需要更多生力部队。他在朱尔的胜利总的来讲是一场皮洛士式胜利①。他原先的总兵力应当不超过八百人，这一役却损失了六七百人。他的部队也开始畏惧欧洲人大炮的威力。至于阿亚兹，他拒绝将十九名葡萄牙俘虏交给埃及指挥官。他善待这些俘虏，确保他们的伤得到医治，并把他们展示给贵宾。他很睿智和谨慎，知道此役还不算完，还会有更多的后续。这些俘虏就是他将来讨价还价的筹码。

　　逃到科钦的葡萄牙船只不得不面对副王的暴怒和悲痛。让他们更加困惑的是，有三艘大船跟在他们后面。直到这三艘船接近，他们才看到桅杆上飘着葡萄牙旗帜。这些船就是掀起哗变、反抗阿方索·德·阿尔布开克的三位船长的座驾，此时正在前往科钦，要陈述他们的冤屈。

---

①　前280年和前279年，伊庇鲁斯国王皮洛士击败罗马军队，但自己也损失惨重。有人向他祝贺胜利，他说，这样的胜利再来一次，他就要完蛋了。从此"皮洛士式胜利"指空虚无意义的胜利，虽然名义上取胜，但差不多等同于失败。

／威尼斯的僧侣兼地图师毛罗修士创作的这幅地图是非凡的艺术品，也囊括了当时最尖端的地理知识。地图用上南下北的方式呈现世界，右上方显示非洲是一块大陆，可经由海路绕过／／

/ "航海家恩里克"王子是葡萄牙海外探险与殖
民事业早期的主要推动者与赞助者（左）/ /
/ 葡 萄 牙 画 家 António Manuel da Fonseca
（1796 ~ 1890 年）创作的瓦斯科·达伽马肖像
油画，约 1838 年（右）/ /

/ 葡萄牙国王若昂二世（左）/ /
/ 葡萄牙国王"幸运的"曼努埃尔一世（右）/ /

/ 日本人描绘的"南蛮时期"葡萄牙船只 / /

ORMVS.

/ 霍尔木兹是古时的战略要冲 / /

/ 达伽马从里斯本启程前往印度 / /

/ 卡布拉尔（中间偏左，手指远方者）于 1500 年
4 月 22 日首次发现巴西大陆 / /

/ 现存最早的里斯本图景（约 1500～1510 年），存
于《葡萄牙国王阿方索一世编年史》 / /

/ 达伽马拜见扎莫林 /

/ 葡萄牙第二次远航印度的舰队，即
1500 年的佩德罗·阿尔瓦雷斯·卡布拉
尔舰队（左）//
/ "海洋之花"号（右）//

/ 葡萄牙地图绘制师 Lázaro Luis 于 1563 年制作的西非地图。图中表现的是埃尔米纳城堡，在今天的加纳（左）//

/ 1565 年制作的一幅地图中的一艘葡萄牙克拉克帆船。这种船比卡拉维尔帆船大，但比后来的盖伦帆船小。哥伦布、达伽马和卡布拉尔时代的航海经常使用克拉克帆船（右）//

/ 在本书之后的时代，荷兰东印度公司占领了马拉巴尔海岸的科钦（上）/ /
/ 巴尔托洛梅乌·迪亚士在前往好望角的途中（下）/ /

/ 杜阿尔特·帕谢科最终战胜扎莫林（上）//
/ 1578 年，在摩洛哥北部的"三王战役"中，葡萄牙（左侧）
大败（下）//

/ Oscar Pereira da Silva（1865 ～ 1939 年）笔下的
卡布拉尔在巴西的真十字架之地首次登陆 / /

/ 阿方索·德·阿尔布开克肖像（左）//
/ 弗朗西斯科·德·阿尔梅达肖像（右）//

/ 葡萄牙画家 Veloso Salgado（1864～1945 年）
笔下的扎莫林坐在宝座上 / /

OLISIPO, SIVE VT PERVE
TVSTÆ LAPIDVM INSCRIP
TIONES HABENT, VLYSIPPO,
VVLGO LISBONA FLORENTIS
SIMVM PORTVGALLIÆ EMPORIV.

/ 里斯本与塔霍河，1572 年。有盖伦帆船、克拉克
帆船、桨帆船、圆形的卡拉维尔帆船等 / /

/ 17 世纪时日本描绘葡萄牙人的画（左）/ /
/ 达伽马抵达卡利卡特（右）/ /

/ 佩德罗·阿尔瓦雷斯·卡布拉尔肖像（左）/ /
/ 路易斯·瓦斯·德·卡蒙伊斯，史诗《卢济塔尼亚人之歌》的作者（右）/ /

/ 佛兰芒艺术家 Theodore de Bry（1528 ~ 1598 年）于约
1592 年创作的雕版画《从里斯本出发去巴西、东印度群岛
和美洲》（上）//
/ 葡萄牙人打败阿迪尔沙阿的军队，征服果阿城。此图描绘
了葡萄牙人占据果阿城后的城市景象（下）//

/ 葡萄牙画家 Jorge Colaço（1864 ～ 1942 年）在波尔图的
圣本笃车站创作的瓷砖画，表现航海家恩里克王子在休达
战役中（上）//
/ 科钦城（下）//

/ 今日的马六甲河 / /

坎纳诺尔的葡萄牙人要塞 / /

CALECH
MVM INI

CBERRI:
ORIVM.

/ 十六七世纪德意志人 Georg Braun 与 Frans Hogenberg 的地图集 *Civitates Orbis Terrarum* 中的科泽科德，1572 年 / /

/ 丢勒的木刻画犀牛 / /

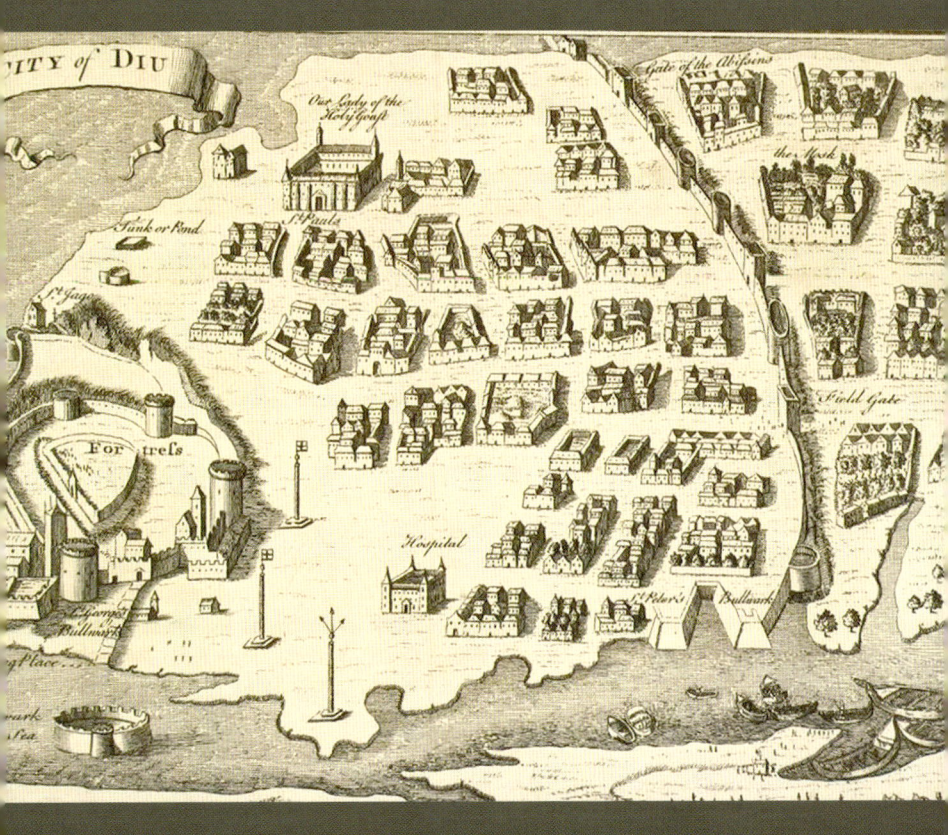

/ 第乌城与葡萄牙要塞，约 1729 年 / /

ADEN, Arabiæ foelicis emporium celeberrimi nomin
ex India, Æthiopia, et Perside negotiatores conueniunt:
est magnifica, situ et structura bene munita, ædificiorum
re atque frequentia celebris, muro et præcelsis septa mon
in quorum summitatibus ardentes faces nauigantibus po
ostendunt. Peninsulæ formam quondam obtinuit, nunc a
hominum industria, vndique aquis ambitur

/ Georg Braun 与 Frans Hogenberg 的 地 图 集
Civitates Orbis Terrarum 中的亚丁与葡萄牙舰
队，1590 年 / /

IOAM DE BARROS

/ 葡萄牙历史学家若昂·德·巴罗斯
（左）/ /
/ 葡萄牙人征服印度时期的士兵形象
（右上）/ /
/ 一门后装回旋炮，可能是在印度果
阿铸造的。口径95毫米，身管2880
毫米。它被出口到日本，在织田信
长时代使用过（右下）/ /

14 "法兰克人的狂怒"
1508 年 3～12 月

和朱尔战役幸存者一同返回科钦的那些哗变水手，把暴跳如雷的阿尔布开克丢在了霍尔木兹。他只有两艘船；他不得不丢人现眼地放弃攻打霍尔木兹的战役，返回索科特拉岛，营救那里嗷嗷待哺的驻军。他于 8 月返回霍尔木兹，希望最终攻下城市，但发现自己那未完工要塞被武装起来反对他，而街道也被封锁了。他不得不第二次撤军。

1508 年中期，印度洋上不断有书信穿梭往来，还有一些报告被送回里斯本。阿尔布开克怒气冲冲地写信给阿尔梅达（在 1508 年年底之前，阿尔梅达仍然是他的上级）：

> 若不是这些人抛下我，十五天内霍尔木兹必然投降……我无法想象，他们受了什么冤枉，竟然要离开我！如果他们说我虐待他们，那么我恳求阁下把他们对我的指控以书面形式记录在案……然而，他们的罪孽是赦免不了的，竟然在战时弃我于不顾……不管阁下给他们何种惩罚，都是他们罪有应得！[1]

阿尔梅达在一封信里责备了阿尔布开克,不过始终没有发出这封信。他在信里可能表达了对洛伦索战死的悲愤,并指责阿尔布开克未能拦截马穆鲁克舰队的罪过。"先生,我要提醒你,国王陛下派遣你的主要任务是守卫红海出口,以便阻止印度香料运抵那里。而你在霍尔木兹逗留,完全改变了形势,丢弃了红海出口。"[2]

阿尔布开克聪明、无畏、清廉,而且是战略大师,所以无论从哪个方面看都是国王最忠实的仆人,但曼努埃尔一世太迟钝,不能完全理解他。阿尔布开克冷傲、自负、执拗而有些以自我为中心的性格让很多人对他敬而远之。1508 年下半年,部分葡萄牙人从霍尔木兹叛逃的事件在葡萄牙控制的印度洋引发了分歧,让后人对这段历史的评判也产生了截然不同的立场,并导致葡萄牙人的内斗。霍尔木兹事件透露出阿尔布开克作为领导者常常笨拙而孤立。作为征服者,他已经证明了自己的强悍,但霍尔木兹事件对他造成了损害。他发誓在攻克霍尔木兹之前绝不剃须。这是他非报不可的仇之一。

在科钦,胡须也是个大问题。在葡萄牙贵族当中,胡须是男性气概、地位和军事力量的神圣不可侵犯的象征。葡萄牙征服者的肖像一般都表现他们以几乎相同的姿态傲然屹立:双手叉腰,身穿黑色天鹅绒,袖子上饰有彩色丝绸,肖像的背景上有他们的纹章和头衔,胡须浓密,威风凛凛,如同战神玛尔斯。若昂·达·诺瓦的胡须遭到阿尔布开克的撕扯,前者对此义愤填膺,庄重地用一张纸包着被撕下的胡须去拜见副王,作为阿尔布开克侮辱他的证据。这些胡须对同情达·诺瓦的贵族们造成了很大影响。

阿尔梅达没有处罚从阿尔布开克那里叛逃的船长们，而是将其吸纳进自己的舰队。（对阿尔布开克来说）更糟糕的是，阿尔梅达还写信给霍尔木兹的瓦加·阿塔，为阿尔布开克的行为道歉。维齐尔幸灾乐祸地把这封信拿给阿尔布开克看，让后者瞠目结舌。但在1508年时，阿尔梅达还有别的事情要考虑。朱尔的灾难和儿子的牺牲对副王造成了极大震动。在战略层面上，他认识到鲁姆人在这片海域的存在威胁到了葡萄牙殖民事业的根本。在个人层面上，他也必须为洛伦索复仇。据记载，他曾说："吃掉小鸡的人要么把公鸡也吃掉，要么就得付出代价。"[3]

新的军事行动的准备工作持续了差不多九个月时间。首先是雨季，然后是重要性压倒一切的为本年度香料舰队装满货物的任务耽搁了他的军事计划。朱尔的噩耗伤害了阿尔梅达，而曼努埃尔一世越来越冰冷的语调对他更是加倍的伤害。副王已经失去了主公的信任。国王在1507年的书信里包含了一长串对阿尔梅达的指责和专横跋扈的命令，它们都建基于敌视阿尔梅达的船长和嫉妒他的廷臣的谗言。阿尔梅达被指控越权行事、管理不善、未能控制马六甲、未能及时向国王汇报。阿尔布开克在副王管辖范围内的独立行动对后者也是沉重的打击。1508年，他还得知，自己将在年底被阿尔布开克取代。曼努埃尔一世战略计划的扩展，以及在时间和距离上的延迟，使得在里斯本的国王的优先目标与阿尔梅达对其的理解之间的差距越来越大。

1508年年底，副王清楚地认识到，歼灭鲁姆舰队是他的头等大事，也是他任期结束前的最后一次机会。到 12 月时，他已经在科钦集结了一支强大的舰队，包括十八艘船和一千二百人。其中包括阿尔布开克要求他处罚的那些反叛阿尔布开克的船长。

在出征前夕，阿尔梅达给国王写了一封长信。副王相信自己可能是在写下最后遗嘱，他在其中既表达了个人的哀恸、为自己行为的辩护，逐条反驳了自己遭到的指控，并表达歉意，也宣示自己已经做好了面对死亡的准备。这是一个被工作与职责拖垮的人的遗嘱。印度对人的磨损非常厉害。酷热的气候、腐败、离家万里、周围敌人的虎视眈眈，这些都是葡萄牙殖民事业中的消耗性因素：

> 致最尊贵与强大的国王，我的主人，
>
> 我非常想给陛下写信，因为我必须触及那些伤害我灵魂的事情，我决心要让这些事情留下记录，不管我本人的命运如何……按照上帝的意愿，我的儿子死了，这也是我罪有应得。威尼斯人和苏丹的穆斯林杀害了他……因此，本地的穆斯林满怀希望，自信能得到大力帮助。我认为，今年无法避免与他们发生一次较量，这也是我最渴望的事情，因为在我看来，我们必须在上帝佑助下，将穆斯林彻底从这片海域驱逐，让他们再也不能回到这片土地。如果我能以这种方式结束自己的残年，而对上帝有所贡献，那么我就能得到我渴求的一切：与我的儿子团聚。上帝仁慈地把他带到了天堂。那么我们将为上帝，为陛下视死如归。[4]

弗朗西斯科·德·阿尔梅达的签名

在阿尔梅达为此次冒险所做的解释中，有一种严峻的警示："从马六甲到霍尔木兹的穆斯林人口多于非斯和突尼斯王国，而且所有这些穆斯林都敌视我们。"[5]他于1508年12月8日在自己的舱室内写完了这封信。阿尔梅达的思绪非常清晰。他已经为最后的战斗做好了准备，这场战斗将决定葡萄牙人在印度的命运，而他愿意为此献出生命。

他正准备将这封信封印，这时传来报告，发现有船只在接近海岸。阿尔梅达的舰队起航出港，前去迎战。接近之后，他们才发现这些船只升起的是葡萄牙旗帜。原来是阿尔布开克终于来到科钦了，准备开始他的总督任期。他几乎在海上连续航行了将近两年半。他的旗舰"西尔内"号被虫蛀得千疮百孔，船舱内已经有鱼在游动。需要三十人不分昼夜持续不断地抽水，才能使它维持浮力。

两位指挥官之间进行了一次非常尴尬的会面。起初双方还算客气。阿尔布开克礼貌地要求接管东印度的管辖权。阿尔梅达指出，自己的任期直到次年1月才结束，而且他正在准备起航作战。根据某些记载，阿尔布开克主动提议由他率领舰队，代替阿尔梅达完成任务；而根据其他记载，阿尔布开克谢绝了阿尔梅达让他参加远征的邀请，因为他精疲力竭，更愿意留在科钦。或许阿尔布开克不愿意与那些曾在霍尔木兹反叛他的船长们一同行动。次日清晨，阿尔梅达的舰队扬帆起航，去猎杀埃及舰队。

恐怖与复仇，是一场对力量的考验。阿尔梅达沿着印度西海岸北上，驱动他的既有私人的仇怨，即为死去的儿子复仇；也有战略的考量，即他深知与伊斯兰力量的最终对抗是不可避免的，而且迫在眉睫。曾有人指控副王在解读曼努埃尔一世的命令时过于谨慎，而他如今拒绝将印度的管辖权交给阿尔布开克，等于是公开违抗御旨。他坚信要保障葡萄牙事业的安全，就必须与埃及舰队摊牌，与此同时他也在渴望复仇。他已经决定亲自执法，不管自己回到里斯本之后会受到怎样的责难。

穆斯林在朱尔的"胜利"让人们大受鼓舞，希望能将葡萄牙人逐出印度洋。扎莫林打算派遣船只与目前在第乌的埃及舰队会师，以便最终彻底铲除可恶的入侵者。然而，埃及人领导的联盟内部矛盾重重，关系高度紧张。侯赛因知道，葡萄牙人卷土重来只是时间问题，他对形势发展并不乐观。他曾在近距离体验欧洲人的炮火。他的舰队在朱尔损失惨重；他缺少人手，也没有足够的金钱给他们发饷。他与马利克·阿亚兹的联盟也不融洽。侯赛因绝不能撤退，回国去面对苏丹的怒火。他能做的，只有希望得到增援。他热切希望杀死被阿亚兹扣押的葡萄牙俘虏，将其剥皮并塞满稻草，送回开罗，以证明自己的成功。但阿亚兹不听他的，他严密守卫着俘虏，考虑如何操纵局势。他被夹在伊斯兰世界的狂热和伊斯兰之敌的凶悍中间。

葡萄牙人的实力展示很快就要开始了。得到近期从里斯本来的增援之后,阿尔梅达目前拥有自中国人退出印度洋以来这片大洋上最精锐的舰队。而且副王情绪恶劣,沿着海岸北上时,他勒令所经过的各个小小的贸易国家投降,并为他的水手提供粮食。到 1508 年 12 月底时,他已经来到达布尔,也就是洛伦索两年前未能攻击从而酿成大祸的地方。阿尔梅达怀疑达布尔与埃及舰队串通一气。在这一年的最后一天,他率领战船进入河口,小心翼翼地探索前进的航道,一心要报仇雪恨。

达布尔是一座富裕的穆斯林商贸港口,得到双层木墙的良好防护,木墙前方有一条壕沟,城内还有性能不错的火炮。此时港口内停泊着四艘古吉拉特商船,这令阿尔梅达越发愤怒。在发动攻击前夕,副王召集了船长们,做了激情洋溢的战前动员。葡萄牙人的兵力与他们眼中的敌人相比极少,所以似乎他们有理由动用极端手段。阿尔梅达提醒船长们,他们不仅要占领城市,还要"给你们对抗的敌人心里灌输极大的恐惧,让他们魂飞魄散。你们知道,现在他们因为我儿子和其他人的死而洋洋得意、不可一世"。[6]

船长们严格执行了这些命令。12 月 31 日黎明,舰队开始了猛烈的炮击,然后从港口两端同时发起登陆进攻。壕沟前方守军的抵抗被葡萄牙人的钳形攻势粉碎了。木墙陷落,守军抱头鼠窜,葡萄牙人穷追不舍。他们武装到了牙齿,而且身穿板甲,不怕弓箭,如狼似虎地杀入城镇。随后发生的惨剧是欧洲征服史上的黑暗日子,令葡萄牙人在印度土地上遭到诅咒。

市民们被打得措手不及，向四面八方逃窜。葡萄牙人见人就杀，不分男女老少，目标就是不留活口。一名印度贵妇乘轿逃跑，被掀翻在地，与轿夫一起被杀死；小孩子被从心惊胆寒的母亲怀里抢走，被抓住脚，脑袋甩向墙壁。男女老少、漫游的圣牛和流浪狗，全都被砍倒。"最后，城里没有一个活口。"[7]古吉拉特商船被焚毁。在有些地方，当地人的抵抗非常勇敢，但徒劳无益。这一天结束的时候，阿尔梅达将部下重新集结在一座清真寺里，并控制了街道。次日，他允许士兵恣意掳掠。士兵们分成二十人一组，把抢到的财物送到岸边。然而，随着时间推移，阿尔梅达开始担心，假如当地居民重整旗鼓，那么混乱地抢劫和醉醺醺的葡萄牙人将无法应付。他秘密命人在城里纵火。藏在地下室里的人被活活烧死，拴在棚子里的牲口也葬身火海。妇女儿童哭喊着逃离燃烧的房屋，但副王派遣士兵将他们砍倒。全城一片狼藉：牛的哞哞声，王宫马厩内着火的马匹的嘶鸣，人的哭喊，烧着的肉散发的味道，城内很大一部分财富化为灰烬。大火熄灭后，掳掠者在灰烬里翻检，探视仍然躺着死尸的地窖，并四处搜寻，希望能够找到一些贵重的东西。

阿尔梅达仅仅在摧毁沿岸居民点时才上岸，并于1509年1月5日率全军再次登船出发。穆斯林死者数量无人计算，但应当很多，葡萄牙人的伤亡微不足道。他们抵达朱尔后，阿尔梅达专横跋扈地勒令当地人准备贡金，等他击败穆斯林舰队之后回来收缴。他们发现马希姆岛（在孟买附近）空无一人。当地人已经逃走了；达布尔惨案的消息风驰电掣般传遍了整个沿海地带。这场屠杀和达伽马摧毁"米里"

号一样，成为让印度人长久铭记、难以原谅的暴行。在烈焰滚滚的海岸，人们开始使用一种新的咒骂方式："愿法兰克人的狂怒落到你头上！"[8]

阿尔梅达继续航向第乌，一心要追踪并歼灭埃及舰队。他手里有一封马利克·阿亚兹的信。阿亚兹正与侯赛因一同准备迎战葡萄牙人，但他三心二意。在这封信里，阿亚兹寻求与副王交好，并保证称，在朱尔被俘的葡萄牙人都在他手中，且得到了善待。信里还告知了马穆鲁克舰队的部署情况等有用信息。阿亚兹又在两面下注。

如果阿亚兹在得知达布尔命运之后对自己的前景还有什么疑问的话，他也很快收到了阿尔梅达的回信。阿尔梅达的口吻正式、礼貌，但咄咄逼人：

> 我，副王，向你，最尊贵的马利克·阿亚兹致意，并告诉你，我正率领我的骑士赶往你的城市，去寻找那些在朱尔与我的部下对抗并杀害我儿子之后躲藏在第乌的人。我带着上帝的希望前来，将要向那些人及他们的帮凶复仇。如果我找不到他们，那么你的城市也不会幸免。你在朱尔给了我的敌人那么大的帮助，你和你的城市都将付出一切代价。我如此通知你，以便我抵达的时候你能知晓我的意图。我已经在路上了。我目前在孟买岛，送信人会证明这一点。[9]

15　第乌
1509 年 2 月

1509 年 2 月 2 日，葡萄牙舰队逼近了第乌。穆斯林方面的战术讨论中满是犹豫和互相猜忌。穆斯林舰队力量包括：马穆鲁克王朝的六艘克拉克帆船和六艘桨帆船；四艘古吉拉特的克拉克帆船；阿亚兹的弗斯特船，现在数量下降到三十艘；可能还有七十艘来自卡利卡特的轻型船只。他们一共有四千到五千人。船只都停泊在第乌所在的河口内，地形类似朱尔。关于如何迎敌，穆斯林之间意见不一。

侯赛因希望早一点主动发动进攻，在葡萄牙人经历了漫长航行，还没有调整好的时候就在外海与其交战。阿亚兹觉得这是埃及人的借口，真实目的是在情况不妙时开溜，他相信埃及人一定会借机逃之夭夭的，从而把他自己丢下来面对糟糕的后果。所以，他坚持在河里作战，如此一来既能得到岸炮的保护，还可能得到居民的支持，那样他自己也会有机会从陆路逃跑。他拒绝让自己的或卡利卡特的船只出海。阿尔梅达的威胁还在他耳边回荡，他觉得最好不要亲身涉险，便说自己在别处有紧急要务，必须处理。侯赛因旋即识破他的虚张声势，于是率领自己的战船出海，并命令阿亚兹的克拉克帆船也出海。阿亚兹被信使叫回城中，然后命令自己的船回到河上。双方陷入僵局。两位指挥官就像被捆在一起的蚂蚱，但互不信任。侯赛因在外海与葡萄牙人进行了一番毫无结果的远距离炮战之后，不得不接受不可避免的现实，选择在河上作战。阿亚兹不得不参加战斗，和上次一样，他希望只是作秀一番，佯装战斗，从而尽可能减少自己的参与和损失。他原本可以用铁链封锁港口，彻底阻止葡萄牙战船进来，它们一定会被迫调头。他没有这么做，可能是另有玄机：他的盘算是，如果他封锁港口，就可能被阿尔梅达认为是敌对行动，那么他迟早要倒霉；他可能还觉得，讨厌的马穆鲁克舰队若是被消灭了，对他是有好处的，他可以设法与副王达成和解。

这些可疑的两面三刀让穆斯林舰队又一次采取了防御姿态，就像在朱尔那样。克拉克帆船成对地停泊在岸边，排成横队，船首指向敌人的方向；先是侯赛因的六艘克拉克帆船，接着是桨帆船，然后是古吉拉特的克拉克帆船。来自卡利卡特的弗斯特船和轻型划桨船停泊在上游较远处，打算在葡萄牙人与穆斯林的大船交锋时从敌人背后发动袭击。岸炮将为舰队提供掩护火力。他们估计敌人会重复在朱尔的那种战术，认为渴望荣誉的葡萄牙人会选择近距离厮杀，而不是远距离炮击。

阿尔梅达的船上也在进行战术讨论。副王强调此役是葡萄牙事业的关键时刻——"不必怀疑，只要征服了这支舰队，我们就能征服整个印度"[1]——并且葡萄牙人在印度的生死存亡在此一战。他希望得到亲自攻击侯赛因旗舰的光荣，但他的船长们不同意。考虑到洛伦索的死亡，他们坚决反对阿尔梅达这样拿自己的生命冒险。更好的办法是让他在旗舰"海

洋之花"号上指挥全局,让其他人来发动第一轮攻击。这是
他们从朱尔惨败学到了一些经验教训的第一个迹象。他们在
其他方面也完善了自己的战术。炮火将在此役中发挥一定的
作用。他们将把自己最好的弓箭手和神枪手安排到桅杆瞭望
台上;做好紧急情况的应急措施,如准备好用来填堵漏洞的
材料和用来灭火的水,以及有关的操作人员;然后才向之前
那样发动进攻。克拉克帆船将负责缠住穆斯林的克拉克帆船,
桨帆船与敌人的桨帆船缠斗。强大的"海洋之花"号将成为
一个浮动炮台,但上面不会有步兵。船上的少量水手和炮手
将猛轰敌船,并挡住穆斯林划桨船从后方发动的反击。德意
志主炮手在朱尔的一些经验教训已经被葡萄牙人吸收了。

葡萄牙人的克拉克帆船,配有大量火炮和大型战斗平台

1509 年 2 月 3 日，黎明时分。舰队等待微风和潮水，以便进入很浅的河道。副王给每位船长送去了消息：

> 先生们，鲁姆人不会出来，因为他们到目前为止还没有这么做。所以，请大家回想耶稣的受难，提高警惕，等待我的信号。海风开始吹拂的时候，我会发出信号，然后我们一起前进，给他们送上"午饭"。最重要的是，我建议大家要格外小心……请大家警惕火灾，以免穆斯林点燃自己的船，然后用火船来冲撞你们的船，或者把你们的船的锚索砍断，将船拖到岸边。[2]

两个小时之后，起风了。一艘轻型巡航舰从战船队列前驶过。经过每一艘战船时，都有一人从巡航舰中登上该船，向聚集起来的全体船员宣读副王的宣告。阿尔梅达为全神贯注的听众准备的是一份慷慨陈词、动人心扉的演讲，充满了使命感和圣战的神圣感：

> 堂弗朗西斯科·德·阿尔梅达，印度副王，以最尊贵、最伟大的我主曼努埃尔一世国王陛下的名义。我向所有读到本文的人宣布……此时此刻，我在第乌的沙洲，率领我拥有的全部武装力量，向埃及苏丹派来的舰队开战。这支舰队是从麦加来的，图谋攻击和损害基督教信仰，并反对我主国王陛下的王国。

他随后慷慨激昂地概述了自己儿子在朱尔的牺牲，坎纳诺尔和科钦遭到的攻击,以及卡利卡特国王的敌意。据说,卡利卡特国王"已经下令派遣一支庞大舰队来攻击我们"。他强调了局势的危险,以及"阻止这莫大危险的需求,因为如果不惩罚和消灭这些敌人,必然酿成大祸"。[3]阿尔梅达想要的不仅是战胜敌人,还要彻底消灭敌人,而在此役中牺牲的葡萄牙人将成为烈士。虽然没有史料记载穆斯林船上的战前动员,但他们极可能也呼吁士兵为真主而牺牲自我。

葡萄牙传令官在队列前行进,还奉命向每艘船上的水手宣布阿尔梅达的承诺,即胜利之后将如何奖赏大家,骑士将被擢升到更高级的贵族,犯人的刑罚将被一笔勾销。如果有奴隶阵亡,他们的主人将得到补偿;如果奴隶活下来,将重获自由。一旦打赢这场战役,所有人都可以任意掳掠财物。

风力渐强,士兵们摩拳擦掌,跃跃欲试。"海洋之花"号鸣响大炮,宣示进军。穆斯林阵营也在热火朝天地备战。船上挂起了网,以阻挠敌人登船,并利于己方向下面的进攻者射箭。船舷披挂着厚厚的木板,以提供额外的防护。船体在水线之上的部分挂着打湿的棉花包,以减缓敌人炮弹的冲击力。

葡萄牙人遵照传统,发出"圣地亚哥!"的呐喊,然后展开他们的旗帜。喇叭齐鸣,战鼓擂响,战船驶入河道。舰队经过时,岸上和河对岸一个小岛上的穆斯林大炮做好了准备。阿尔梅达挑选了自己最旧的一艘船"圣灵"号去打头阵,一边前进一边测深,并承受敌人的第一波攻击。"圣灵"号两面遭到炮击,"弹丸横飞,仿佛碎石的暴雨",[4]甲板遭到火力横扫。十人死于炮击,但舰队通过狭窄的河口继续前进,一艘一艘地逼近了他们选定的目标。

前方克拉克帆船的主要目标是穆斯林的旗舰，因为旗舰永远是海战的关键。这一次葡萄牙人决定更明智地运用他们的火炮。"圣灵"号接近敌人之后稳住阵脚，在近距离向停泊着的敌方克拉克帆船开火。侯赛因旁边的船被直接命中，船舷被打出一个大窟窿。这艘船不断倾斜，最后倾覆沉没了，大多数船员溺死。攻击者发出欢呼声。葡萄牙战船两船一组，迅速逼近敌方旗舰。在战线另一端，战斗也打响了，克拉克帆船对决克拉克帆船，桨帆船缠斗桨帆船。在上游，阿亚兹的弗斯特船在等待机会，欲从背后包抄敌人。

第乌

双方战船混战成一团，响起乱七八糟的呼啸轰鸣。穆斯林船只落锚，等待敌人的冲击；葡萄牙船只以侧舷对准敌人，在近距离开炮，然后与敌人厮杀；埃及人竭尽全力地还击。太阳被硝烟遮蔽，"浓烟滚滚，火光冲天，大家什么都看不清"。[5]根据编年史家的记载，这简直是世界末日的景象。大炮的轰鸣"令人魂飞魄散，似乎是魔鬼，而不是人类的造物"。[6]"不计其数的箭矢"[7]从浓烟中呼啸而过；鼓舞的呐喊声呼唤着神的名字，有基督徒的上帝，也有穆斯林的真主，还有圣徒的名字。伤员和垂死挣扎者的惨叫"响彻云霄，仿佛今天就是最后审判日"。[8] 由于水流湍急、风力强劲，准确地捕捉目标变得很困难；有些船猛地径直撞上它们选定的对手，颤抖不停；有的船从敌船身侧擦过，被水流冲走；有的战船完全错过了敌人，被带往上游，暂时脱离了战斗。侯赛因的克拉克帆船上显然有本领高强的炮手和上乘的火炮，其中很多炮手是叛变的欧洲人。但他们的战船静止不动，而且船首指向敌人，所以火炮的射界有限，而且经验丰富的战士比葡萄牙人少得多。

阿尔梅达的战船上，登船小组在艏楼待命，准备在与敌船相撞的那一瞬间纵身一跃。到时他们将抛出抓钩，把己方与敌船连接起来，然后由奴隶把敌船拉近。冲撞的震撼力是爆炸性的。"圣灵"号虽然在河道里中了许多弹，还是冲向侯赛因的旗舰，即最关键的目标和整个战役的核心。抓钩甚至还没有抓牢，葡萄牙士兵们就跳上敌船，在甲板上杀出一条血路。在他们头顶上，攀附在网兜上的马穆鲁克弓箭手向他们发出暴雨般的箭矢；然后，"圣灵"号的船长努诺·瓦斯·佩雷拉率领第二支队伍冲上敌船。侯赛因的旗舰似乎马上就要失陷，但在浓烟与混战中，战局逆转往往能骤然发生。另一艘埃及的克拉克帆船在系锚允许的范围内左冲右突，开始从另一侧攻击"圣灵"号，使它像三明治的肉馅一样被夹在两艘埃及战船之间。攻击立刻转变为防御。葡萄牙人被迫放弃唾手可得的战利品，转而保卫自己的战船。在激烈的战斗中，努诺·瓦斯因为穿着板甲而感到酷热难当，于是掀起了护喉甲，想喘口气，结果中了一箭。他负了致命伤，被抬到甲板下方的船舱内。对争夺穆斯林旗舰的战斗来说，这是一个关键时刻。葡萄牙人动摇了。然后第二艘船，"伟大国王"号从另一侧撞上了侯赛因的旗舰，新一波士兵冲上船，拆掉了网兜，把攀着网兜的弓箭手困在里面。主动权再次易手。

在克拉克帆船的战线全线都爆发了类似的战斗；葡萄牙战船开炮之后就蛮勇地冲向敌人。小型战船"孔塞桑"号企图派兵登上另一艘高侧舷的穆斯林克拉克帆船；二十二人成功冲上敌船，包括船长佩罗·康。但"孔塞桑"号被水流从敌船一侧冲走，于是那二十二人就被困在敌船上孤立无援，面对数量远远多于他们的敌人。康企图通过一个舷窗从侧翼包抄攻击者，但他从舷窗一露头就被斩首。其余二十一人在艔楼拼命抵抗，直到其他葡萄牙战船发动新的进攻，他们才得救。"圣约翰"号向另一艘马穆鲁克战船冲去，十几人等待登船，发誓要跳上敌船并同生共死。"圣约翰"号撞上了目标，力度极猛，以至于反弹回来，偏向一边。在纵身跳船的一瞬间，只有五人成功登船，但很快就被大批敌人包围；三人中箭身亡，另外两人躲到屏障之后的船舱，坚守不出。他们虽然因中箭和被碎木片击伤而失血，但一直坚持战斗，杀死了八名企图驱逐他们的敌人，最后这艘船被葡萄牙人占领，两人才得救，但那时他们已经奄奄一息了。

在参加此役的许多葡萄牙人当中，有两人的名字永载史册：安东尼奥·卡瓦略和戈梅斯·"谢拉·丁埃罗"。但他们的敌人的名字，我们一无所知。训练有素的马穆鲁克步兵身穿灵活的链甲，头戴插着红羽饰，附有护喉甲、护鼻甲的敞开式头盔，比身披重甲的欧洲人敏捷轻快得多。马穆鲁克士兵打得非常勇敢，但他们的人数较少，而且阿亚兹对他们充满恶意，巴不得他们全都死掉，或者离开他的领土。此外，他们的战船受制于侯赛因的战术，大炮火力也不如葡萄牙人。和他们并肩作战的是黑皮肤的努比亚人、阿比西尼亚人和"本领高强、射击精度极高的"[9]土库曼弓箭手。在高悬于海面之上的桅杆战斗平台之间的战斗中，这些弓箭手的威力令对手胆寒。葡萄牙人不得不在木制屏障后面躲避嗖嗖射来的箭矢。这些箭插入桅杆，像豪猪刺一样，或者一次又一次射入人体。在这一天结束的时候，阿尔梅达的部下有三分之一都负了箭伤。在桅杆瞭望台上的葡萄牙人顶多只能匆匆地冲出屏障，向敌船甲板投掷石块，然后再迅速掩蔽。

马穆鲁克士兵的斗志和弓箭手的高超本领还不够。阿亚兹的很多部下不是职业军人，而且诱惑力极强的安全地带——城市大门，就在咫尺之外。侯赛因英勇地努力挽救自己的旗舰时，阿亚兹仍然在岸上，在安全距离之外坐山观虎斗。浓烟有时遮蔽战场，有时暂时消散，将战场展现出来。就连这硝烟也对葡萄牙人有利，因为风把烟吹向穆斯林阵线，给他们的敌人带来了一些有利的机会。

在上游，双方的桨帆船也展开了鏖战。葡萄牙人的迅猛炮火扫荡了两艘穆斯林桨帆船；葡萄牙人登上了它们，用船上的火炮对付其余穆斯林船只。最终，炮弹射入了侧舷低矮的埃及船只（它们被钉死在岸边，只有船首炮能够发挥战斗力）的两侧，杀死了被锁在桨位上的奴隶。穆斯林船员抛弃了战船，逃往陆地。

在河道中央，副王身穿精美的链甲和做工绝佳的头盔与胸甲，在"海洋之花"号上观察战况。"海洋之花"号是葡萄牙舰队中最大也最雄壮威武的一艘船，有三层甲板，配备了重炮，但此时船龄已经有八年，颇有些老迈了。船体漏水，需要不断修理。在战役打响时，它的十八门炮从侧舷向古吉拉特的克拉克帆船发出排山倒海般的轰击。大炮的震动猛烈地撼动了这艘 400 吨重的战船，使得它的船体上的木板接缝开始松动。沉没的危险突然间暴露出来，令大家十分担忧。一旦旗舰沉没，可能会使得局势逆转。它在此役中生存下来，被归功于神圣的奇迹。实际上这是因为接缝里的粗麻屑遇水膨胀，堵住了漏水的空洞，从而将其封闭，所以船能维持浮力，无须抽水。

激战正酣时，阿亚兹终于被迫命令弗斯特船和轻型阿拉伯三角帆船的指挥官，独眼龙"狡猾的"西迪·阿里从葡萄牙人背后袭击他们。但"海洋之花"号选择目前的战位，恰恰就是为了应付这个威胁。西迪·阿里的舰队以作战的速度疯狂地划桨前进，企图迅速从葡萄牙旗舰旁冲过，但逆风和逆流减慢了它们行进的速度。它们在与"海洋之花"号位置齐平时，变成了极易命中的活靶子。当它们划过时，三枚重型炮弹射来，粉碎了最前线，并将船只轰得粉身碎骨，并将船员掀入水中；紧密的队伍乱作一团。跟在后面的船没办法绕开前面船只的残骸，撞了上去；接着又是三枚炮弹，命中了全体敌船。穆斯林的进攻顷刻间土崩瓦解。最后面的船只拼命倒退，以躲避更多的灾祸；一些比较勇敢的船员判断自己能在葡萄牙人下一轮炮火之前猛冲过去，于是继续划

征服者

桨前进，但葡萄牙炮手填弹的速度让他们大吃一惊。侯赛因计划的核心部分就这样崩溃了。

穆斯林打得非常英勇，但他们缺少训练有素的战士，再加上葡萄牙人的专业化军事素养，以及他们火炮的强大威力，都使得战役的结果没了悬念。穆斯林的船只一艘接一艘地被俘获或被抛弃。侯赛因的旗舰最终投降，不过那时侯赛因已经乘坐小艇逃之夭夭了。其他船上的一些士兵不会游泳，于是砍断了船首锚的缆绳，企图把自己的船拉回到岸边。葡萄牙人又派遣小船去屠戮在水中挣扎的人，于是"大海被死者的鲜血染红了"。[10]一些轻快的卡利卡特三角帆船成功逃到外海，沿着马拉巴尔海岸南下去传播这凄惨的消息，而古吉拉特的克拉克帆船中最大的一艘，即一艘重约600吨的双层甲板战船，上面有四百名船员，则坚持战斗了一整天。它被拉到离岸很近的地方，所以葡萄牙船只无法接近它并派兵登船，而且这艘船的船体非常结实。整支葡萄牙舰队炮击了很长一段时间，才将它击沉。它虽然沉底了，但上层建筑仍然露出水面。船员得以逃到陆地上。

这一天结束的时候，阿尔梅达巡视各船，拥抱船长们，询问伤员的情况。次日清晨，葡萄牙人在旗舰上举行了典礼，喇叭齐鸣，然后清点损失数字。葡萄牙死者为三十人至一百人，伤员可能有三百人，主要是被碎片和箭打伤的。不过，对葡萄牙人而言，这是大获全胜。埃及舰队全军覆灭，它的所有船只都被击沉、俘虏或焚毁。除了侯赛因和与他一同逃跑的二十二人之外，鲁姆人活下来的极少。根据葡萄牙史料记载，有一千三百名古吉拉特人战死，卡利卡特人的死

266

亡数字不详。敌人的三艘克拉克帆船，包括旗舰，以及两艘桨帆船、六百门炮，被葡萄牙舰队接收。对穆斯林而言，这是一场毁灭性的失败。

这天上午，一艘飘着白旗的小型弗斯特船赶来了。阿亚兹一直到最后都非常小心谨慎。他迅速送回了他在朱尔战役之后精心照料的葡萄牙战俘，让他们全都穿着华贵的丝绸衣服，并送给他们塞满黄金的钱包。他提议让第乌无条件投降，并臣服于葡萄牙国王，然后给葡萄牙舰队呈上丰厚的礼物。

阿尔梅达并不想要第乌；他觉得自己现有的兵力不足以防御这座港口。他要求曾资助埃及舰队的穆斯林商人赔款，并为自己的儿子复仇。他得到了赔款。洛伦索死后，副王再也不是能够讲道理的人了；他残酷无情、虐待狂一般的报复玷污了他的名誉。他强迫阿亚兹交出其在城内庇护的所有鲁姆人，这些人将落到五花八门的恐怖下场。阿亚兹顺从了他。有些鲁姆人被砍掉手脚，然后在一个大柴堆上被活活烧死；有的被捆在大炮炮口，被炸得粉身碎骨；或者被放到俘获的船只上，然后船只被葡萄牙人的大炮击沉；有的鲁姆人则被强迫互相杀戮。城门上悬挂着血淋淋的死人肢体，"因为那些杀害他儿子的穆斯林曾从这城门进进出出"。[11]有的俘虏则被他关押在船上。法兰克人的狂怒将被铭记许久。伊斯兰世界对此的态度是斯多葛式的哀恸："这些可憎的入侵者，胜利地驾船离去，因为这是最伟大的真主的旨意，他的意志是无可争议的，任何人都不能违逆他的旨意。"[12]

阿尔梅达在返回科钦的途中就像他来时一样，一路烧杀抢掠，震慑和恫吓当地居民。经过海港时，葡萄牙人用大炮射出首级和被砍断的手。在坎纳诺尔，葡萄牙水手折磨俘虏，将其吊死在桅杆上；阿尔梅达在震天的喇叭声中凯旋科钦时，桁端挂着更多死尸。马穆鲁克苏丹的王旗被送到葡萄牙，悬挂在位于托马尔的基督骑士团修道院。第乌战役的结局或许是不可避免的，但它的影响非常深远。马穆鲁克苏丹的公信力被一劳永逸地彻底打破，穆斯林将葡萄牙逐出印度洋的希望也彻底破碎了。法兰克人将在印度洋常驻下去。

阿尔梅达在科钦登陆以庆祝自己的胜利时，阿尔布开克已经在海滩上等候。他是来为阿尔梅达鼓掌喝彩的，但也是来接过指挥权的。阿尔梅达从他身旁走过，不理睬他。他拒绝交出自己的职位，说此时季节已晚，他不能起航回国，而且根据国王的命令，他的任期要到他起航为止。在这背后，是葡萄牙人因为霍尔木兹的反叛者和阿尔布开克的恶名而产生的严重分歧。阿尔布开克遭到指控，有人说他心态恶劣，道德败坏，不适合治理印度。他的一名敌人做证道："在我看来，如今阿方索·德·阿尔布开克对印度的威胁，比土耳其人的威胁大得多！"[13]人们威胁道，宁愿离开印度，也不愿意接受他的指挥。人们起草了起诉书，指控他管理不善。9月，阿尔梅达命令他离开科钦；他的房屋被要塞的大象拆毁，而送他去坎纳诺尔的船也被虫蛀得厉害，阿尔布开克觉得他们是故意要害死自己。在坎纳诺尔，他实际上是被囚禁了起来，尽管当地的葡萄牙管理层基本上同情他。阿尔布开克似乎非常克制地忍耐了这险恶局势；他脾气暴躁，但并不记仇，很容易原谅别人。他曾羞辱若昂·达·诺瓦的胡须，导致后者反叛。这一年年底，若昂·达·诺瓦在贫困中死去，是阿尔布开克支付了他的葬礼费用。

11 月，本年度的香料舰队（指挥官是年轻但自视甚高的堂费尔南多·科蒂尼奥，葡萄牙的最高军务官①，拥有国王授予的全权）抵达坎纳诺尔时，问题才得到解决。科蒂尼奥把阿尔布开克带回科钦，要求阿尔梅达交权。阿尔布开克终于接管了对印度的管辖权，这让他的许多部下大感警惕。次日，阿尔梅达从印度启程，一去不复返，去里斯本面对国王的不悦。

一位占卜师曾预言，阿尔梅达不会活着通过好望角；在海上，他起草了遗嘱。他留下一些钱用来施舍囚犯，赠给国王一颗大钻石，给仆人留下金钱，赐予奴隶自由。1510 年 3 月，他的船平安无事地绕过了好望角，然后在桌湾②停泊以补充木材、淡水和给养。在这里，葡萄牙人企图偷走科伊科伊人的一些牛，可能还想绑架他们的儿童，于是双方发生了一场毫无意义且鲜为人知的冲突，阿尔梅达因此丧命。葡萄牙人一定是遭到了突袭。从各方面的记述来看，这都是一场大灾难。五十人在冲突中死亡，包括十几位船长和高级贵族，简直相当于在第乌战役中牺牲的船长与贵族的数量。

据说阿尔梅达的墓志铭被安放在葡萄牙的一座教堂：

---

① 最高军务官（marshal）这个词源自古诺曼法语，最初的意思是马夫或马厩管理人，在中世纪早期指的是王室的近卫队长，负责王室内廷的安保，后来演化为高级军事指挥官。

② 桌湾是今天南非开普敦附近面向大西洋的一个海湾，得名自附近的桌山，距离好望角不远。

征服者

此处安息着

堂弗朗西斯科·德·阿尔梅达

印度副王

他从不说谎，也从不逃跑。[14]

但他的遗骨仍然留在非洲海岸一个匆匆挖掘的墓穴中。

第三部

征服：海上雄狮
1510 ~ 1520 年

-:- ·AFOSO·DA**L**BOQVERQVE· -:-

16　扎莫林的大门
1510 年 1 月

如果阿尔布开克觉得阿尔梅达走后他就可以施展拳脚，以印度总督的身份自由地行使职权，那就大错特错了。堂费尔南多·科蒂尼奥是他的亲戚，但也是葡萄牙的最高军务官，是目前到访东印度的级别最高的官员，也是宫中颇为得宠的权贵。他向阿尔布开克传达了国王的压倒一切的命令，即消灭卡利卡特（此时卡利卡特仍然是葡萄牙的眼中钉肉中刺，刺伤了葡萄牙国王的虚荣心）。科蒂尼奥带来了一支大舰队，并得到授权，可以独立于总督行事，而总督被要求辅助他。

这将是科蒂尼奥的舞台。最高军务官年轻气盛、刚愎自用，对别人的建议置之不理，渴望荣耀，体态肥胖。他曾承诺返回国王身边时要带回此次行动的一件纪念品。在卡利卡特的海滩之上，扎莫林拥有一座装饰华美的亭子，称为色拉姆，"用雕刻精美的木料制成"，他常到此享受宜人的海风。色拉姆还拥有神话般美丽的门，饰有"金银板制成的动物、鸟类图案"。[1]这个充满异国情调、令人垂涎的美丽物品，在葡萄牙宫廷被吹嘘得无以复加。科蒂尼奥一心要做出的英

273

雄业绩的战利品就是色拉姆。他此时实际上是在进行一次军事化的旅游。他要向印度通们展示，如何一举解决卡利卡特问题。

有理由认为此时是攻击扎莫林的良机。科钦的间谍告诉最高军务官，扎莫林疾病缠身，并且不在城内；到访卡利卡特的商船在前往阿拉伯半岛之前停泊在岸边，十分容易遭受攻击。若是摧毁了这些商船，扎莫林的税收将遭到沉重打击，因为税收是他唯一的财富来源。在讨论计划的作战会议上，阿尔布开克将信将疑。私下里，按照他的秉性，他很讨厌与别人联合行动。他认为，卡利卡特目前与科钦处于和平状态，这对葡萄牙的胡椒贸易非常有利。而且他比最高军务官更了解战术上的困难。卡利卡特没有自己的港口，它前方的海滩不适合登陆作战。激流沿着它的海滩冲刷，大海可能会波涛翻滚。科蒂尼奥严厉地提醒他道："作战会议不能违背国王御旨。只能决定如何组织进攻。没有别的目的。"[2]他还向在场的所有船长发出了庄重的呼吁，这种呼吁既可能造就葡萄牙英雄气概最辉煌的时刻，也可能酿成最严重的灾难。他的呼吁就是："世界上最好的东西，除了上帝的爱，就是荣誉。"[3]"荣誉"这个词始终回荡在葡萄牙人征服、抵抗和失败的所有岁月。阿尔布开克的意见被否决了。

在马拉巴尔海岸，军事行动极少能有出其不意的效果。扎莫林很快得知一支大舰队停泊在科钦，并猜到了它的意图。他派遣一名使者去求和，提出了他能提出的最好条件。阿尔布开克对这项和平建议表示同情，而且有很好的理由去信任这位使者，但他还是坦率地承认，使者来得太晚了。使者不敢带着坏消息返回卡利卡特，选择了留在葡萄牙人那里。1509 年 12 月的最后一天，舰队起航了。约有二十艘船和一千六百人，另有二十艘来自科钦的小船载着熟悉卡利卡特海况的水手，以帮助葡萄牙人登陆。

到 1510 年 1 月 2 日傍晚时，葡萄牙舰队已经在卡利卡特城外海滨随波摇曳。他们面前就是卡利卡特城，一长串沙滩上散布着一些渔民的茅草小屋；更远方是商店和库房，然后是棕榈树之间的粉刷白石灰的商人住宅、贵族的木制和石制宅邸、清真寺尖塔以及印度教神庙的屋顶。卡利卡特城扩展到很广大的地域，没有明显可见的防御工事；它是高墙之间小巷的迷宫，在逐渐升高的地域蜿蜒曲折，延伸到西高止山脚下，扎莫林的宫殿就在那里，距离海边约 3 英里。

从海上看卡利卡特，其背景是西高止山

卡利卡特人对入侵者的到来并不感到意外。国王不在城内期间指定了一位摄政者，此人集结了他能召集到的所有奈尔战士以及弓箭手和全部火炮；最高军务官垂涎的目标色拉姆距离海边只有一支箭射程的距离，现在那里筑起了工事，部署了一些射石炮，它后方的房屋内还驻扎了一些士兵，准备保卫色拉姆。

葡萄牙船长们聚集在最高军务官的舱室，筹划进攻。他们将兵分两路登陆。阿尔布开克率领"印度人"（即土著部队）在色拉姆以南上岸，科蒂尼奥率领"葡萄牙人"在色拉姆以北登陆。然后两支部队以钳形攻势夹击色拉姆，两位指挥官将享有带着旗帜首先踏上陆地的荣誉。任何人不准触碰色拉姆的大门，因为那将是献给曼努埃尔一世的礼物。接着他们要攻打城门，猛烈攻打卡利卡特。

士兵们等候了一夜，厉兵秣马，从神父那里接受恕罪，将灵魂托付于上帝。在战前准备的仪式中，大家也普遍抱有贪婪的期望。他们相信这座城市富得流油，轻松获得战利品的期望令他们胃口大开。黎明前两个小时，科蒂尼奥在船上点亮了信号烽火；士兵们爬上长艇，划桨向岸边进发。皎洁的月光照耀着他们面前的陆地、棕榈树丛中的房屋、神庙的铜屋顶和清真寺的尖塔。阿尔布开克的部队约有六百人，在靠近色拉姆的地方上岸，秩序井然。他们继续逼近色拉姆。但最高军务官的部队被海流冲到了较远的地方，登陆的地点距离目标有一段路程。

阿尔布开克理应等待科蒂尼奥，但他的士兵急于掳掠战利品，争先恐后，阿尔布开克也节制不了他们。纪律于是涣散了。为了防止陷入进一步的混乱，阿尔布开克命令吹响军号，发出"圣地亚哥！"的呐喊，宣布发动全面进攻。奈尔战士呼喊着从色拉姆附近的房屋中冲杀出来，双方展开激战。从海滩之上的制高点，卡利卡特人的大炮向海滩开火，发出震耳欲聋的巨响，但这些炮手经验不足，打得太高。葡萄牙人无情地端着长矛向前推进；他们猛攻敌人的工事，杀死了一些敌人，其他奈尔战士调头跑回房屋当中。与此同时，一些葡萄牙人在用斧子拆卸那著名的门。他们把它抬到海滩，然后装上了大船。为防止士兵在最高军务官到来之前冲进城中，以及预防敌人发动突然反扑，阿尔布开克在街道入口处安置了岗哨。

最高军务官在海滩姗姗来迟。他听得见喊杀声和炮声，看到燃烧的房屋的大火。当他抵达时，色拉姆的大门已经没了影子。科蒂尼奥暴跳如雷。他只能相信，阿尔布开克夺走了理应属于他的胜利，攫取了他的光荣。他怒气冲冲地训斥总督。阿尔布开克努力好言相劝，大谈光辉与荣誉："你是第一位率领士兵在卡利卡特登陆并进城的将领，你已经得到了自己想要的。色拉姆的大门已经在我们的船上了。"[4] 科蒂尼奥听了这话，气得浑身发抖。"阿方索·德·阿尔布开克是什么东西？"他啐了一口，"你的话全是放屁……"[5] "荣誉属于你……我不想要任何荣誉。如果要我去和那些像山羊一样逃窜的小野人打仗，我倒会觉得丢人。"[6] 他在暴怒之下命令将那著名的大门投入大海，然后脱掉头盔，把自己的头盔、盾和长枪都交给侍从，从侍从手里拿了一顶红帽子和一根木棍。他唤来译员加斯帕尔·德·阿尔梅达，命令其指示去王宫的道路。他说要从王宫夺走其他的大门，赢得更伟大的荣誉，比某些人在海滩上从他那里偷走的荣誉要大得多。"我主国王陛下会知道，我仅仅戴了一顶帽子，手里拿着木棍，就杀向王宫……在这闻名遐迩的卡利卡特，除了小黑人之外什么都没有。"[7]

据编年史家加斯帕尔·科雷亚的描写，在这个关头，阿尔布开克倚靠着自己的长枪，盾牌丢落在脚边，身边围着许多士兵，并努力与最高军务官讲道理。现在，他感到大事不妙。部队很疲惫，被怒火冲昏头脑的科蒂尼奥完全不知道自己提议的是什么。阿尔布开克向科蒂尼奥恳求道：

> 愿上帝保佑你。我必须告诉你，如果你走那条路，那些赤身露体的小黑人，虽然现在像山羊一样逃窜，但很快就会变成恐怖的商贩，他们的货物会让你付出惨重代价。我恳求你，千万不要走那条路。……从这里到王宫的路很远，路况极差，只能一字纵队前进，你会遇到极大的麻烦。你到了王宫的时候，一定已经筋疲力尽，会发现那里有许多斗志昂扬、装备精良的小黑人。我说的是实话。我真心实意地劝你，拜托千万不要去。[8]

"我偏要去。"最高军务官鄙夷地说，"你回船上吧。你可以走了，可以为自己的丰功伟绩心满意足了。"

他准备前进，一名骑士举着旗帜打头阵，加斯帕尔·德·阿尔梅达带路。他们还拖着一辆炮车，车上载着一门轻型回旋炮以及火药和炮弹。"士兵们渴望从王宫掳掠金银财宝，跟着最高军务官前进，"阿尔布开克带着自己的部下返回海滩并说道，"我们必须做好准备。今天我们就会看到上帝的意志。你们看到的那些去攻打王宫的人中的很多人，不会回来了。"[9]他为停在沙滩上的长艇安排了岗哨，确保它们随时待命，并能够运送伤员。他带领剩余的士兵（因为很多人跟随最高军务官去了），烧毁了在海边停靠的阿拉伯三角帆船和轻型帆船。他在为最糟糕的结局做准备。

最高军务官和他带领的四百人现在径直开往王宫，距离约为 3 英里。道路极其狭窄，两侧是高高的石墙，石墙背后是棕榈树丛中的房屋。他们只能排成一字长蛇阵，蜿蜒前进。他们没有遇到任何抵抗。"小黑人"看到他们就纷纷逃窜，似乎不愿意打仗。最高军务官的士兵一边前进，一边烧毁空荡荡的房屋。西高止山吹来的风将浓烟吹到他们的路上，所以队伍后方的人被浓烟和大火的热力呛得喘不过气来。很快似乎整座城市都燃起了熊熊大火。很多人于是掉头返回。阿尔布开克原想率领自己的部队以良好秩序跟进，但发现道路很难走。

最高军务官及其部下继续推进。他们抵达了一个大广场，周围有比较豪华的属于贵族的宅邸。在这里，他们遭遇了一大群武器精良、做好抵抗准备的奈尔战士。战斗于是激烈起来。葡萄牙人扫清了广场，但贵族蒙受了一些损失。"利苏阿尔特·帕谢科喉咙中箭倒下，安东尼奥·达·科斯塔被砍了脑袋。"[10]很多人腿部中箭，因为腿部没有板甲防护。有些人往船的方向逃跑，发现道路上塞满了双方的死尸。指挥印度人反抗的摄政者也阵亡了。

最高军务官继续前进，抵达王宫外门。在这里，他的部队又一次遇到一大群敌人。葡萄牙人迎头撞上了暴风雪般的箭矢。激战之后，他们成功击退了守军，冲进王宫庭院。那里"有一座大院子，周围建有许多亭台楼阁，它们的大门都装饰华美，表面贴着精工黄铜与黄金片，阳台也建造得极其精美"。[11]

扎莫林的木制宫殿

于是，掳掠开始了。门锁被斧子砍碎。这简直是阿拉丁的藏宝洞：装满丝绸与金线华服的箱子、产自阿拉伯半岛的丝绒和锦缎、饰有黄金的木制圣物箱。葡萄牙贵族让仆人把掳掠来的财宝堆积起来，疯狂地争先恐后地掳掠，并严加守卫自己抢来的东西。为了更方便地抢劫战利品，他们把长枪丢在室外。一百名士兵奉命看守大门，指挥官是鲁伊·弗莱雷，他"一只眼是斜的"。[12]这些人自己不能参加抢劫，非常嫉妒，于是抢劫战友。洗劫宫殿的人收集的成堆财宝被堆放在庭院内，无人看管，于是弗莱雷和二十名同伴竭尽全力扫荡别人的那些赃物，并将其运回船上。抢劫持续了两个钟头。上午的时间不断流逝，天气也越来越热。

　　抢劫的人毫无防备。摄政者阵亡的消息，以及三颗葡萄牙人首级被送到了扎莫林那里，他此时正在城市外围撤退。他暴跳如雷，命令进行报复。奈尔战士重整旗鼓，开始强行杀入王宫，闯过残余的葡萄牙警戒线。此时对财宝的贪欲冲昏了葡萄牙人的头脑，让他们无视危险。他们冲入一扇门，发现里面有成箱的金币，于是"他们把箱子搬到外面，各人尽可能守卫自己的那一份"。[13]这个房间内还有第二扇门，但从里面锁上了，门上金光闪闪，极富诱惑力。据译员加斯帕尔的说法，这是国王的宝库。士兵们陶醉于宝库内可能有的财富，向门猛撞，并用长枪的一端打门。然而门却纹丝不动。

　　宫外有四百名奈尔战士奉扎莫林的命令集合起来，决心为摄政者复仇，甘愿血洒沙场。阿尔布开克率领他自己的一队士兵赶来增援的时候，箭雨开始密集地落下。他肃清了宫门外的一片地域，命令秘书加斯帕尔·佩雷拉进宫去警示科蒂尼奥，形势十分危急。佩雷拉努力让最高军务官明白形势：现在外面有很多敌人，而且越来越多。撤退的时间到了："他应当满足于自己的行动，因为已经算很了不起了……他兵力不足，所有人都扛着战利品走了。撤回海边的道路漫长而艰难；此时已经是正午了，天气非常炎热。"[14]

　　科蒂尼奥充耳不闻，对那扇不肯动摇的门执迷不悟。他发回给阿尔布开克的唯一口信是："他来的时候没有和阿尔布开克同来，回去的时候也不和他同去。"[15]阿尔布开克派人守卫外门，以阻止更多葡萄牙人被诱入死亡陷阱。他亲自去劝说最高军务官："以国王的名义，我们请求你撤退，我们在这里一分钟都不能待了。我们若是不走，全都死路一条。你来的那条路已经陷入火海，我们要撤退会非常困难。"[16]最高军务官到最后一刻都极度傲慢自负：他不情愿地同意撤退，但就像洛伦索在朱尔战役中那样，他坚持要最后一个离开，以宣扬自己的英勇；此外，他还要把王宫烧毁。他们撤退了，阿尔布开克及其部下在前方开路，然后是科蒂尼奥的部下，最后是最高军务官本人和他的炮手。炮手们用回旋炮开火，一时间迫使奈尔战士暂时退却，没有沿着街道追来。

他们又来到狭窄的街道上，其宽只有半支长矛的长度。奈尔战士改换了攻击的方向。他们攀上高墙和制高点，用箭矢、石块与标枪猛击和骚扰葡萄牙人，然后用石头和树干来堵塞街道，拦住他们的去路。很快，葡萄牙人就没办法把回旋炮运过这些障碍物了，只得将回旋炮抛弃。印度人再也不怕了，潮涌般冲回到小巷，向掉队的葡萄牙士兵猛扑，用葡萄牙人抢劫时丢弃在宫门外的长枪攻击他们。

肥胖而疲惫的科蒂尼奥用盾牌自卫，两侧有一群葡萄牙贵族守卫。小巷在荫凉里，但天气酷热，所以在这狭小的地方，他们的板甲反而对他们不利。葡萄牙人笨拙地用剑刺杀，被敌人轻松地跳跃躲避。撤退的葡萄牙队伍不得不一边走一边脱掉笨重的铠甲，同时遭到攻击和骚扰。小巷变宽汇入一条大街后，形势更加恶化。另一群印度武士在这里守株待兔，这一次有足够的空间包围最高军务官一行人。科蒂尼奥勇敢地面对敌人的进攻，但遭到背后袭击。他的脚后跟被砍断，跌倒在地。印度人发出胜利欢呼。其他葡萄牙人努力想把肥胖的科蒂尼奥扶起来，但在拥挤的空间里就是办不到。他们被打退，勇敢地且战且退：挥舞双手重剑的瓦斯科·达·席尔瓦和其他一些人的名字永载史册，成为英雄，"他们全都建功立业，奋勇拼杀，直到累得无力举起胳膊，全部捐躯，他们的首级被和王旗一起高举起来"。

阿尔布开克的位置距离后卫有火枪射程那么远，更接近海滩，他也遇到了越来越严重的麻烦，遭到敌人弓箭手的猛烈射击。但是，他在自己周围聚集了足够多的士兵。他想等待最高军务官，但消息传来，科蒂尼奥在战斗中倒下了。他打算回去救援，但很少有人愿意同去："没人想回去。"[17]旋即他遇到了一群逃跑的葡萄牙士兵，随后是追杀而来的欢呼胜利的印度武士。葡萄牙士兵们干脆丢下武器，潮水般逃向海滩，把阿尔布开克和四五十人丢在后面去面对敌人并努力阻止全面崩溃。阿尔布开克在巨大的压力下撤退，左臂中箭，箭头刺入骨头，拔不出来。几分钟后，他的脖子又被飞镖击中，护喉甲被刺穿。然后一发子弹击中他的前胸，他跌倒在地的时候还在呼唤瓜达卢佩圣母的保佑。有人喊叫说他死了，他附近的人开始惊慌失措。奈尔战士逼近过来，准备将他们一网打尽。

但阿尔布开克自己认为发生了奇迹，因为命中他前胸的子弹并没有夺去他的生命。大部分葡萄牙士兵逃走了，但四人将他抬到一面盾牌上，奔向海滩，而第二群士兵以紧密队形跟在后面，阻止了彻底的灾难。海滩上的指挥官开始将伤员摆渡运往大船；他们还从长艇用后装回旋炮射击，威慑追兵，这让那些通过街道逃往海滩的葡萄牙人鼓起信心，让他们知道海滩就在不远处。后来，大炮也开火了。葡萄牙贵族一直到最后关头还要证明自己的超强战斗力，其中两人，安东尼奥·德·诺罗尼亚和迪奥戈·费尔南德斯·德·贝雅率领三百人返回城市。他们迎面遇到一大群土著男女（他们以为葡萄牙人全都死了），残酷无情地将其尽数屠戮。有些土著逃往海滩，让等待登船的葡萄牙人又鸡飞狗跳起来。他们以为这些冲过来的当地人是追兵，于是很多葡萄牙人不听战友的呼喊，跳入大海，拼命游向大船，不幸溺死。

夜幕降临了。海滩上只剩下两名船长，他们一直到最后还在争夺最后一个撤离的荣誉。最终迪奥戈·费尔南德斯和安东尼奥同时登船，以捍卫自己宝贵的荣誉。舰队在卡利卡特停留了两天，医治伤员，并将死者丢下船。阿尔布开克则恢复了元气，撰写了报告。

双方都伤亡惨重。最高军务官的光荣冒险让葡萄牙人付出了惨重代价。一千八百人①中有三百人阵亡，"其中七十人是贵族"——编年史家总是认真地记下贵族死者的姓名——还有四百人负伤，"其中很多人后来伤重不治死亡，或永久性残疾"[18]。从鲁伊·弗莱雷的二十多人的命运，我们可以瞥见那些掳掠王宫的葡萄牙人的损失情况。斜眼的弗

---

① 前文说葡萄牙远征队共计一千六百人。另外两百人可能是为葡萄牙效力的印度人。

16　扎莫林的大门

莱雷原本奉命守卫大门，却玩忽职守，带人去掳掠财物。"他们全死了，只有一名奴隶身负重伤，逃到了小船处，报告了最高军务官的最后命运。"[19]有些人则下落不明，包括加斯帕尔·德·阿尔梅达。这位皈依基督教的犹太人译员曾见到瓦斯科·达伽马，后来为曼努埃尔一世提供了大量关于印度洋的信息。他可能在这一天阵亡了，此后史料中就再也没见到他的名字。

卡利卡特人的损失更严重。扎莫林拿到了最高军务官的首级和旗帜，但这很难弥补他的损失。卡利卡特人损失极大，城市被毁，王宫被付之一炬，而且他的财源依赖的商船也毁于一旦。他为此役的后果忧心忡忡。他确保为最高军务官举行了体面的葬礼，立下了刻字的墓碑，将其旗帜悬挂在墓碑之上。这是为了应付葡萄牙人必然施加的报复。至于阿尔布开克，他的左臂自此残废，但他一直纪念帮助自己逃生的奇迹。打倒他的那颗子弹被一名仆人取出，并和一笔钱一起送到阿尔加维的瓜达卢佩圣母圣龛。子弹被放到圣母像前，钱则用来在那里点一盏"长明灯"。[20]

此役对总督来说毕竟还有一个亮点。最高军务官的船只除了三艘返回葡萄牙之外，全都属于他了。现在他拥有了一支相当强大的舰队，可以按照自己的意愿去部署，他也有相应的计划。次日，他给国王写信，汇报近期的所有事态，但对卡利卡特的惨败只字未提。返回葡萄牙的人可以解释那事，他对此的沉默是意味深长的。卡利卡特本身仍然是个亟待解决的问题。三年之后，他将找到解决扎莫林的办法，其比军事行动简单得多，也几乎没有流血，但没有光辉或荣誉可言。在此之前，他仔细思考了纪律败坏的教训。葡萄牙人过于强调个人英勇，对战术组织的重视不够，过于贪恋战利品（战利品是对军饷长期被拖欠的一种补偿），因此一支军队容易迅速蜕化成随时可能溃散的乌合之众。

17 "葡萄牙人咬住的，永远不会松口" 1510 年 1~6 月

没人知道阿尔布开克何时以及为何决定进攻果阿，但在卡利卡特惨败的几周之后，他就酝酿出了一个计划，让葡萄牙人发动一场大规模军事行动。持续了近三年的鏖战将给印度洋的力量平衡带来翻天覆地的变化。

他返回科钦的时候身负重伤。据一位编年史家记载，1510 年 1 月，医生一度担心保不住他的性命。如果这是真的，那么他的痊愈快得惊人。阿尔布开克是一个非常有紧迫感的人，受到消灭伊斯兰世界的梦想的感召（曼努埃尔一世也有这个梦想），仿佛他知道自己时日无多。他看到葡萄牙人在印度消耗和损失得极快。令人衰弱的气候、水土不服、痢疾和疟疾的打击，都榨干了人的精力，缩短了寿命。他在给国王的信中写道："填塞船缝的工人和木匠与当地女人鬼混，再加上在炎热天气里劳作，不到一年时间就耗尽了元气。"[1]在科钦，他开始狂热地履行自己作为总督的职责，整修舰队以便为新战役做准备，组织给养，鞭策执行公务时怠惰的人，并给国王写报告。阿尔梅达给国王的汇报非常简略，而阿尔布开克花费了大量笔墨。他已经得出结论，始终

缺乏安全感的曼努埃尔一世事无巨细都要了解，而以自我为中心的阿尔布开克需要为一切做辩护和解释。

他在给国王的信中写道："印度的大小事务，或者我自己的想法，我全都向陛下报告，绝无遗漏，只除了我自己的罪孽。"[2]随后五年内，他为曼努埃尔一世提供了潮涌般的细节、解释、辩护和推荐，涉及印度的方方面面。不分昼夜，他向饱受磨难的秘书们口述，累计有数十万字。无论是骑马的时候，坐在桌前或在船上，还是在凌晨，他们都要记录下他的话。他在自己的膝盖上为书信、命令和请愿书签字，并一式多份发出。这些文字是在匆忙中写下的，文风非常莽撞、焦躁和急迫，常常突然转换主题，并且始终贯彻着激情澎湃的自我意识。

他那倒霉的书记员之一加斯帕尔·科雷亚不仅为记录和抄写总督的书信而磨破了手指，还百忙之中找到时间，撰写了他自己的简洁明快、生动精彩的编年史，记载了这一套旋风般忙碌的活动。阿尔布开克似乎事无巨细都要亲力亲为。他一方面能够构建宏伟的地缘战略计划，另一方面也能不知疲倦地关注细节。在派遣使者去见毗奢耶那伽罗①的国王时，他还会询问一头受伤大象的脚掌，考虑用椰子壳制作包装材料，准备给当地权贵的礼物，监督装货上船和医院的工作。他知道，虽然葡萄牙人是海洋的主宰，但他们在印度沿海仅仅在坎纳诺尔和科钦拥有脆弱的立足点。他要在卡利卡

---

① 毗奢耶那伽罗（字面意思为"胜利城"）帝国（1336~1646年），位于印度南部，是印度历史上最后一个印度教帝国，1565年被德干高原的伊斯兰教苏丹国大败后逐渐衰败。

特和霍尔木兹报仇雪恨，还要完成国王交付的任务。阿尔梅达尚未完成的任务清单很长：消灭卡利卡特、占领霍尔木兹、封锁红海、控制马六甲（香料贸易的最南端的中心），以及探索更远方的海洋。除此之外，还有仅有宫中内层圈子知晓的曼努埃尔一世的最终使命：消灭埃及的马穆鲁克王朝、收复耶路撒冷。

曼努埃尔一世总是害怕把大权集中到一个人身上，所以他已经决定在印度洋建立三个自治政府。名义上，阿尔布开克仅管辖中央部分，即从古吉拉特到锡兰的印度西海岸。非洲、红海和波斯湾沿岸地区是杜阿尔特·德·莱莫斯的辖区。在锡兰之外，迪奥戈·洛佩斯·德·塞凯拉负责马六甲和更远方的大洋。这种分权在战略上是有问题的，因为另外两位指挥官都没有足够的船只来进行有效的活动。阿尔布开克不仅认清了这种分权的毫无意义，还相信没有人的才干能与他相提并论。渐渐地，他想尽办法把另外两位指挥官的船只搞到自己手下，将其纳入一支联合舰队，而没有经过国王的同意。这样做虽然能有效地部署军事资源，但也让他在印度和国内宫廷树敌颇多，这些政敌会攻击他的举措，并向国王进献谗言，诽谤他的意图。

同样不受欢迎的另一项措施是军事上的整顿重组。卡利卡特的惨败已经凸显了葡萄牙人战术的缺陷。葡萄牙贵族的军事法则珍视个人英雄主义，但对战术重视不够；重视掳掠战利品，而不是达成战略目标。武士们通过个人的效忠关系和经济纽带与他们的贵族领袖联系在一起，而不是服从一位最高指挥官的调度。胜利是通过个人英勇的壮举而获得的，而非理性的运筹帷幄。葡萄牙人作战的勇猛令印度洋各民族震惊，但他们的手段过于中世纪，过于混乱，往往是自杀式的。洛伦索·德·阿尔梅达就是出于这种精神，才在朱尔拒绝炮击埃及舰队，科蒂尼奥也是因此戴着帽子、拿着手杖就杀向卡利卡特。编年史里随处可见英勇战死的葡萄牙贵族那备受歌颂的英名。然而，尽管怯懦是对葡萄牙贵族的最严重的玷污，而仅仅是拒绝作战的一丝传闻就让洛伦索最终付出了生命的代价，但很显然的事实是，纪律涣散的部队在压力之下会崩溃瓦解。

阿尔布开克固然对曼努埃尔一世的中世纪十字军东征的弥赛亚思想心醉，但和国王一样，他也非常清楚地知道，一场军事变革正在席卷欧洲。在 15 世纪末的意大利战争中，成群结队的瑞士雇佣兵以一个组织有序的群体接受行军与作战的训练，给战术带来了革命。训练有素的士兵排成纵队，手执长枪和戟，能够势不可当地击溃呈密集队形的敌人。阿尔布开克以狂热的充沛精力，开始重组和训练他的士兵，学习新的战术与纪律。在科钦，他组建了第一支训练有素的部队。从卡利卡特返回不久之后，他就写信给曼努埃尔一世，要求送来一队按照瑞士方法训练的士兵和军官，以用来训练印度人。同时，他也按照自己的想法继续操作。他把士兵正式地编成若干队，教导他们以整齐队形行军和使用长枪。每个"瑞士"队伍都有自己的军士、旗手、笛手和文书，每个月都能领到军饷。为了提高这种新的"团"架构的地位，阿尔布开克自己有时也肩扛长枪，与士兵们一同行军。

从卡利卡特返回后的一个月内，他就率领一支恢复了元气的舰队，再度沿着印度海岸北上。他手头有二十三艘船、一千六百名葡萄牙士兵与水手，还有从马拉巴尔海岸招募的二百二十名土著士兵，以及三千名"作战奴隶"。这些奴隶负责运送辎重和给养，在极端情况下也可以参战。不过，此次远征的最初目的似乎并不明确。有传闻称，马穆鲁克苏丹正在苏伊士筹备一支新舰队，要为第乌的惨败复仇。但阿尔布开克不动声色，没有宣布自己的意图。1510 年 2 月 13 日，他在德里山停泊，向指挥官们解释，他接到了国王的书信，国王命令他去霍尔木兹。他还提及了红海受到威胁的消息，并漫不经心地提到了果阿，这座城市以前从来没有出现在葡萄牙人的计划中。四天后，令几乎所有人大吃一惊的是，他们此行的任务居然就是攻占果阿。

在此之前发生的事情是，曾烦扰瓦斯科·达伽马的印度海盗狄摩吉来到舰队里拜访。狄摩吉是一个矛盾重重的人物，在阿尔梅达时代与欧洲人合作，现在来拜见阿尔布开克并提出了一个建议。尽管此事貌似偶然，但可能其实是事先约好的。狄摩吉的使者早在 1 月就拜访过阿尔布开克。他俩很可能早就秘密安排好了此次会面。狄摩吉带来了一个事前精心准备过的故事。

果阿城坐落于两条大河之间的肥沃岛屿之上，是印度西海岸战略位置最重要的贸易站。它位于争夺印度次大陆南部核心的两大帝国的边界：北面是穆斯林的比贾布尔王国，南面是它的竞争对手，印度教的毗奢耶那伽罗王公们。这两大王朝激烈地争夺果阿。在过去三十年里，该城已经三次易手。它的特殊价值与财富，源自它在马匹贸易中发挥的作

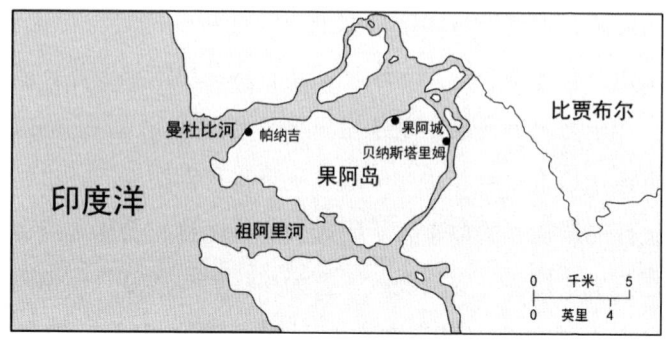

阿尔布开克时期的果阿

用。果阿从霍尔木兹、波斯和阿拉伯半岛进口马匹，而对两国的边境战争来说，马是不可或缺的。不过在热带气候中，马很容易死亡，而且不能成功地繁育，所以需要不断补充新的马。果阿还有其他的优势。它拥有一座绝佳的深水港，不受季风的影响。该地区的土地特别肥沃，城市所在的岛屿，即提瓦迪岛或果阿岛，能够允许所有商品顺利进出，并在海关高效地收取关税。作为一个岛屿，它也意味着可以进行有效的防御。

狄摩吉有紧迫的理由去催促葡萄牙人在这个时间进攻果阿。马拉巴尔海岸的各城市都有穆斯林居民，但统治者是印度教徒。而在果阿，目前大多数居民是印度教徒，而统治者是穆斯林，非常不得人心。印度教徒被迫缴纳苛捐杂税。一群鲁姆战士的存在更加剧了当地的骚动，这些人是从第乌战役逃出的残兵败将，在这里鱼肉百姓。对阿尔布开克来说特别重要的是，这些鲁姆人有复仇的计划。他们在模仿葡萄牙人的设计，建造了不少克拉克帆船，可能还得到了欧洲叛徒的帮助。他们也请求马穆鲁克苏丹送来更多的援助。事实上，果阿正在成为穆斯林反攻法兰克人的基地。

狄摩吉强调，此时是进攻的最佳时机。比贾布尔的苏丹刚刚驾崩，他那年轻的儿子阿迪尔沙阿①远离城市，正在镇压叛乱。果阿岛上的守军不多。另外，比贾布尔因为几乎常年与毗奢耶那伽罗交战而受到牵制。城内会有人支持葡萄牙的接管，狄摩吉可以亲自去安排此事。他对果阿城、它的地形地貌与进入道路了如指掌。他与当地印度教徒群体的领袖有亲戚关系，这些领袖也会欢迎葡萄牙人将他们从穆斯林手中解放。海盗的具体动机可能很难揣测，但他已经证明自己是葡萄牙人的忠诚盟友，他的间谍网络显然很广。阿尔布开克倾向于相信他。果阿也符合他自己那建立一个印度帝国的蓝图。只有占据了土地，才能让葡萄牙的印度事业稳固无虞。果阿的战略位置非常有利于控制香料贸易，而垄断了马匹贸易之后也能让葡萄牙人干预南印度错综复杂的军事与政治博弈。果阿很容易防守，而且葡萄牙人与印度教徒也没有宗教争端。

攻占果阿就像狄摩吉说的那样轻松，不过要守住它就困难得多了。这位印度海盗集合了他自己的两千人马，帮助葡萄牙人的行动。2月15日或16日，阿尔布开克派遣侦察船进入曼杜比河的河口去测深。水深足够，他那最大型的克拉克帆船也可以行驶。他们准备从海陆两路发动钳形攻势。狄摩吉的人占领并拆毁了陆地一侧的一处炮兵阵地。阿尔布开

---

① 波斯文中，"沙阿"意为"国王"。

克的外甥攻击了河口岛上的另一座炮台。在短暂而激烈的战斗之后，防御土崩瓦解，当地指挥官撤入城内。与此同时，狄摩吉已经渗透进城。城内出来两名代表，与葡萄牙人相见，提出要和平地投降。阿尔布开克向民众发布宣告，对居住于此的穆斯林和印度教徒都施行全面的宗教宽容，并减税。他唯一的条件是必须将鲁姆人和阿迪尔沙阿的雇佣兵驱逐出去。这些人乱哄哄地逃离了城市。

3月1日，总督举行了隆重的典礼，大张旗鼓地正式占领果阿。新训练的士兵集合在码头上，长枪的枪尖闪闪发光。阿尔布开克身穿精美铠甲，踏上陆地，受到八名果阿显赫公民的屈膝迎接。他们向他献上了城门钥匙。他骑着一匹配有镶银马鞍的骏马入城，两侧群众大声呼喊，专业的乐队演奏鼓点和笛子，一名修士高举镶嵌着宝石的十字架，基督骑士团的旗帜（白底红十字）宣示了基督的得胜。

从阿尔布开克涉足果阿岛开始，他就将其视为葡萄牙的永久产业。他的一举一动也都是遵循这个精神的。他以严格的纪律约束部下，不准掳掠，不准向人民施加暴力、抢劫或强奸，因为这些人民如今是曼努埃尔一世的子民。在随后的岁月里，面对超乎寻常的挫折和激烈的批评，总督将一如既往地、顽强地坚持这种立场。

他们仔细探查了全城。王宫中拥有大广场、香气扑鼻的花园和精美的木制亭台楼阁，像卡利卡特王宫一样辉煌。他们在御厩发现了一百五十匹阿拉伯骏马和一百头大象。狄摩吉的报告，即鲁姆人在果阿备战，也被证明是正确的。船坞内有大型克拉克帆船正在建造，兵工厂里也堆满了军用物资——大炮、火药和剑，还有用于制造大型航海远征所需一切装备的锻炉与器械。总督命令将未完工的船完成，以充实他自己的舰队。

阿尔布开克开始热情洋溢地建设葡萄牙的果阿。这是葡萄牙在亚洲获得的第一处领土。为宣示它的永久性，两周内他就命令建造一家铸币厂，"以铸造新货币，在国王陛下的新国度为他效劳"。[3] 此事体现出了他对当地局势的敏感。城市的显贵人物很快就来找他，谈及果阿没有自己的货币，而货币是重振贸易的必备条件。新的主要货币是克鲁扎多或曼努埃尔，这是一种闪闪发光的金币，一面的图案是十字架，另一面是浑天仪，即葡萄牙国王的象征。金币重量为4.56克，遵照果阿的标准，比葡萄牙的类似金币重一点。为宣布新货币的发行，它们被装在银盆里在大街小巷展示，鼓乐喧天，笛声悠扬，小丑、舞者和传令官陪同，用葡萄牙语和当地语言宣布："这是我主国王陛下的新货币，他命令在果阿及其领地流通此种货币。"[4]

阿尔布开克对新货币的细节极其关注，这体现了他性格的复杂性：他是一位务实而思维灵活的行政管理者，对当地条件高度敏感，能够在新的框架内思考新的解决方案；但同时他也盲目自信，自负到了令人难以忍受的程度，因此造成了许多问题。辅币的正面有字母 A，"以显示铸币的人"，[5]这很有争议。就是这种傲慢的举动，让他的政敌有了嚼舌根的材料，并为在葡萄牙的谣言火上浇油，称总督要把果阿变成自己的私家采邑。

殖民地管理工作的最初阶段肯定是摸着石头过河，不可能不犯错误。起初狄摩吉被任命为收税的长官，这注定要招致两个居民群体的不满，于是不得不更改他的职权范围。另外，尽管阿尔布开克承诺宗教宽容，他对"萨蒂"，即寡妇殉夫自焚的习俗感到憎恶，明令禁止。他的基督教使命感及其执拗的性格也使得他草草下令处死了一些引发骚乱的人。

在这期间，来了两名使者，一名来自沙阿伊斯玛仪一世①，即波斯的什叶派统治者，另一名来自阿尔布开克的老对手，霍尔木兹的瓦加·阿塔。他们都是来找阿迪尔沙阿，求他帮忙对付葡萄牙人的。他们发现阿迪尔沙阿已经没了踪影，而阿尔布开克盘踞在果阿，于是大感困惑。但阿尔布开克看出与伊斯玛仪一世合作是一个战略机遇，因为后者是逊尼派马穆鲁克王朝的死敌。他提议与伊斯玛仪一世联合行动。葡萄牙人将从地中海和红海攻击马穆鲁克王朝，沙阿则从东方发动进攻。"如果上帝应允，这项盟约能够缔结，你就能够以全部力量攻打开罗和苏丹的土地，而我主国王陛下可以进军耶路撒冷，从另一侧征服整个国家。"[6]这就是实现曼努埃尔一世梦想的机会。阿尔布开克派了一位使者去见沙阿，送去了这个建议，还给霍尔木兹的傀儡国王送去了一封好言安抚的书信，建议双方都既往不咎。被选为使者的倒霉蛋鲁伊·戈梅斯未能抵达波斯，而是在霍尔木兹被瓦加·

---

① 伊斯玛仪一世（1487～1524年），伊朗萨非王朝的创立者、沙阿（1502～1524年在位）。他率领萨法维耶教团（什叶派十二伊玛目派的一个宗教组织）统一了伊朗。他建立的萨非王朝将延续两百多年，是波斯/伊朗历史上最强大的帝国之一，鼎盛时期统治着今天的伊朗、阿塞拜疆、亚美尼亚、格鲁吉亚大部、伊拉克、科威特、叙利亚部分地区、土耳其部分地区等。

阿塔毒死了。

总督在果阿的行动表现出极大的紧迫性。他深知这座城市的防御不足，而且年轻的阿迪尔沙阿迟早会卷土重来，索要他那宝贵的贸易港口。因为缺少石灰，没有办法制作砂浆，所以修理城防工事的工程受到很大困扰。他们不得不用石块和泥浆来重建城墙。他知道时间紧迫，于是派遣许多组劳工不分昼夜地轮流加紧施工，巩固防御，以应对可能的进攻。总督日夜都在工地上督促。他决心不惜一切代价守住果阿。但到4月时，葡萄牙人的情绪开始焦躁不安。很多葡萄牙贵族并不赞同总督的设想。雨季快到了，远方传来消息，阿迪尔沙阿正在组建一支强大的军队。由于阿尔布开克的严刑峻法，葡萄牙人与当地居民的关系有些恶化，他的一些船长开始私下里渴望返回科钦。如果不能尽快离开，就会被瓢泼大雨困住，不得不等待一个漫长的季节，甚至可能遭到围攻。很显然，敌人最喜欢的策略就是等待暴雨和糟糕的海况将葡萄牙人孤立，使其无法得到外界援助。阿尔布开克毫不动摇：果阿属于并将永远属于葡萄牙。

事实上，到4月时，阿迪尔沙阿就成功镇压了他国内的叛乱。阿尔布开克不知道的是，阿迪尔沙阿还和敌国毗奢耶那伽罗达成了停战协定。他已经准备好利用雨季困住葡萄牙人了。这个月，他派遣将领帕卢德汗率领一支大军（据说有四万人，言过其实了），而且是来自伊朗和中亚的训练有素的武士，去驱逐入侵者。这支军队抵达曼杜比河沿岸时，迅速击溃了狄摩吉匆匆拼凑的部队。隔着狭窄的溪流和充斥鳄鱼的大河，果阿岛上的守军已经看得到一支大军的帐篷和旌旗了。很显然，果阿岛的整个周长约 18 英里，将会把阿尔布开克的兵力分散得很稀薄，他们不得不守卫所有的沼泽渡口，因为在退潮时那些地方可以供敌军通行。帕卢德汗越过潟湖发动了一系列佯攻和试探性攻击，让葡萄牙指挥官们大为警觉、神经紧绷。他还给果阿城内的穆斯林偷偷送信。城里的人于是开始逃跑，并加入伊斯兰军队。帕卢德汗在等待天气进一步恶化。

一天，守军在紧张不安地凝视着分隔两军的狭窄小溪对面时，看到一个人走到水边，挥舞白旗。他用葡萄牙语喊道："葡萄牙的大人们，请派人来与我谈话，传达我给总督送来的消息。"[7]一艘小艇被派出。此人自称是葡萄牙人，名叫若昂·马沙多，请求安全护送他去见阿尔布开克。

马沙多是十年前被留在斯瓦希里海岸的一名犯人，此时为阿迪尔沙阿效力，但他似乎对自己的同胞还有一些好感。他带来了有价值的建议。他传达的消息很简单。帕卢德汗的军队很快会得到阿迪尔沙阿本人的增援。雨季即将到来。葡萄牙人应当在一切都变得不可收拾之前离开岛屿；还要把沙阿的驻军逃跑时被留下的女眷和孩子归还苏丹。沙阿希望与总督保持友好关系。作为回报，他将给总督提供另一个滨海的地点，以建造一座要塞。

这包含威胁、利诱和劝说对方理智行事的言辞。阿尔布开克对其不予理睬，他不愿意和对方谈条件。他骄傲地回答道："葡萄牙人咬住的，永远不会松口。"[8]他也不会归还"任何儿童或妇女，他要把这些妇女留下当作葡萄牙人的新娘，并希望她们成为基督徒"[9]。阿尔布开克固执己见的谈判风格让大家很是震惊，但这已经不是第一次了。他的答复被送到帕卢德汗耳边时，这位将军"瞠目结舌，因为他知道总督手下的人极少"。[10]他回到自己的营帐，命令建造大型木筏，即将许多独木舟捆绑连接而成的平台，以运送军队过河。

阿尔布开克执拗地固守自己的帝国霸业愿景，不肯听别人的意见。他相信自己能坚守熬过雨季，一直到 8 月从里斯本来的下一支舰队抵达。他还不知道，阿迪尔沙阿与毗奢耶那伽罗的停战意味着阿迪尔沙阿后院安全无虞，可以放开手对付葡萄牙人。阿尔布开克还对自己部下越来越严重的不满情绪充耳不闻。敌人不断越过小溪发动袭击，令葡萄牙人神经紧绷，没有作战的时候还要被阿尔布开克督促加快修建城墙。越过水道，他们可以看到敌军是多么雄壮。酷热消耗了人的体力，粮食配给越来越少，许多葡萄牙贵族和士兵越来越闷闷不乐，越来越不理解阿尔布开克。就连狄摩吉也和丝毫不肯让步的阿尔布开克争吵起来。大雨开始倾盆而下，海上开始波涛汹涌，葡萄牙人感到自己落入了陷阱。总督越来越孤立，就像在霍尔木兹的时候一样。他依赖于一小群对他本人忠心耿耿的贵族，其中最突出的是他的外甥，年轻的安东尼奥·德·诺罗尼亚，他雄心勃勃且英勇无畏。然而，果阿的居民，不管是印度教徒还是穆斯林，都在盘算自己的机遇，觉得或许投靠城外的军队会比较好。

帕卢德汗得知葡萄牙指挥官之间的分歧越来越厉害，于是选择了一个非常好的时机来发动总攻。5 月 10 日或 11 日夜，大雨瓢泼，劲风抽打着棕榈树，当时正是退潮时间，渡口很容易通行，成群的木筏被推过河流的浅水。在夜间的混战中，葡萄牙人和当地马拉巴尔人的混合部队被打了个措手不及。两支队伍之间缺乏凝聚力。他们迅速溃败，张皇失措地逃窜，竟然丢弃了大炮。很快，葡萄牙人被打退进城。一些土著部队叛变。城里的穆斯林揭竿而起，反对他们的新主人。阿尔布开克拼命想控制局面，城内爆发了激烈巷战。

没过多久，葡萄牙人被围困在城堡内。一连二十天，总督敦促部下顽强抵抗，持续不断地巡视各个指挥部，一边骑行一边吃饭，但用泥浆黏合、匆匆建起的城墙不可避免地坍塌了。市民的反叛在蔓延。很显然，他没有足够多的兵力无限期地防守下去。阿迪尔沙阿也驾临前线。从城墙上，葡萄牙人能看得见海洋一般的帐篷和蓝红两色的旗帜，"他们的所有帐篷之上都飘扬着旗帜，他们恐怖的呼喊打碎了我们士兵的斗志"。[11]越来越多的指挥官请求趁着还有机会赶紧撤退，但活着逃出果阿港、回到安全的科钦的希望一天天渺茫。总督在其亲信支持下，顽固地坚信城市是可以守下去的，阿迪尔沙阿需要回去和毗奢耶那伽罗交战。直到若昂·马沙多得知阿迪尔沙阿与毗奢耶那伽罗的停战协定，又一次赶来警示阿尔布开克，称帕卢德汗军队正在计划烧毁他的船只，而且在河道里击沉了一艘船以封堵葡萄牙人的逃跑路线时，阿尔布开克才意识到局势已经到了火烧眉毛的地步。

他计划于 5 月 31 日夜间冲出被围的城堡。葡萄牙人高度保密地进行出逃的准备。出逃的那个午夜有钟敲响。船只做好出航的准备。一群精锐的指挥官将负责掩护撤往码头的部队。有人建议放火烧毁全城，被阿尔布开克否决。他发誓要重返果阿并将其占为己有。除此之外，他铁面无情。他命令狄摩吉杀死他们扣押的所有穆斯林，不分男女老少，不留活口。大炮被钉死火门，马匹被屠宰，以防资敌。兵工厂和军用物资也被烧毁。

狄摩吉开始执行他的残酷任务。他欺骗穆斯林，让一小群一小群穆斯林男子去接受总督的视察，然后将他们杀死在大街上。但狄摩吉并没有赶尽杀绝，他把很多妇女儿童锁在一处房屋内。对那些最美丽的女人，他剥去她们的珠宝首饰，让她们女扮男装，藏匿在自己的船上。尽管葡萄牙人的撤退很秘密，但敌人还是很快就捕捉到风声。阿迪尔沙阿的士兵潮水般拥入城门。阿尔布开克设计了一项最后的策略以延缓敌人的前进。他把胡椒和铜条撒在敌人的必经之路上，于是他们纷纷停下来掳掠这些贵重物品，从而放慢了追击的脚步。其他人看到自己的亲戚被屠杀在大街上时，不禁呆若木鸡。虽然有阿尔布开克的这个计谋，但葡萄牙人在撤往码头的过程中还是一路激战。后卫部队疯狂拼杀，才确保船只得以撤离。葡萄牙舰队驶入河中，发现被敌人击沉的船只未能堵住河道。可能除了总督之外，所有人都因为得以逃生而松了一口气。但是，他们的麻烦才刚刚开始。

18 雨季的囚徒
1510 年 6 ~ 8 月

在敌人的箭雨中，他们顺流而下。背后传来阿迪尔沙阿的军号声，那是在庆祝收复城市，其中也混杂有穆斯林发现自己男性亲属被当街屠杀、妻子女儿被掳走的哀号。葡萄牙舰队在曼杜比河河口附近下锚。在战略要地帕纳吉要塞的俯视下，曼杜比河河面逐渐变宽。

他们撤退得太晚了。此时已是 6 月初，雨季大张旗鼓地驾临了。暴雨敲打着船只，劲风透过弯腰的棕榈树猛吹。河水猛涨，船头和船尾都必须束缚好，才能防止它们在激流中扭曲变形。船上，高级指挥官们激烈地争论，下一步能否脱离河口并航海到安贾迪普岛。船长们的情绪非常乖戾。他们责怪阿尔布开克本人酿成了大祸，他们应当早点撤退。他们要求逃出这陷阱。领航员们同样固执地说，现在已经办不到了。阿尔布开克最终同意拿一艘船（船长是费尔南·佩雷斯）冒险，尝试通过河口的沙坑。然而，激流将他的船冲刷到了浅滩上。在惊涛骇浪拍击下，这艘船沉没了，不过水手们得以逃生，而且从残骸上回收了火炮。另一位船长在没有得到授权的情况下尝试冲出河口，但遭到拦截，被革职。

302

葡萄牙人被大河困住了，可能要一直被困到 8 月。这是一个独特而严峻的艰难形势。

他们就这样停泊在河流正中的时候，一艘小艇打着白旗驶来。阿迪尔沙阿又派若昂·马沙多来谈判，表面上是来提出议和条件，实际上沙阿是在争取时间。他担心入侵者会猛攻并占领帕纳吉要塞，于是希望将他们牵制住足够长的时间，等他自己来控制帕纳吉要塞。然而，阿尔布开克的答复简练而严厉："果阿属于他的主公，葡萄牙国王。除非沙阿改变主意，将果阿及其领土全部奉还，否则没有什么和平可谈。"[1]

阿尔布开克的狂妄无礼让沙阿大感震惊。阿尔布开克四面受敌，动弹不得，吃了败仗，面临饥荒，居然还敢专横跋扈地提条件。沙阿口中说出的最文明的咒骂是："魔鬼的儿子！"[2]他又试了一次，让马沙多和两名城市显要人物一同返回，并提出新的建议：他不能放弃果阿，但可以把达布尔和整个霍尔木兹马匹贸易的税收赠给阿尔布开克。阿尔布开克粗暴地命令使者离去：在归还果阿之前，没什么好讲的。这是一场新较量的开端，既是心理上的，也是生理上的。在假装谈判期间，阿迪尔已经向帕纳吉要塞派驻了一支强大的队伍，并在木制堡垒里部署了火炮。另外一个炮兵阵地被部署在对面的大陆上。在中游那岌岌可危的位置上，葡萄牙人被两个炮兵阵地夹在中间，能看得到两个阵地上旌旗招展，也能听到敌人的呼喊和他们战鼓与军号的奏乐。葡萄牙人落入了陷阱，两边各有一张血盆大口。

葡萄牙人受到了五花八门的磨难。首先是炮击：他们的船只遭到两岸炮火的夹击。不过，由于舰船船体非常坚固，而沙阿的火炮口径较小，未给葡萄牙船只造成很大损伤，但不分昼夜、持续不断的炮火让葡萄牙人感到一种恐怖的不安全感，饱受折磨。阿尔布开克的旗舰"海洋之花"号因为悬挂司令旗而容易识别，是最显眼的目标，有时一天能中弹五十发。登上舰桥或桅杆瞭望台是非常危险的事情。为了减轻敌人炮火的威胁，他们不得不经常改变船只的位置，这也是困难和危险的工作。他们没有尝试还击。最好是节约火药，准备以后的战斗。水手们被困在甲板之下，大雨持续不断地敲击他们头顶的木板，他们开始生病了。

后来，在 6 月的某个时间，大雨停了。天气一连晴朗了十五天，于是出现了另一个问题：缺乏饮用水。现在没有雨水可供收集，曼杜比河河水太咸，无法入口。酷热榨干了人的体力，大家开始气喘吁吁。阿迪尔守卫着河流周围的所有水源，静静等候。他相信自己只要围困住敌人足够长的时间，就能粉碎入侵者。对葡萄牙舰队来说唯一的安慰是，狄摩吉不断援助他们。他熟悉地形，还能提供情报。在此人的帮助下，葡萄牙人发动一次突袭，去丛林中的一处山泉取水。为了小小的回报，他们经历了激烈战斗："我们吃尽苦头，终于给六十或七十个木桶装满水，但我们的大桶都没有办法装水，因为我们有很多人负伤。"[3] 根据另一份记述，"一滴水要用三滴血来换"。[4]

出乎意料的好天气使得部分葡萄牙人又一次大声鼓噪，要求尝试强行突围。船长们不断纠缠阿尔布开克，要求他起锚并再次尝试。阿尔布开克和领航员们以佩雷斯的船所遭遇运为例，固执己见。和在霍尔木兹的时候一样，总司令的顽固引发了人们缓缓燃烧的怨恨怒火。人们普遍相信，是一个偏执狂的疯子把他们强留在这里，他为了自己的骄傲，不惜让大家都丢掉性命："出于顽固，他自己要死，还要大家都跟着陪葬。"[5]

大雨再次降临，海况又变得糟糕，这证明之前若是强行突围，可能会以灾难告终。雨水也让大家的干渴消失了。他们可以用船上的木桶贮存雨水，而顺流而下的河水现在也足够淡，可以饮用了，只要他们先把河水放置一两日，让泥沙沉淀。但饥饿又开始打击大家的士气和体力。给养所剩无几，阿尔布开克施行了严格的口粮配给制度。他把储藏室严密封锁，只有他本人签字，才能打开。每人每天领到四盎司饼干。从河里能捕到少量鱼，但仅供病人食用。与此同时，狄摩吉尽其所能地搜寻食物，并派他的人乘坐小船偷偷上岸。在大船上，水手们猎杀老鼠。那些拥有储物箱的人剥掉箱子外层的皮革，将其煮熟吃掉。"普通水手忍受不住饥饿，倍感绝望，就如此果腹。"[6]科雷亚这么说是暗示贵族不会受到这样的苦难，但没有记载说贵族是否和普通水手吃同样的东西。有人到总督面前哀求一点食物，而仓库管理员尤其遭斥责。船长们指责阿尔布开克让他们遭受这样的折磨："如果没有在此地过冬——他们也曾劝他不要这样做——他们一定能避免这样的苦难……他发了疯，把他们都留在那里。"[7]人们因为恐惧而面色阴沉。淫雨绵绵，炮火昼夜不停，热带的酷暑有如地狱，人们浑身湿透，衣衫破烂，大汗淋漓，越来越被病态的恐惧控制：他们全都要死无葬身之地。

开始有人开小差了。三人从船上跳海，游到岸边。阿迪尔张开双臂欢迎他们，给他们好吃好喝，并盘问他们关于葡萄牙普通水手心怀不满与急缺口粮的情况。船长们不得不一边警惕被难对付的敌人占据的河岸，一边监视自己的部下。

对阿尔布开克来说，生死存亡在此一战。葡萄牙在印度殖民政府的所有主要人物，都被困在曼杜比河上的大雨中，敌人的炮弹不时坠落，水手和船长们越来越凶地咒骂他，斥责他造成了粮食匮乏、他的顽固不化、他的执迷不悟和虚荣。他拥有的，只剩下对明确的战略视野的信念、鼓舞士兵的言辞和严酷的纪律。这或许是他一生中最严峻的危急时刻。在霍尔木兹，他没能让部下追随他。在科钦，他遭到了大家的不信任投票。他自己制订的果阿计划也面临灾难。在他最黑暗的时刻，他"躲在舱房闭门不出，举头望天，不断祈祷"。[8]只有一小群人完全支持总督。阿尔布开克的外甥安东尼奥·德·诺罗尼亚发挥了关键作用，在狂暴的总督和越来越焦躁不安的船长们之间扮演一个安抚、软化的缓冲性角色。

在果阿的王宫，阿迪尔沙阿仔细地倾听葡萄牙叛徒描述的敌军窘境。这些人或许过于热忱地在新主子面前表现，净捡新主人想听的说，因此他打算验证一下这些人的话。他设计了一种新策略来战胜冥顽不灵的敌人。6月的某个时间（具体日期不详），一艘满载食物（成袋大米、鸡肉、无花果和蔬菜）的船打着白旗，接近"海洋之花"号。葡萄牙人派了一艘小艇去探明来意，并得知沙阿希望以光荣的方式赢得战争，而不是用饥饿迫使敌人屈服。阿尔布开克让使者在河当中等待，安排了自己的策略，以回应敌人的心理战。他命令将一只木桶锯成两截，盛满葡萄酒；日渐减少的饼干也被从仓库中取出，放在桶里展示。一群水手奉命在甲板上嬉戏，载歌载舞。使者最终被允许登船，目睹了这丰饶而欢乐的景象，阿尔布开克已经准备好了强硬的言辞：把你们的食物拿走，我们有的是吃的；若不归还果阿，就没有和平可谈。阿迪尔沙阿或许因此认为葡萄牙叛徒的话是假的，或许他看穿了阿尔布开克在这场考验双方神经的较量中的把戏。阿尔布开克的部下看到敌人把给养运走时，可能偷偷发出了最恶毒的咒骂。炮火继续嘲弄他们，扰乱他们的神经。

阿尔布开克知道，阿迪尔沙阿不会在果阿久留。在他国内，他还有其他的威胁要应对，其他的职责要履行。阿尔布开克寄希望于沙阿先放弃。在此期间，为了鼓舞士气，他提议发动一次袭击，摧毁敌人的岸炮。葡萄牙贵族们的情绪非常低沉，不肯同意。恼怒之下，他决定不管不顾，直接进攻："我是你们的总督。上帝保佑，我要举着王旗在帕纳吉岸边登陆……上船之后，我会命令奏响狄摩吉的军号。你们来不来，随便你们。"[9]他们全都选择了加入。

要发动一次两栖登陆作战，狄摩吉的浅水内河船只是至关重要的。黎明前，葡萄牙人袭击了帕纳吉城堡外的炮兵阵地，击溃猝不及防的守军，掳走了大炮和一些食物。河对岸的大炮也被消灭了。直到晚上，阿迪尔才派援兵来反击，但此时他的敌人早已安全地回到船上了。

阿迪尔原以为能用饥饿迫使葡萄牙人屈服，但葡萄牙人对帕纳吉的攻击挫伤了他的傲气。现在他必须发动进攻了。在果阿港，他命令秘密地准备一大批木筏，以便向敌人的舰队发动火攻。但这个秘密是不可能保守的。居功至伟的狄摩吉总是能够派遣间谍上岸去搜寻情报。阿尔布开克决定运用自己小船上的轻型火炮，展开先发制人的打击。虽然遇到抵抗，但他的奇袭基本上是成功的。阿迪尔的木筏被葡萄牙炮火炸得粉碎。安东尼奥·德·诺罗尼亚杀得兴起，看到敌人的一艘桨帆船停在岸边，抵御不住这种诱惑，企图将其俘获并拖走。他的膝盖不幸中箭，不得不撤退。在这片海域的战斗中，腿伤是葡萄牙人的大难题，而且常常是致命伤，要么是因为箭射中了静脉或动脉，要么是因为感染和缺乏医药。诺罗尼亚负伤后卧床不起，三天后便死去了。外甥的死对阿尔布开克影响很深。诺罗尼亚曾是总督与心怀不满的船长们之间的调解人；总督还曾安排，假如他自己死亡，由诺罗尼亚接替他。他努力封锁消息，不让阿迪尔沙阿知道诺罗尼亚的死，但敌人还是知道了。

在曼杜比河的浮动囚牢内，艰苦无聊的日子在继续：无休止的雨，食物匮乏，以及身体越来越虚弱的人们。对阿尔布开克来说唯一的亮点是，消息传来，阿迪尔与毗奢耶那伽罗的停战结束了。沙阿需要到别处去。这给了阿尔布开克很大的鼓舞，以去继续坚守，但仍然不断有水手逃亡。果阿的战斗八天之后，一个叫若昂·罗芒的人游到岸边，带来了葡萄牙船上困境的最新消息：诺罗尼亚死了，水手们疾病缠身，快要饿死，在战斗中负伤的人得不到任何医治。接着有更多人叛逃。五人、十人，然后是十五人，趁夜色从船舷逃跑，游到岸上。船上的士气在动摇，但阿迪尔沙阿急需和平。这演化成了一场意志的对决。

沙阿又一次尝试夺回主动权。他派来了更多的和谈使者。阿尔布开克对这些访客的来来去去厌烦了。他怀疑他们的动机，因为他们的到访磨损葡萄牙人的斗志、拖垮他们的抵抗力。另外，沙阿还给叛徒罗芒配了一匹马。他身穿阿拉伯服装出现在岸上，显然吃饱喝足，用他皈依伊斯兰教之后更好的命运来嘲弄葡萄牙水手。阿尔布开克又一次拒绝讲和，但这一次葡萄牙贵族要求他至少听一听对方的提议。他同意了，但决心一劳永逸地解决逃兵问题。

双方同意于次日交换俘虏。阿迪尔沙阿派他的摄政者（城内地位最显要的贵族）来谈判。使者带来了一大群骑兵，刻意搞得很隆重，以炫耀自己的实力。岸边搭起一座黑色缎子的帐篷，摄政者带着必备的译员、骑兵和步兵在那里等候葡萄牙的谈判代表。阿尔布开克派去了他的审计员佩罗·德·爱尔博伊姆，后者在葡萄牙驻印度殖民当局中是一位重要人物。德·爱尔博伊姆负责把阿迪尔的摄政者带到他的船上，同时狄摩吉的一艘船载着一名神射手若昂·德·奥埃拉斯，后者带着一张弩弓。在鼓声中，他们乘小船接近了岸边，看到那些衣着光鲜的叛徒在人群中，骑着马。其中就有罗芒，他穿着丝绸长袍，手执长枪和盾牌，嘲弄着葡萄牙人。奥埃拉斯在小船船头的桨手前方蹲伏，小船接近了沙滩。现在他们可以听得清罗芒的话了。他在辱骂总督和其他所有人，让他们去吃屎。德·爱尔博伊姆一声令下，弩手站直身子，瞄准射击。这支箭正中罗芒，击穿了他的身体，将他击倒在地，当场死亡。沙滩上的人惊得目瞪口呆，然后发出怒吼，指责葡萄牙人破坏停战。葡萄牙人解释说，叛徒在辱骂总督，这是他不能允许的，所以不要再让叛徒出现了。

摄政者终于上船，他也对谈判的简短感到吃惊。他按照东方外交的风格，以溢美之词向对方问候，提议把果阿城外的一个拥有良港、适合建造要塞的地点送给葡萄牙人，还附上 5 万克鲁扎多金币的现金，而且只有一个条件。他要求葡萄牙人交出狄摩吉。阿尔布开克叹了口气，给出了简练而严厉的回答：阿迪尔必须交出果阿，否则免谈；阿尔布开克绝不会交出狄摩吉。他粗暴无礼地将目瞪口呆的摄政者赶下船，临别时还说，除非送来果阿的城门钥匙，否则不要再派使者来了。

阿迪尔沙阿知道尝试与这样一个藐视所有规则的人谈判是毫无意义的，于是放弃了。弩手因为这一次的精彩表现而得到 10 克鲁扎多的赏金，但这未能震慑逃兵。夜间仍然有人逃走。双方陷入僵局。舰队停留在河上。葡萄牙贵族的心怀不满骤然爆发成公开的反叛，具体的情形非常怪异。

之前果阿城被穆斯林占领的时候，狄摩吉把一些穆斯林妇女和女童，其中一些人来自后宫，偷偷掳走了。现在有人提议，用这些俘虏作为讨价还价的筹码。阿尔布开克震惊了。他已经忘了这些俘虏的存在。他询问狄摩吉，她们现在何处，为什么没有报告他。狄摩吉支支吾吾：她们已经被交给了船长们，分给大家，并且"其中很多人已经皈依基督教"。[10]总督看到部下互相勾结、隐瞒此事，并且让女人留在船上会多么严重地影响纪律，更不要说不道德的行为了，于是不禁大怒。他要求狄摩吉把这些女人交出来。他继续深挖此事，得知其中一些女人已经"嫁给"了舰队的水手，不肯与她们的情人分离。他做了务实的选择，而且害怕水手制造麻烦，于是简单地将这些"婚姻"合法化，尽管并没有举行正式的仪式。这让他的随军神父非常不满，神父宣称这种做法不符合教会法。"那么就遵守阿方索·德·阿尔布开克的法律吧。"[11]阿尔布开克专横地答道。

还有一些来自穆斯林后宫的妇女和女童并没有皈依基督教，其中包括比较美丽的那些人。她们不肯与普通水手发生关系，而是受到了一些年轻葡萄牙贵族的注意。阿尔布开克将这些女人转移到"海洋之花"号上，将其锁在船尾的一个舱室，由一名太监看押。这让一些葡萄牙贵族非常恼火，因为他们的玩乐就这样被强行打断了。太监很快向总督报告了一些可疑的动静。他确信有人在夜间想方设法进入舱室，不过他说不准具体是谁。阿尔布开克派了一艘小艇监视。随后几夜，小艇上的哨兵观察到，有时是一人，有时是三人，从附近的"玫瑰"号游过来。一个人偷偷爬上船舷，有一个舱门不知何故已打开，借此他溜进了"后宫"。哨兵认出他是一个叫作鲁伊·迪亚士的年轻贵族。

阿尔布开克找来他的两名最亲近的谋士。他暴跳如雷，因为就在整个舰队遭到攻打的困难时期，竟有人背着他，偷偷摸摸、不服从纪律、不遵守道德，在他的旗舰上搞这些桃色勾当。他们同意，"因为在这样的时期，在这样的地方，如此放肆地与穆斯林女人同寝，是罪大恶极"，[12]而这只能有一个惩罚：迪亚士应当被处以绞刑。

鲁伊·迪亚士正与"玫瑰"号的船长若热·福加萨下棋，这时有人用力抓住了他的肩膀："以国王的名义，跟我们来！"[13]一群士兵将迪亚士押到艉楼甲板，在他脖子上套了绞索，准备把他吊起来。哗变就在这时爆发了。福加萨大步向前，割断绞索，并大喊起来，有人要绞死鲁伊·迪亚士。贵族船长们的所有不满情绪一下子沸腾了。消息不胫而走：总督在没有恰当解释的情况下，就要处死高贵的鲁伊·迪亚士。舰队骚乱起来。一群葡萄牙贵族登上小艇，升起旗帜，沿着舰队的战线航行，煽动叛乱。整个舰队开始处于大规模哗变的边缘。在岸上观察的穆斯林欢呼起来，对着越来越严重的骚乱大呼小叫。

与此同时，押解迪亚士的士兵的长官向"海洋之花"号呼喊，他的犯人被劫走了。阿尔布开克暴跳如雷，登上一艘小艇，亲自去直面哗变者。叛乱是对总司令至高无上权力的挑战。他们抱怨他以"专横跋扈的权力，在没有与船长们商议的情况下"[14]，就要绞死迪亚士。而且更糟糕的是，处决贵族的方法照例应当是斩首，而绞刑是对待平民犯人的；他要绞死迪亚士，这是对贵族礼节的严重藐视。阿尔布开克对他们的话一概充耳不闻，将叛乱的头目逮捕并铐起来，然后将迪亚士吊死在"玫瑰"号桅杆上，杀一儆百。

这次叛乱是几个月以来的紧张与困难酿成的恶果，鲁伊·迪亚士的处决仍然是一个有争议的话题，是阿尔布开克名誉的一个污点。在极端的情况下，他固执己见，专断跋扈，不肯听别人的意见。安东尼奥·德·诺罗尼亚曾对他那粗暴的领导风格起到一定的缓和作用，但诺罗尼亚已经不在人世。此事是霍尔木兹事件的重演。他不能够理智地领导部下，这已经让他臭名昭著。阿尔布开克虽然暴躁易怒，但也很快就能悔改。他努力与四名被囚禁的叛乱头目修复关系，因为在舰队的生存斗争中，这四个人是至关重要的。就像在霍尔木兹一样，他们拒绝与他合作。迪亚士之死将始终困扰阿尔布开克，直到他去世为止。

阿尔布开克知道阿迪尔沙阿急需离开，因为他有别的战争要打。角力在继续。8月到了，天气开始好转，雨停了。从曼杜比河那讨厌的囚牢逃脱的可能性在增加。阿尔布开克命令狄摩吉去搜寻给养然后回来，继续坚持，等待阿迪尔沙阿的耐心耗尽。但他的部下再也忍受不了，他们哀求起航离去。他不情愿地让步了。"于是，8月15日，即圣母蒙召升天日①，趁着吉利的风，总督率领整个舰队从河流出发，前往安贾迪普岛。"[15]他们在曼杜比河被困了七十七天，始终忍受着暴雨、饥饿和火炮轰击。忍耐这些困难并生存下来，已经差不多可以算一次胜利了。然而，对阿尔布开克来说，果阿的事情还不算完。就像霍尔木兹事件之后一样，他发誓要重返果阿并定要得胜。他这个愿望实现的速度令人瞠目结舌。

---

①　根据天主教教义，耶稣的母亲玛利亚在结束今世生活之后，灵魂和肉身一同被上升到天堂。天主教、东正教、东方正统教会和部分圣公会团体承认这个神学观点，天主教将其作为正式教义的一部分。绝大多数的新教教派则强烈反对这个神学观点。

19　恐怖的手段
1510 年 8 ~ 12 月

在安贾迪普岛，阿尔布开克意外地遇见了一支拥有四艘船的小舰队，正要开往遥远的马来半岛的马六甲，指挥官是迪奥戈·门德斯·德·瓦斯康塞洛斯。曼努埃尔一世漫不经心地命令这支微薄的力量去征服马六甲。这支舰队的部分资金是佛罗伦萨投资者提供的，他们的代表包括乔万尼·达·恩波利，此人曾与阿尔布开克一同参加之前的一次远航。恩波利发现总督"因为在果阿遭受的失败而非常不悦，对其他许多事情也很恼火"。[1]

恩波利那保存至今的记述，可能是两年后他在巴西海岸因无风受困且身患坏血病期间写下的，语调非常尖酸和暴躁。恩波利写道，阿尔布开克对果阿十分痴迷，一心要东山再起，尽快将其收复。他需要尽其所能地搜罗兵力，包括预定前往马六甲的船只。而且有鉴于在曼杜比河上受的灾祸，他需要用狡黠的策略来赢得指挥官们的同意。他认识到果阿岛的潜力，也担心鲁姆舰队会卷土重来，将其变成一座坚不可摧的基地进而损害葡萄牙的利益。他强调，即将有一支鲁姆舰队杀来。在恩波利看来，埃及人的威胁已经变成了一场

314

虚假战争①："关于鲁姆人的消息和之前许多年传播的一样，但我们始终无法知道真相……目前对这种消息不能当真，因为穆斯林人说的话不能信。"[2]私下里，他指控阿尔布开克在第乌的马利克·阿亚兹帮助下伪造信件，作为埃及舰队即将到来的证据。

不管真相如何，阿尔布开克很快就劝诱、威逼和哄骗他的舰队，以及要预定前往马六甲的船只，发动了一场新的战役。考虑到科钦和坎纳诺尔的葡萄牙人都不太愿意再去攻打果阿，他能办成这事，也算很厉害了。始终保持高度警觉的狄摩吉传来消息，阿迪尔沙阿已经离开了果阿，与毗奢耶那伽罗打一场新的战争。这真是天赐良机。阿尔布开克花了两个月时间整修舰队，并为其囤积给养。10月10日，在科钦的一次会议上，他将自己的意志强加于船长们：谁愿意跟随他，就一起走；不愿意去的人，就向国王解释好了。他摆平果阿的事情之后，会迅速处置马六甲和红海的问题。他又一次凭借自己的个人威势和恫吓，称心遂愿了。迪奥戈·门德斯·德·瓦斯康塞洛斯和满心不情愿的佛罗伦萨人不得不同意暂缓开往马六甲。就连鲁伊·迪亚士事件中的哗变者，虽然更愿意留在监狱里，但也被释放，加入了舰队。16日，阿尔布开克给国王写了一封信，为自己的举措辩护，并又一次解释了他为什么坚持要拿下果阿："陛下会看到，假如陛下拥有了果阿，会把整个印度扰乱……沿海没有比果阿更

----

① "虚假战争"的典故：第二次世界大战时，从1939年9月德国人侵波兰到次年5月德国人侵西欧之间，在法德边境上，双方虽然已经互相宣战，但都按兵不动。又称"静坐战"。

好、更安全的地点了，因为它是一个岛屿。假如丢掉了整个印度，还能以果阿为基地，将其收复。"[3]这一次不仅仅是征服果阿就算完了，他还打算彻底消灭果阿的穆斯林。

次日，他率领十九艘船和一千六百人扬帆起航。到 11 月 24 日时，舰队已经返回了曼杜比河口。葡萄牙人渐渐获得了许多盟友。因为印度沿海地区四分五裂，各小国之间有着错综复杂的权力斗争，所以他们成功把一些小国拉入了自己的势力范围。据说霍纳瓦尔的苏丹派来了一万五千名陆军士兵。狄摩吉征集了四千人，并提供六十艘小船。但阿迪尔沙阿在果阿也留下了防御力量。他部署了八千人的驻军，主要是来自奥斯曼帝国和伊朗的经验丰富的雇佣兵，葡萄牙人称之为白土耳其人，还有一些懂得铸炮技术的威尼斯和热那亚叛教者。

阿尔布开克决定不再等待，于是在 11 月 25 日，即圣凯瑟琳瞻礼日，兵分三路，从两个方向攻打果阿城。随后发生的，不是他一直努力灌输的纪律严明、井然有序的军事战术的胜利，而是葡萄牙人传统的狂暴鲁莽的战法的胜利。士兵们高呼"圣凯瑟琳！圣地亚哥！"冲过城下的壁垒。一名士兵将自己的兵器插入正在被守军关闭的城门的门缝里面，阻止城门关闭。在另外一个地段，一名叫弗拉迪克·费尔南德斯的身手敏捷的小个子将长矛插入墙缝，借力跳上胸墙，站在那里挥舞一面旗帜，呐喊道："葡萄牙！葡萄牙！胜利！"

守军闻风丧胆，未能关闭城门。葡萄牙人将门推开，潮水般一拥而入。守军后撤时，遭到从另一扇门冲进来的其他葡萄牙士兵的冲杀。战斗非常血腥。葡萄牙编年史家记载了一些疯狂的蛮勇行为。最早杀入城的人之一，曼努埃尔·德·拉塞尔达，眼睛下方被一支带倒刺的箭射中，插得极深，拔不出来。他折断了箭杆，血淋淋的脸上还插着半截箭，继续厮杀。另外一个人，热罗尼莫·德·利马一直奋战到伤重而瘫倒在地。他的兄弟若昂发现了他，想陪在奄奄一息的热罗尼莫身旁，在他生命的最后一刻抚慰他。垂死的人抬眼看着兄弟，指责他在战斗中停顿。据某一种版本的记载，他说道："兄弟，继续杀去吧！我要走自己的路了。"[4]若昂回来的时候，发现他已经死了。

穆斯林的抵抗土崩瓦解。他们企图通过浅滩逃离城市，很多人因此溺亡。成功通过浅滩的人则遇上了葡萄牙的印度教徒盟军。"他们从渡口和山上过来支援我，"阿尔布开克后来写道，"他们斩杀了所有从果阿逃走的穆斯林，不留一个活口。"[5]仅仅花了四个小时，战斗就结束了。

阿尔布开克关闭了城门，以阻止自己的士兵不知节制地猛追敌人。然后，他准许士兵洗劫和屠戮全城。这是一场血腥的惨剧。他要清剿城内的所有穆斯林。阿尔布开克后来向国王描述了自己的行动，丝毫没有悔意。

> 天主帮助我们成就了伟大的事业，因为他希望我们成就一桩丰功伟绩，甚至超过我们所祈祷和希冀的……我烧毁了这座城市，将其居民尽数屠戮。我们的人一连屠杀了四天，一刻不曾停歇……只要我们能去的地方，没有饶恕一个穆斯林的性命。我们把他们驱赶进清真寺，把清真寺点燃。我命令不准杀害任何印度教徒农民

或婆罗门。我们估计，穆斯林男女死者的人数为六千。陛下，这是一项了不起的事业。[6]

被活埋的人当中有一个葡萄牙叛徒，他曾在曼杜比河的战斗期间游到岸边投敌。佛罗伦萨商人皮耶罗·斯特罗齐写道："没人能逃得性命。不分男女，甚至孕妇和婴儿，都被赶尽杀绝。"[7]死尸被喂给鳄鱼。恩波利回忆道："屠杀的规模极大，以至于河里满是污血和死人，一周之后，潮水把死尸冲刷到岸边。"[8]显然鳄鱼也没能吃光所有的尸体。

阿尔布开克向曼努埃尔一世描述此事时用的词是"清洗"。他这是要杀一儆百。"这种恐怖的手段，能够不战而屈人之兵。"他写道，"我没有留下一座墓碑或伊斯兰建筑。"[9]事实上，他不可能把城内所有人都杀光的。一些"皮肤白皙、容貌姣好的"[10]穆斯林妇女被留下，后来被嫁出去。根据各方面的记载，葡萄牙人对果阿的洗劫都是声势浩大的。斯特罗齐目睹葡萄牙人掳走的东方财富，简直眼花缭乱。他在给父亲的信中写道："那里能找得到世界上所有的财富，既有黄金，也有珠宝……我觉得东方人除了打仗之外，在不计其数的方面都比我们优越。"他最后表达了懊恼，不过还是觉得自己运气不错："我没能参加抢劫，因为我负伤了。不过我还是幸运的，因为我中的不是毒箭。"[11]

圣凯瑟琳瞻礼日快结束的时候，阿尔布开克亲自问候得胜的指挥官们，并感谢他们的辛劳。"很多人受封为骑士，"恩波利记载道，"包括我自己。"但这并没有软化他对总督的敌视态度。"当骑士比当商人好"，[12]他补充道，想起了葡萄牙贵族对商业活动的相对轻视。第一批欢迎阿尔布开克入城的人当中包括曼努埃尔·德·拉塞尔达。他骑着一匹装饰华美的骏马，那是他从自己杀死的一名穆斯林手中夺来的。他面颊上仍然插着断箭，浑身是血，"阿尔布开克看到他面部带箭，铠甲上尽是血，于是上前拥抱他，吻了他的面颊，说道：'你就像受难的圣塞巴斯蒂安①一样光荣。'"【13】德·拉塞尔达的形象成了葡萄牙传奇的一部分。

果阿失陷于一小群葡萄牙人之手，令印度各大帝国瞠目结舌。阿尔布开克的惊人之举迫使印度人重新考量战略。遥远的国度派来使者，向阿尔布开克献礼致敬，并评估和思考葡萄牙人的征服意味着什么。

关于如何维持和保障这个新的帝国，阿尔布开克有一些新颖的想法。他知道葡萄牙人的人数是多么少，他们的死亡率是多么高，而且缺少妇女。他立刻开始推行异族通婚的政策，鼓励葡萄牙平民（士兵、石匠、木匠）与当地女人结婚。与葡萄牙人通婚的当地女性一般是低种姓的印度教徒，她们接受了洗礼，得到馈赠作为嫁妆。与印度人通婚的葡萄牙男人被称为"卡萨多"②，也会得到经济补助，以奖励他们迎娶当地女人。收复果阿的两个月之内，他就安排了两百门这样的婚事。他努力建立一个忠于葡萄牙的当地的基督教化群体，这种政策很务实。但阿尔布开克在另一方面也很开明，他对果阿女性的福祉表达了关切。他努力禁止寡妇殉

---

① 圣塞巴斯蒂安为基督教的殉道烈士，卒于约 288 年，据说死于罗马皇帝戴克里先迫害基督教期间。他一般被描绘为被捆在树上，身上中箭。

② 意思是"已婚男人"。

夫，并授予女性财产权。他的婚姻政策遭到了愤慨的基督教士和政府官员的大力反对，但启动了创建一个持久的印度 – 葡萄牙社会的过程。

与此同时，被意外改变行程的迪奥戈·门德斯·德·瓦斯康塞洛斯，毕竟肩负着占领马六甲的御旨，已经在焦躁地渴望起航了。很显然，他的四艘船若是没有援助，不大可能取得什么成绩。阿尔布开克在 8 月时收到了鲁伊·德·阿劳若的一封信。阿劳若是在前一次去往马六甲的远航中被当地人扣押的六十名葡萄牙人质之一。阿劳若的信语调绝望："我们等候您的驾临……愿上帝保佑，让您能在五个月内抵达，否则我们就全都活不了。"他在信中提供了大量关于马六甲政治和军力的信息。马六甲城很大，不过防御并不稳固，但"即便未必真的需要这么多兵力，阁下也必须率领全部力量到此，以期在陆地与海洋震慑敌人"。[14] 1511 年 4 月，阿尔布开克起航，开始了一次新的征服。他在果阿只停留了四个月。

阿尔布开克不知道的是，就在这一年，葡萄牙人对马穆鲁克王朝还施加了另一次沉重打击，地点是地中海。8 月，一队军用桨帆船在安德烈·多·阿马拉尔（罗德岛上圣约翰骑士团的一名葡萄牙骑士）的率领下，拦截并消灭了一队从黎巴嫩向埃及运送木材的船只。这些木材是用来建造一支新舰队以为第乌的失败报仇雪恨的。马穆鲁克王朝完全依赖于从地中海东部进口木材。没了木材，他们就束手无策了。这次灾难让他们的海军实力倒退了许多年。

20　太阳的眼睛
1511 年 4 ～ 11 月

　　葡萄牙人在印度洋的第一个十年里，对他们来讲，时间的流逝既快又慢。里斯本与印度之间的通信肯定是曲折而艰难的，王室的一道命令从发布到接到回复起码需要一年。但葡萄牙人的学习能力和取得的成绩是超乎寻常的：地理、文化与语言知识的搜集整理，地图的绘制和对政治微妙之处的理解，都以惊人的高速进行，因此从 1510 年的角度看，瓦斯科·达伽马第一次远航几乎已成为传说。他那些饱经风霜的船只于 1499 年回国时，带去了来自远方的关于马六甲的道听途说：若风向有利，马六甲距离卡利卡特"四十天航程……所有丁香出产于那里。那个国度有许多大鹦鹉，羽毛火红"。[1] 到 1505 年时，国王已经在漫不经心地命令阿尔梅达探索新的海域："发现"锡兰、中国、马六甲和"目前尚不了解的其他地区"，[2] 并在新发现的土地上竖立石柱。浑身精力用不完的葡萄牙人永远在贪婪地渴求新的视野。

　　一年后的 1506 年，马六甲成了葡萄牙的一个主要战略目标：阿尔梅达奉命立刻前往该海域，只在马拉巴尔海岸保留少量兵力。促使国王突然发布此项命令的，是折磨他良久的对竞争的畏惧：有消息传来，"一支卡斯蒂利亚舰队……

准备在这一年夏季出航，去搜寻马六甲"。[3]《托尔德西利亚斯条约》的不确定性也困扰着国王。1494 年设定的葡萄牙与西班牙势力范围的分界线环绕整个地球，卡斯蒂利亚人相信马六甲属于他们在地球另一边的势力范围。哥伦布也坚信他发现了通往东方的直接航路，所以里斯本方面非常担心西班牙人或许能向西航行而抵达马六甲。这似乎是一场直截了当的竞争。阿尔梅达只派遣两个人登上一艘商船，去寻找马六甲，不过这艘船始终未能抵达那里。副王认为自己是不可能亲自去的，因为他在马拉巴尔海岸的脆弱立足点受到了威胁。曼努埃尔一世认为阿尔梅达是在故意拖延，于是在1508 年派了一支小舰队直接从里斯本出发，去马六甲建立一个贸易站。这支远征队命途多舛，其幸存者如今被马六甲苏丹扣押，他们的书信在恳求阿尔布开克过来援救。

同时，葡萄牙人也越来越深刻地认识到马六甲城的价值。它坐落于马来半岛西海岸，地理位置具有重大的战略意义，因为它控制着去往印度的海路。在不到一个世纪的时间里，马六甲就从一个贫困的小渔村发展成世界贸易的主要中心之一。"马六甲非常伟大和富庶，其价值难以估量，"葡萄牙商人托梅·皮莱资①写道，"马六甲是一座为商业而生

---

① 托梅·皮莱资（1465？～1524 或 1540 年），葡萄牙药剂师、作家、航海家。他是首批到达东南亚的欧洲人之一，也是中国明朝以来，葡萄牙乃至整个西方世界首位进入中国的使者，时间为明代正德年间。1517 年，他与假马六甲使者、翻译火者亚三随船来到广州近海，向明朝政府要求建立关系。1518 年，他获准在广州登陆，不久抵达南京，经贿赂宠臣江彬后获得正在南巡的明武宗的接见，然后随武宗来到北京。1521 年，武宗驾崩，中葡爆发屯门海战，皮莱资被明世宗下令押解到广州听候处置。嘉靖三年（1524）5 月，皮莱资因病死于广州监狱，也有些记载说他在江苏住到 1540 年并死于江苏。

的城市，比世界上其他任何城市都更适合商贸；雨季在这里
终结，兴旺的事业在这里萌芽。马六甲居于熙熙攘攘的商业
活动的中间，方圆 1000 里格之内所有不同民族的商业贸易
都要通过马六甲。"[4] 它将印度洋和西方所有地区的贸易与
南海和太平洋的商贸连接起来。中国的平底商船撤离印度西
海岸之后，马六甲就成了它们的目的地。他们称之为"太
阳的眼睛"。它是地球上最为国际化的城市。按照皮莱资的
说法，在马六甲可以听到八十四种语言。他列举了欧洲之外
的众多商贸民族：商旅来自开罗、霍尔木兹、果阿、柬埔
寨、帝汶、锡兰、爪哇岛、中国和文莱。就连鹦鹉也会说多
种语言。马六甲经营羊毛织物、威尼斯的玻璃和铁器、阿拉
伯半岛的鸦片和香水、波斯湾的珍珠、中国的瓷器、班达群
岛的肉豆蔻、孟加拉的布匹和摩鹿加群岛的香料。马六甲比
里斯本更大，人口和威尼斯差不多，有超过十二万人。"毫
无疑问，马六甲非常重要，利润丰厚，所以我觉得它在世界
上没有可以与它媲美的对手。"[5] 皮莱资如此写道。统治马
六甲的是一位穆斯林苏丹。曼努埃尔一世急切想要的，不仅
是营救人质，还有马六甲的财富。

该地区的主要势力是爪哇岛和古吉拉特的穆斯林。马六
甲距离阿拉伯半岛太远，所以阿拉伯的三角帆船无法在一个
雨季内抵达。古吉拉特商人是来自印度洋西部的贸易中间
商，对马六甲苏丹最有影响力。就像在卡利卡特一样，古吉
拉特商人担心葡萄牙人与他们竞争，于是说服苏丹，摧毁了
葡萄牙贸易站，抓了人质。

阿劳若的求救信为阿尔布开克提供了大量关于马六甲城

的信息。他遵照阿劳若的建议，率领自己能够召集的全部力量出征，目标是震慑住敌人。他带来了十八艘船，其中十二艘是克拉克帆船。人手的问题比较大。他只有七百名葡萄牙人和三百名马拉巴尔士兵，却要对付可能非常庞大的土著军队，而且这还是一次极其大胆的远距离攻击。他必须航行1500英里，跨过印度洋东部，假如遇到困难，很难找到歇脚点。途中阿尔布开克损失了一些船只，而且他自己的旗舰"海洋之花"号的船龄已经有九年，适航性越来越差。

舰队遵循阿劳若的建议，一路烧杀抢掠，散播恐怖，俘虏穆斯林船只，咄咄逼人地访问苏门答腊岛沿海的臣属于马六甲的小邦。对很多人来说，这是一片全新的海洋。看不见印度洋西部的阿拉伯三角帆船的踪影，取而代之的是苏门答腊岛和爪哇岛的平底船，它们是四桅帆船，坚固，高侧舷，"用非常厚的木板建成，与我们的船差别很大"。他们有很多机会对这些平底船感到好奇。他们遇见了一艘比雄伟的"海洋之花"号还要高大的平底船，"简直和城堡一样固若金汤，因为它有三四层重叠的甲板，所以炮火也奈何不了它"。[6]它抵挡葡萄牙人的大炮一连两天。直到他们用炮火打飞了它的舵，它丧失了机动力后才不得不投降。"因为平底船很高，他们下船时走过的跳板的倾角有20度。"[7]

乔万尼·达·恩波利也被阿尔布开克拖进了此次远征。他不情愿地奉命上岸，向敌视葡萄牙人的苏门答腊岛王公们发出和平建议。这个佛罗伦萨人抱怨道："阿尔布开克仿佛对我的死活完全不在乎。"7月1日前后的某个时间，舰队抵达了马六甲，"在城市前方停船，我们没有开炮，放下船锚，等待当地国王派使者来岸边见我们"。据恩波利说，这座城市"离海岸非常近，房屋鳞次栉比，人口稠密，延伸足有3里格长，非常美丽"。城市沿着海岸延伸。低洼的沼泽地带、棕榈叶屋顶的房屋之间偶尔可见清真寺尖塔。一条河穿城而过，注入大海，入海口有一座坚固的桥梁，将城市一分为二。

马六甲完全依赖贸易而生存；它的背后是疟疾肆虐的热带雨林，是老虎和鳄鱼的巢穴。当地属于热带气候，令人难以忍受的湿热会榨干身穿铠甲的人的生命力。港口船只云集。恩波利写道："帆船与平底船之间，大约有一百张帆，还有大量划艇与具有三十或四十支桨的舢板。"他还评论称："港口很美观，并且不怕任何风……可以容纳两千艘满载货物的船……因为水最浅的地方也有4英寻。"有一些来自中国的平底船，载着"白人，和我们一样，穿着打扮是德意志风格，穿着法兰西式靴子和鞋子"。[8]中国人和印度教徒商人似乎都很友好。

苏丹和总督之间发生了一场高度紧张的僵持。苏丹穆罕默德希望先签订和平协议，以保障船只的安全通航（因为他的财富依赖于商船），然后才肯交出被扣押的葡萄牙人质。阿尔布开克要求先归还人质。于是，双方僵持不下。苏丹在古吉拉特和爪哇穆斯林的辅佐下，企图玩弄季风的计谋，即故意拖慢谈判，等待天气迫使葡萄牙人离开。同时，他也派人密切监视入侵者。他知道葡萄牙人的人数是多么少，于是准备防御工作。

阿尔布开克不耐烦了。7月中旬，他炮击城市，烧毁了

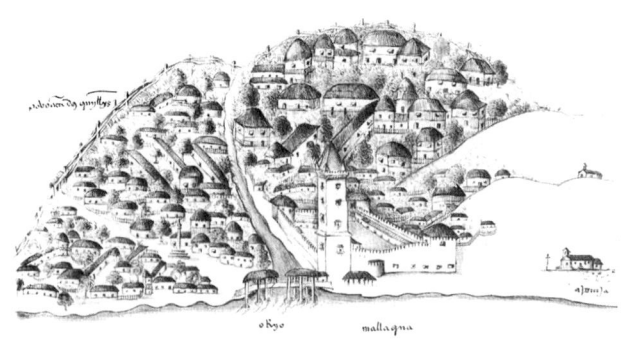

**地势低洼的马六甲城被河流分成两个部分，加斯帕尔·科雷亚
在葡萄牙人占领马六甲并建造要塞不久后绘制了这幅图**

海边的一些房屋以及古吉拉特的平底船。苏丹匆匆回到谈判
桌前。他给人质穿上华丽衣服，将其释放。阿尔布开克提出
了更高的要求：允许葡萄牙人建立贸易站和一座防御要塞，
并重金赔偿葡萄牙人蒙受的损失。他可能估计到对方最终不
可能接受这些条件，因此在积极备战。阿劳若和中国人从城
里泄露出来的大量信息对阿尔布开克帮助极大。苏丹名义上
拥有两万名士兵、二十头战象，还有大炮与弓箭手。实际上
这些数字并不让人肃然起敬。他的大炮质量很差，缺少火药
和训练有素的炮手，而且实际上拥有武器、能够作战的士兵
只有约四千人。苏丹继续支吾搪塞，并在桥梁两端建造坚固
的防御工事。同时，他用铁制尖钉保护海滩，并用稻草盖住
这些尖钉，还准备了成袋的火药。

　　阿劳若敦促总督立刻行动，不要浪费时间。时间拖得越
久，敌人的防御就越牢固。在惯例的作战会议上，阿尔布开
克敦促指挥官们支持他的计划，并理解此役的全部意义：他

们需要在此地建造一个贸易站，因为马六甲"是东印度群岛人口最稠密的城市，位于所有利润丰厚的商贸活动的中心和终端"。[9]要建造贸易站，就需要一座坚固的要塞，他对此非常坚持。大家似乎达成了一致意见。

他们精心准备攻势。马六甲的关键是河上的那座桥梁。占领了桥梁，城市就被切割成两块了。于是阿尔布开克兵分两路，一路在河流西岸登陆，那里有一座清真寺，王宫也在那里；另一路由总督亲自指挥，在东岸登陆，城市的主要部分在那一侧。两路军队将在桥梁处会合。中国人表示愿意帮忙，但阿尔布开克决定不让他们参加战斗，而是请他们提供运输船，协助他的部队登陆。7月24日（圣雅各瞻礼日）黎明前两个小时，攻势发动了。他们向海滩抛掷宽阔的木板，以保护士兵在接近敌人的防御工事时免遭尖钉和火药的伤害。马六甲人的炮火基本上没有杀伤力。葡萄牙人身披重甲，但遭到了箭雨袭击。敌人还有一种用吹管吹出来的短而薄的飞镖，上面涂有某种鱼的毒液。如果毒素进入血液，伤者几天内必死无疑。

阿尔布开克的士兵快速推进，争夺桥梁的战斗很激烈。在另一路，葡萄牙人终于冲过了防御工事，苏丹决定亲临战场、身先士卒。他的二十头战象横冲直撞地在大街上走来，将阻拦它们去路的所有东西都撞得粉碎，后面跟着一大群人。弓箭手从城堡内向入侵者射出箭矢，象夫催动战象前进，战象的长牙上还挂着剑。苏丹乘坐大象亲自带队。面对这恐怖的景象，葡萄牙人开始撤退。只有两人坚守，用长枪对抗苏丹乘坐的那头狂暴的大象。一个葡萄牙人用长枪戳它的眼睛，另一个刺它的肚子。受伤的大象因剧痛而狂躁，怒吼起来，转过身，用鼻子抓住象夫，将他摔死在地上。跟在后面的大象乱作一团，喇叭声响彻云霄。苏丹从自己大象的背上溜下逃走，但战象队伍的冲锋被阻住了。象群乱哄哄地散开，丢下一些被踩成肉饼的尸体。

浓烟滚滚，杀声震天，飞镖呼啸，葡萄牙人高呼"圣雅各！"终于冲上了桥梁。此时已经到了正午，太阳升到了最高点。披着板甲、饿着肚子厮杀了几个小时之后，葡萄牙人因为潮热的天气而精疲力竭。阿尔布开克命令用船帆搭建凉棚，但士兵们已经一点儿力气都没有了。他们没有精力去修建防御工事，以巩固好不容易得来的桥梁。阿尔布开克单方面决定撤退，令正在渴望掳掠战利品的指挥官们大怒。为了在挫折面前鼓舞士气，他派遣了一些小队去烧毁苏丹的部分建筑和清真寺。他们遇见一座金碧辉煌的木亭，它被承载在一辆巨型战车上，战车有三十个轮子，每个轮子都有一个房间那么高。这座移动亭子本来是用于苏丹的女儿和邻国君主的婚礼游行的，"上面挂着丝绸织物，外面挂着旗帜。它被付之一炬"。[10]对葡萄牙人的战略失败来讲，这至少算是一点安慰。桥梁被放弃了。葡萄牙人掳走了七十二门炮，带走了自己的伤员。"中了毒镖的人几乎全都死了，唯一的幸存者是费尔南戈梅斯·德·莱莫斯，他中毒镖之后，迅速用滚烫的猪油烫伤口。除了感谢上帝之外，这种疗法是挽救他性命的第二功臣。"[11]

战斗出现了一个不确定的间歇。苏丹宣称自己大感困惑，因为他明明已经释放了人质，却横遭攻打。他提议和谈。他这是在争取时间，等待天气变化。葡萄牙人的失败给了他新的自信。他重建防御工事——围栏、海滩上的陷阱（如今在铁制尖钉上涂了毒药），并在城内建造了障碍物。然而，阿尔布开克已经拿自己的雪白美髯起誓，一定要对马六甲复仇，决不放弃。

对葡萄牙人来说，问题仍然是掌控城市入口的那座高高的桥梁，现在那里的防御比之前厉害多了。解决的办法是居高临下地攻击它。阿尔布开克可能记起了在马六甲海峡与平底船进行的持续两天的难忘战斗，那次战斗表明平底船是多么坚固。于是他强征了港内的一艘爪哇四桅平底船，装上许多大炮，交给安东尼奥·德·阿布雷乌指挥，然后把它拖曳到桥梁处。这艘船吃水很深，所以只能在涨潮时驶近桥梁；最后，它搁浅在一个可俯瞰桥梁的沙洲上。平底船处于守军的火力射界之内，遭到了猛烈炮击，但它安然无恙。守军从河流上游放下来装满木材、沥青和油的木筏，企图火攻平底船。葡萄牙人乘小船，用带有铁制尖端的长鱼叉将火攻木筏拨开。阿布雷乌面部中了一枚火枪子弹，牙齿被打碎，舌头的一部分被打掉，但当阿尔布开克命令别人接替阿布雷乌时，他直截了当地拒绝，并宣称"只要他还有脚能走路，有一部分舌头能发布命令，只要他还有一丝气息，他就不会把自己的岗位交给任何人"。[12] 阿布雷乌留在平底船上，准备炮击桥梁。

阿尔布开克为第二次攻势做的准备比上一次考虑得更周全。他除了准备大量弩弓外，还预备了木桶、鹤嘴锄、铁锹和斧子，以便在攻下桥梁之后迅速建立防御工事；他准备了大量木栅栏，以便保护推进的士兵免遭火枪和毒镖袭击；他还准备了大量木板，铺设在布有陷阱的沙滩上。万事俱备。他允许中国人带着礼物和祝福起航离去。8 月 9 日，他传唤所有船长和贵族，召开了又一次会议。

很显然，许多人在第一次进攻失败和总督单方面做出撤退决定之后嘟嘟哝哝。马六甲吹管毒镖着实令人胆寒，而在热带的酷暑中建造一座要塞的想法也不吸引人。葡萄牙贵族始终觉得建造要塞的任务对他们来说太低贱了。他们更愿意掳掠一番然后返航。根据不同的记载，阿尔布开克发表了一次热情洋溢的演讲。他介绍了对印度洋的整个战略计划。如果扼杀红海的穆斯林贸易是最终目标，那么马六甲，"所有利润丰厚的商品与贸易的中心和终端"，[13] 是战略计划的一个关键部分。它是"所有香料、药品和全世界财富的来源……通过它输送到麦加的胡椒比途经卡利卡特的多得多"。[14] 占领了马六甲，就扼住了开罗、亚历山大港和威尼斯的咽喉，阻挡了伊斯兰教的传播。"谁是马六甲的主人，谁就掐住了威尼斯的咽喉。"[15] 这是托梅·皮莱资的话。

阿尔布开克准确地把握了印度洋贸易的神经中枢，以及马六甲为什么重要。他努力让葡萄牙贵族们放心，不管葡萄牙人的数量多么少，他们可以占领并公正地统辖马六甲，可以借助当地的盟友来守住它。阿尔布开克不是要洗劫一座城市，而是在建设一个帝国。他的主要关注点就是：没有一座要塞，是守不住马六甲的。他直视指挥官们，希望能够确定他们会致力于要塞的建筑工程。他把这一点说得非常明确。

"如果不能用一座要塞守住这个地方，那么我就不打算派遣士兵上岸去占领它。不管能掳到多少战利品，我也不会拿一个人的生命冒险，因为我觉得那样不符合我主国王陛下的利益。"[16]这是一个强有力的呼吁，将帝国霸业与圣战狂热、骑士的责任感、个人利益联系在一起。倾听他的指挥官们的脑子里一定在觊觎马六甲的"黄金城墙"，[17]但阿尔布开克一定要他们都承诺参与建造要塞，才同意继续作战。他凭借强大的个人意志力，终于得胜。葡萄牙贵族或许寄希望于马六甲缺少石料因此无法建造要塞，宣称自己"为一切工作准备就绪，愿意建造一座要塞"，还鲁莽地说，"如果需要的话，就建造两座"。[18]阿尔布开克为了保护自己，明智地把大家的表态记录在案并妥善保管。

1511 年 8 月 10 日，涨潮了。他们希望潮水能把拥有城堞的平底船从搁浅的沙洲松动出来，把它送到离那座战略桥梁更近的位置。他们准备用一千多名葡萄牙人和两百名马拉巴尔人征服一座拥有十二万人口的城市。这可能是葡萄牙人执行过的最为纪律严明、精心筹划的军事冒险。阿尔布开克对攻打卡利卡特失败的教训记忆犹新，还记得科蒂尼奥的悲惨结局。他担心如果士兵们突破了海滩上的防御工事并占领了桥梁，他们脑子里幻想的金银财宝会诱使他们狂热地一口气冲进这座陌生城市中错综复杂的小巷，在那里因为沉重板甲的拖累和令人窒息的酷热，被敌人轻松地消灭和屠杀。

他们吸取了第一次攻打马六甲失败的教训：不要把士兵分成若干群；占领桥头堡，掘壕据守并巩固阵地；维持补给线，以确保不会被敌人打退。这一次他们打得非常精彩。平底船俯视桥梁，向没有任何防护的马六甲和爪哇士兵倾泻火力。西路部队的登陆非常高效和迅捷；在木栅和木板的保护下，他们冲过敌人的防御工事，打得苏丹的士兵抱头鼠窜。葡萄牙人高效地将建筑材料送上岸，并在桥梁两端建造了牢固的防御阵地。苏丹的士兵现在被分割成两群。葡萄牙人占领了桥东端的一座清真寺；苏丹军队的战象发动了又一次猛攻，但被打退。葡萄牙大船上的火炮向城内轰击，以震慑敌人的援兵。葡萄牙人掘壕据守，在清真寺附近的两座房屋内设防，并在屋顶上部署了一群火炮。

酷热令人头昏脑涨。阿尔布开克又用帆布搭建了凉棚，以保护部下免遭毒日的炙烤；运送饮食的补给线足以满足部队的需求，士兵轮流休息和上阵。如果苏丹觉得自己可以把葡萄牙人诱骗进伏击圈，那就大错特错了。阿尔布开克明令禁止士兵擅自入城，违者格杀勿论。他决心一点一点稳步前进，尤其是要尽可能减少伤亡——毕竟葡萄牙人本来就很少——并约束士兵们掳掠财物的狂热。几天就这样过去了。"我们在陆地上坚守，"恩波利写道，"我们披坚执锐至少二十天，不分昼夜地守护岗位，因为敌人会随时从陆海两面发动进攻，他们给我们制造了不少麻烦。"[19] 马六甲人的进攻渐渐减少了。也就是在这个时期，阿尔布开克向士兵灌输的军事纪律开始大显神威。

他调遣训练有素的队伍去有条不紊地肃清敌人的抵抗据点。葡萄牙士兵组成六排的方阵，举起长枪，枪尖向外，整齐地开进城市，奉命始终保持队形，并在熟悉街道的当地向导的带领下前进。这些重装步兵方阵在军号、战鼓与"圣地亚哥!"的呐喊声中前进,战斗力极强,杀戮极其高效。他们接到的命令是"不要饶恕任何穆斯林、他们的妻子儿女的性命,不管在何处找到他们"。方阵在城市各处扫荡,戳刺着、践踏着。苏丹的士兵"从未见过长枪",[20]掉头就跑。八九天后,训练有素的葡萄牙士兵就将城市彻底肃清了。苏丹及其亲眷、侍从和大象撤进了丛林。葡萄牙贵族不喜欢这种战法,站在一旁观战。至此,葡萄牙人已经牢牢控制了城市。

葡萄牙士兵们忍受了酷热、持续攻击、吹管毒镖引发的恐惧和总督那铁一般的纪律,如今渴望得到奖赏:把这座神话般的东方集市洗劫一空。阿尔布开克承认他们有这个权利,但他希望保住一座有生命力的城市,而不是将其化为冒黑烟的废墟。他对抢劫的过程做了严格的约束。他们只被允许抢劫一天。葡萄牙人与印度教徒、爪哇人和缅甸人是盟友关系,所以不准抢劫他们的住宅。这些民族的主要居住区悬挂了旗帜以标明身份。不准焚烧任何房屋。不准动苏丹的宫殿,因为那里的一切都属于葡萄牙王室。所有人都得到了公平的机会。在胜利之后的抢劫狂潮中,水手一般是输家,这一次他们得到了优先挑选战利品的权利。每一支队伍听到号声之后必须返回。他们扛着自己能拿得动的所有财物蹒跚回到岸边时,总督要求他们带着自己的战利品留在原地,然后派遣下一群士兵进城抢劫,直到夜幕降临。他们在商人住宅的地下室里搞到了大量财宝。

在狂奔而去搜寻财宝的过程中,每个人都要决定什么带走，什么留下。对葡萄牙人来说，马六甲是"天方夜谭"般的宝库，充溢着远东的财富。他们借此瞥见了印度以东的情况，也让马拉巴尔海岸的财富显得黯然失色。恩波利在给父亲的信中写道："相信我，这里富得流油，有非常了不起的东西，有宏伟的高墙环绕的都市，有各色商品和财富的贸易，有五花八门的风俗和生活方式。我们欧洲简直不值一提；在东方，印度算是最差最穷的地方。"[21]

夕阳西下，坠入西方的海峡。马六甲的大街小巷丢满了形形色色让人称奇的商品：珠宝，成罐的麝香，塞满锦缎、丝绸、塔夫绸和樟脑的箱子。"有的房间装满檀香木，都不值得搬走"，[22]还有珍稀的中国青花瓷，因为易碎和笨重，不值得去搬运。金条、成罐的金粉、香水和罕见的宝石，是更受青睐的战利品。大量铁炮被掳走，其中一些可能是扎莫林送给马六甲的。阿尔布开克命令一些士兵从苏丹宫殿搜罗了令人眼花缭乱的金银珠宝，以便送给葡萄牙国王。而总督本人对自己的身后事和现世生活同样关注，掳走了六只青铜狮子，以装饰自己的墓穴。随后宫殿被付之一炬。

区区数百名葡萄牙人，乘坐漏水的破船，竟然轻松占领了拥有庞大人口的马六甲，这是一桩异乎寻常的壮举，是凸显了莫大勇气和狂妄自信的冒险事业。何况敌人数量极多，且拥有自己的火药武器。纯粹从军事角度看，此役完全可以与西班牙征服者在美洲的那些非对称的胜利媲美。但正如阿尔布开克预想的，守住这座城市就是另外一回事了。

葡萄牙军官和士兵们大发横财，做好了离开的准备。他们请求总督返回印度，让舰队将来有机会再来马六甲。阿尔布开克无疑已经预想到部下会有这种想法。他指出，他手里握着他们宣誓参加要塞建设工程的保证书，并宣布，如果他们"擅自离开城市，而没有以国王的名义控制和保障它……我就活该丢脑袋、灵魂下地狱……不要说这样的事情。我们必须全部欢欢喜喜地工作，建造要塞，并且越快越好"。[23]阿尔布开克是个风风火火的人。巩固葡萄牙在马六甲的据点，抢在雨季之前离开，担心果阿出事——这些因素都催动他拼命工作。

持怀疑态度的人对修建要塞不热情，这是完全有道理的。事实证明，在城市中心的河边建造一座要塞，是另一种人间地狱。恩波利素来不会低估困难，他如此记述道："总司令和一些部下白天匆匆赶工，夜间点着火把施工，用木板建造了一座要塞，用很多沉重的原木围绕着它，部署了许多火炮，在一个月内将其打造得非常牢固。"这是一个持续加固的过程："要塞足够坚固之后，我们着手用石料建造另一座要塞。"参加工程的人肯定感到失望，因为总督拆除清真寺和房屋，掳来了足够多的石料。

> 用我们的后背把石料背到工地非常困难，所有人都是劳工、砌砖工和石匠……在无法忍受的酷热（因为此地位于赤道以北2度）中，我们一边劳动，一边始终携带武器。地势很低，沼泽丛生，有野兽出没，所以臭气熏天，空气非常不卫生。除了大米，我们没有任何吃的，于是我们全都病了……没有一个人不曾患上恐怖的热病，于是指挥官的兵营里有死尸停放两三天，因为找不到人手掩埋尸

体。我在 10 月初病倒，一连发烧五十天，病势沉重，以至于我昏迷不醒。[24]

瘴气弥漫的环境、糟糕的饮食和疟疾打倒了许多葡萄牙人，以至于工程几乎无法继续下去。他们只得依赖当地劳工将工程继续推进。阿尔布开克也染上热病，寒战不止，但仍继续监督建设工程。

要塞工程、对反击的担忧和严重的疫病拖住了阿尔布开克的手脚。1511 年年底，他必须决定是离开，还是在马六甲再滞留一年。阿尔布开克留下三百人和八艘船（配备了两百名船员）驻守马六甲。剩余三艘船，"海洋之花"号、"恩绍布雷加斯"号和"特林达迪"号将返回印度，运回大部分财宝。他还让十五人乘坐一艘俘获的平底船，由爪哇奴隶驾船。

"海洋之花"号是葡萄牙舰队中最宝贵的战船之一。它排水量 400 吨，是史上最大的克拉克帆船；装备四十门炮（分别在三层甲板上），拥有高耸的艉楼和艏楼；相对于印度洋上的阿拉伯三角帆船而言，它非常威武雄壮，是一座能向所有方向射击的浮动要塞。在第乌战役期间，它一天之内向埃及舰队发射了 600 枚炮弹，但它尺寸太大，在困难的情况下难以操纵，而且船龄太老了。前往印度的葡萄牙船只的平均寿命可能是四年；漫长旅途的煎熬和凿船虫的破坏会在很短时间内把坚固的木板化为木浆。到 1512 年时，"海洋之花"号已经在海上航行十年了。它漏水严重，需要持续不断地修补和抽水。阿尔布开克希望把它修葺一番，勉强支撑到科钦，然后在那里大修。但大家的共识是，这艘船已经成了一个死亡陷阱。离开马六甲的很多人直截了当地拒绝乘坐这艘船，只有总督坚定不移的自信让一些船员放下心来。因为它尺寸最大，所以运载了大部分财宝和很多伤病员，以及一些准备送给葡萄牙王后的奴隶。

恩波利乘坐"特林达迪"号，对后来发生的事情做了第一手记录。"就这样，我们出航了，在非常恶劣的天气条件下航行，因为即便我们于 12 月 20 日从马六甲出发去印度，也算很晚了。"他们实际的出发日期比这还晚一个月。出海六天后，这支小舰队遭遇了风暴。

> 凌晨三点左右，我们听到雷鸣般的巨响……我们的船进水 4 英寻。我们立刻落锚……风力极强，向海岸的方向猛吹。天亮之后，我们周围四五里格的范围尽是惊涛骇浪，因为我们在一个浅水区的中央。总司令的船位于水最浅的地方；一片巨浪猛击它的艏楼，把十六人卷入大海，全都淹死了。

"海洋之花"号深陷危境，严重漏水，而且因为载货太多、进入船体的水越来越重而难以动弹。为了熬过这场风暴，它必须落锚，但漏水太快，用水泵抽水也无济于事。据恩波利记载："又是一片巨浪击中船体，打落了舵，于是它转向一侧，搁浅了。它立刻灌满了水，船员们集合到艉楼甲板，站在那里等候上帝的裁决。"[25]

弃船的时间到了。阿尔布开克命令将一些桅杆砍倒并捆绑起来，做成简易木筏。伤病员被送上一艘小艇，其他成员乘坐一艘划艇转移到木筏上。阿尔布开克腰间系着绳索，绳子另一端系在"海洋之花"号上。他亲自操纵小艇，来回接送船员，直到全体葡萄牙人都离开"海洋之花"号。他到最后的危急关头仍然严格执行纪律，命令所有人离船时只能穿着上衣和马裤；谁要是想拿走财物，就留下和船一起沉掉好了。至于奴隶，就自求多福吧。奴隶们跳海逃生，不会游泳的人就淹死了。有些奴隶抓住了木筏，但葡萄牙人用长枪逼迫他们，不准他们登上木筏，免得超重。在海上，生存始终是最重要的。在他们背后，"海洋之花"号断成两截，艉楼甲板和主桅还露出水面。小艇和木筏漂流了一夜，"他们的心跳到嗓子眼里，哀求上帝怜悯，直到黎明时分，风力减缓，大海略微平静了一些"。[26]

在黑夜的混乱中，更前方的"恩绍布雷加斯"号测了水深，决定挽救自己要紧，于是驶离"海洋之花"号的残骸。平底船上的奴隶抓住机会，杀死了葡萄牙主人，驾船逃走了，还带走了一大批贵重货物。只有"特林达迪"号比较接近海难地点，能够援救，但它也自身难保。据恩波利记载："船已经触碰到海底，于是我们不得不扔掉甲板上的所有设备、火炮和部分香料，把我们自己的性命托付给上帝，因为我找不到其他的办法。跳海逃生是没有希望的，因为海域非常广袤。"[27]曙光初现，大海渐渐平静，他们辨认出了木筏，筏子上的人临时拼凑了一面旗帜，扎在长矛上，作为信号。

幸存者被救到"特林达迪"号上。"船上……大约有两百人，我们没有足够的饮食供给这么多人……上船的人太多……让我们陷入了混乱。"尽管缺乏口粮，阿尔布开克因为担心自己不在期间科钦和果阿出事，心急火燎地想要赶回去，因此拒绝靠岸获取给养，"说印度急需他回去，还有其他的原因"。如果恩波利的话可信，总督的固执让驶往科钦的航行仿佛噩梦。"我们缺吃少喝，生活极其困难；我们每人每天只能领取 6 盎司腐烂的饼干和一小口水……大家高声疾呼地抱怨……总司令躲在自己舱房中，闭门不出，没有人见得到他。"[28] 为了减少需要吃饭的人数，葡萄牙人趁着一些穆斯林俘虏睡觉的时候将其扔进大海。就这样，他们"抵达了科钦，船上拼命抽水，水手半死不活"，[29] 除了自己身上的衣服，什么都没有了。据一份史料记载，阿尔布开克保住了暹罗国王赠给曼努埃尔一世的一顶王冠、一把金剑和一枚红宝石戒指。

他们抛下的"海洋之花"号只有上层建筑还在苏门答腊岛礁石丛中露出水面，而从马六甲王宫掳来的全部财宝和其他财富，已经葬身大海。科雷亚在一份罕见的回忆性材料中写道："我听他说，他们在马六甲国王的宫里找到一张四条腿的桌子，上面镶嵌了价值 7 万克鲁扎多的宝石。"[30] 随"海洋之花"号一同损失的"黄金与首饰的价值超过在印度任何地方损失的财富，将来也不会有这么多金银珠宝了"。[31] 这一切都在深渊里消失得无影无踪，包括原打算献给葡萄牙国王和王后的宝石与金条。美丽的奴隶被溺死，阿尔布开克为自己的墓地准备的青铜狮子也坠入海底。此外，葬身大海的还有一件对葡萄牙人——他们不断努力更多地理解和主宰世界——来说同样宝贵的东西。那是一幅神奇的世界地图，只有一小部分留存至今。阿尔布开克向国王哀叹了这幅地图的损失：

> 一名爪哇领航员绘制的伟大地图，记录了好望角、葡萄牙和巴西的土地、红海和波斯湾、香料群岛、中国人（包括台湾人）的航行路线，附有罗盘方位线和他们的船只走过的航线，以及这些互相接壤的王国的内部情况。陛下，我认为这是我见过的最美妙的东西，陛下若是看到一定会大悦。地名是用爪哇文写的。我这里有一个爪哇人，懂得读写爪哇文。我将这份地图的残片……陛下能从中看到中国人（包括台湾人）是从何而来，以及您的船只要去香料群岛必须走哪些航线；哪里有金矿分布；爪哇岛和班达群岛，即肉豆蔻和肉豆蔻衣的产地在何方；暹罗王国的位置；以及中国人航海的范围，他们返回何地，以及他们航行的最远边界。地图的主要部分在"海洋之花"号上损失掉了。[32]

但阿尔布开克已经在利用新开辟的桥头堡马六甲，去寻找和探索这片海域了。他派遣使团到勃固（缅甸）、暹罗（泰国）和苏门答腊岛；他的一支探险队于1512年拜访了香料群岛，并绘制了地图；葡萄牙船只向更东方航行，于1513年和1515年在中国的广东登陆，寻求与明朝通商。他把世界的各个最遥远的末端连接起来，完成了曼努埃尔一世交给他的所有任务。

　　对葡萄牙人来说不幸的是，这些勇敢的探索产生了意想不到的后果。他们之所以攻打马六甲，部分理由是为了挫败西班牙人在远东的野心。然而，此次行动反而给西班牙人提供了开拓远东所需的人才、信息和地图。在马六甲的葡萄牙人当中有费尔南·德·麦哲伦。他从战利品中大发横财，带着一名苏门答腊奴隶返回了葡萄牙，给他洗礼并取名为恩里克。麦哲伦后来与曼努埃尔一世发生争吵，叛逃到西班牙，把恩里克也带去了，还带走了葡萄牙人绘制的香料群岛的地图以及一位曾去过那里的朋友的详细书信。几年之后，他为西班牙效力，在第一次环球航行中利用了这些资源。恩里克是价值不可估量的译员，这种知识帮助葡萄牙的竞争对手将东印度的香料群岛据为己有。

21 蜡的子弹
1512 年 4 月 ~ 1513 年 1 月

阿尔布开克回到科钦，仿佛一个死而复生的人，只穿着一件灰色上衣和一条马裤。他的抵达并不让人感到喜悦。自1508 年霍尔木兹的反叛者抵达科钦以来，此地就变成了反对总督的一个强大派系的中心。每一支返航里斯本的舰队都携带着例数总督出格行为的告御状的信。"那些希望攻击陛下伟业的人，"阿尔布开克在给曼努埃尔一世的信中写道，"宣称我已经死了，和整个舰队一起完蛋了。"[1]

貌似坚不可摧的总督登陆之后发现，他不在印度期间，贪污腐败、滥用职权和昏庸无能的现象非常猖獗。他的命令没有得到遵守；他任命的人遭到藐视；与当地女人结婚的葡萄牙人遭到绝罚；有人盗窃公共财产并逃亡；纪律严重涣散。随后几个月里，他连珠炮一般给国王发去了两万字的言辞激烈的书信，在其中原原本本地讲述了应当采取哪些措施来控制大洋。他自称经验丰富，所以在这个话题上享有权威："我已经五十岁了，在您之前曾侍奉两位国王，目睹他们的作为。"[2]这话可不是当前的国王爱听的。

这封信揭示了这位积极行动的帝国建设者的形象：恼

怒、直言不讳、激情澎湃，并且似乎无所不知。有的时候他极其直率，严厉斥责葡萄牙贵族的不守纪律（他们"觉得可以随心所欲……对我的决定置若罔闻"）。他批评国王在摩洛哥的军事行动浪费资源，"却抛弃了印度"。[3]他还对自己缺少人手、物资和金钱而愤怒，更不要说船只的朽烂，并对这些坏消息造成的后果感到愤恨："陛下知道我遭受的忽视和困窘会造成怎样的后果吗？我不得不攻打马六甲两次，果阿两次，进攻霍尔木兹两次，并乘坐木筏在海上航行，以便补救您的事业、履行我的使命。"[4]

有时他的语调简直就是粗鲁，但他始终忠心耿耿，提出许多逆耳忠言，并且在国王面前谦卑到了奇怪的地步，尽管无比自信但受到一种罪孽感的折磨。无论多么细枝末节的事情，他都要向国王汇报。他要给马六甲送去滑轮，及作为教士法衣的"两件精美长袍"；他需要教堂的管风琴和中型弥撒书；需要"劳动力以挖掘壕沟和建造围墙"，[5]需要石匠去建造要塞和在马六甲修建水车磨坊，"那里涨潮时有很强的水流"；需要木匠，还需要熟悉瑞士战术的军官来训练他的部队。他为有些教士企图颠覆他的异族通婚政策而烦恼，并写道："在科钦，我找到了一箱书，可以教孩子识字。我觉得陛下送来这些书不是为了让它们烂在箱子里，所以我命令此地一名与当地女人结婚的葡萄牙人教导小男孩读书写字。"他评论道："这些孩子非常聪慧，很快就学会了老师教的东西。他们全都是基督徒。"[6]他最大的要求是送来更多人。他始终在清点计算手头可用的人力，人总是太少了。他一次又一次地写道："我再一次要说，如果您想在印度避免战争，并与此地的所有国王保持和平关系，就必须送来大量的部队和优良的武器。"[7]

在阿尔布开克给曼努埃尔一世的潮水般的书信中，他概述了自己独当一面、仅用数千人在努力建设的帝国的方方面面——军事、政治、经济、社会和宗教。这位绝顶聪明、饱受磨难的殖民地长官重述了主宰印度洋的铁律："陛下，请信赖优秀的要塞。"[8] "只要有葡萄牙士兵头戴钢盔地站在城堞上，不管哪个国王还是领主都无法轻松地夺走那些要塞[9]……这里的地方只要有陛下的一座坚固要塞来控制，只要被我们占领下来，就能一直维持到审判日。"[10] 将坚固的要塞连接起来以控制战略要冲，就能让葡萄牙人完全主宰印度洋。他对自己的主要军事建筑师托马斯·费尔南德斯赞不绝口。

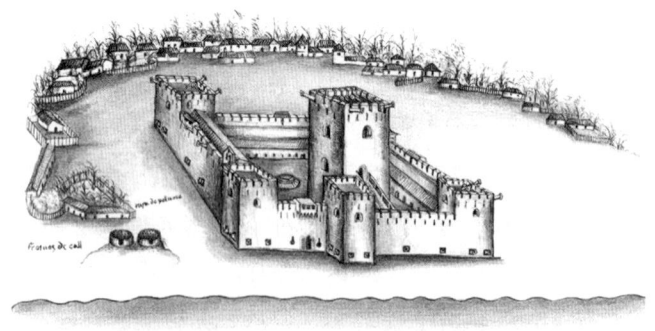

"信任优良的要塞"：阿尔布开克的军事建筑师托马斯·费尔南德斯在印度沿海建造了一个由诸多坚固要塞组成的网络，其有能力抵御长时间围攻

在此过程中，阿尔布开克在巩固帝国霸业的一个革命性理念。葡萄牙人始终深刻地意识到自己的人数多么少，他们

早期的许多征服都是面对数量远远多于他们的敌人而以少胜多的。他们迅速放弃了占领大片领土的想法。他们发展出来的原则是掌握灵活机动的海权，同时控制易守难攻的沿海要塞与基地网络。掌握制海权，他们在要塞建造、航海、地图绘制和炮术方面的技术专长，他们的海上机动性和在广袤海域协调配合的能力，他们的坚忍不拔和持续努力（几十年间，葡萄牙人不断在造船、获取知识和人力资源方面不惜血本地投资）——这一切都促成了一种新形式的跨越远距离的海上帝国的缔造，使其有能力在极远距离控制贸易和资源。它赋予葡萄牙人的雄心壮志以全球视野。

但如果我们更细致地观察，印度殖民事业往往显得出乎意料的摇摇欲坠，依赖超乎寻常的个人积极性。"陛下，"阿尔布开克在给国王的一封抱怨信中写道，"建造要塞需要规划，而我们在印度没有这样的能力。我们的舰队出航时，只携带一点大米和椰子，每个人都带着自己的武器，如果有武器的话……我们需要的装备，还在里斯本的库房里。"[11]这是一个身处一线的人感到的绝望，阿尔布开克拼命拉扯遥远的上级的衣袖，渴望上级能聆听他的诉求——"陛下万万不可忽视我所说的话！"[12]——并且还知道有人在和他作对，向国王进献恶毒的谗言。关于他即将被撤换的传闻一直在流传。"我担心陛下不想在我待在印度时支持这项事业，是因为我的新旧罪孽，"他写道，"我遭到打压，得不到陛下的信赖。"[13]他最担心的是，在工作完成之前，自己就被扫地出门。印度是阿尔布开克毕生的事业。

与建造要塞的政策紧密相连的，是他与所有前任总司令的共识，即必须以残酷的暴力杀一儆百：

> 陛下，我告诉您，在印度最关键的事情是：如果您希望在这里得到爱戴和畏惧，就必须全力报复……印度人看到马六甲和果阿遭受的残酷报复，看到扎莫林的宫殿和宅邸、穆斯林的清真寺与船只被焚毁，受到极大震撼。我说的这些事情，让我们在印度事务中树立了极大的公信力，受到莫大敬畏。[14]

他清楚地知道国王想要的是什么。要想"消灭麦加、吉达和开罗的贸易"，[15]就需要"将这些贸易中心从穆斯林手中夺走"。[16]现在最关键的就是已耽搁许久的进入红海的作战。在书信中没有明言，但双方都理解的是，这将是彻底摧毁马穆鲁克王朝的跳板，并且根据曼努埃尔一世的圣战愿景，也是收复耶路撒冷的前奏。

向穆斯林势力中心发动最后攻势的基石仍然是果阿。果阿是阿尔布开克念念不忘、魂牵梦萦的地方。他的政敌三番五次地主张拆除在果阿的要塞，而他一次又一次地为这个岛屿辩护。"强有力地支持果阿，陛下就会得到它的所有领土……它一定会变得安宁祥和，为您做出极大贡献。"[17]"陛下若是能看得到果阿的重要性，我们对它的占领如何粉碎了穆斯林的痴心妄想、平定了印度，我会非常高兴。"[18]也的确需要阿尔布开克这样一个具有战略天赋和极度自信的人，才能清楚地看到果阿的价值。

事实上，在阿尔布开克写这封信的时候，果阿又一次遭

到围攻。他在马六甲期间对果阿的安全心急火燎，果然是有
道理的。他之前关于维护果阿岛防御的指令遭到忽视。阿迪
尔沙阿派遣了一支强大的军队，卷土重来，要夺回原属于他
的领土。他的军队强行通过了渡口，并在岛上具有战略价值
的贝纳斯塔里姆渡口建造了自己的一座相当强大的要塞。随
后他们以这座要塞为基地，攻打果阿城，将其围得水泄不
通。所以，阿尔布开克必须再次推迟去往红海的远征，先保
障果阿的安全。

　　这一次，阿尔布开克没有匆忙行事。雨季将会严重阻碍
援救果阿的行动。从马六甲战役返回的幸存者精疲力竭。战
争、死亡大大削减了他的兵力，而且他还不得不留下一支相
当大的部队和不少船只驻守马六甲，所以他手头的力量不足
以有效地驰援果阿。他需要等待本年度的香料舰队从里斯本
赶来。在此期间，阿尔布开克寄希望于果阿要塞能够坚守
住。"上帝佑护，"他在给国王的信中写道，"只要不发生内
部叛乱，就不必害怕攻打您的要塞的穆斯林。"[19]

　　在初期的绝望之后，果阿的葡萄牙守军的斗志在 1512
年夏季有所改善。阿迪尔沙阿的叛教者译员若昂·马沙多渴
望恢复自己出生时的信仰，倒戈到葡萄牙人那边，令葡萄牙
人士气大涨。马沙多的变节非常悲惨。他有一个穆斯林妻子
和两个孩子，他秘密地让他们接受洗礼，成为基督徒。从穆
斯林阵营溜走的时候，由于某种原因，他只能带走自己的妻
子。为了不让孩子在穆斯林手中当异教徒，他把孩子溺死，
好让他们直接升天堂。马沙多只带来了不多的人手，但他知
晓沙阿的将领们的秘密计划，非常熟悉他们的战术，并且也

知道他们的资源情况和要塞的弱点。消息传到果阿的葡萄牙要塞，说总督还活着，这进一步鼓舞了大家的士气。由清真寺改建的教堂响彻钟声，守军写信给总督，宣称他们能够守住，但他需要率领强大的兵力前来援救。

8 月中旬，从里斯本来的舰队抵达科钦。它没有像阿尔布开克的政敌期望的那样送来新任总督，而是给阿尔布开克提供了他急需的大量援兵和装备：十二艘船和一千五百名装备精良的士兵。他欣喜若狂："似乎陛下现在要给予印度应有的重视了。"[20] 令他尤其高兴的是，曼努埃尔一世答复了他要求派遣训练有素的军官的请示。曼努埃尔一世送来了两名军官、意大利战争中瑞士战术的老兵、连队士官、三百支长矛、五十支弩弓和一批火枪。在这些军官的指导下，葡萄牙人组建了一支八百人的部队，分成三十二个排。一丝不苟的操练开始了。士兵们定期举行射击训练，射术最好的人能得到赏金。他们还接受队伍的机动训练，以便能够作为一个有效的单位进行协调熟练的动作，而不是乱哄哄地各自为战。最妙的是，这些士兵如今接受阿尔布开克的直接指挥。

雨季结束了，总督做好了出征的准备。他坚信自己能够驱逐穆斯林军队，尽管敌我双方的兵力依旧悬殊。红海在召唤他。他打算尽快夺回果阿，然后运用这支强大的新军队，在两个雨季之间至少封锁住红海的咽喉。

1512 年 10 月底，阿尔布开克抵达果阿。11 月底，战役就结束了。他大胆地猛冲猛打，首先摧毁河里的防御木栅，将贝纳斯塔里姆与大陆分隔。然后他从那里进入果阿城，攻击沙阿的军队。在一场短暂而激烈的野战和攻城战（葡萄牙人在城外炮击城墙）之后，沙阿的将军升起了白旗。

葡萄牙军官们像以往一样，打得十分蛮勇莽撞。河上的战斗尤其激烈。贝纳斯塔里姆要塞守军从城墙上用精准的炮火扫荡河面，轰击葡萄牙船只（有用椰子纤维制作的软垫提供防护）。雷鸣般的炮声让人短暂失聪。就连阿尔布开克也不得不斥责一些船长毫无必要的冒险。"我常批评他们过于鲁莽地亲身涉险，拿自己的身体和性命冒险……他们会走到船楼上，站在最危险的地方……有时我看到他们对安全防范置若罔闻，非常痛心。"[21] 但他自己也总是身先士卒，从不躲避战斗的危险。穆斯林要塞射出的一枚炮弹命中了他的小船，打死了两名桨手。敌人以为阿尔布开克也死了，于是欢呼胜利。这时阿尔布开克站了起来，向敌人要塞展示自己，证明他们的错误。他奇迹般的生还令他的敌人和朋友都相信，他一定是刀枪不入。在最后炮击贝纳斯塔里姆时，他又一次亲临最前线，审视部队的部署。敌军炮手发现了他，瞄准他射击。与他不和的葡萄牙贵族迪奥戈·门德斯·德·瓦斯康塞洛斯建议他掩蔽。这一次阿尔布开克听取了别人的建议，躲到一块岩石背后。随后一枚炮弹击中了他旁边的一个人，鲜血溅了他一身。

葡萄牙贵族希望遵照自己的荣誉法则不顾一切地奋勇拼杀，但阿尔布开克对兵力有着自己的战略部署。这两方面在战术上的分歧不断造成麻烦。贵族们渴望挥舞巨大的双手重剑，进行英雄的单挑对决，赢得战利品、扬名立威，而总督要的是将组织有序的部队运用于连贯协调的战术。他那些训练有素的部队发挥了极大杀伤力。由长枪兵、弓箭手和火枪手组成的密集队伍以良好秩序在战场上运动，在正面对垒中将队形松散的穆斯林散兵逼退到城墙下。葡萄牙人组成了"秩序井然的方阵……队形紧密，长枪黑压压地伸出，举着八面团旗，战鼓齐鸣、吹奏笛子"。他们以密集队形缓缓前进，"用许多火枪不断射击，枪是这一年从葡萄牙运来的"。[22] 阿尔布开克预见到了未来的战争形式，但它不受贵族们的欢迎。由炮火而不是攀爬城墙来决定战局，严重地违反了中世纪军事文化的精神。很多葡萄牙人希望猛冲进城、大肆洗劫，而不顾这种战术可能造成的无谓伤亡。阿尔布开克抵制住了这些人的坚决反对，与敌人进行投降谈判。根据协定，所有穆斯林及其家眷均可安全撤离。其他的一切——火炮、马匹、武器，必须留下。穆斯林将被安全地送过河，但只能带走他们身上穿的衣服。只有一个问题：沙阿的军队里有一些葡萄牙和其他基督教国家的叛教者，这些人必须被交出来。穆斯林将军非常不愿意交出这些人，因为他们已经皈依了伊斯兰教。最后，双方达成了协议。阿尔布开克同意饶恕这些叛教者。

穆斯林安全撤离了，没有受到伤害。阿尔布开克信守了关于叛教者的诺言：他饶了他们的性命。但仅此而已。这些俘虏被关在囚笼里一连三天。大家讥笑他们，向他们扔泥土，拔掉他们的胡须，以示羞辱。第二天，叛教者的鼻子和耳朵被割掉；第三天，他们的右手以及左手拇指被砍断。然后，他们的伤口被包扎起来。很多人死了，幸存者则"非常耐心地忍辱负重"，说"他们的严重罪孽理应受到更严酷的惩罚"。[23] 阿尔布开克不断演化的战术如同外科手术，节

350

约人力和时间，但受到了很多人的憎恶。他的敌人散播谣言，称他接受了敌人的一大笔贿赂，因此纵虎归山，让敌人逃走，将来还能再战。事实上，阿尔布开克相信自己无须杀掉所有敌人。他认识到，贝纳斯塔里姆是整个果阿岛的关键所在。他重建了贝纳斯塔里姆的要塞，重组了其他所有渡口的防御，将岛屿严密地封锁起来。葡萄牙部队继续操练。他知道，果阿已经永久性地成为葡萄牙王室的财产了。现在，只有科钦和坎纳诺尔的那些反对他的派系才能够危害果阿。

第二次击败阿迪尔沙阿之后，葡萄牙在亚洲成为一支强大的力量。在1510年葡萄牙人第一次占领果阿的时候，一位科钦商人就宣称："总督转动了钥匙，把印度进献给他的国王。"[24]他说的"印度"指的是东印度的沿海贸易。葡萄牙人的微弱力量当然不足以直接威胁印度次大陆的主要强国比贾布尔和毗奢耶那伽罗，但葡萄牙人如今成了印度政治的一个参与者。阿尔布开克天才地认识到了果阿的战略意义，它是两个互相争斗的强国之间的裂纹线，是比卡利卡特或科钦优越得多的商业枢纽。最关键的是，他如今控制了波斯的马匹贸易。从霍尔木兹运来马匹的船只被他的战船引导到果阿，商人及其珍贵的货物都得到了极好的待遇。每年有一千匹马通过果阿岛；葡萄牙王室从中获取了巨额利润，约为300%至500%。

阿尔布开克是自亚历山大大帝以来第一个在亚洲建立帝国霸业的欧洲人。他那雪白的长须和令人生畏的严峻面容，使得印度洋各地的人对他产生了一种迷信的敬畏。在马拉巴尔海岸，他们把当地的一种鱼命名为"阿方索·德·阿尔

布开克"，并将其用于魔法咒语。他的孟加拉敌人诅咒他是
"印度巨犬"。他运用自己的聪明才智，去理解印度洋错综
复杂的商业和帝国竞争——印度教徒与穆斯林、什叶派与逊
尼派、马穆鲁克王朝和波斯人、毗奢耶那伽罗和比贾布尔、
霍尔木兹和坎贝、卡利卡特和科钦之间的争斗，以及第乌的
马利克·阿亚兹狡黠的生存策略。阿尔布开克带着精明敏锐
投入了这场政治游戏，分而治之，利用其中一派去对付另外
一派，同时保持冷静，不抱幻想。他不信任协定和友谊的保
证，因此在给曼努埃尔一世的信中清楚地介绍了印度洋外交
的现实：

> 　　陛下的目标是控制他们的贸易，并摧毁麦加贸易，
> 那么他们竭尽全力去阻止您，您还会感到震惊吗？……
> 陛下觉得可以用好言相劝、和平提议和保护来留住他
> 们……但唯一让他们尊重的，就是暴力。我率领一支舰
> 队抵达的时候，他们第一件事情就是查清楚我有多少
> 人、什么样的武器。如果他们判断无法战胜我们，就和
> 和气气地接待我们，诚实守信地与我们做生意。如果他
> 们觉得我们很弱，就拖延搪塞，准备做出我们无法预测
> 的反应。若是没有军事支持，我们不能和任何国王或领
> 主建立盟约。[25]

　　所有人都不得不应对新的现实：葡萄牙的势力将在亚洲
长久存在。1512年年底，各国使臣蜂拥来到果阿，向葡萄
牙人致敬邀宠。阿尔布开克渐渐认清了穆斯林在印度洋的广

泛分布，并务实地认识到是不可能将其全部消灭的。为了消灭马穆鲁克王朝，他也开始巧妙地寻求与敌视马穆鲁克王朝的伊斯兰权贵合作。毗奢耶那伽罗和比贾布尔都非常需要马匹贸易，他就借此操纵它们。他与古吉拉特的穆斯林苏丹建立了关系，并派遣另一位使者，米格尔·费雷拉，去拜见波斯的沙阿伊斯玛仪一世；这位使者比他的前任幸运。扎莫林似乎终于接受了葡萄牙人将在印度长久盘踞的现实，送来了和平建议，并允许他们建造一座要塞。阿尔布开克接受了，但也在制订其他计划。他在第乌的老对手马利克·阿亚兹特别热切地希望知道他的意图。阿尔布开克请求阿亚兹的主公——坎贝苏丹，允许他在第乌建造一座要塞。阿亚兹热切地希望坎贝苏丹不会同意。

　　阿亚兹的使者遭到了一场教科书式的恫吓。重返基督教的前叛教者若昂·马沙多把这个倒霉的家伙带去参观了被葡萄牙炮火打得七零八落的贝纳斯塔里姆防御工事，带他去看马匹贸易那令人惊叹的马厩设施、军械库和仓房，以及那些造成巨大破坏的重型射石炮，还邀请他把自己戴头巾的脑袋伸进炮管，去亲身体验一下它们是多么庞大。最后，使者被穿上一件钢制胸甲，领到一面墙前，让一名士兵用火枪瞄准他的胸膛。一声枪响，使者觉得自己的末日到了。但子弹在胸甲上弹开，没有对他造成任何伤害。阿尔布开克向浑身战栗的使者解释称，葡萄牙的铠甲是防弹的，并请他把这件胸甲带回去给他的主公，作为证据。阿尔布开克的这一套动作，都是为了震慑对方。毫无疑问，假如马利克·阿亚兹亲自穿上胸甲做同样的实验（阿尔布开克可能想到了这一点），他肯定会被杀死，因为向使者射出的子弹是用蜡做的假货。

对于正在求和的扎莫林，阿尔布开克有更玩世不恭的解决方案。他向扎莫林的兄弟（比较亲葡萄牙）提议，或许一次简单的下毒就能澄清问题。扎莫林果然死了。他的继承者成了葡萄牙的傀儡。总督得以写信报告曼努埃尔一世，他终于"掐住了这头山羊的喉咙"。[26]卡利卡特的问题就这样几乎不流血地解决了。后来，这座城市变成了一个落后的穷乡僻壤，它原先欣欣向荣的贸易全都转移到了果阿。同样的命运也降临到曾积极支持葡萄牙人的两座港口头上，即坎纳诺尔和科钦。所以，从长远来看，支持搞垄断的帝国主义者是没有好下场的。

在此期间，一名埃塞俄比亚使者来到了果阿。这是一个形迹可疑的角色，名叫马太，是埃塞俄比亚太后艾莱妮派来的。他代表少年国王（也就是葡萄牙人寻觅了许久的祭司王约翰），送来了一封信和真十字架的一块碎片。这个事件让葡萄牙人欣喜若狂，但也有人怀疑马太是个骗子。埃塞俄比亚人提议与葡萄牙人结盟，以粉碎埃塞俄比亚以北的穆斯林势力；他们甚至提议了一个计划，将尼罗河（它浇灌着埃及肥沃的三角洲地带）上游改道。这个恢宏的计划对阿尔布开克很有吸引力，他相信马太真的是埃塞俄比亚使者，并让他随同香料舰队于这年冬季返回曼努埃尔一世那里。马太得到了葡萄牙国王的热情接待。阿尔布开克似乎万事如意，一切顺利。

大约在同一时期，他给曼努埃尔一世送去了两只罕见的

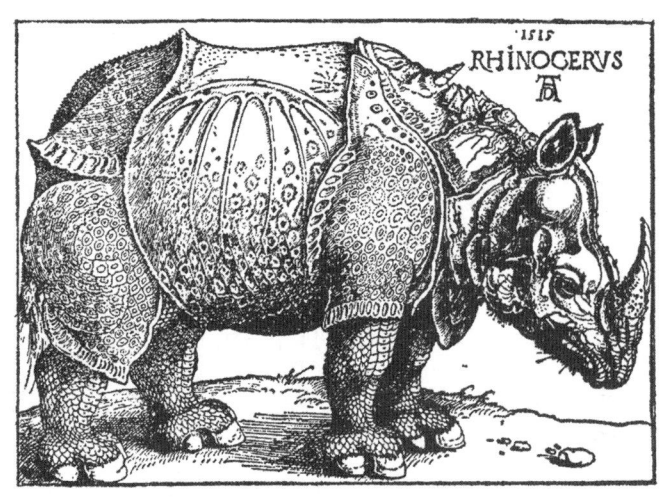

丢勒绘制的曼努埃尔一世的犀牛图

动物，一头白色大象（科钦国王的礼物）和一头同样珍稀的白色犀牛（坎贝苏丹的礼物）。这是自古罗马时代以来，欧洲人看到的第一头活的犀牛。这两只动物在里斯本引发了轰动。大象被游街展示。人们还特地建造了一个围场，让这两头野兽打斗，请国王观看。但大象感觉到对手的厉害，恐惧地逃开。1514年，曼努埃尔一世决定举行一次公开的盛大活动，以彰显他的统治的强盛，并宣扬对印度的伟大征服。他让自己的使者特里斯唐·达·库尼亚将大象送给教皇。一百四十人的队伍，包括一些印度人，带着一大群的野兽——许多豹子和鹦鹉，以及一头黑豹，来到了罗马。围观群众人山人海。大象由象夫牵着，背上承载一座白银的"城堡"，里面装着赠给教皇的贵重礼物。这头大象被取名为汉诺，典故是汉尼拔在意大利的大象。

在教皇面前，汉诺三次鞠躬，并向神圣教会的红衣主教们喷洒了一桶水，让他们感到好玩但也窘迫。汉诺立刻成为大明星，艺术家们为它画像，诗人们为它写诗，有一幅现已佚失的壁画描绘的就是它。它还是一份耸人听闻的讽刺小册子《大象汉诺的最后遗嘱》的主题。它被养在一座专门建造的房舍内，参加了许多游行，深得教皇宠爱。不幸的是，汉诺的饮食安排不太好，它来到罗马两年后，因吃了含有金粉的泻药而死去，享年七岁。汉诺临终前，哀恸的利奥十世陪伴在它身侧，并为它举行了隆重的葬礼。

曼努埃尔一世给教皇的另一件礼物犀牛更倒霉。它戴着一个绿色天鹅绒项圈，从里斯本坐船出发。1515年，它乘坐的船在热那亚沿海失事沉没。犀牛因为被锁着，溺死了，后来被冲刷到海岸上。它的皮被剥下，送回里斯本，做成了标本。阿尔布雷希特·丢勒读到了一封描绘这头犀牛的信，可能还看到了一幅素描。他没有亲眼看过这头犀牛，但为它制作了那幅著名的图画。

财富如潮水般涌入里斯本，一派神话气象。金钱很少回流到印度（阿尔布开克常常抱怨这一点），部分原因是曼努埃尔一世非常懂得如何花钱。全世界形形色色的商品都在里斯本待价而沽，如象牙制品和刷漆的木器、中国瓷器和东方地毯、来自佛兰德的挂毯、意大利的天鹅绒。这是一座五光十色的城市，如同淘金热一般人口暴涨，许多不同种族和肤色的人汇聚于此。有吉卜赛人和皈依基督教的犹太人，也有黑奴，他们抵达里斯本时的惨状令人发指，"挤在船舱内，一次有二十五人、三十人或四十人，营养不良，背靠背地用铁链锁起来"。[27]新的奢侈品狂热席卷全城。黑人家奴变得司空见惯；大量涌入的糖对人们的口味造成了革命性影响。里斯本是经久不息的奇妙景观上演的剧场，吉卜赛音乐和非洲人举行宗教游行时异国情调的歌舞给城市增添了活力。在这里，人们能目睹国王带着五头印度大象游行，"大象走在他前面，再往前是一头犀牛，相隔较远，人们看不见它；国王前方是一匹披着精美的波斯织物的骏马，马后面是一名波斯猎人，牵着一头美洲豹，是霍尔木兹国王送来的"。[28]

曼努埃尔一世于 1500 年之后启动的建筑工程的风格与宏伟规模，反映了塔霍河两岸的东方情调。最雄心勃勃的建筑是贝伦的雄伟修道院，它邻近船只起航前往东方的出发地——赖斯特罗海滩。热罗尼莫修道院长 300 码，那里的僧侣奉命为水手的灵魂祈祷。这座修道院既是曼努埃尔一世王朝的恰如其分的万神殿，也是对他统治时期发现新世界的伟业的歌颂。建造修道院的经费来自胡椒贸易的巨额收入，它那哥特式中世纪结构之上有一大群雕塑，从石质建筑表面凸出，像印度教神庙的装饰一样华丽奔放。曼努埃尔一世风格的装饰非同一般，出现在大量教堂、城堡和宫殿中，从穹顶、窗格和屋顶上如雨后春笋般长出，描摹了航海与东印度发现的象征符号。在曼努埃尔一世的纹章（航海所用的浑天仪）周围，簇拥着石质船锚和锚链、扭曲缠绕的缆绳、珊瑚与海藻、海贝、珍珠和富有异国情调的叶子。

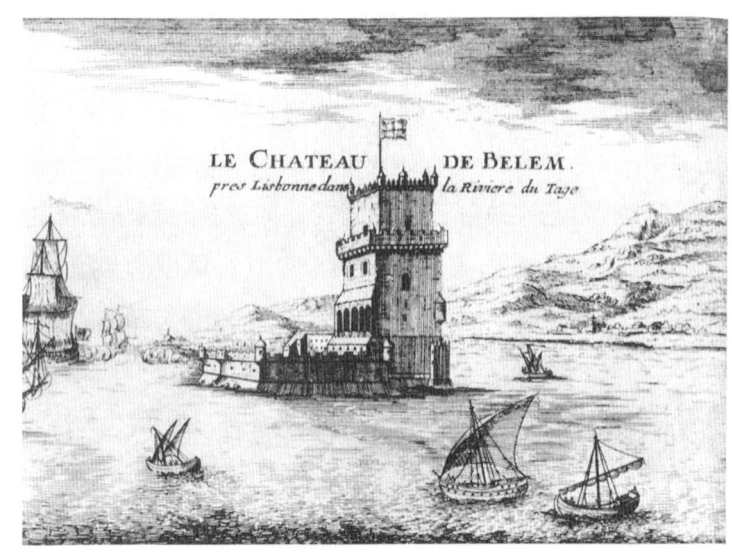

贝伦塔

热罗尼莫修道院

建筑上这些繁茂植物的形象，让人想起一片热带雨林，或印度洋里包裹着植物的某个海底洞穴。这些符号不断出现在石质雕塑中，再加上特色鲜明的基督骑士团的十字架，令人思索东印度冒险的回报与新奇。在赖斯特罗外海，曼努埃尔一世命令建造了一座防御要塞，即贝伦塔，它既是一座军事要塞，也是一座奇思妙想的建筑，傲然屹立于海水之中，装饰着上述图案。半球形瞭望塔就像被绳索勒住的带有一道道凸痕的菠萝，城堞上绘有基督骑士团的纹章盾。石雕工匠还制作了白色犀牛的头像，它将长着尖角的口鼻伸向大海，表达了对葡萄牙人成就的赞叹和惊讶。

1513 年冬季，在果阿，曼努埃尔一世的得力干将阿方索·德·阿尔布开克，正在准备对印度洋做最后的包围，即进入红海。

22 "全世界的财富，尽在您的掌握"
1513 年 2～7 月

为了征服红海，葡萄牙人已经等待多年。早在 1505 年，阿尔梅达统治时就强调了红海的重要性。再过八年，葡萄牙人才做好远征红海的准备。到 1513 年年初，果阿要塞已经固若金汤；扎莫林被毒死了；阿尔布开克已经保障了印度沿海地区的和平安定，心满意足；最关键一击的时刻到了。

此举表面上的目标是最终切断马穆鲁克王朝伸向东方的补给线，扼杀其香料贸易，同时消灭威尼斯的香料贸易。而在这个目标背后，隐藏着弥赛亚的幻梦：战胜伊斯兰世界，收复耶路撒冷，让曼努埃尔一世成为王中之王。阿比西尼亚使者前不久的抵达让葡萄牙人更加期望与祭司王约翰的军队联手，消灭"巴比伦大淫妇"。这些深层次的目标，即便在葡萄牙朝廷也是很有争议的话题。总督于 1513 年 2 月从果阿起航时，对这些深层次目标秘而不宣。普通士兵与水手尽管笃信宗教，但更感兴趣的是掳掠战利品的物质机遇，而不是人间的基督教天国王朝的胜利。

红海是一道 1400 英里长的深深的口子，将阿拉伯半岛与非洲大陆分隔，自然条件十分恶劣。它水很浅，缺少淡水资源，有众多低矮小岛和隐蔽的浅滩，因此航行颇为危险。沙漠的热风捶打着它，而且它受到印度洋气象节律的影响，不过印度洋的雨水不会降落到它这里。只有在特定的季节，人们才能进入红海。没有当地领航员的帮助，外来船只无法在红海航行。所以，必须俘虏或强迫一些当地领航员。曼德海峡，即"泪之门"，是一个潜在陷阱的半张开的上下颌。那是一个令人窒息的热气腾腾的熔炉，几乎没有一滴水。进入红海之后，葡萄牙人就可以进入伊斯兰世界的古老腹地。从那里到吉达只有 650 海里，到苏伊士是 1350 海里。从苏伊士穿越沙漠到开罗只需三天，从吉达到麦地那（先知的遗体就长眠在那里）则需要九天。伊比利亚半岛的人们感到自己正在驶向敌基督的神庙。数个世纪的圣战热情正鞭策着他们。

阿尔布开克的第一个目标是设防港口亚丁，在"泪之门"之外 110 英里处。攻占亚丁之后，它可以为葡萄牙人提供一个安全的基地，以便做最后的推进。亚丁的谢赫和开罗的苏丹关系并不融洽，但由于葡萄牙人扰乱了原先的香料贸易，亚丁已经成为红海的阿拉伯三角帆船的一个重要中转站。

1513 年 4 月 22 日，总督的舰队已经在亚丁港外随波摇曳。亚丁就在他们面前，位于一座已经熄灭的火山口之内，周围环绕着九座令人生畏、寸草不生的紫红色岩石山峰，每座山峰顶端都有一座要塞。亚丁实际上坐落于沙漠之中，阿尔布开克后来描述它道："周围尽是赤裸裸的岩石，不生树木和草，两三年也没有一滴雨。"[1]城镇面向大海的一面建有一线长长的高墙，上面只有一扇门，但有许多塔楼。他们能看得见，在这城墙之内有清真寺尖塔，高耸的灰白色房屋在阳光下闪闪发光，还有谢赫宫殿那雄壮的立方体结构。而城镇的另一面也有一线防御工事。当时的欧洲人不确定亚丁是不是坐落在一个岛上，后来的探索才确定它与大陆之间有一条堤道相连。在他们左侧，一个往外伸出的海岬之上建有要塞，部署着不少大炮。港口是一个新月形的海湾，里面停满了船只。"我们的克拉克帆船很大……所以只能停在港口之外。"阿尔布开克如此写道。

这一天是耶稣受难节。天气已经酷热难当。在耶稣受难这一天抵达，对葡萄牙人来说既是鼓舞也是刺激。他们发动圣战的热情高涨。"士兵们已经摩拳擦掌，全副武装，热切渴望战斗。"[2]阿尔布开克在后来给曼努埃尔一世的一封解释性长信中如此写道。谢赫不在城里，但城市总督阿米尔·米尔赞礼貌地派遣了一名信使去询问访客有何贵干。阿尔布开克开门见山，他说自己要去吉达和苏伊士消灭马穆鲁克舰队。他拒绝接受当地总督送来的食品，"因为我的习惯是，不接受尚未与我们缔结和约的国家和君主的礼物"。[3]他要求阿米尔"打开城门，允许我们的旗帜和士兵进入"。阿米尔提议亲自前来谈判。阿尔布开克说，那没有意义。于是，士兵们开始磨刀霍霍。

阿尔布开克知道兵贵神速，必须在周边沙漠的援兵抵达亚丁之前将其攻下。更重要的是，由于亚丁气候严酷，他的机遇窗口期很短。他们已经遇到了红海最关键的战略问题："在我看来，由于缺水，如果我们占领了城市却没有控制通往城后山区的大门，我们的全部努力就白费了，因为到时我们将不得不从船上获得给养。"没有辩论，没有犹豫，有的只是一个简单的计划，从事后来看，他承认这个计划差不多等于是没有计划。"我们唯一的计划就是枕戈达旦，以精神和行动为陛下效劳。我们达成一致，从两个地方发动进攻，并将部队分为三路。"除此之外，由于复活节的吉利时节，他们坚信"天主一定会为我们提供一切"。葡萄牙贵族及其武士和训练有素的民兵之间存在竞争，所以必须把这两拨人分开。两个群体都领到了梯子。"我们带来了撞城槌、撬棍、铁铲和锹，并用火药炸毁了一段城墙。"黎明前两个小时，军号响起。士兵们登上小船，划到岸边。"黎明时分的城市，以及旭日东升的景象，真是令人心中油然而生敬畏。"总督的秘书之一科雷亚如此记载道。他不仅留下了对此役的记载，还绘制了亚丁地图，"它沿着海岸延伸，形似一个弯曲的海湾，小船只有在涨潮时才能接近，城墙高耸，令人生畏，有许多圆形塔楼"。[4]

葡萄牙人的进攻出师不利。小船停泊在浅滩上，距离海滩有弩弓射程那么远。士兵们不得不在相当远的距离涉水上岸；指挥官们浑身湿透；火枪手的火药被浪潮弄湿。葡萄牙贵族们没有把他们的部下整好队列。他们渴望个人的荣耀，为了争夺第一个登上敌城的荣誉，争先恐后地攀爬梯子。"这让我非常伤心，"阿尔布开克后来写道，"因为他们尽到了作为骑士的义务，却忽视了留在城墙脚下的队形混乱的士兵。"城墙很高，梯子的长度不够，所以爬到梯子顶端的人不得不艰难地爬上胸墙。第一批登上城头的是两个葡萄牙贵

加斯帕尔·科雷亚绘，葡萄牙人进攻亚丁

族，名叫加西亚·德·索萨和若热·达·西尔韦拉，还有一个扛旗子的侍从。在他们下方，一大群人闹哄哄地企图跟上去，但梯子顶端的耽搁使得梯子上出现了堵塞；进攻很快陷入混乱。阿尔布开克描述了"训练有素部队的梯子，一次可以将一百人送到城墙顶端"，现在开始晃动。"我看到梯子上的人重量极大，于是命令戟兵去支撑梯子……他们用自己的戟在梯子两侧支撑它，但梯子还是倒了下来，把戟压断，将戟兵砸成重伤。"[5]

此时穆斯林守军察觉到了敌人的凌乱，遂重整旗鼓，顽强抵抗，向城墙下的人投掷石块和射箭。葡萄牙人尝试撞开主城门，但失败了。城门被封堵得严严实实的。最后，葡萄牙人用火药在城墙上炸出一个洞。现在需要一个人身先士卒。现场的指挥官堂加西亚·德·诺罗尼亚是阿尔布开克的外甥，但他未能起到表率作用。后来的审判表明，他之所以没有带头冲锋陷阵，若不是因为怯懦，就是由于嫉妒："他拒绝冲进去，是因为嫉妒第一个登城的加西亚·德·索萨，所以如果占领了城市，索萨会得到全部荣耀……诺罗尼亚不肯进去，其他人也不肯。如果他们勇敢地冲进去，就能一口气占领城市。"[6]这一天将会出现一系列"如果"。

城墙下鸡飞狗跳，领导乏力。总督和堂加西亚·德·诺罗尼亚正忙于指挥士兵修复梯子。这工作非常关键，却是低微的体力劳动。已经登上城墙的一些人感到没有后续支援，决定撤退。他们没有梯子可以爬下来，于是城下的葡萄牙士兵向上方投掷绳子，帮助他们逃跑。与此同时，一小群葡萄牙士兵，包括加西亚·德·索萨和若热·达·西尔韦拉，躲在一座塔楼内，拼命战斗。一贯无比自信的阿尔布开克这一次承认自己犹豫不决了："我不知道应当鼓舞军官、骑士和贵族们（他们爬回了地面）和正在城墙脚下督战的堂加西亚，还是去援助城墙顶上的人。由于这番踌躇，我们损失了一些人。"[7]

在遭到敌人围攻的塔楼内，葡萄牙士兵遭到越来越猛烈的箭矢和长枪的袭击。若热·达·西尔韦拉瞥见总督的身形，向下喊道："大人，帮助我们，否则我们就全都死了！"[8]阿尔布开克在嘈杂中回答道："我帮不了你们。用绳子爬下来吧！"有些人成功地沿绳索爬下来，其他人冒险跳墙，还有人则拒绝逃跑。有一个葡萄牙人坐到胸墙上，俯视城下，画了个十字，然后跳下来。结果他跌断了一条腿，几天之后伤重而亡。一名来自某艘船上的炮手比较幸运，他一手握着弩弓，跳下城来，大难不死。加西亚·德·索萨拒绝逃跑。"我可不是用绳子逃命的人！"[9]他喊道。这是毫无意义的勇敢。没过多久，一支箭射穿了他的脑袋，他死了。很快，穆斯林士兵就占领了塔楼，将葡萄牙人的首级插在长枪上，向下挥舞。葡萄牙人只得撤退。

阿尔布开克只得尽力收拾残局。他们撤退时，收走了倒塌的梯子的碎片，"免得它们被当作我军溃败的证据"。[10]据编年史家记载，总督"看到失败得如此凌乱而凄惨，大感震惊，哑口无言"。[11]

军中的气氛十分压抑。在复活节前的星期六，他们寄希望于上帝的佑助，却一败涂地。士兵们渴望再试一次，打算把他们的重炮送上岸，把城墙轰出一个窟窿，但阿尔布开克知道有利的时机已经过去了。缺水的问题非常急迫，东风快要结束了。如果他们现在不撤退，就会身陷绝境，既不能攻入红海，也不能跨越印度洋返回。

攻打亚丁的失败是一个挫折，但在当时他还不知道这是多么严重的一个挫折。阿尔布开克在给国王的信中尽力粉饰这次失败：

> 关于亚丁的行动，我可以向陛下报告，这是陛下能够想象的最激烈、最快速的战斗……为陛下效力的愿望让士兵们加倍努力，由于在那一天希望为陛下建功立业的人太多，压垮了梯子。[12]

他责怪梯子，并又一次怪罪骑士们缺乏纪律性。他很有策略地批评了堂加西亚，"关于他那天的行为，我不敢多说我个人的意见，因为他是我的外甥"。[13]阿尔布开克是个诚实的人，所以他也怪罪自己："我相信，如果我事先对亚丁进行侦察，就不会在那个地点发动进攻。"[14]说到底，他没有隐瞒事实：此次进攻的筹划很不稳妥，执行也很糟糕。

即便如此，舰队继续航向曼德海峡和红海。这个决策并不受人欢迎。领航员和船长们希望在雨季开始之前返回印度。他们可不想困在红海，因为红海的条件恶劣是臭名远扬的。就像当年在霍尔木兹一样，一些人窃窃私语，说领导他们的是个疯子，要把他们带到没吃没喝的地方去；"他们相信自己必死无疑。"[15]阿尔布开克对所有这些反对意见置若罔闻：他只不过是在服从国王的命令而已。他没有透露更深层次的计划：如果天气允许，就驶过整个红海，到苏伊士去歼灭马穆鲁克苏丹的舰队。

到 4 月底时，他们进入了狭窄的红海，据总督的秘书科雷亚说："水道只有火炮射程那么宽。"[16]这是一个历史性的时刻，是基督徒第一次深入伊斯兰世界心脏的海洋，而且也接近了红海西岸的埃塞俄比亚高原，他们相信那就是祭司王约翰的王国。"我们航行到水道入口处，"阿尔布开克记载道，"尽我们所能地大摆排场，礼炮齐鸣，奏响军号，旌旗招展。"[17]对总督来说，这也是激动人心的时刻，因为他们已经到了最终征服的门槛。获取领航员的问题很容易就解决了，他们俘虏了一艘过路的阿拉伯三角帆船，派二十人躲藏在甲板下方，把船开到一个港口，等当地领航员上船，然后将其扣押。

他们在红海北上，"始终看得见祭司王约翰的土地和阿拉伯半岛的海岸"。[18]据科雷亚记载，两岸的风景都非常凄

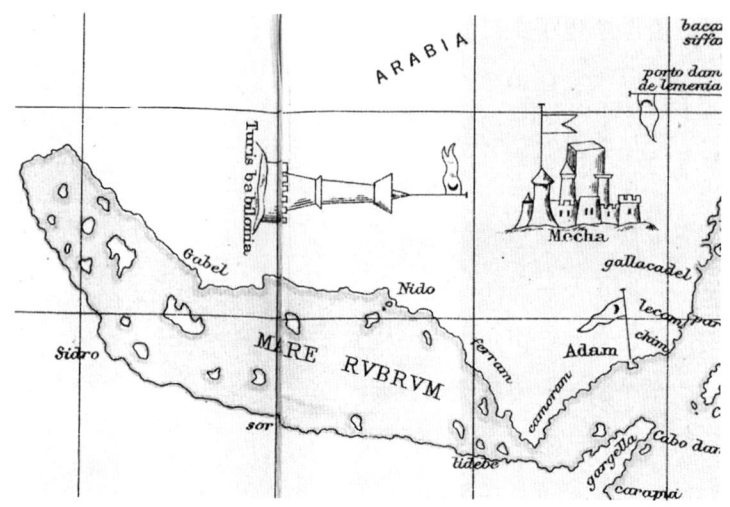

在阿尔布开克入侵红海之前，葡萄牙人绘制的红海地图几乎是一片空白，不过已经标注了卡马兰岛（Camoram）

凉："没有风暴，只有猛烈的热风……两岸的土地都非常干旱贫瘠，没有一丝绿色，群山巍峨。"[19]艰险难走的浅滩太多，意味着他们只能在白天航行，手里拿着铅垂线随时准备测深，夜间落锚停船。由于一名领航员的错误，一艘船险些搁浅。阿尔布开克实施了威慑策略，就是这种策略让印度海岸的人们对法兰克人噤若寒蝉。经过的船只都被葡萄牙人俘虏并抢走给养。不幸的穆斯林船员被砍掉双手、鼻子和耳朵，并被送上岸，去宣传葡萄牙的恐怖和威严。然后，被俘的船只会被付之一炬。

阿尔布开克的第一个目标是遍布黄沙的低矮岛屿卡马兰岛，位于红海入口以北200英里处，靠近阿拉伯半岛，这是整个海岸唯一的淡水来源。他在那里补充淡水之后，急于继续进军吉达，但风向已经开始变得难以捉摸。随后刮起了西风，他无法继续前进了。当东风刮起的时候，阿尔布开克命令他的船只匆忙离开锚地。后来又变成西风。一连二十二天，他的舰队停泊在大海中央，等待机会继续北上。在此期间，他的部下焦躁不安。淡水用完了，他们别无选择，只能返回卡马兰岛。"他们就停留在那里，"科雷亚写道，"度过了 5 月、6 月和 7 月。没有下一滴雨。"[20]他们等于是被困在了那里，只有山羊和骆驼给他们做伴。他们待在长着红树的沼泽和黄沙满地的灌木丛中，在毒日头下，靠吃山羊和骆驼以及从海里捕鱼度日。阿尔布开克无比乐观，派遣小型卡拉维尔帆船去侦察，俘虏过路船只，并盘问这些倒霉的船员，以获取信息。让他那些备受折磨的部下惊恐的是，他命令石匠试验制造石灰。他们报告称，这是可以做到的。"我们找到了大量合适的岩石，房屋、清真寺和古建筑也能提供许多石料……这是世界上修建要塞的最理想地点，还拥有最好的设施，"他在给国王的信中写道，"不受风力影响的港口……水源充足……有大量优质鱼类。"[21]大家呆若木鸡，害怕他又会下令修建一座要塞。

阿尔布开克向里斯本宫廷汇报的时候，把这个岛屿描绘成世界上最卫生的地方。事实截然相反。他从卡马兰岛出发去吉达的时候，官兵们又一次高声反对他的这个决定，称"他要把他们全带上死路"。[22]与他给国王的乐观报告相反的是，大量葡萄牙人在此死亡。岛上显然缺少口粮，而且他们被无情地驱使着拼命劳作，去修理船只。一种神秘的流行病开始夺取他们的生命："发烧仅仅两三轮，并且胸口剧痛之后，一种未知疾病，胸腔郁结血块，夺去很多人的生命。死者超过五百人（总共有一千七百人），几乎所有土著士兵都死了，死于辛劳和糟糕的饮食。"[23]不过，他给国王的报告里丝毫没有提及这次疫病。

阿尔布开克相信上帝给了他神圣的使命，而夜空中的一个奇观更加强了他的这种信念。一个没有月光的夜晚，

当我们停泊在那个地方的时候，祭司王约翰国度的上空出现了一个符号，形似十字架，非常耀眼，一朵云飘在它上方。云在接近十字架的时候，分散成无数碎片，没有接触到十字架，也没有遮掩它的光辉。船上的很多人都看到了这奇迹，许多人跪下，接受上帝的旨意。还有很多人虔诚地流下了眼泪。[24]

阿尔布开克努力劝服领航员和船长们，要求他们顶风渡海去西岸，但他们不肯挪动。

在横遭赤日炙烤的沙丘中度过的这几个月里，阿尔布开克继续撰写一份关于红海的详细报告，并将其发回里斯本。他尽可能地搜集关于红海的所有信息，涉及气候、地理、航海、港口、政治和部落从属关系。他派遣卡拉维尔帆船去调查珍珠养殖场，询问关于祭司王约翰富饶金矿的情况，最终得出了结论（让他的部下长舒了一口气），红海西岸的马萨瓦比他目前所在的岛屿更适合建造要塞，因为"马萨瓦背后的海岸就是祭司王约翰的土地"。[25]葡萄牙人对祭司王约翰这个半神话的基督徒的信仰还很强烈。他告诉曼努埃尔一世："现在我掌握了关于红海方方面面的

完整信息。"【26】

葡萄牙人持续不断的情报搜集活动有很多种形式。总是有一些人愿意冒险，不管有多危险。秉承佩罗·达·科维良（若昂二世国王派往印度的间谍）的精神，一个叫费尔南·迪亚士的人志愿执行了一些长途的间谍任务。迪亚士可能是个皈依基督教的穆斯林，也可能是葡萄牙人，被摩洛哥人俘虏，在直布罗陀被囚禁了很长时间。不过，相关的史料不太明确。无论如何，他精通阿拉伯语，对伊斯兰教仪式、祈祷和《古兰经》经文非常熟悉。他提出，他可以前往阿拉伯半岛的沙漠海岸，然后取道吉达、麦加和苏伊士去开罗，在亚历山大港搭乘威尼斯船只，带着给国王的情报返回葡萄牙。他的掩护身份将是一名逃亡奴隶。于是，葡萄牙人给他的腿加了脚镣，用一条独木舟将他送到大陆。他的衣服里缝了宝石，以便沿途出售，作为活动经费。他安然无恙地返回了葡萄牙，向曼努埃尔一世做了报告。迪亚士后来返回了印度，并显然又长期在红海搜集情报。科雷亚认识他，说他"死时非常贫寒"。【27】

阿尔布开克特别希望获取关于苏伊士（位于红海北端）和马穆鲁克舰队构成的情报。根据他认为可靠的信息来源，他得出了一个结论，证实了他多年来的猜测，即马穆鲁克舰队可以说基本上不存在。马穆鲁克海军在第乌惨败，然后是圣约翰骑士团截获了从黎巴嫩运往埃及的木料，所以苏丹的海军力量遭到了致命打击。他宣称苏伊士已经是一片废墟，那里只有十五艘小型帆船。

> 侯赛因离开印度之后，马穆鲁克王朝对海战的热情消退了，没有再建造任何船只。他们在苏伊士只有三十人守卫那些船只，抵御时而发生的阿拉伯人的袭击……他们每天早上向船只洒水，以防止木板被晒裂。那里没有克拉克帆船，没有木材、木匠、桅杆或船帆。[28]

事实上，每年都吵得沸沸扬扬的伊斯兰舰队大举入侵的传闻只不过是异想天开。

阿尔布开克按照他一贯的表达习惯，吹嘘葡萄牙人向红海的试探给敌人造成了毁灭性打击。"我可以向陛下保证，红海由于我们的入侵而心惊胆寒、空空荡荡，没有一艘船或独木舟在红海之中航行，就连鸟儿也不敢在那里着陆。"[29]他的分析结论是，如今吉达和麦加粮食匮乏，苏丹的政权摇摇欲坠。

他的话有些夸大其词，但总的来讲，他的评估惊人地准确。葡萄牙人向红海的进犯令伊斯兰世界瞠目结舌。在亚丁遭到攻击后，当地谢赫派遣迅捷的竞赛用骆驼，将消息送到阿拉伯半岛的吉达和麦加。麦加驻军开往吉达，做好了战斗到最后一兵一卒的准备。另一峰骆驼将消息从麦加送往开罗，只花了九天时间。到 5 月 23 日时，葡萄牙人的入侵已经尽人皆知。开罗城内一片张皇失措，苏丹呆若木鸡，星期五的祈祷中也添加了特殊的内容。苏丹匆匆在赛马场集合了一支部队："他们身穿链甲，头戴钢盔，背着弯刀。出征名单上有三百人……苏丹的一队马穆鲁克士兵奉命驻扎到苏伊士，开始造船。"[30]6 月中旬，苏丹命令军工厂总指挥及其部下护送火炮到苏伊士，但"没有饷银"。

开罗编年史家伊本·伊亚斯记载了此项备战计划的瓦解。没有人真的离开城市。6 月 15 日，部队再次集合到赛马场，但拒绝出动："除非领到一笔奖金，否则我们不走。我们不想在沙漠里饿死渴死。"[31]苏丹大发雷霆，当即离开操练场。事实上，马穆鲁克政权的确在崩溃边缘。苏丹担心城内发生叛乱。到 9 月时，伊亚斯报告称局势没有变化，红海传来的消息却更糟了。他记载道："欧洲人放肆地阻碍红海贸易，扣押货船；他们占领了卡马兰岛，这是通往印度道路上的一个关键中转站。"[32]从 1514 年到 1515 年，一个月一个月地流逝，马穆鲁克王朝的瘫痪状态没有任何好转，一方面是葡萄牙人的侵袭，另一方面是圣约翰骑士团的海上封锁。"去年一年，没有任何船只抵达亚历山大港的港口；没有任何货物运抵吉达，因为欧洲海盗在印度洋恣意游弋；上一次有货物在吉达上岸，已经是六年前的事了。"1515 年 7 月，身处吉达的第乌战役指挥官侯赛因还在哀求苏丹"尽快派来增援部队，免得欧洲人占领整个印度海岸，并且他担心吉达遭到攻击……苏丹在各地都遇到麻烦"。[33]直到 1515 年 8 月，一些士兵因为"身体过于羸弱或患有性病"[34]而被剔除，才有说得过去的部队出发前往苏伊士。

阿尔布开克对局势的概括非常精彩。他相信存在一个机遇，可以有效地将红海一分为二；红海不存在有能力抵抗葡萄牙人的舰队；伊斯兰世界的腹地已经洞开，只要集中努力一次，马穆鲁克王朝必然灭亡："苏丹的处境非常糟糕。他的兵力极少，他自己不会离开开罗，也不会出征作战，更不

会离开自己的要塞。沙阿伊斯玛仪一世在他门前虎视眈眈，冷酷无情地打击他。"【35】

在这年 12 月发出的一封长信的结尾，他向曼努埃尔一世呈现了一个清晰而狂热的战略愿景，并向其展示了最终战利品的前景：

> ……在我看来，如果陛下在红海拥有强大的力量，那么全世界的财富，尽在您的掌握，因为祭司王约翰的所有黄金都将属于您，数额之大，我都不敢计数。可以用这黄金去收购印度的香料和商品……我冒昧地向陛下如此讲述，是因为我亲眼看过恒河两岸的印度，我观察到，天主在佑助您，将印度交给您。自陛下占领果阿和马六甲并命令我们进入红海、寻找苏丹舰队和切断通往吉达与麦加的航路以来，印度风平浪静，安宁稳定……陛下若能摧毁邪恶的王座，并涤荡其全副污秽丑恶，对上帝将是莫大贡献。【36】

这话并不是非常隐晦，实际指的是摧毁麦加和麦地那及先知穆罕默德的遗骸。这个计划如此大胆，只有曼努埃尔一世的一小群意识形态专家知晓内情。葡萄牙人将在祭司王约翰的协助下完成这项事业。

> 我得知，祭司王约翰也渴望摧毁麦加城。他相信，如果陛下提供船只，他就能派遣大量骑兵、步兵和大象前来……穆斯林自己也相信，祭司王约翰的战马和大象

将在麦加的圣地吃草……上帝会给陛下的这番事业佑
助。具体执行的将是您的船只、您的军官和您的士兵，
因为渡海需要两天一夜的时间。[37]

德意志地图师马丁·瓦尔德西米勒于 1516 年绘制的世界地
图，将曼努埃尔一世呈现为海洋的君王

阿尔布开克在设想弹丸之地的葡萄牙能够控制世界中
心，曼努埃尔一世或许能成为最伟大的基督教国王，并解释
了如何实现这样的愿景。他将在亚丁和马萨瓦建造要塞，巩

固立足点，在那里驻扎舰队，但不会尝试深入阿拉伯半岛腹地；他将与祭司王约翰会师，然后"陛下的舰队可以直捣苏伊士，从那里到开罗仅需三天时间。这会在首都造成震荡，因为苏丹不像您被误导去相信的那样强大……我们会暂且搁置印度的事务。果阿会保障您在印度的基业安宁和平"。[38]阿尔布开克的战略绕过了半个地球：东印度不再是他的目标，而是行动基地。他最终的使命是消灭伊斯兰世界、收复耶路撒冷。[39]

　　但是，他必须等待。到 7 月中旬时，风向变了，雨季结束了。返回印度的时间到了。途中，他又一次逼近亚丁，炮轰城市，并研究出了来年如何截断其水源、将其一举攻下的方法。

23 最后的航行
1513 年 7 月 ～ 1515 年 11 月

"陛下竟怪罪我，怪罪我，怪罪我！"[1]

每年 9 月，香料舰队抵达果阿的时候，都会捎来葡萄牙的书信。回信则随舰队于次年 1 月或 2 月送抵葡萄牙。这种协调非常差的通信很容易造成误会和错误观念。曼努埃尔一世对阿尔布开克未能完成一些任务而越来越狂躁。在遥远的里斯本，他觉得这些任务再简单不过了。必须封锁红海，必须迅速运送香料，必须给士兵支付军饷。"按时领到足额薪水的水手会心满意足，心甘情愿地留在船上效力，"他以说教的口吻告诉阿尔布开克，"因此我要求给水手及时发放足够的饷银，让他们满意……但我要嘱咐你，饷银应当来自其他人的腰包（战利品），而不是我的国库。"[2]总督对这一点尤其不满意，因为他始终没有足够的金钱或人力去实现国王的雄心壮志。对阿尔布开克来说更不妙的是，国王漫不经心地质疑果阿的价值。但对总督来说幸运的是，他麾下的指挥官们在投票表决中坚决支持他守住这个岛屿。而且曼努埃尔一世朝三暮四，经常心血来潮地改变主意，这非常让人恼火。"陛下知道吗？您的政策每年一变。"[3]阿尔布开克在信中倍感挫折地写道。但反对他的声音也越来越响亮，他很容易树敌，他的政敌在每年的邮件中都发回自己的报告。在亚丁城下的失败传回朝廷之后，造成了特别恶劣的影响。

他原打算于 1514 年 1 月重返亚丁，但未能如愿，原因很简单，他缺少适航性强的船只。有一艘船在从亚丁返回果阿的途中沉没；他缺少训练有素的木匠和码头工人，无法对破损船只进行修理，因为整修回国的香料舰队的工作始终是更优先的。在"海洋之花"号失事之后，阿尔布开克航行时总是有点心惊胆战，这在给曼努埃尔一世的信中描述得很生动："一只手捂着我的胡须，另一只手放在水泵上。"[4]他必须等到 9 月才能得到支援。

然而，他不得不在果阿待了一整年，建设殖民地，以及与印度次大陆的权贵们谈判。为了给一再耽搁的亚丁战役做准备，他花费了大量时间。他储存了大量火药与炮弹，监督兵器（尤其是长枪）的生产、航海饼干的烘焙和攻城器械的制造。在攀爬亚丁城墙的可耻失败之后，他特别重视制造许多非常坚固的梯子（并且长度足够抵达城墙顶端）。阿尔布开克热切希望增加火枪手的数量。他在果阿、科钦和坎纳诺尔发布消息，悬赏鼓励人们主动报名接受火枪手训练。每个月的星期天和第一个星期六，进行射击训练，凡命中靶子的人将得到一个克鲁扎多的奖励。方阵步兵每个月操练两次，反复练习瑞士战术；他们的长枪存放在军械库内，得到严密看护，因为有些反对这种新潮战术的贵族威胁要将长枪折断。每个星期天下午，阿尔布开克亲自带领骑兵练习袭掠作战，并熟悉穆斯林风格的马鞍。一直到夜幕降临，他才在火把照明下返回马厩。

阿尔布开克兢兢业业，事无巨细都要关照，不知疲倦地劳作。秘书加斯帕尔·科雷亚记载了他的日常："总督天不亮就起床，带着卫兵听弥撒，然后独自骑马出行，手里只拿一根手杖，头戴草帽。他带着戟兵巡视海岸和城墙，检查正在进行的施工，亲自观察大小事务，并发号施令。"倒霉的科雷亚忍不住补充提到他自己："他的四个秘书，都是国王的忠仆，跟随他，手拿纸和墨，记录他口述的命令和指示。他一边骑马，一边在马背上签署这些文件。正在撰写本书的加斯帕尔·科雷亚，即我本人，就曾担任他的秘书，这样跟随他办公。"[5] "我接到请愿的时候，"阿尔布开克在给曼努埃尔一世的信中自豪地（他有理由这样自豪）写道，"就当场给出答复。"[6]

阿尔布开克是帝国主义的梦想家，决心在印度洋为葡萄牙开拓千秋基业。他是务实的人，监督着城市的物质防御——城墙是用干泥黏合的，在雨季容易受损，必须不断维修。他也是严峻的道德家，努力创建一种持久、公正的社会秩序。他深知，他的部下虽然英勇无畏而且能够自觉地做出自我牺牲的壮举，但也不服管教、暴戾和贪婪，所以他必须持续地予以监督。他写道："我在场的时候，一切顺利；但我刚转过身去，每个人就都遵照自己的天性。"[7]他不知疲倦地反腐，并纠正葡萄牙人对当地人的不公行为。他知道，赢得民心和成功的军事行动同样重要。他非常清楚，必须及时且足额地给士兵、水手与官员支付薪水，否则他们必然会贪污腐化和鱼肉百姓。葡萄牙的美名是至关重要的，他担心，就像坎纳诺尔国王说的那样，"蜜糖变成毒药"。[8]他努力保护当地女性免受性暴力，同时积极推动异族通婚政策。他禁止任何形式的赌博，只允许玩象棋和跳棋；他把行为不端的人送到桨帆船上划桨，作为惩罚；把爱争吵、不守纪律的人随同香料舰队送回里斯本。他每个月定期施舍和赈济孤儿与丧父的孩子，并雇一名教师去教他们读书识字，并向他们传播基督教信仰。这项工作有着很浓的社会工程的意味。

阿尔布开克貌似一个严酷的独裁者，但也有欢乐的时光。在果阿王宫的典礼大厅，他每天晚上都会坐下来，在喇叭声中与四百人一同用餐。每个星期天，果阿土著部队在王宫前方，在他们本土乐器的伴奏下表演。从锡兰运来的二十四头大象在总督面前游行，并在象夫的指挥下向他致敬。宴会期间，舞女在火把照明下载歌载舞。阿尔布开克内心里酷爱印度的景观、音乐和五光十色，他变得越来越本土化了。

印度大陆的强国容忍葡萄牙人的存在，因为他们处于印度大陆各帝国利益的边缘，但也对其严加监视。阿尔布开克以娴熟的技巧，与印度次大陆和更广袤的大洋的权贵们玩着外交游戏，纵横捭阖。毗奢耶那伽罗统治者派来的使臣被邀请参观葡萄牙军队的表演。葡萄牙方阵步兵在城市的街道武装游行，从使臣面前走过。使臣观看这盛大的阅兵，一连两个小时，一排排士兵列队行进，手执长枪，在笛子声和鼓声中如潮水般涌过。对这个使臣来说，所有欧洲人的相貌无疑都是一样的。他震惊地发现，葡萄牙兵力有一万多人。

在其他地方，阿尔布开克忙着管理葡萄牙统治下的马拉巴尔海岸的大小事务。虽然他不是个睚眦必报的人，但他粗暴直率的风格招致了很多敌意。他对代理商们的才干和品德非常鄙夷，曾玩世不恭地说："他们不知道如何从市场上买到价值 10 雷阿尔的面包……陛下还不如忍受佛罗伦萨商人揩油，因为他们是天生的生意人，懂得生意经。"[9]反对他治理方式的小集团，尤其是在科钦的那一伙人，不遗余力地向曼努埃尔一世抹黑阿尔布开克。发回里斯本的每一包邮件都包含对阿尔布开克的激烈指责：总督是个危险的疯子、奴隶贩子、腐败的受贿者，正在中饱私囊，盗窃国王的财产。阿尔布开克知道自己遭到的攻击。他对曼努埃尔一世报告称："这些人抓不到把柄的时候，就自己捏造。"他截获了一些写给国王的指控他的书信，肯定感到自己处境危险。他宣称，这些信的内容"让我大为灰心丧气……让我的白头发增多了一倍"。[10]最后他与反对派领导人安东尼奥·雷亚尔、洛伦索·莫雷诺、迪奥戈·佩雷拉和加斯帕尔·佩雷拉当面对质，将其中一些人随同香料舰队送回了里斯本。这个措施适得其反。

压制放纵不羁和满腹嫉妒的葡萄牙贵族、查处贪腐官员、努力应付国王那过多且朝三暮四的要求、任务太重而手中资源太少——阿尔布开克的力量也被逼到了极限。1514年年末的几个月里，在科钦，有人行刺他，这让他大感震惊。一个叫若昂·德尔加多的人，勇敢且鲁莽，因强奸一名当地女子而被关入监牢。他说服了一名在地牢上方的厨房工作的穆斯林奴隶，给总督的一道鸡蛋菜肴下毒。阿尔布开克得以幸存，但此事让他预感到了自己的死。他说："他已经只是一袋稻草，每天都在奔向坟墓，时日无多；但他必须等待，不想死于毒药。"[11]下毒的奴隶认罪后，德尔加多被带到总督面前。德尔加多反正已经死路一条，无所畏惧，以惊人的坦率说，如果阿尔布开克知道他的敌人想害死他，那么或许还不知道他认为是自己的朋友的人当中，有多少其实是敌人。德尔加多被判有罪，被处以绞刑、开膛和斩首，但始终没有查明是谁在狱中向他提供了毒药。

1515 年年初，新的远征已经准备就绪。计划是占领亚丁，进入红海，在红海西岸的马萨瓦建造一座要塞，然后进军吉达。阿尔布开克很清楚曼努埃尔一世的命令和指示，但后来远征未能成行。霍尔木兹事务打乱了他的计划。这座建造于岛屿之上的城市虽然向葡萄牙国王称臣纳贡，但对阿尔布开克来说仍然是需要解决的未竟事业。当初在 1507 年时，他攻打霍尔木兹失败，不得不撤退。霍尔木兹是印度洋的枢纽之一，是波斯湾贸易和马匹出口的轴心，但它的政局紊乱而动荡。它名义上的统治者是一个傀儡孩童国王，权力实际上掌握在首相及其氏族手中，他们常常用下毒或刺瞎双目的手段换掉国王。霍尔木兹有一群被废黜的前任国王，并且都已经瞎了，实际掌权的是各位维齐尔。

与总督在 1507 年打交道的那位维齐尔，瓦加·阿塔已经去世。他死后，发生了一场错综复杂的宫廷革命。当时的年轻国王被新维齐尔赖斯·努尔丁杀害了，努尔丁随后又废黜了另一个傀儡统治者图兰沙阿。后来，赖斯·努尔丁又被一个更残忍的亲戚赖斯·艾哈迈德排挤出去。艾哈迈德很可能是在波斯沙阿的保护下篡位的。这种可能性让葡萄牙人的位置岌岌可危。阿尔布开克由此决定，霍尔木兹比亚丁更重要，必须优先处置。

1515 年 2 月，阿尔布开克率领舰队离开了果阿。他抵达阿拉伯半岛的马斯喀特（此时是葡萄牙忠顺的附庸）时，从当地谢赫那里得到了关于霍尔木兹局势的更详细报告。在赖斯·艾哈迈德的淫威之下，国王和维齐尔都为自己的性命而战战兢兢。艾哈迈德给城里带来了四百名波斯弓箭手。阿尔布开克匆匆赶路。他于 3 月的某个夜晚抵达霍尔木兹，给了这座城市一个严峻的致意：军号齐鸣，然后是火炮齐射，石弹掠过屋顶，令人胆战心惊。据科雷亚记载，炮火非常猛烈，"仿佛船只都着了火"。[12]赖斯·艾哈迈德显然已经有所戒备：通往海滩的街道被路障封锁，并部署了火炮。

黎明时分，城镇居民可以看到葡萄牙舰队在晨曦之下闪闪发光：旗帜飘扬，甲板上挤满手执长枪和矛的士兵。由于波斯湾的酷热，葡萄牙人没有穿甲胄，而是将其悬挂在索具上，熠熠生辉。一艘小船接近了舰队，送来一个身穿葡萄牙服装的人。他接近时喊道："上帝保佑总督大人、船只和水手们！"[13]这个人原来是米格尔·费雷拉，他出使波斯回来了。他带着波斯沙阿派遣的一名使者来到霍尔木兹，这名使者正在等待拜见阿尔布开克。费雷拉详细汇报了他的出使经过。他在霍尔木兹待了两个月，所以能够详细解释城内局势。葡萄牙舰队抵达后，赖斯·艾哈迈德一夜之间就释放了维齐尔赖斯·努尔丁，后者已经是个老人。艾哈迈德在静观其变。与此同时，作为国王的图兰沙阿仍然随时可能被刺瞎或处死；艾哈迈德将他囚禁在深宫，受到严密监视。

葡萄牙舰队威胁到了艾哈迈德的计划,而对可怜兮兮的图兰沙阿来说,阿尔布开克似乎是他唯一的希望:"除非他把自己交给总督,否则死路一条。"[14]艾哈迈德希望诱惑阿尔布开克上岸,趁其不备将其俘获并杀死。总督以果断和狡黠处置着这个一触即发的微妙局势。费雷拉及其犹太译员提供的内部消息也很有帮助。国王在艾哈迈德的授意下表示,阿尔布开克旅途奔波,不妨上岸休息。他谢绝了,并说自己非常习惯于海上生活,在岸上反倒不舒服,但他的指挥官们可以上岸,不知国王是否可以在岸边提供一些房屋供他们暂住?艾哈迈德企图阻挠,但国王在绝境之中突然迸发出一种独立精神,同意了。于是,葡萄牙人在岸上获取了一个巩固的阵地,由自己的士兵守卫。阿尔布开克不肯以任何方式承认艾哈迈德的权威,他只愿意和国王或他的维齐尔交流。在葡萄牙人控制的安全房屋里,在避开酷热的凉爽地窖内,总督单独会见了年轻的国王,并向其施加影响。他说服了国王开放街道。他先劝说维齐尔,然后劝说国王本人,请求允许建造一座要塞。赖斯·努尔丁虽然收了贵重礼物,但仍然支支吾吾,因为葡萄牙人要求的地点距离王宫太近,很不方便。阿尔布开克告诉国王,他需要在岸边有一个合适的地方接见波斯使者,并且他绝无歹心。图兰沙阿为了摆脱恶毒的赖斯·艾哈迈德、赢得自由,于是同意了。

阿尔布开克不需要更多的批准了。他的动作很快。在一个忙得发疯的夜晚,他悄悄把一大群人和事先在果阿制作好的建材(木料、用来盛沙子的篮子和保护性屏障)运上岸,然后建造了一座临时基地,由火炮保护,并升起旗帜。这座基地"不必害怕任何力量，完全守得住"。[15]基地俯瞰王宫，并堵住了从城镇到海滩的道路。葡萄牙人得到了一个稳固的立足点。

第二天早上，市民一觉醒来，不禁大吃一惊。赖斯·艾哈迈德对他的傀儡大发脾气，说"自己宁愿把财宝都交给总督，也不愿意城市被占领"。[16]这话是对可能结局的准确评估。但图兰沙阿非常坚决，他认为葡萄牙人是抱着和平善意而来的，否则城市早就被毁坏了。对艾哈迈德来说，当务之急是杀掉阿尔布开克。

除了具有战略价值之外，葡萄牙人的临时基地还成了大摆排场接待波斯沙阿大使的场所。与波斯的什叶派君主结盟，是阿尔布开克的权力政治的一个关键部分，也是预防赖斯·艾哈迈德作梗的保障。他准备了一个展现葡萄牙辉煌的场地。为了接见波斯大使，葡萄牙人搭建了一座有三级台阶的高台，背后是精美的壁毯，地上还铺着地毯。在约定的那天上午，阿尔布开克在这里等候大使。他坐在一张带有美丽镶嵌装饰的椅子上，威风凛凛，穿着黑色天鹅绒服装，胸前有闪闪发光的金色十字，他的雪白美髯非常显眼。在他背后，指挥官们也衣着光鲜，腰佩利剑，再往后是他们的侍从，手里捧着帽子，拿着主人的长枪和盾牌。道路两侧是土著士兵（果阿人和马拉巴尔人），他们呐喊着，敲打铙钹。他自己的葡萄牙士兵则携带旗帜、竖笛、横笛和战鼓。大使前方有人送来他所带的礼物——脖子上套着项圈的黑豹、配有精美鞍具的骏马等。两人一排的队伍，手捧四百件精美织物、绿松石、金碗、精致链甲、镶嵌宝石的匕首，还有来自沙阿本人的礼物：一件非常奢华的长袍。然后是大使本人，他带来了沙阿的信，其写在一片金叶子上，塞在他的硕大头巾里。城里的显贵听到呐喊声和奏乐，也走过来了。停泊于外海的舰队也旌旗招展，射出雷鸣般的礼炮。

大使走近时，阿尔布开克端坐着一动不动。他仅仅招招右手，示意大使上前。在精细的礼节之后，用葡萄牙文写的书信（不过仍然是穆斯林外交的那种浮夸风格）被高声朗读。它认可了阿尔布开克的地位和声望："发号施令的伟大领主，总督们和弥赛亚宗教伟人们的脊梁，强大的武士，强悍而慷慨的海上雄狮，我对你十分敬重。这就像黎明曙光一样确实，像麝香气味一般明白无误！" [17] 信里承诺与葡萄牙人缔结友谊，并请求借用一些优秀的炮手。

阿尔布开克彬彬有礼地收下了礼物，但他本人没有从中获益。他只是把那件华美的长袍在自己肩膀上披了一下，宣称自己不能将它穿上身，因为它是给君王的服饰。他把最精美的礼物送给了里斯本的王后，把猎豹送给霍尔木兹国王，将剩余财宝分给指挥官们。他看到那些没有得到赏赐的人以及广大官兵的嫉妒，于是决定普遍地发放赏金，但他自己不打算掏腰包。他看到图兰沙阿越来越绝望，除了给他送去猎豹，还提出了一个建议，请国王把税收的钱借他 10 万塞拉分①。国王同意了。这笔钱是赖斯·艾哈迈德亲自送来的。他是来查看葡萄牙人虚实的。在喇叭乐声中，这笔巨款被摆放在葡萄牙营地入口处的一张桌子上，非常高调地分发给士

---

① 塞拉分是一种金币。

兵。群众呆呆地盯着。这笔钱还不够，于是阿尔布开克索要更多金钱。国王送来了消息：艾哈迈德打算送礼物给总督，并借机刺杀他。阿尔布开克答复称，他已经做好了准备，制订了自己的应对计划。

他决定邀请各方——国王、艾哈迈德和努尔丁到海滩的一处房屋商谈。每一方可以来八个人。武装部队必须等在屋外。会议时间是 4 月 18 日。阿尔布开克秘密地在邻近的营地安排了一大群士兵。船上的大炮也做好了射击准备，随时待命。

参加会议的人都不准携带武器，但与会者没人做到这点。阿尔布开克的七名军官带来了长袍作为礼物，内藏匕首。阿尔布开克也藏了一件兵器。这些匕首是用来戳刺的。赖斯·艾哈迈德第一个到场。他踌躇满志地走进庭院，身侧公开佩带利剑，腰带上携带匕首，还带了刀子和一把小斧子。阿尔布开克通过译员责备道："已经约好了都不带武器，你为什么要这个样子？"[18]艾哈迈德答道，这是他的日常习惯。他转过身，丢掉了一些武器，但还保留着一些。此时国王和努尔丁也到了，他们进门之后，门就被锁上了。

艾哈迈德转身做了一个手势，随后一瞬间发生了很多事情。阿尔布开克抓住他的胳膊，抽出自己的匕首，向军官们喊道："抓住他！"两人扭打起来。艾哈迈德一只手扭住总督的领子，企图用另一只手抓住对方的匕首。他落了空，企图抽出自己的剑，但太晚了。葡萄牙军官们猛扑过去，拔出兵器攻击他，戳得太猛，以至于误伤了自己人。艾哈迈德当场倒地死去。国王事先知道葡萄牙人的计划，但他以为艾哈迈德仅仅会被俘虏并押往葡萄牙。年轻的国王看到地上的死尸，吓坏了，以为自己的末日也到了。他企图逃跑，但门还锁着。在外面，艾哈迈德的部下喊道，他们的主人全都被杀了。于是，他们开始撞门。

阿尔布开克早就做了精心准备。葡萄牙方阵步兵开进街道，用手中握住的长枪逼退群众。国王浑身战栗地等待末日的时候，阿尔布开克拉着他的手，好言安抚，给他穿上丝绸华服，将他带到阳台上展示给民众。艾哈迈德的支持者固守王宫。最后，葡萄牙人许诺允许他们安全撤离，他们这才离开宫殿并出城。在这一天结束的时候，霍尔木兹全城大摆筵席。图兰沙阿被隆重地送回宫殿，总督还发表了鼓舞他的演说：

> 图兰苏丹陛下，您是霍尔木兹王国的主人和君王……只要上帝给您生命，您就永远是君王，不会有任何人胆敢攫取王位。我将运用指挥我的葡萄牙国王的全部力量辅佐陛下。他是您的挚友，所以我将亲近您的朋友，敌视您的敌人。如果您愿意，我们可以全副武装地在这里过夜，保卫您。[19]

这是一场完美的政变。图兰事实上成了葡萄牙人的傀儡，只不过他不用担心自己的生命安全。为了彻底掌控全城，阿尔布开克悄无声息地破除了最后的障碍。但凡他要钱，就总能得到。他在国王的脑子里灌输了新的不安全感：无法保证艾哈迈德的支持者全都已经走了；国王在前往清真寺的时候，很容易被敌人从一处阳台或窗户用箭射死；最好解除全城所有人的武装；从今往后，葡萄牙人将提供完全的保护。阿尔布开克的这些计划果然都实现了。他越来越夸大其词，暗示有传闻称鲁姆人将有一支新舰队要开来。如果国王把他的火炮都交给葡萄牙人，他们就能更好地保卫霍尔木兹。之前，霍尔木兹的火炮被刻意埋了起来，以免落入葡萄牙人手中。国王和努尔丁对阿尔布开克的这个建议目瞪口呆。他们唯一的答复就是没有办法把火炮挖掘出来。阿尔布开克答道，没关系，不麻烦，他的水手可以去挖。在克服了更多的抵抗之后，葡萄牙人搞到了一百四十门炮。葡萄牙人的司法（名义上司法权由国王掌控）是非常严酷的。阿尔布开克在市场上搭建了颈手枷，用于惩罚和处决犯人，并将其展示给国王看。四名葡萄牙水手被引诱当了逃兵并皈依伊斯兰教，以换取荣华富贵。阿尔布开克抓到了这四人，将其手足捆绑起来，在城镇前方的小船上活活烧死。这是为了杀一儆百："穆斯林看到总督不遗余力地去抓捕这些人并予以惩戒，无不胆战心惊。"[20]

　　国王还被要求出资在葡萄牙人的旧营地原址建造一座石质要塞，这是葡萄牙完全控制霍尔木兹的最后一步。阿尔布开克说，国王出这笔钱，只不过是偿还当初瓦加·阿塔欠葡萄牙人的债而已。

　　在阿尔布开克的建筑大师托马斯·费尔南德斯领导下，要塞工程的组织工作极其精细。他们从邻近一个岛屿运来石料，从大陆的窑运来砂浆。所有人——葡萄牙人、他们的印度士兵以及当地穆斯林，都对这项工程肃然起敬。三百人参加施工，分成十二组，每天有两组上工，劳动两天休息三天。5 月 3 日，阿尔布开克和指挥官们为要塞正式奠基，在祈祷声中用锄头开挖壕沟。三天后，阿尔布开克肩膀上披着一块布，亲自搬运地基的第一块石头，在地上放了五个金币，然后将石头压在上面。

工程在炎炎赤日下不断推进。选址有问题。要塞位于海边，距离海水很近，地基的一部分必须在水下用防水水泥建造。葡萄牙人更愿意在夜间借助火把和月光劳动，但疲劳、热病和脱水让他们损失惨重。人群中暴发了痢疾，开始有人死亡。阿尔布开克对医生们非常恼火，因为他们挽救不了病员，要价还很高。"你们拿着医生的报酬，却对这种病一无所知，让为我主国王陛下效劳的人白白死掉。"他咆哮道，"很好，我来告诉你们，他们为什么会死。"他强迫医生们在毒日头下艰难地搬运石头，让他们体会一下劳动的辛苦。医生们最终被释放后，他又训斥他们："现在我已经教训过你们了，从今往后你们应当能够治愈他们的病，把你们轻轻松松拿到的钱分一点给病人。我是以朋友的身份给你们善意的忠告，因为我不愿意看到你们坐在桨帆船上划桨。"[21]

总督始终亲临一线，鼓舞士气。他睡眠极少，饮食极少，很少离开要塞工地。他走出工地的时候，身后总是跟着一大群想看看他的人。他们走到要塞大门，亲吻他的手。他在印度洋已经成了一个传奇：他被誉为海上雄狮，"主持公道，统领海洋和陆地"。[22]波斯湾和更远地区的邻国君王寻求他的友谊。波斯统治者称他为"首领中的首领、众多指挥官的指挥官、幸运的雄狮、印度的总司令和总督"。[23]其他统治者送来画家，"为他绘制肖像"。[24]对阿尔布开克来说，这是他一生的巅峰时刻。"取得此项成绩之后，"他在给国王的信中写道，"我们就平定了整个印度，除了红海和亚丁。占领了霍尔木兹，让我们能够非常接近亚丁，并且极大地增加了我们在印度的威望。"[25]他设想快速攻入红海，在马萨瓦建造要塞，控制珍珠养殖场，扼住伊斯兰世界和马穆鲁克苏丹国的咽喉。完全控制印度洋似乎指日可待。但在8月时，他不幸染上了痢疾。

阿尔布开克在印度洋已经南征北战九年。为了建设曼努埃尔一世的帝国，他持续不断地辛劳，不分昼夜地拼命工作。在这期间，他忍耐着长期航海、战争、阴谋和酷热。他曾在卡利卡特负伤，在苏门答腊岛遭遇海难，在坎纳诺尔被囚禁，在果阿被下毒。他也在曼杜比河的雨季中被围困了三个月。他曾谈判、威吓、劝诱和杀戮。在外界看来，他似乎刀枪不入。子弹和长矛不曾打倒他；炮弹曾从他耳边呼啸而过；在贝纳斯塔里姆，他在小船里站直身子嘲讽穆斯林炮手。但是，他已经年近花甲。有机会在近距离观察他的人，如他的秘书加斯帕尔·科雷亚，会发现"他垂垂老矣，身体非常羸弱"。如今，在霍尔木兹那令人难以忍受的酷热中，在碧蓝大海与耀眼的日光之下，在寸草不生的岩石上，他奄奄一息。

在他身边有一个名叫尼古劳·德·费雷拉的人，他之前作为霍尔木兹使者去了里斯本，现在回来了。阿尔布开克问他，自己在朝廷的地位如何。费雷拉或许是想粉饰实情，于是说国王非常看重阿尔布开克，所以希望他回到自己身边，在印度事务方面辅佐他。老人悲哀地答道："在葡萄牙，没有一项荣誉能和当印度总督相比。在葡萄牙，工作累了可以休息。但我的残躯病体能休养多久？我的日子已经不多了，还有什么比在这些劳作中度过残年更美好的事情？这些工作让我感到自己还活着。"[26]印度是他毕生的冒险，他希望死在自己的岗位上。

有些日子，他闭门不出。除了亲信侍从，他谁也不见。有人说他已经死了，遗体被藏了起来。要塞工程松懈下来。阿尔布开克从俯瞰要塞的窗户露面，向指挥官们讲话，让他们能看得到自己。9月，他做了告解，召唤指挥官们到自己身边。他轮流握住每一个人的手，要求对方宣誓，服从他指定为继承者的人。他们的誓言于当月26日被记录在案。被指定为要塞指挥官的佩罗·德·阿尔布开克是他的一个亲戚，这个人接管了要塞工程。

但在11月时，阿尔布开克还活着。他不肯离开，在看到霍尔木兹的要塞竣工之前也不肯瞑目。石质要塞虽然还不完整，但已经是一座可以防御的建筑，部署了霍尔木兹国王的火炮。医生们相信海上的环境对他会有益处。11月8日，他登上"玫瑰"号，这艘船对他来说有很多回忆。五年前，他曾在这艘船的桁端绞死了鲁伊·迪亚士。他命令船长在午睡时间起锚出航，此时整个霍尔木兹都沉浸在午后的酷热中。他这么做是为了避免向大家辞别。"玫瑰"号停泊在外海，他给图兰沙阿送去了最后的道别和道歉。国王的回信充满悲哀，他希望在阿尔布开克启程之前再见他一面："看到您离去，我抑制不住眼泪，我觉得这应当是永别了。""玫瑰"号和另外三艘船一同起航了。"随着夜幕降临,它们驶向印度。"[27]

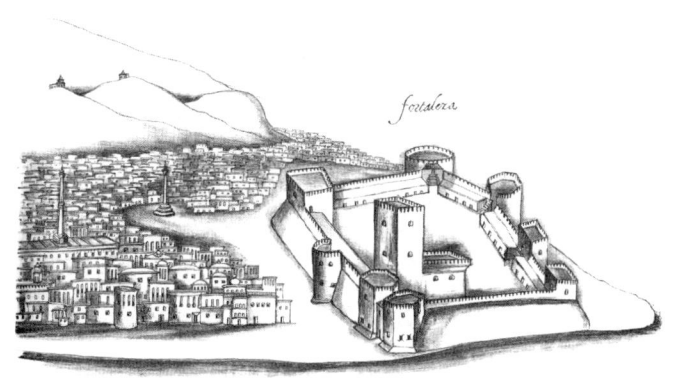

加斯帕尔·科雷亚绘,阿尔布开克在霍尔木兹的要塞

船上的亲密朋友们努力劝慰阿尔布开克,但他满腹忧愁,担心自己死前会被剥夺总督职位。跨越坎贝湾时,他们俘虏了一艘小型阿拉伯三角帆船,讯问了它的船长。有消息称,一位新总督带来了许多船只和军官;新总督在果阿待了一个月,现在去科钦了;但是,不知道他姓甚名谁。对奄奄一息的阿尔布开克而言,这是沉重的打击。

随后传来更糟糕的消息。在达布尔外海,他们遇到一艘葡萄牙船。船上有一个人,曾在阿尔布开克于印度的这么多年里多次与他打交道:佛罗伦萨商人乔万尼·达·恩波利。他与阿尔布开克颇有芥蒂。我们不清楚他俩之间究竟有什么纠葛,但根据一份记载,恩波利"秘密地告诉了阿尔布开克一些坏消息,这些话对他的健康而言简直是毒药,扰乱了他内心的宁静……加速了他的死亡"。[28]或许恩波利恶毒地强调了阿尔布开克在国王眼中的垮台。垂死的阿尔布开克得知了他的继任者的名字洛波·苏亚雷斯·德·阿尔贝加里亚，以及他的舰队中一些被任命到印度殖民地关键位置上的人选。这些得势的新人大多是他的敌人，其中包括迪奥戈·佩雷拉，他曾将佩雷拉赶回葡萄牙。阿尔布开克转向朋友迪奥戈·费尔南德斯，说道："你对这怎么看？被我赶回国的人、被我批评的人如今得到了荣誉和封赏，这对我来说真是'喜讯'啊。在国王眼里，我的罪过还不知道有多大。我因为爱护士卒，在国王面前遭到谴责；我因为爱戴国王，而遭到奸佞小人的构陷。"[29] 得到这番消息之后，他就丧失了生存的意志。他命令将自己船上的王旗降下：他已经没有权力了。

1515 年 12 月 6 日，他给国王留下了最后一封信：

> 陛下，这封信不是我亲笔写的，因为在写这封信的时候，我已经时日无多。

> 陛下，我留下了一个儿子，继承我的衣钵。我的所有财产，反正不多，都传给他。但我凭借自己的效劳而理应得到的回报，我也留给他。这回报是非常大的。印度的繁荣昌盛就是我的证词，也会为他说话。印度和我们已经占领的所有主要据点，我都留给陛下。唯一的困难是未能非常巩固地封锁红海。这是陛下给我的使命……我完全信赖陛下和王后。我恳求两位陛下推进我的未竟事业，因为我是在为您效力的过程中死去的，我

理应得到您的支持……我亲吻您的双手……

写于海上，1515 年 12 月 6 日[30]

然后是他歪歪扭扭的亲笔签名：

陛下的仆人，

阿方索·德·阿尔布开克

阿方索·德·阿尔布开克的签名

他希望能活着再看到果阿，并让人给他穿上圣雅各骑士团的罩袍（他是这个军事修会的成员），并穿着这罩袍下葬。他立了遗嘱。其中让留一笔钱给鲁伊·迪亚士的灵魂举办九十场弥撒，当初他在一怒之下绞死了迪亚士；他要求将在果阿奇迹般从身旁掠过而没有伤到他的那枚炮弹镀银，并随其他礼物一起送往阿尔加维的瓜达卢佩圣母教堂。12 月 15 日黎明前，他们看到果阿的时候，他已经只剩最后一口气了。城里的高级教士前来为他举行临终涂油礼，一名医生帮他喝了一点葡萄牙红酒。他们驶入曼杜比河的时候，微弱的曙光泼洒到西高止山上，他挣扎着起身，被扶到舷窗旁，最后看一眼他设想成为自己的帝国首都的地方。随后他就再也不能说话了。在火把照耀下，他的遗体被用棺材架抬到岸上。果阿全城人民都前来观看海上雄狮被抬到教堂。本地果阿人和葡萄牙人一样哀哭。树丛中有猴子在发出吱吱的叫声。清晨的炊烟冉冉升起。

1516 年 3 月 20 日。在前一年度的香料舰队将阿尔布开克的死讯送回印度之前。曼努埃尔一世写了一封信：

> 阿方索·德·阿尔布开克，我的朋友！
>
> 我们从威尼斯得到消息，苏丹的舰队去了印度。既然是这样，尽管我之前命令你回国，但现在请你务必留在印度！根据我对你和你的服务的经验，以及天主总是赋予你的胜利，我觉得你在印度，会让我非常安心……我完全依赖你。如果你能执行我的这些指示，我会非常宽慰，仿佛我能亲自处理这些事务！[31]

对阿尔布开克来说，这封信来得太迟；对曼努埃尔一世伟大的圣战梦想而言，也太迟了。阿尔布开克死后，葡萄牙的圣战事业一蹶不振。

尾声："他们从不在一处停留"

　　我们知道这个就足够了：地球隐藏的一半已经被揭示出来，葡萄牙人在赤道以南越走越远。因此，之前我们不了解的海岸将很快可以通行，因为人们互相效仿，去劳作和冒险。

　　　　　　　　　　——安杰拉的彼得·马特① （1493）[1]

　　1520 年 10 月 19 日夜，一支小小的葡萄牙探险队被带到埃塞俄比亚高原的一座装饰华丽的营帐内。在一座石钟的鸣响中，他们跪在地上等候并观察四周。一面帐幕被缓缓拉开，一个人端坐在高高的奢华宝座上，用看不见的细线悬挂的蓝布遮挡着他的面容。钟声奏响，最后一层屏障被短暂地降下，允许葡萄牙人一睹这位神秘人物，正是他给葡萄牙人的航海冒险提供了那么大的动力：埃塞俄比亚的基督教国王

---

　　① 安杰拉的彼得·马特（1457～1526 年），出生于意大利的西班牙历史学家与人文主义学者。他记载了西班牙的地理大发现历史，其著作是关于新大陆地理和历史的珍贵资料来源。他还是西班牙女王伊莎贝拉一世的儿女们的教师。

达维特二世，葡萄牙人称之为祭司王约翰，他们相信他会帮助葡萄牙实现曼努埃尔一世的圣战梦想。葡萄牙人期盼这次会面，已经有差不多一个世纪了，而整个西方基督教世界渴望的时间则更久：

> 我们看到祭司王约翰坐在六级台阶的华丽高台上。他头戴一顶金银的高高冠冕……手里拿着一个银十字架……祭司王约翰身穿精美的锦缎长袍、宽袖的丝绸衬衣……他的膝盖以下穿着一件华丽的织物，铺得很开，就像主教的裙裾，他端坐的姿态就像他们在墙上画的圣父……从年龄、面貌和身材看，他还很年轻，皮肤不是很黑……身高中等，颇为优雅，他们说他年纪为二十三岁。他看上去的确像是这个年纪，圆脸庞，大眼睛，鼻子中段很高，开始蓄须。他威风凛凛，仪表堂堂，的确符合他的崇高身份。我们与他的距离大约有两支长枪那么远。[2]

找到祭司王约翰的消息于次年春季传到曼努埃尔一世耳边，他立刻给教皇发去一封贺喜信。1521 年 6 月，国王公开宣布，摧毁麦加和收复耶路撒冷已经指日可待。但真相并非如此。曼努埃尔一世目前还不知道，达维特二世个人的仪表虽然令人肃然起敬，却不是中世纪地图上描绘的战无不胜的强大君王。只要仔细观察就会发现，埃塞俄比亚人在军事上和经济上都没有能力进攻伊斯兰世界；恰恰相反，他们被穆斯林敌人团团围住。达维特

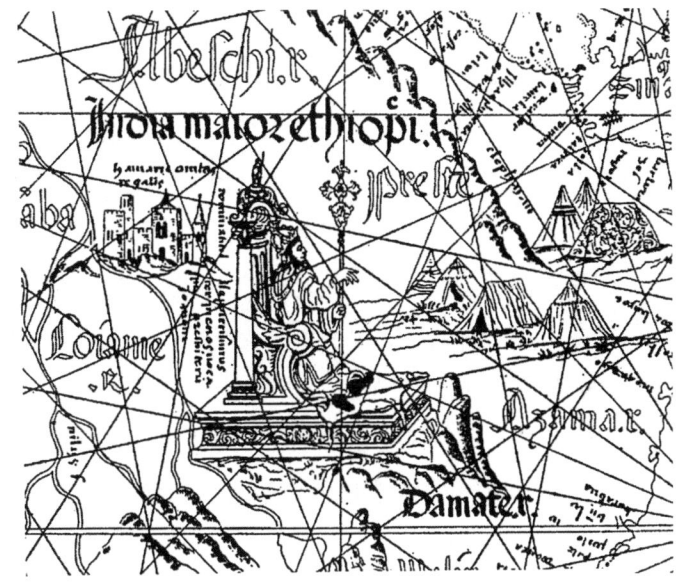

16 世纪葡萄牙地图上的祭司王约翰的国度

二世于 1540 年战死，四百名葡萄牙志愿者发动了一次英雄主义的远征，拼死奋战，才挽救了基督教的埃塞俄比亚。正如祭司王约翰的真实面目被逐渐揭示，葡萄牙地理大发现的第一个世纪里，通过对地理、气候、自然史和文化的经验主义的观察，中世纪关于世界的许多其他神话，以及古代权威的智慧（如关于狗头人和能吞得下大象的鸟）也被相继揭穿和破除。正是这种观察拉开了现代早期的大幕。

曼努埃尔一世于 1521 年 12 月驾崩。尽管当时没有人意识到，但他的圣战计划其实早在多年前，阿尔布开克未能攻克亚丁城墙时（梯子破裂的声响如同致命的手枪声）就开始破灭了。总督后来被解职并去世，圣战梦想就更加难以为继了。接替他的先后有三个笨拙而怯懦的人，没有一个拥有他那样的战略天赋。洛波·苏亚雷斯·德·阿尔贝加里亚拥有一支庞大的舰队，然而当亚丁的谢赫主动提议让葡萄牙人在亚丁建造一座要塞时，他竟拒绝了，因为他没有接到这样的命令。后来，他进攻吉达又遭遇了惨败。若昂·德·巴罗斯对这次失败的评价是："史上最悲惨、最凄凉的悲剧，在这之前和之后都没有这样的事情，一支庞大舰队未经一战就逃之夭夭。"[3] 阿尔贝加里亚还做了更糟糕的事情。他开了历史的倒车，废除了训练有素的职业化方阵步兵，而选择葡萄牙贵族的蛮勇战术；他放松了对私人贸易的禁令（这道禁令是阿尔布开克与他在印度的政敌的矛盾核心），而偏袒海盗一般的船长们的派系私利。腐败和滥用职权现象于是越来越猖獗。

曼努埃尔一世的宏伟计划还遭到了其他打击。1515年，他在摩洛哥的军队，即攻打伊斯兰世界的钳形攻势的第二支力量，遭到惨败。他的王后玛丽亚是他的圣战梦想的最狂热支持者，于1517年去世。同一年，马穆鲁克王朝灭亡了。奥斯曼苏丹"恐怖的"塞利姆一世击溃了马穆鲁克王朝的军队，将马穆鲁克王朝末代苏丹吊死在开罗城门上。从此以后，葡萄牙人在印度洋将面对一个更强悍的穆斯林对手。

曼努埃尔一世非常幸运，曾拥有阿尔梅达和阿尔布开克这两位清正廉洁、忠心耿耿的指挥官，尤其阿尔布开克更是世界历史上最伟大的征服者和极富远见的帝国建设者之一。阿尔布开克手中的人力始终只有几千，只有临时拼凑的资源、虫蛀的船只，却凭借令人瞠目结舌的雄心壮志，赠给曼努埃尔一世一个印度洋帝国，其由一系列要塞的网络支撑。在这个过程中，葡萄牙人令全世界大感意外。欧洲竞技场上没有人预想到，这个处于欧洲边缘的蕞尔小国，竟能向东方做一个大跳跃，将东西半球连接起来，并建设起第一个全球性殖民帝国。当达伽马第一次在卡利卡特登陆的时候，"卡斯蒂利亚国王、法兰西国王或者威尼斯共和国政府为什么不派人来？"[4] 是一个合理的问题。只有葡萄牙能够做到：答案在于葡萄牙积累了数十载相关的知识，并且在欧洲的船头坚忍不拔地努力奋斗，在这期间，探索发现成了国家政策。

曼努埃尔一世驾崩后，印度不再是消灭伊斯兰世界的跳板，而重新变成殖民冒险的最终目的。16 世纪，葡萄牙人经历了数十年的血腥战争，保卫自己在印度占据的领地，抵抗奥斯曼帝国领导的持续进攻，这些进攻对阿尔布开克的要塞政策发起了极大的挑战，将其几乎逼到了崩溃边缘。少量葡萄牙士兵经常面对远远多于他们的敌人，却能顽强战斗并以少胜多。1570～1571 年，印度多国联合向果阿和朱尔发动了一次大规模进攻，但也在城墙下溃散。印度人无法将法兰克人逐出。果阿，"东方的罗马"，证明了阿尔布开克战略设想的伟大。在随后的四百年里，它始终是葡萄牙殖民地，是一种了不起的多种族文化的家园。

渐渐地，奥斯曼帝国施加的压力使得葡萄牙人再也无力对红海实施经济封锁。从今往后，开罗和里斯本将分享香料贸易。葡萄牙人也有效地扩大了市场：在 16 世纪，欧洲人的香料消费增加了一倍。对葡萄牙的海外领地来说，在印度洋和更遥远海域的贸易变得与葡萄牙本土的贸易同样重要。葡萄牙的扩张越来越被民间商人控制，延伸到马六甲以东更远的地方，一直到香料群岛、中国和日本。

和所有的帝国主义冒险一样，历史对葡萄牙殖民霸业的评判也是褒贬不一。阿尔布开克虽然凶悍，却始终坚持一种理想主义的正义感。他对葡萄牙人冒险的风险与后果心知肚明。勘察霍尔木兹城墙时，他宣称：

> ……只要有正义支撑，不要压迫人民，这些城墙就足够了。但如果葡萄牙人在这些地区不再信守诺言和维持人道，那么骄傲就会掀翻我们最坚实的城墙。葡萄牙是个穷国，穷人贪得无厌的时候，就会变成压迫者。印度的影响是很大的，我担心有一天，我们今天作为武士的名望会消逝，那时所有人都只说我们是贪婪的暴君。[5]

当时的扎莫林和后来的许多印度历史学家都将葡萄牙人的暴力入侵视为海盗行径。马来西亚政府仿制了"海洋之花"号，作为历史教训。它的入口处有一块铭牌："这艘船运载的货物包括殖民者于 1511 年征服马六甲之后从本国掳掠的宝藏。感谢上天，这艘船于 1512 年 1 月 26 日在返回欧洲途中在马六甲海峡沉没。"[6]

尽管亚洲人对法兰克人入侵之前的梦幻时光有着怀旧

憧憬，但在法兰克人到来之前，这个庞大而大体上安宁的贸易区是一片封闭的海域。葡萄牙人用青铜大炮和强大的舰队既打破了这个自给自足的体系，也将世界连接起来。他们是全球化和科学发现时代的先驱。他们的探险家、传教士、商人和士兵奔波到世界各地。他们来到长崎①和澳门、埃塞俄比亚的高原和不丹的山峦。他们跋涉在青藏高原，还沿着亚马孙河逆流而上。他们一边旅行，一边绘制地图，学习语言，"一手拿剑，一手拿笔"，[7]记载自己的发现。路易斯·瓦斯·德·卡蒙伊斯的史诗《卢济塔尼亚人之歌》为探索的英雄主义谱写了一个神话，而他本人身上也彰显出葡萄牙冒险家有时非常疯狂的品质。他是文艺复兴时期游历最广的诗人。他在摩洛哥失去了一只眼睛，因为一次斗剑而被放逐到东方，在果阿一贫如洗，在湄公河三角洲失事沉船。他的中国情人不幸淹死，而他把自己的史诗手稿举在头顶上，游到岸边。卡蒙伊斯如此描述葡萄牙探险家们："如果世界更大，他们也会发现它。"[8]

葡萄牙的强盛只维持了一个世纪多一点，但取得了辉煌成就：它缔造了一种新型的、形式灵活的帝国，以机动的海权为基础，并创造了欧洲殖民扩张的模式。荷兰人和英国人将紧随其后。

在这个过程中，葡萄牙人启动了无穷尽的全球交往，既有良性的也有恶性的。他们把火器和面包带到日本，把星盘

---

① 1543 年，第一批欧洲人，主要是葡萄牙探险家、军人和传教士，来到日本长崎。在 1543～1614 年的所谓"南蛮时代"，长崎成为葡萄牙和西方影响日本的中心。

和四季豆①引入中国，把非洲奴隶运往美洲，运送茶叶去英格兰，运送胡椒去新大陆，运送中国丝绸和印度药品去全欧洲，还把一头大象送给教皇。世界各地的众多民族第一次可以互相观察、互相惊叹和描述。在日本画家的笔下，陌生的欧洲来客身穿硕大的气球般鼓胀的长裤，头戴五彩缤纷的帽子。僧伽罗人对葡萄牙人普遍的充沛精力和饮食习惯大感困惑，描述他们为"非常白皙和美丽的民族，戴铁帽子，穿铁靴子，从不在一处停留。他们吃一种白色石头，喝血"。[9]这样的形象、印象和贸易交换为全球的文化、食品、植物、艺术、历史、语言和基因留下了巨大而深远的影响。他们还开始了西方主宰世界的五百年。这个时期直到今天才开始逆转。在葡萄牙人之后，多层集装箱船在各大洋穿梭来往，从东方运回制成品。中国也正在印度洋和非洲的心脏展现新形式的软实力。

在今天的贝伦，瓦斯科·达伽马的陵墓和粗暴的阿尔布开克的雕像附近，也就是葡萄牙人起航的那片海岸，坐落着一间广受尊敬的蛋糕店/咖啡屋：老贝伦糕饼店。它或许是葡萄牙全球冒险的正面影响的纪念碑。人们蜂拥前来品尝它的风味食品"贝伦糕饼"，即葡式蛋挞，烤成褐色，撒着肉桂，再配以黑如焦油的咖啡。肉桂、糖、咖啡：全世界的口味最初就是随着航船，在这里登陆的。

---

① 根据《中国蔬菜作物图鉴》（方智远、张武男主编，江苏科学技术出版社，2011），四季豆（或称菜豆、芸豆、豆角等，英文俗名 Green bean 或 snap bean 等，学名 Phaseolus vulgaris L. ）原产地为中南美洲，16 世纪传入旧大陆，16 世纪末传入中国。

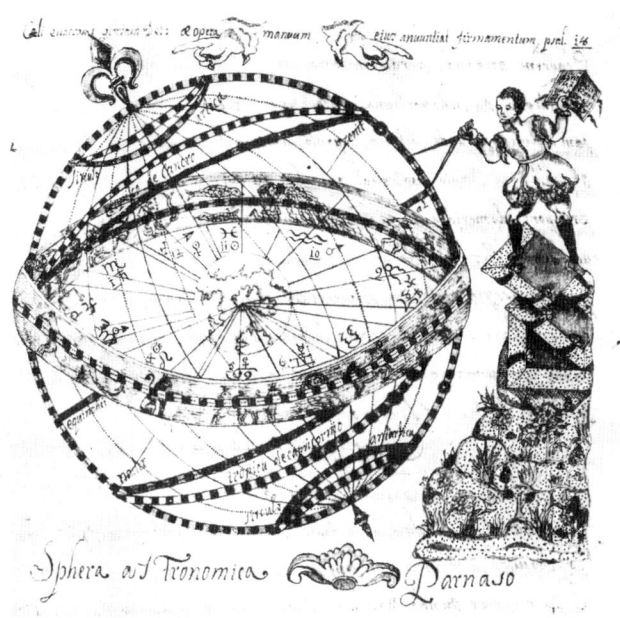

致　谢

撰写葡萄牙地理大发现的历史，对我来说是一次精彩的个人冒险，我对许多帮助我前进的个人与组织感激不尽。

首先感谢 Pascal Monteiro de Barros，他给我写来一封电邮，促使本书诞生。他向我建议写作这样一本书，又始终支持我的工作。然后还要感谢 Patrick Monteiro de Barros。他们两位在里斯本为我打开了一些大门，向我表达了许多善意，给了我很好的建议。我还不够睿智，没有遵从他们的全部建议。无论在所有远航开始的那座城市，还是在英国，他们都对我帮助极大。我要感谢 Mary-Anne Stillwell d'Avillez 和 Isabel Stillwell 及其家人。感谢 Isabel Cruz Almeida 亲自带我参观了热罗尼莫修道院。João Lúcio da Costa Lopes 给了我登上"真十字架"号卡拉维尔帆船的机会。José Vilas Boas Tavares 将军和 Bossa Dionísio 将军帮助我读到葡萄牙海军博物馆图书馆里面的珍本书。Pedro de Avillez 借给我一些宝贵的书籍供阅读。Ricardo Noronha 帮助我翻译。我要感谢葡萄牙圣灵银行历史中心的 Carlos Damas。以下这些人士热情招待了我，我和他们进行了有趣的谈话：Francisco de Bragança van Uden 及其客人，Eduardo Costa Duarte 及其客人（他们向我介绍了本书开头部分佩索阿的诗句），Francisco Andrade，Francisco Duarte Lobo de Vasconcellos 和 José Duarte Lobo de Vasconcellos，Joaquim Luiz Gomes 和 Alison Luiz Gomes，Manuel de Melo Pinto Ribeiro 以及 Francisco Magalhães Carneiro。

我还要感谢 Stan、Tom Ginn、Ron Morton 审读并评论手稿。感谢 Julian Loose、Kate Ward 和 Eleanor Rees 费心修改和制作本书。我感谢 Andrew Lownie，以及一贯地感激 Jan。此外，还有许多没有包括在上述名单中的人，他们也给了我启发与想法。我无法当面一一致谢，在此道歉。

最后，我要感谢作者基金会与作者协会赞助了本书的写作。

注 释

资料来源中使用的缩写如下：

CAD：Albuquerque, Afonso de [1500 – 80], *The Commentaries of the Great Alfonso de Albuquerque*, trans. Walter de Gray Birch, 4 vols, London, 1875 – 84.

CPR：Albuquerque, Afonso de, *Cartas para El-Rei D. Manuel I*, Edited by António Baião, Lisbon, 1942.

JVG：Ravenstein, E. G. ed. and trans. *A Journal of the First Voyage of Vasco da Gama, 1497 – 99*, London, 1898.

VPC：*The Voyage of Pedro Álvares Cabral to Brazil and India*, trans. W. B. Greenlee, London 1938.

VVG：*Voyages de Vasco de Gama*：*Relations des Expéditions de 1497 – 1499 et 1502 – 1503*, ed. and trans. Paul Teyssier and Paul Valentin, Paris, 1995.

题词"有界限的海"，'Padrão', Pessoa, p. 59。

序章：欧洲的船头

【1】Sheriff, p. 309.

【2】Hall, p. 84.

【3】ibid. , p. 81.

【4】Ferguson, p. 32.

【5】Sheriff, p. 297.

【6】Diffie and Winius, p. 53.

【7】ibid.

【8】Rogerson, p. 287.

【9】Diffie and Winius, p. 53.

【10】http://www. ceylontoday. lk/64 – 75733 – news – detail – galles – fascinating – museums. html.

注　释

1　印度计划

【1】http：// www. socgeografialisboa. pt/en/coleccoes/areas － geograficas/portugal/2009/08/05/padrao – de – santo – agostinho.

【2】The Bull *Romanus Pontifex* (Nicholas V), 8 January 1455, in http：// www. nativeweb. org/pages/legal/indig– romanus– pontifex. html.

【3】Russell, p. 122.

【4】Fonseca (2005), p. 179.

【5】ibid. , p. 181.

【6】ibid.

【7】letter from Toscanelli to Fernam Martins, canon of Lisbon, 25 June 1474, in http：//cartographic – images. net/Cartographic_Images/252_ Toscanellis_World _Map. html.

【8】Garcia, p. 67.

【9】ibid. , p. 69.

【10】Psalm 72：8.

【11】*Portugal, the Pathfinder*, p. 97.

2　竞赛

【1】Kimble, p. 658.

【2】Fonseca (2005), p. 105.

【3】ibid.

【4】ibid. , p. 106.

【5】Barros, Década I, part 1, p. 187.

【6】*JVG*, p. 10.

【7】Barros, Década I, part 1, p. 187.

【8】ibid.

【9】Peres, p. 300.

【10】Barros, Década I, part 1, p. 190.

【11】ibid. , p. 191.

【12】Ravenstein (2010), p. 20.

【13】'La configuration cartographique du continent africain avant et après le voyage de Bartolomeu Dias', in Randles, p. 115.

【14】Ficalho, p. 107.

【15】ibid. , p. 108.

【16】Diffie and Winius, p. 165.

【17】Fonseca, pp. 120 – 121.

【18】 *European Treaties*, p. 90.

【19】 Fuentes, p. 159.

3　瓦斯科·达伽马

【1】 liviera e Costa, p. 176.

【2】 Matthew 19: 30.

【3】 Barros, Década I, part 1, pp. 269 – 270.

【4】 Gois (1926), vol. 1, p. 49.

【5】 Bouchon (1997), p. 101.

【6】 Vasconcelos, p. 27.

【7】 ibid. , p. 22.

【8】 ibid. , p. 27.

【9】 ibid.

【10】 Duarte Pacheco Pereira, p. 166.

【11】 Barros, Década I, part 1, p. 273.

【12】 ibid. , p. 278.

【13】 ibid. , p. 276.

【14】 ibid. , p. 278.

【15】 ibid.

【16】 ibid. , p. 279.

【17】 *JVG*, p. 1.

【18】 ibid. , p. 3.

【19】 ibid.

【20】 ibid. , p. 4.

【21】 ibid.

【22】 ibid. , p. 3.

【23】 Disney and Booth, p. 89.

【24】 *JVG*, p. 5.

【25】 ibid. , pp. 5 – 6.

【26】 Bouchon (1997), p. 111.

【27】 *JVG*, p. 7.

【28】 ibid. , p. 8.

【29】 ibid. , p. 12.

【30】 ibid. , p. 11.

【31】 ibid. , p. 16.

【32】 ibid. , p. 20.

【33】 ibid. , p. 22.

4 "让魔鬼把你抓走！"

【1】 Sheriff, p. 314.

【2】 Castanheda, vol. 1 , p. 19.

【3】 *JVG*, p. 23.

【4】 ibid. , p. 24.

【5】 ibid. , p. 24.

【6】 Castanheda, vol. 1 , p. 21.

【7】 *JVG*, p. 35.

【8】 ibid. , p. 36.

【9】 ibid. , p. 37.

【10】 ibid.

【11】 ibid. , p. 39.

【12】 ibid.

【13】 ibid.

【14】 ibid. , p. 41.

【15】 ibid. , p. 42.

【16】 ibid.

【17】 ibid. , p. 45.

【18】 ibid.

【19】 ibid.

【20】 ibid. , p. 46.

【21】 ibid.

【22】 ibid. , p. 48.

【23】 Castanheda, vol. 1 , p. 35.

【24】 *Roteiro da Viagem*, pp. 50 – 51.

【25】 ibid. , p. 51.

【26】 Subrahmanyam (1997) , p. 129.

【27】 ibid.

【28】 Castanheda, vol. 1 , p. 42.

【29】 Subrahmanyam (1997) , p. 104.

【30】 Sheriff, p. 188.

【31】 , Castanheda, vol. 1 , p. 44.

【32】 *JVG*, p. 51.

【33】 ibid. , p. 52.

【34】 ibid. , p. 49.

【35】 ibid.

【36】 ibid. , p. 50.

【37】 ibid. , p. 52.

【38】 ibid. , p. 53.

【39】 ibid. , p. 54.

【40】 ibid. , p. 55.

【41】 ibid. , p. 56.

【42】 Castanheda, vol. 1 , p. 48.

5　扎莫林

【1】 Castanheda, vol. 1 , p. 48.

【2】 *JVG*, p. 56.

【3】 Castanheda, vol. 1 , p. 49.

【4】 *JVG*, p. 58.

【5】 ibid. , p. 60.

【6】 ibid. , pp. 60 – 61.

【7】 ibid. , p. 61.

【8】 ibid. , p. 62.

【9】 ibid.

【10】 ibid.

【11】 ibid. , p. 64.

【12】 ibid. , p. 65.

【13】 ibid.

【14】 ibid.

【15】 ibid. , p. 66.

【16】 ibid.

【17】 ibid. , pp. 66 – 67.

【18】 ibid. , p. 67.

【19】 ibid.

【20】 ibid.

【21】 ibid. , p. 68.

【22】 ibid.

【23】 ibid. , p. 69.

【24】 ibid.

【25】 ibid.

【26】 ibid. , p. 77.

【27】 ibid. , p. 131.

【28】 ibid. , p. 70.

【29】 ibid. , p. 71.

【30】 ibid. , pp. 71 – 72.

【31】 ibid. , p. 72.

【32】 ibid.

【33】 ibid. , p. 73.

【34】 ibid. , pp. 74 – 75.

【35】 ibid. , p. 75.

【36】 ibid.

【37】 ibid. , p. 76.

【38】 ibid.

【39】 ibid. , p. 77.

【40】 *JVG*, p. 84.

【41】 ibid. , p. 85.

【42】 ibid.

【43】 ibid. , p. 87.

【44】 ibid.

【45】 ibid. , p. 89.

【46】 ibid. , p. 90.

【47】 ibid. , p. 92.

【48】 ibid. , p. 93.

【49】 ibid. , p. 114.

【50】 ibid.

【51】 Subrahmanyam (1997), p. 162.

【52】 Priuli, p. 153.

【53】 *VVG*, p. 182.

6　卡布拉尔

【1】 *VPC*, p. 170.

【2】 Correia (1860), vol. 1, p. 155.

【3】 *VPC*, p. 167.

【4】 ibid. , p. 7.

【5】 ibid. , p. 59.

【6】 ibid.

【7】 ibid. , p. 22.

【8】 ibid. , p. 60.

【9】 ibid. , p. 59.

【10】 ibid. , p. 39.

【11】 ibid. , p. 60.

【12】 ibid. , p. 61.

【13】 ibid.

【14】 ibid. , p. 65.

【15】 ibid. , p. 180.

【16】 ibid. , p. 184.

【17】 ibid. , p. 169.

【18】 ibid. , p. 261.

【19】 ibid. , p. 180.

【20】 ibid. , p. 181.

【21】 ibid. , p. 170.

【22】 ibid. , p. 84.

【23】 ibid. , p. 85.

【24】 ibid. , p. 87.

【25】 ibid. , p. 89.

【26】 ibid. , p. 91.

【27】 Subrahmanyam（1997）, p. 184.

【28】 *VPC*, p. 123.

【29】 ibid. , p. 132.

【30】 Priuli, p. 157.

【31】 *VPC*, p. 122.

【32】 ibid. , p. 123.

【33】 ibid. , p. 122.

【34】 Zayn al-Dīn ' Abd al – ' Azīz, p. 7.

【35】 ibid. , p. 79.

7 "米里"号的命运

【1】 Subrahmanyam（1997）, p. 190.

【2】 *VVG*, pp. 203 – 204.

【3】 ibid. , p. 205.

【4】 ibid.

【5】 Subrahmanyam（1997）, p. 202.

【6】 Correia（1879）, pp. 295 – 296.

【7】 *VVG*, p. 217.

【8】 Correia（1860）, vol. 1, p. 290.

【9】 *VVG*, p. 330.

【10】 ibid. , p. 225.

【11】 ibid. , p. 226.

【12】 ibid. , p. 227.

【13】 ibid.

【14】 ibid. , p. 228.

【15】 ibid.

【16】 ibid. , p. 229.

【17】 ibid.

【18】 ibid.

【19】 ibid. , pp. 229 – 230.

【20】 ibid. , p. 231.

【21】 ibid.

【22】 Sheriff, p. 314.

8　狂怒与复仇

【1】 *VVG*, p. 234.

【2】 ibid. , p. 235.

【3】 ibid. , p. 239.

【4】 ibid. , p. 241.

【5】 ibid. , p. 242.

【6】 ibid. , p. 243.

【7】 ibid. , p. 245.

【8】 Barros, Década I, part 2, pp. 56 – 57.

【9】 *VVG*, p. 245.

【10】 ibid. , p. 246.

【11】 ibid.

【12】 ibid. , p. 247.

【13】 ibid. , p. 261.

【14】 ibid. , p. 256.

【15】 ibid. , p. 267.

【16】 ibid. , p. 268.

9　立足点

【1】 Weinstein, p. 77.

【2】Ibn Iyas, p. 106.

【3】Correia（1860）, vol. 1, p. 308.

【4】Subrahmanyam（1997）, p. 349.

【5】Castanheda, vol. 1, p. 116.

【6】Sanceau（1936）, p. 4.

【7】Camões, p. 154.

【8】Noonan, p. 142.

【9】Sanceau（1936）, p. 15.

【10】Noonan, pp. 144 – 145.

【11】ibid.

【12】Castanheda, vol. 1, p. 138.

【13】ibid. , p. 203.

【14】Weinstein, p. 81.

10　印度王国

【1】Silva, p. 260.

【2】ibid. , p. 96.

【3】ibid.

【4】Rodrigues and Devezas（2008）, p. 212.

【5】ibid. , p. 175.

【6】Silva, p. 113.

【7】Correia（1860）, vol. 1, pp. 533 – 534.

【8】Albuquerque and Domingues, p. 84.

【9】ibid. , p. 82.

【10】Castanheda, vol. 1, p. 215.

【11】Silva, p. 311.

【12】Castanheda, vol. 1, p. 221.

【13】ibid. , p. 223.

【14】Hall, p. 207.

【15】Castanheda, vol. 1, p. 226.

【16】Silva, p. 126.

【17】Hall, p. 207.

11　巴比伦大淫妇

【1】Aubin（1990）, p. 70.

【2】Silva, p. 133.

【3】Ca'Masser, p. 31.

【4】 ibid. , p. 20.

【5】 ibid. , p. 21.

【6】 ibid. , p. 32.

【7】 Aubin, vol. 3 , p. 455.

【8】 Zayn al – Dīn ' Abd al – ' Azīz, pp. 105 – 107.

【9】 Ibn Iyas, p. 77.

【10】 ibid. , p. 78.

【11】 ibid. , p. 79.

【12】 Aubin, vol. 3 , p. 458.

【13】 Albuquerque and Domingues, p. 89.

【14】 Barros, Década I, part 2 , p. 273.

【15】 Albuquerque and Domingues, p. 90.

【16】 Barros, Década I, part 2 , p. 357.

【17】 ibid. , pp. 356 – 357.

【18】 ibid. , pp. 353 – 354.

【19】 Silva, p. 140.

【20】 ibid. , p. 144.

【21】 ibid. , p. 175.

【22】 Ca'Masser, p. 23.

【23】 ibid. , p. 29.

【24】 Silva, p. 33.

【25】 Silva, p. 317.

【26】 Silva, p. 313.

12　"恐怖的人"

【1】 Sanceau (1936) , p. 19.

【2】 ibid. , p. 21.

【3】 Ibn Iyas, p. 106.

【4】 Barros, Década II, part 1 , p. 61.

【5】 Bouchon (1988) , p. 81.

【6】 Silva, p. 192.

【7】 CAD, vol. 1 , p. 83.

【8】 ibid. , p. 82.

【9】 ibid. , p. 83.

【10】 ibid.

【11】 Sheriff, p. 184.

【12】Silva, p. 192.

【13】Earle and Villiers, p. 56.

【14】*CAD*, vol. 1, p. 169.

【15】Silva, p. 194.

【16】ibid. , p. 195.

【17】ibid.

13 朱尔的三日

【1】Correia (1860), vol. 1, pp. 754 – 755.

【2】Castanheda, vol. 1, p. 390.

【3】ibid.

【4】Correia (1860), vol. 1, pp. 757 – 759.

【5】Castanheda, vol. 1, p. 395.

【6】ibid. , p. 396.

【7】ibid. , p. 397.

【8】ibid. , p. 398.

【9】ibid.

【10】ibid.

【11】ibid. , p. 399.

【12】Ibn Iyas, p. 138.

14 "法兰克人的狂怒"

【1】Sanceau (1936), p. 70.

【2】Silva, p. 193.

【3】Rodrigues and Devezas (2008), p. 242.

【4】Correia (1860), vol. 1, pp. 897 – 898.

【5】ibid. , p. 898.

【6】Castanheda, vol. 1, p. 428.

【7】ibid. , p. 430.

【8】ibid.

【9】Correia (1860), vol. 1, p. 927.

15 第乌

【1】Castanheda, vol. 1, p. 435.

【2】Monteiro, pp. 264 – 265.

【3】Correia (1860), vol. 1, pp. 937 – 938.

【4】Castanheda, vol. 1, pp. 437 – 438.

【5】Correia（1860），vol. 1，pp. 940 – 941.

【6】Castanheda，vol. 1，p. 437.

【7】ibid.

【8】Correia（1860），vol. 1，p. 941.

【9】ibid. ，p. 943.

【10】ibid.

【11】ibid. ，p. 952.

【12】Zayn al – Dīn ' Abd al – ' Azīz，p. 44.

【13】Sanceau（1936），p. 79.

【14】Silva，p. 208.

16　扎莫林的大门

【1】Correia（1860），vol. 2，pp. 6 – 7.

【2】ibid. ，p. 9.

【3】ibid.

【4】ibid. ，p. 16.

【5】Castanheda，vol. 1，p. 501.

【6】Correia（1860），vol. 2，p. 16.

【7】ibid. ，p. 17.

【8】ibid.

【9】ibid. ，p. 18.

【10】ibid. ，p. 19.

【11】ibid.

【12】ibid.

【13】ibid.

【14】ibid. ，p. 21.

【15】ibid.

【16】ibid. ，p. 22.

【17】ibid. ，p. 23.

【18】ibid. ，p. 25.

【19】ibid.

【20】Castanheda，vol. 1，p. 505.

17　"葡萄牙人咬住的，永远不会松口"

【1】*CPR*，p. 1.

【2】Sanceau（1936），p. 103.

【3】Correia（1860），vol. 2，p. 76.

【4】 ibid. , p. 77.

【5】 Sanceau (1936), p. 118.

【6】 Sanceau (1936), p. 119.

【7】 Correia (1860), vol. 2, p. 85.

【8】 ibid. , p. 87.

【9】 Castanheda, vol. 1, p. 528.

【10】 ibid.

【11】 ibid. , p. 540.

18 雨季的囚徒

【1】 Correia (1860), vol. 2, p. 98.

【2】 ibid.

【3】 ibid. , p. 100.

【4】 Rodrigues and Oliviera e Costa (2008), p. 43.

【5】 Correia (1860), vol. 2, p. 100.

【6】 ibid.

【7】 Castanheda, vol. 1, p. 555.

【8】 ibid. , p. 556.

【9】 Correia (1860), vol. 2, p. 103.

【10】 ibid. , p. 114.

【11】 ibid. , p. 115.

【12】 ibid. , p. 116.

【13】 ibid.

【14】 Castanheda, vol. 1, p. 563.

【15】 Correia (1860), vol. 2, p. 120.

19 恐怖的手段

【1】 Noonan, p. 183.

【2】 ibid. , p. 185.

【3】 *CPR*, p. 2.

【4】 Correia (1860), vol. 2, p. 150.

【5】 *CPR*, p. 7.

【6】 ibid. , pp. 7 – 8.

【7】 Bouchon (1992), p. 189.

【8】 Noonan, p. 189.

【9】 Bouchon (1992), p. 188.

【10】 ibid. , p. 190.

【11】ibid. , p. 189.

【12】Noonan, p. 189.

【13】Correia（1860）, vol. 2, pp. 153 – 154.

【14】Bouchon（1992）, p. 193.

20　太阳的眼睛

【1】*JVG*, p. 100.

【2】Rodrigues and Oliviera e Costa（2011）, p. 17.

【3】ibid. , p. 18.

【4】Pires, vol. 2, p. 286.

【5】ibid. , p. 285.

【6】Noonan, p. 195.

【7】Correia（1860）, vol. 2, p. 218.

【8】ibid. , p. 195.

【9】ibid. , p. 234.

【10】Castanheda, vol. 1, p. 634.

【11】*CAD*, vol. 3, p. 73.

【12】Castanheda, vol. 1, p. 638.

【13】Correia（1860）, vol. 2, p. 234.

【14】Castanheda, vol. 1, p. 639.

【15】Crowley, p. 374.

【16】Castanheda, vol. 1, p. 640.

【17】ibid.

【18】Correia（1860）, vol. 2, p. 234.

【19】Noonan, p. 197.

【20】Correia（1860）, vol. 2, p. 244.

【21】Noonan, p. 196.

【22】Correia（1860）, vol. 2, p. 246.

【23】ibid. , p. 249.

【24】Noonan, pp. 199 – 200.

【25】ibid. , p. 200.

【26】Correia（1860）, vol. 2, p. 269.

【27】Noonan, p. 201.

【28】ibid. , p. 202.

【29】Correia（1860）, vol. 2, p. 270.

【30】ibid. , p. 247.

【31】 ibid. , p. 269.

【32】 CPR, pp. 148 – 149.

21 蜡的子弹

【1】 CPR, p. 98.

【2】 ibid. , p. 21.

【3】 ibid. , pp. 24 – 25.

【4】 ibid. , p. 27.

【5】 ibid. , p. 57.

【6】 ibid. , p. 41.

【7】 ibid. , p. 35.

【8】 ibid. , p. 31.

【9】 ibid. , p. 59.

【10】 ibid. , p. 53.

【11】 ibid. , p. 21.

【12】 ibid. , p. 44.

【13】 ibid. , p. 23.

【14】 ibid. , pp. 49 – 50.

【15】 ibid.

【16】 ibid. , p. 22.

【17】 ibid. , pp. 59 – 60.

【18】 ibid. , p. 62.

【19】 ibid. , p. 59.

【20】 Sanceau (1936), p. 199.

【21】 ibid. , p. 202.

【22】 Correia (1860), vol. 2, p. 304.

【23】 Sanceau (1936), p. 207.

【24】 Bouchon (1992), p. 191.

【25】 ibid. , pp. 220 – 221.

【26】 Rodrigues and Devezas (2008), p. 269.

【27】 Lisboa Quinhentista, p. 17.

【28】 ibid. , p. 22.

22 "全世界的财富，尽在您的掌握"

【1】 CPR, p. 217.

【2】 ibid. , p. 168.

【3】 ibid. , pp. 169 – 171.

【4】 Correia (1860), vol. 2, p. 337.

【5】 *CPR*, pp. 173 – 174.

【6】 Castanheda, vol. 1, p. 752.

【7】 *CPR*, p. 177.

【8】 Correia (1860), vol. 2, p. 342.

【9】 ibid. , p. 343.

【10】 Castanheda, vol. 1, p. 755.

【11】 ibid.

【12】 *CPR*, p. 179.

【13】 ibid. , p. 174.

【14】 ibid. , p. 217.

【15】 Castanheda, vol. 1, p. 758.

【16】 Correia (1860), vol. 1, p. 758.

【17】 *CPR*, p. 182.

【18】 ibid. , p. 183.

【19】 Correia (1860), vol. 2, pp. 345 – 346.

【20】 ibid. , p. 347.

【21】 *CPR*, pp. 194 – 195.

【22】 Castanheda, vol. 1, p. 761.

【23】 Correia (1860), vol. 2, p. 348.

【24】 *CPR*, p. 190.

【25】 ibid. , pp. 222 – 223.

【26】 ibid. , p. 201.

【27】 Correia (1860), vol. 2, p. 348.

【28】 *CPR*, pp. 197 – 198.

【29】 *CPR*, p. 192.

【30】 Ibn Iyas, p. 289.

【31】 ibid. , p. 291.

【32】 ibid. , p. 335.

【33】 ibid. p. 356.

【34】 ibid. , p. 424.

【35】 *CPR*, p. 225.

【36】 *CPR*, pp. 221 – 222.

【37】 ibid. , p. 201.

【38】 ibid. , p. 224.

【39】 ibid. , p. 223.

23　最后的航行

【1】Sanceau（1936），p. 242.

【2】ibid. , p. 246.

【3】ibid. , p. 245.

【4】ibid. , p. 232.

【5】Correia（1860），vol. 2，pp. 364 – 365.

【6】Sanceau（1936），p. 247.

【7】ibid. , p. 232.

【8】Bouchon（1988），p. 81.

【9】Sanceau（1936），p. 243.

【10】Bouchon（1992），p. 243.

【11】Correia（1860），vol. 2，p. 398.

【12】ibid. , p. 408.

【13】ibid. , p. 409.

【14】ibid. , p. 420.

【15】ibid. , p. 422.

【16】ibid. , p. 423.

【17】Sanceau（1936），p. 271.

【18】Correia（1860），vol. 2，p. 431.

【19】ibid. , p. 436.

【20】ibid. , p. 438.

【21】ibid. , pp. 440 – 441.

【22】Castanheda，vol. 1，p. 857.

【23】Sanceau（1936），p. 281.

【24】Castanheda，vol. 1，p. 858.

【25】Sanceau（1936），p. 280.

【26】Correia（1860），vol. 2，p. 452.

【27】ibid. , p. 456.

【28】Barros，Década II，part 2，p. 491.

【29】Correia（1860），vol. 2，p. 458.

【30】Sanceau（1936），p. 296.

【31】ibid. , p. 299.

尾声：“他们从不在一处停留”

【1】Boorstin，p. 145.

【2】Alvares（1881），pp. 202 – 203.

注　释

【3】 Rodrigues and Devezas（2008），p. 284.

【4】 *Roteiro da Viagem*，p. 51.

【5】 Sanceau（1936），p. 286.

【6】 Rodrigues and Devezas（2008），p. 329.

【7】 Camões，p. 154.

【8】 Pyne，pp. 18 - 19.

【9】 Suckling，p. 280.

参考文献

第一手资料

Albuquerque, Afonso de. *Cartas para El-Rei D. Manuel I.* Edited by António Baião. Lisbon, 1942.

Albuquerque, Afonso de [1500–80]. *The Commentaries of the Great Alfonso de Albuquerque.* Translated by Walter de Gray Birch. 4 vols. London, 1875–84.

Albuquerque, Luís de, and Francisco Contente Domingues, eds. *Grandes Viagens Marítimas.* Lisbon, 1989.

Alvares, Francisco. *Narrative of the Portuguese Embassy to Abyssinia During the Years 1520–1527.* Edited and translated by Lord Stanley of Alderley. London, 1881.

———. *The Prester John of the Indies.* Edited and translated by C. F. Buckingham and G. W. B. Huntingford. Vol. 2. Cambridge, 1961.

Azurara, Gomes Eannes de. *The Chronicle of the Discovery and Conquest of Guinea.* Edited and translated by Charles Raymond Beazley and Edgar Prestage. 2 vols. London, 1896 and 1899.

Barbosa, Duarte. *The Book of Duarte Barbosa.* Translated by Mansel Longworth Danes. London, 1918.

Barros, João de. *Da Ásia.* Décadas I–II. Lisbon, 1778.

Cadamosto, Alvise. *The Voyages of Cadamosto.* Translated and edited by G. R. Crone. London, 1937.

Ca'Masser, Leonardo da. "Relazione di Leonardo da Ca'Masser, alla Serenissima Republica di Venezia Sopra il Commercio dei Portoghesi nell'India." *Archivio Storico Italiano,* appendice, vol. 2, 1845.

Camões, Luís Vaz de. *The Lusíads*. Translated by Landeg White. Oxford, 1997.

Castanheda, Fernão Lopes de. *História do Descobrimento e Conquista da Índia Pelos Portugueses*. Edited by M. Lopes de Almeida. 2 vols. Porto, 1979.

Correia (or Corrêa), Gaspar. *The Three Voyages of Vasco da Gama*. Edited and translated by Henry Stanley. London, 1879.

————. *Lendas da India*. 2 vols. Lisbon, 1860.

Davenport, Frances Gardiner, ed. *European Treaties Bearing on the History of the United States and Its Dependencies to 1648*. Washington, D.C., 1917.

Earle, T. F., and John Villiers, ed. and trans. *Albuquerque, Caesar of the East: Selected Texts by Afonso de Albuquerque and His Son*. Warminster, 1990.

Góis, Damião de. *Crónica do Felicíssimo Rei D. Manuel*. Vol. 1. Coimbra, 1926.

————. *Lisbon in the Renaissance*. Translated by Jeffrey S. Ruth. New York, 1996.

Greenlee, W. B., trans. *The Voyage of Pedro Álvares Cabral to Brazil and India*. London, 1938.

Ibn Iyas. *Journal d'un Bourgeois du Caire*. Translated and edited by Gaston Wiet. Paris, 1955.

Major, R. H., ed. and trans. *India in the Fifteenth Century*. London, 1857.

Pereira, Duarte Pacheco. *Esmeraldo de Situ Orbis*. Edited and translated by George H. T. Kimble. London, 1937.

Pires, Tomé. *The Suma Oriental of Tomé Pires*. 2 vols. Edited and translated by Armando Cortesão. London, 1944.

Priuli, G. *Diarii*. Edited by A. Segre. In *Rerum Italicarum Scriptores*, vol. 24, part 3. Città di Castello, 1921–34.

Ravenstein, E. G., ed. and trans. *A Journal of the First Voyage of Vasco da Gama, 1497–99*. London, 1898.

Roteiro da Viagem Que em Descobrimento da India pelo Cabo da Boa Esperança Fez Dom Vasco da Gama em 1497. Porto, 1838.

Teyssier, Paul, and Paul Valentin, ed. and trans. *Voyages de Vasco de Gama: Relations des Expéditions de 1497–1499 et 1502–1503*. Paris, 1995.

Vasconcelos, Basílio de, ed. *Itinerário do Dr. Jerónimo Münzer*. Coimbra, 1931.

Zayn al-Dīn 'Abd al-'Azīz. *Tohfut-ul-Mujahideen*. Translated by M. J. Rowlandson. London, 1883.

现代研究

Albuquerque, Luís de, and Francisco Contente Domingues, eds. *Dictionário de História dos Decobrimentos Portugueses*. 2 vols. Lisbon, 1994.

Aubin, Jean, ed. *La Découverte, le Portugal et l'Europe*. Paris, 1990.

————. *Le Latin et l'astrolabe: Recherches sur le Portugal de la Renaissance, Son Expansion en Asie et les Relations Internationales*. 3 vols. Lisbon, 1996–2006.

Axelson, Eric. *The Portuguese in South-East Africa, 1488–1600.* Johannesburg, 1973.

Baião, António, Hernani Cidade, and Manuel Múriàs, eds. *História da Expansaó Portuguesa no Mundo.* Lisbon, 1937.

Baldridge, Cates. *Prisoners of Prester John: The Portuguese Mission to Ethiopia in Search of the Mythical King, 1520–1526.* Jefferson, 2012.

Bedini, Silvano A. *The Pope's Elephant.* Manchester, 1997.

Blake, John W. *European Beginnings in West Africa, 1454–1578.* London, 1937.

Boorstin, Daniel J. *The Discoverers.* New York, 1986.

Bouchon, Geneviève. *Albuquerque: Le Lion des Mers d'Asie.* Paris, 1992.

———. *Inde Découverte, Inde Retrouvée, 1498–1630.* Lisbon, 1999.

———. *Regent of the Sea.* Translated by Louise Shackley. Delhi, 1988.

———. *Vasco de Gama.* Paris, 1997.

Boxer, C. R. *The Portuguese Seaborne Empire, 1415–1825.* New York, 1969.

Campos, José Moreira. *Da Fantasia à Realidade: Afonso d'Albuquerque.* Lisbon, 1953.

Casale, Giancarlo. *The Ottoman Age of Exploration.* Oxford, 2010.

Catz, Rebecca. *Christopher Columbus and the Portuguese, 1476–98.* Westport, 1993.

Chandeigne, Michel, ed. *Lisbonne Hors les Murs, 1415–1580: L'Invention du Monde par les Navigateurs Portugais.* Paris, 1990.

Cliff, Nigel. *Holy War.* New York, 2011.

Costa, A. F. de. *Ás Portas da Índia em 1484.* Lisbon, 1935.

Coutinho, Gago. *A Náutica dos Descobrimentos.* Lisbon, 1969.

Couto, Djanirah, and Rui Manuel Loureiro. *Ormuz 1507 e 1622: Conquista e Perda.* Lisbon, 2007.

Crowley, Roger. *City of Fortune.* London, 2011.

Danvers, Frederick Charles. *The Portuguese in India.* Vol. 1. London, 1966.

Delumeau, Jean. "L'Escatologie de Manuel le Fortuné." *Journal des Savants,* no. 1 (1995): pp. 179–86.

Diffie, Bailey W., and George D. Winius. *Foundations of the Portuguese Empire, 1415–1580.* Minneapolis, 1977.

Disney, Anthony, and Emily Booth, eds. *Vasco da Gama and the Linking of Europe and Asia.* Delhi, 2000.

Domingues, Francisco Contente. *Navios e Viagens.* Lisbon, 2008.

Donkin, R. A. *Between East and West: The Moluccas and the Trade in Spices up to the Arrival of the Europeans.* Philadelphia, 2003.

Ferguson, Niall. *Civilization: The West and the Rest.* London, 2011.

Fernández-Armesto, Felipe. *Columbus.* Oxford, 1991.

———. *Pathfinders: A Global History of Exploration.* Oxford, 2006.

Ficalho, Conde de. *Viagens de Pero da Covilhã.* Lisbon, 1988.

Fonseca, Luìs Adão da. *The Discoveries and the Formation of the Atlantic Ocean.* Lisbon, 1999.

———. *D. João II.* Rio de Mouro, 2005.

Frater, Alexander. *Chasing the Monsoon.* London, 1990.

Fuentes, Carlos. *The Buried Mirror: Reflecting on Spain and the New World.* New York, 1999.

Garcia, José Manuel. *D. João II vs. Colombo.* Vila do Conde, 2012.

Gracias, Fátima da Silva. *Kaleidoscope of Women in Goa, 1510–1961.* Delhi, 1996.

Granzotto, Gianni. *Christopher Columbus: The Dream and the Obsession.* London, 1986.

Hall, Richard. *Empires of the Monsoon.* London, 1996.

Jack, Malcolm. *Lisbon: City of the Sea.* London, 2007.

Kimble, George. "Portuguese Policy and Its Influence on Fifteenth-Century Cartography." *Geographical Review,* 23, no. 4 (October 1933).

Krondl, Michael. *The Taste of Conquest.* New York, 2007.

Lisboa Quinhentista, a Imagem e a Vida da Cidade. Lisbon, 1983.

Magalhães, Joaquim Romero. *The Portuguese in the Sixteenth Century.* Lisbon, 1998.

Marques, A. H. de Oliviera. *History of Portugal.* Vol. 1. New York, 1972.

Monteiro, Saturnino. *Portuguese Sea Battles.* Vol. 1, *The First World Sea Power, 1139–1521.* Lisbon, 2013.

Newitt, M. *A History of Portuguese Overseas Expansion, 1400–1668.* London, 2005.

Noonan, Laurence A. *John of Empoli and His Relations with Afonso de Albuquerque.* Lisbon, 1989.

Oliviera e Costa, João Paulo. *D. Manuel 1.* Rio de Mouro, 2005.

Page, Martin. *The First Global Village: How Portugal Changed the World.* Lisbon, 2002.

Panikkar, K. M. *Asia and Western Dominance.* London, 1953.

———. *Malabar and the Portuguese.* Bombay, 1929.

Parry, J. H. *The Age of Reconnaissance.* London, 1966.

Pearson, M. N. *Coastal Western India: Studies from the Portuguese Records.* Delhi, 1981.

———. *The New Cambridge History of India.* Part 1, vol. 1, *The Portuguese in India.* Cambridge, 1987.

Pereira, José António Rodrigues. *Marinha Portuguesa: Nove Séculos de História.* Lisbon, 2010.

Pereira, Paulo. *Torre de Belém.* London, 2005.

Peres, Damião. *História dos Descobrimentos Portuguêses.* Coimbra, 1960.

Pessoa, Fernando. *Mensangem.* Lisbon, 1945.

Pissara, José Virgílio Amarao. *Chaul e Diu: O Domínio do Índico.* Lisbon, 2002.

征服者

Pyne, Stephen J. "Seeking Newer Worlds: An Historical Context for Space Exploration." www. history.nasa.gov/SP-2006-4702/chapters/chapter1.pdf.

Ramos, Rui, et al. *História de Portugal*. Lisbon, 2009.

Randles, W. G. L. *Geography, Cartography and Nautical Science in the Renaissance: The Impact of the Great Discoveries*. Farnham, 2000.

Ravenstein, E. G. *The Voyages of Diogo Cão and Bartholomeu Dias, 1482–88*. England, 2010.

Rodrigues, J. N., and T. Devezas. *1509*. Famalicão, 2008.

———. *Pioneers of Globalization—Why Portugal Surprised the World*. Famalicão, 2007.

Rodrigues, Vítor Luís. "As Companhias de Ordenança no Estado Português da Índia, 1510–1580." In *Oceanos—Indo Portuguesmente*, no. 19/20, 212–18. Lisbon: CNCDP, 1994.

Rodrigues, Vítor Luís Gaspar, and João Paulo Oliviera e Costa. *Conquista de Goa, 1510–1512*. Lisbon, 2008.

———. *Conquista de Malaca, 1511*. Lisbon, 2011.

Rogerson, Barnaby. *The Last Crusaders: East, West and the Battle for the Centre of the World*. London, 2010.

Russell, Peter. *Prince Henry the "Navigator": A Life*. New Haven, 2000.

Sanceau, Elaine. *Indies Adventure*. London, 1936.

———. *The Perfect Prince*. Porto, 1959.

Santos, José Loureiro dos. *Ceuta 1415: A Conquista*. Lisbon, 2004.

Sheriff, Abdul. *Dhow Cultures of the Indian Ocean*. London, 2010.

Silva, Joaquim Candeias. *O Fundador do Estado Português da Índia—D. Francisco de Almeida*. Lisbon, 1996.

Subrahmanyam, Sanjay. *The Career and Legend of Vasco da Gama*. Cambridge, 1997.

———. *The Portuguese Empire in Asia, 1500–1700: A Political and Economic History*. London, 1993.

Suckling, Horatio John. *Ceylon: A General Description of the Island*. London, 1876.

Teixeira, André. *Fortalezas: Estado Português da India*. Lisbon, 2008.

Thomaz, Luís Felipe. *De Ceuta a Timor*. Lisbon, 1994.

Thompson, William R., ed. *Great Power Rivalries*. Columbia, 1999.

Villiers, Alan. *Sons of Sindbad*. London, 1940.

Weinstein, Donald. *Ambassador from Venice: Pietro Pasqualigo in Lisbon, 1501*. Minneapolis, 1960.

Whiteway, R. S. *The Rise of Portuguese Power in India, 1497–1550*. London, 1899.

Winius, George D., ed. *Portugal, the Pathfinder: Journeys from the Medieval Toward the Modern World, 1300–c.1600*. Madison, 1995.

译名对照表

Abrantes 阿布兰特什

Abreu, António de 安东尼奥·德·阿布雷乌

Aden 亚丁

Adil Shah 阿迪尔沙阿

Afonso V of Portugal 阿方索五世，葡萄牙国王

Ahmed, Rais 赖斯·艾哈迈德

Albergaria, Lopo Soares de 洛波·苏亚雷斯·德·阿尔贝加里亚

Albuquerque, Afonso de 阿方索·德·阿尔布开克

Albuquerque, Francisco de 弗朗西斯科·德·阿尔布开克

Alenquer, Pêro de 佩罗·德·阿伦克尔

Algarve 阿尔加维

Ali, Sidi 西迪·阿里

Almeida, Dom Francisco d' 堂弗朗西斯科·德·阿尔梅达

Almeida, Gaspar de 加斯帕尔·德·阿尔梅达

Almeida, Lourenço d' 洛伦索·德·阿尔梅达

Alpoym, Pêro 佩罗·德·爱尔博伊姆

Amaral, Andrê do 安德烈·多·阿马拉尔

Anjediva 安贾迪普岛

Antiga Confeitaria de Belêm 老贝伦糕饼店

António Dom 堂安东尼奥

Araujo, Ruy de 鲁伊·德·阿劳若

Arnau, Michel 米歇尔·阿尔瑙

Ata, Hwaga 瓦加·阿塔

Ataíde, Pêro de 佩罗·德·阿泰德

Avis, house of 阿维斯王朝

Ayaz, Malik 马利克·阿亚兹

Bab el Mandeb strait 曼德海峡，"泪之门"

Baghdad 巴格达

Bahamas 巴哈马

Bandas 班达群岛

Barbara 巴尔巴拉

Barreto, Pêro 佩罗·巴雷托

Barros, João de 若昂·德·巴罗斯

Bay of the Cowherds 牧牛人湾

431

图书在版编目（CIP）数据

征服者：葡萄牙帝国的崛起／（英）罗杰·克劳利
（Roger Crowley）著；陆大鹏译． -- 北京：社会科学
文献出版社，2016.11（2023.7 重印）
书名原文：Conquerors：How Portugal Forged the
First Global Empire
ISBN 978 - 7 - 5097 - 9594 - 1

Ⅰ.①征…　Ⅱ.①罗…②陆…　Ⅲ.①葡萄牙 - 近代
史 - 研究　Ⅳ.①K552.4

中国版本图书馆 CIP 数据核字（2016）第 196643 号

征服者：葡萄牙帝国的崛起

著　　者／〔英〕罗杰·克劳利
译　　者／陆大鹏

出 版 人／王利民
项目统筹／董风云　冯立君
责任编辑／张金勇　李　洋
责任印制／王京美

出　　版／社会科学文献出版社·甲骨文工作室（分社）（010）59366527
　　　　　　地址：北京市北三环中路甲 29 号院华龙大厦　邮编：100029
　　　　　　网址：www.ssap.com.cn
发　　行／社会科学文献出版社（010）59367028
印　　装／北京盛通印刷股份有限公司

规　　格／开本：889mm×1194mm　1/32
　　　　　　印张：15.125　插页：1　字数：312 千字
版　　次／2016 年 11 月第 1 版　2023 年 7 月第 8 次印刷
书　　号／ISBN 978 - 7 - 5097 - 9594 - 1
著作权合同
登 记 号／图字01 - 2015 - 5241 号
定　　价／69.00 元

读者服务电话：4008918866